**Teoria e casos de empresas
baseadas no conhecimento**
Managing Flow

N812m Nonaka, Ikujiro.
       Managing flow : teoria e casos de empresas baseadas no conhecimento / Ikujiro Nonaka, Ryoko Toyama, Toru Hirata ; [colaboração de] Susan J. Bigelow, Ayano Hirose, Florian Kohlbacher ; tradução: André Salvaterra, Alexandre Salvaterra ; revisão técnica: Pierre Fayard. – Porto Alegre : Bookman, 2011.
       304 p. ; 23 cm.

       ISBN 978-85-7780-793-2

       1. Administração. 2. Gestão do conhecimento. I. Toyama, Ryoko. II. Hirata, Toru. III. Bigelow, Susan J. IV. Hirose, Ayano. V. Kohlbacher, Florian. VI. Título.

CDU 658

Catalogação na publicação: Ana Paula M. Magnus – CRB 10/2052

Ikujiro Nonaka □ Ryoko Toyama □ Toru Hirata

Com a colaboração de
Susan J. Bigelow, Ayano Hirose e Florian Kohlbacher

Teoria e casos de empresas
baseadas no conhecimento
Managing Flow

Tradução:
André Salvaterra
Alexandre Salvaterra

Consultoria, supervisão e revisão técnica desta edição:
Pierre Fayard
Doutor em Ciências da Informação e da
Comunicação pela Universidade de Stendhal – Grenoble.
Professor Titular da Universidade de Poitiers, França.

2011

Obra originalmente publicada sob o título
Managing Flow – A Process Theory of the Knowledge-Based Firm
ISBN 9780230553767
Copyright © 2008. First published in English by Palgrave Macmillan, a
division of Macmillan Publishers Limited under the title Managing Flow
by Ikujiro Nonaka, Ryoko Toyama and Toru Hirata. The edition has been
translated and published under licence from Palgrave Macmillan.
The authors have asserted their right to be identified as the authors of this work.

Capa: *Rogério Grilho* (arte sobre capa original)

Preparação do original: *Ronald Saraiva de Menezes*

Editora Sênior: *Arysinha Jacques Affonso*

Editora responsável por esta obra: *Júlia Angst Coelho*

Editoração eletrônica: *Formato Artes Gráficas*

Reservados todos os direitos de publicação, em língua portuguesa, à
ARTMED® EDITORA S.A.
(BOOKMAN® COMPANHIA EDITORA é uma divisão da Artmed® Editora S.A.)
Av. Jerônimo de Ornelas, 670 – Santana
90040-340 Porto Alegre RS
Fone (51) 3027-7000 Fax (51) 3027-7070

É proibida a duplicação ou reprodução deste volume, no todo ou em parte,
sob quaisquer formas ou por quaisquer meios (eletrônico, mecânico, gravação,
fotocópia, distribuição na Web e outros), sem permissão expressa da Editora.

SÃO PAULO
Av. Embaixador Macedo Soares, 10.735 – Pavilhão 5 – Cond. Espace Center
Vila Anastácio – 05095-035 – São Paulo SP
Fone (11) 3665-1100 Fax (11) 3667-1333

SAC 0800 703-3444
IMPRESSO NO BRASIL
PRINTED IN BRAZIL

Agradecimentos

Este livro é o fruto de nossa jornada para entender a importância do conhecimento como um recurso para a gestão de negócios. A jornada se iniciou em 1982, quando apresentamos uma pesquisa sobre processos de inovação em companhias japonesas em um simpósio na Harvard Business School. Durante as discussões no simpósio, percebemos que essas companhias não estavam apenas processando informações, mas criando conhecimento de maneira organizacional. Essa nova perspectiva nos levou a pesquisar o processo pelo qual as organizações criavam conhecimento. O trabalho resultou em uma série de artigos e livros, incluindo *Criando Conhecimento na Empresa (The Knowledge Creating Company)*, de Nonaka e Takeuchi, em 1995, no qual propusemos o modelo SECI para descrever um processo de criação organizacional do conhecimento a partir do conhecimento individual e por meio da interação humana. Acreditamos que este modelo tenha gerado um grande impacto porque oferecia a nova perspectiva de que a gestão é baseada nos recursos de conhecimento – em vez de recursos físicos – e no conhecimento tácito, em particular.

Já faz 13 anos desde que *Criando Conhecimento na Empresa* foi publicado, e o ambiente das empresas mudou radicalmente. Hoje, as empresas que estão inseridas em economias desenvolvidas, como aquelas nos Estados Unidos, Europa e Japão, precisam encontrar um caminho para sustentar seu crescimento por meio de inovações contínuas, ao mesmo tempo em que agem como membros responsáveis na sociedade. As empresas inseridas no grupo de países que tem sido chamado de BRIC ou em economias recentemente desenvolvidas precisam encontrar um caminho para estabelecer regras na gestão de suas energias e realizar um desenvolvimento sustentável. Na era da economia global interconectada, em que as atividades em um país imediatamente afetam as atividades nos outros, as empresas têm a responsabilidade de demonstrar que possuem uma razão para existir e um propósito na sociedade afora a maximização dos lucros. Para isso, faz-se necessária uma teoria que explique o processo pelo qual as empresas estabelecem seus objetivos e implementam estratégias para alcançá-los.

Neste livro, propomos uma nova teoria da empresa como uma entidade baseada em conhecimento. Partindo da teoria da criação de conhecimento e incorporando a filosofia do processo, reexaminamos o papel dos seres humanos em uma organização, de um ponto de

vi Agradecimentos

vista epistemológico e ontológico, com base no entendimento de que o conhecimento é um recurso criado por seres humanos em seus relacionamentos. Argumentamos que o conhecimento, como um recurso, não pode ser entendido sem que se compreenda as interações entre os seres humanos que o criam. Isto se baseia em nossa visão de que cada ser humano é uma coletânea singular de experiências e está em um estado constante de *transformação* para criar um futuro por meio da aceitação e da gestão de suas contradições. Neste processo interativo, os indivíduos mudam continuamente a si próprios – e a seus ambientes – e a gerência da empresa se torna um reflexo desta atividade.

Escolhemos o título do livro, *Managing Flow: Teoria e Casos de Empresas Baseadas no Conhecimento*, porque nosso interesse reside no *processo* a partir do qual a empresa cria seu futuro ao transformar a si e ao seu ambiente por meio da criação de conhecimento. Todas as coisas fluem em contínua interação e relação umas com as outras, e isto se aplica aos seres humanos, às empresas e ao ambiente. O conhecimento também flui e está em contínua mudança. Por este motivo, todas as empresas enfrentam a contradição inerente de precisar tanto de estabilidade quanto de mudança para sobreviver no fluxo. Acreditamos que as empresas em nossos estudos de caso superam essa contradição ao gerenciar o fluxo (em inglês, *managing flow*).

Gostaríamos de agradecer diversas pessoas por seu auxílio na redação e edição deste livro. O professor David Teece, da Haas School of Business, na Universidade de Califórnia, Berkeley, nos deu grande estímulo intelectual e sugestões para a construção da teoria, por meio das várias discussões que tivemos nestes anos. Também aprendemos muitas coisas com as discussões com o professor Dick Ellsworth, da Drucker School, na Claremont Graduate University, onde Ikujiro Nonaka atualmente trabalha, sendo o primeiro docente com distinção Drucker. Hirotaka Takeuchi, reitor da Graduate School of International Corporate Strategy da Hitotsubashi University, nos deu um grande apoio na condução da pesquisa. Ela também foi apoiada com fundos da Japan International Cooperation Agency (JICA). Trabalhar com a JICA nos ajudou a pensar sobre o papel das empresas na sociedade em outros países da Ásia. Para completar este livro, devemos muito às três pessoas seguintes: Susan J. Bigelow, que foi como uma editora geral, fornecendo análises críticas e textos originais para nos auxiliar a articular os conceitos centrais da teoria; Ayano Hirose, que traduziu os estudos de caso para o inglês, contribuindo com a redação e a edição; e Florian Kohlbacher, que nos ajudou a revisar a bibliografia e contribuiu para escrever parte de um caso. Os comentários críticos, sugestões e encorajamentos dos professores Noboru Konno, da Tama University, em Tóquio, Georg von Krogh, do Swiss Federal Institute of Technology, de Zurique, e do professor Zhichang Zhu, da University of Hull Business School, de Hull, nos ajudaram a seguir em frente. Sem essas contribuições, não teríamos conseguido concluir este trabalho. Finalmente, agradecemos a Virginia Thorp e Emily Bown, da Palgrave Macmillan, por seu modo eficiente e motivante de trabalhar conosco. Estendemos nossos mais profundos agradecimentos a todos.

Escrever este livro foi por si só um processo interessante e significativo de externar nosso próprio conhecimento tácito acumulado durante anos de pesquisa. Aprendemos muitas coisas sobre o potencial e a criatividade dos seres humanos. É nosso desejo sincero que o livro comunique para nossos leitores a essência da empresa baseada em conhecimento.

Ikujiro Nonaka
Ryoko Toyama
Toru Hirata
Tóquio

Apresentação à edição brasileira

A estratégia das empresas não pode se contentar mais em reproduzir o que assegurava seu sucesso no século passado. Em um mundo aberto e interconectado, em que não bastam mais as capacidades de produção para fazer diferença, o conhecimento e a inovação impõem-se como fatores-chave de desenvolvimento. À concentração sobre a transformação física sucede aquela dos fluxos de sinais tênues, de dados e de conhecimentos. Nessa mutação, a gestão adequada dos recursos humanos e bem articulada ao ambiente proporciona a velocidade e a pertinência que identificam e transformam necessidades subjacentes em produtos, soluções ou melhorias por meio de estratégias colaborativas ganha-ganha. Por mais paradoxal que possa parecer, o objetivo prioritário não é mais o lucro, mas a criação de conhecimento, de que resulta o lucro!

Para compreender e entrar com vantagem nesta nova realidade, Ikujiro Nonaka e seus coautores convidam o leitor brasileiro a uma viagem teórica e prática ao longo de uma sucessão de estudos de caso de empresas japonesas que souberam inventar dinâmicas relacionais competitivas com seus clientes, criando um conhecimento útil para todos. De fato, onde estão os mananciais que guardam o conhecimento de amanhã? Na mente dos homens e das mulheres das empresas, mas também na de seus clientes, em práticas tão cotidianas que se esquece toda sua riqueza e seu potencial. Transformar os fluxos e converter esse conhecimento tácito eminentemente estratégico em processos que o revelem e o transformem conduz a uma lógica de inovação permanente.

A relação sequenciada e linear fornecedor-cliente é agora lenta demais e pobre demais para mobilizar as energias não só dos funcionários mas também dos clientes. Essa visão dissociada está ultrapassada. Hoje em dia, o êxito passa por formas de cogestão inovadora *com* os clientes e usuários. A empresa em

vi Apresentação

movimento em seu meio é como o grande clássico do pensamento estratégico chinês, o I-Ching. Mostramos anteriormente como o modelo SECI, que Nonaka retoma aqui, declina o símbolo do yin e do yang, conhecimento tácito (yin) e conhecimento explícito (yang). Louvemos agora a operacionalidade e o notável alcance internacional do ensinamento dos estudos de caso deste livro. Não resta dúvida de que o leitor brasileiro se "contaminará", no bom sentido da palavra, com a precisão e a exemplaridade de propostas aplicáveis em outras realidades que não a japonesa para o advento da empresa rentável e cidadã *em* e *com* seu ambiente.

Prof. Dr. Pierre Fayard
Professor titular, Universidade de Poitiers, França

Prefácio

Da Gestão de P&D à Gestão do Conhecimento

Algumas contribuições de Ikujiro Nonaka
à área da gestão estratégica

INTRODUÇÃO

Nos últimos anos, nenhum outro pesquisador contribuiu mais à área da gestão do que Ikujiro Nonaka. O montante de trabalhos produzidos por ele nas duas últimas décadas tem exercido grande influência, tanto no desenvolvimento téorico quanto na prática da gestão.

Ikujiro Nonaka formou-se na Universidade da Califórnia, em Berkeley, e ocupa atualmente a cátedra Xerox Distinguished Professor na Haas School of Business. Não é a sua linhagem na UC Berkeley, porém, que me faz saudar este grande colega e amigo, e sim seus profundos *insights* em relação ao processo de desenvolvimento de novos produtos e seus esforços em auxiliar-nos a entender o papel dos líderes e da média gerência na criação do conhecimento.

Nonaka tornou-se para muitos de nós o novo Peter Drucker – oferecendo uma profunda compreensão intuitiva sobre gestão e uma capacidade de enxergar brechas e deficiências nas teorias existentes, bem como tendências emergentes que irão influenciar a natureza das iniciativas de negócios e seu gerenciamento. A seguir, ofereço uma história seletiva – e talvez pessoal – do campo de estudos da gestão do conhecimento e tento situar as importantes contribuições do professor Nonaka à área.

O SURGIMENTO DA GESTÃO DO CONHECIMENTO

Se alguém viesse à Filadélfia 40 anos atrás e tentasse falar para uma plateia sobre gestão do conhecimento, teria sido recebido com muito desinteresse.

x Prefácio

Para conquistar um mínimo de atenção, a exposição precisaria se direcionar para os tópicos da gestão da pesquisa e do desenvolvimento industrial, pois esse era o preceito sob o qual se poderia dialogar quanto ao processo de desenvolvimento de novos produtos. Em 1967, o professor Edwin Mansfield, da Wharton School, estava há pouco mais de cinco anos no primeiro programa de pesquisa acadêmica destinado a melhorar o entendimento da inovação tecnológica e da pesquisa industrial corporativa nos Estados Unidos (Mansfield, 1968). Daquele programa surgiu uma profunda compreensão da natureza dos projetos de pesquisa industriais, dos gastos de recursos necessários nos vários "estágios" do processo de P&D, da natureza dos riscos técnicos e de mercado envolvidos na inovação tecnológica, do papel das patentes na apropriação, do custo das patentes e dos fatores que diferenciavam os gastos em P&D nos diferentes setores da economia. Por volta de 1980, este trabalho havia alcançado importância internacional. Foram realizados estudos importantes sobre a transferência internacional de tecnologia e a organização global da pesquisa, demonstrando-se que a tarefa de P&D no exterior naquela época era voltada principalmente à adaptação aos mercados locais.

O trabalho de Mansfield era descritivo e analítico, sendo raras as prescrições. Os docentes em negócios e gestão naquela época tentavam responder, por exemplo, como era possível aplicar as pesquisas de laboratório ao mercado, qual o melhor nível de atividades em P&D e quais eram os índices de difusão das novas tecnologias. Ainda compreendia-se muito mal o modo como as empresas geravam novo conhecimento sem gastar mais dinheiro com P&D.

Os anos 1980 e 1990 trouxeram enormes mudanças no que diz respeito ao processo de inovação e à natureza e ao escopo da competição enfrentada pelas iniciativas domésticas e internacionais. Essas inúmeras mudanças exigiram o desenvolvimento de novas perspectivas para se compreender a inovação. De fato, o estudo da gestão de P&D mudou gradualmente para o estudo da criação do conhecimento e sua gestão. Embora Peter Drucker já falasse sobre "trabalhadores do conhecimento" desde 1959, e Mansfield e outros já tabulassem as listagens daqueles engajados em ciência e tecnologia, ainda levaria muitos anos para que a profunda importância de pessoal qualificado e com talento criativo começasse a ser muito apreciada, assim como suas implicações para a gestão da inovação.

Diversos desenvolvimentos que ocorreram nesta época exigiram uma nova visão do processo de inovação:

1. Houve um reconhecimento tardio tanto na comunidade acadêmica quanto nos círculos profissionais de gestão de que a criação e a manutenção das vantagens competitivas não diziam respeito apenas à escala e ao escopo; também era necessária a inovação contínua das iniciativas de negócios. Desta maneira, a gestão dos ativos intangíveis

e do conhecimento técnico e comercial era crítica ao sucesso no mercado em uma economia global aberta e competitiva.

2. O rápido crescimento econômico fora dos Estados Unidos, especialmente no Japão e nos países asiáticos recentemente industrializados, significava que as fontes de novo conhecimento estavam se tornando geograficamente dispersas. Mesmo antes dos anos 1980, a inovação era significativamente globalizada. Empresas do Reino Unido e da Alemanha tinham uma participação de peso no desenvolvimento de jatos. Empresas da Suíça, Alemanha e do Reino Unido também desempenhavam papéis importantes no desenvolvimento de produtos químicos industriais e farmacêuticos. Companhias da Suíça e do Japão estavam entre as principais nas áreas de telecomunicações e microeletrônica. Contudo, a globalização se expandiu durante as últimas décadas do século XX, e a terceirização da produção de componentes e peças se acelerou. No início do novo milênio, a pesquisa e o desenvolvimento estavam, por sua vez, começando a serem terceirizados no exterior, especialmente no desenvolvimento de *software*.

3. O desenvolvimento de computadores de alta velocidade e baixo custo e das tecnologias da informação para uso individual e empresarial possibilitou que quantidades muito grandes de informação fossem coletadas, armazenadas, analisadas e transmitidas a baixo custo. A introdução de computadores pessoais, telefones celulares, PDAs e portais na Internet ajudaram na conectividade e na colaboração. Essas ferramentas mudaram o custo e a velocidade da transferência, do processamento e do armazenamento de dados. Isso propiciou novos processos organizacionais e abriu as portas para as necessidades e oportunidades da transferência de conhecimento. Fornecedores de equipamentos de informática e ferramentas de "gestão do conhecimento" tornaram-se promotores ativos da necessidade de um melhor gerenciamento do conhecimento.

Nos anos 1990, Ikujiro Nonaka lançou-se nesse novo cenário, com novos esquemas de trabalho para ajudar os gerentes a entenderem como desenvolver o capital intelectual e compartilharem o conhecimento dentro dos empreendimentos. Sua abordagem foi fundamentada pelo estudo do desenvolvimento de novos produtos, em particular no Japão. Na época, as empresas japonesas – especialmente as automotivas e eletrônicas – estavam alcançando relevância global no desenvolvimento e na industrialização de novos produtos. A visão de Nonaka era de que:

as disciplinas tradicionais de gestão não se aplicavam à gestão do conhecimento e deveriam ser revisadas de modo que as competências baseadas no conhecimento

xii Prefácio

de uma organização pudessem ser gerenciadas de modo eficaz e eficiente. As noções tradicionais de estratégia, gestão dos recursos humanos, finanças e *marketing* deveriam ser reexaminadas e revisadas de modo a gerenciar o conhecimento visando a vantagem competitiva. (Ichijo e Nonaka, 2007: 7)

Em particular, Nonaka tem oferecido uma teoria empresarial alternativa, baseada no conhecimento. A seguir, me esforçarei para rever algumas de suas contribuições e indicar como elas auxiliam em compreensão da teoria e prática da gestão.

A EMPRESA CRIADORA DE CONHECIMENTO E O PROCESSO SECI

Na teoria empresarial neoclássica os gerentes são ausentes, exceto por serem agentes dos acionistas. Ikujiro Nonaka rejeita essa visão e recoloca os gerentes de volta na companhia. Ele propôs que as empresas diferem entre si não apenas porque possuem recursos heterogêneos, mas porque os gerentes têm diferentes visões de futuro. "Em poucas palavras, as empresas diferem porque é isso que elas querem e é para isso que se esforçam. Elas evoluem de modo diverso porque concebem diferentes futuros – e estruturas para realizar seus futuros" (Nonaka e Toyama, 2005: 2). Em suma, a criação de conhecimento diz respeito a ideias e ideais.

Nonaka também criticou a visão de que as empresas são máquinas de processamento de informações. Em vez disso, a empresa deveria ser vista mais como uma entidade criadora de conhecimento que reformula o ambiente e a si própria por meio da criação de conhecimento.[1] Na concepção de Nonaka (e de Toyama), os indivíduos são importantes. Eles interagem uns com os outros para transcender seus próprios limites, e assim mudar a si próprios. O conhecimento subjetivo tácito que alguém possui é externado na forma de conhecimento objetivo explícito, para que seja compartilhado e sintetizado. Assim, os conhecimentos tácitos e explícitos se complementam, e o conhecimento é criado socialmente por meio da síntese dos diferentes pontos de vista de diferentes pessoas.

Por meio do processo SECI (socialização, externalização, combinação, internalização) de Nonaka, o conhecimento não para de se expandir. A visão concebida pela companhia sobre o que pretende se tornar e sobre os produtos que quer produzir inspira as paixões dos funcionários. A visão de futuro da empresa precisa ir além dos objetivos definidos apenas pelas medições financeiras.

O processo SECI é uma rotina, mas com uma diferença: é uma rotina criativa ou "*kata*". O *kata* lida com rotinas que quebram padrões, levando a uma autorrenovação. Bons líderes auxiliam a organização a sintetizar suas contradições, além de promoverem uma visão, que precisa ser aceita e compartilhada.

Em síntese, a teoria de Nonaka da empresa criadora de conhecimento vê o empreendimento de negócios como uma entidade que cria conhecimento ao sintetizar contradições. As verdadeiras superações ocorrem ao se explorar e gerir o que Kuhn (1996) chamaria de tensão criativa entre os velhos e os novos paradigmas. As organizações não apenas resolvem problemas, elas os criam e os definem (Nonaka *et al.*, 2000: 3). Líderes e indivíduos têm importância. A criatividade requer suas habilidades complementares.

O processo SECI é o motor que impulsiona o processo de criação de conhecimento de Nonaka. Não se trata apenas de um processo mecânico. A visão, a estrutura organizacional, os incentivos, a cultura corporativa e as metáforas estão todos envolvidos de alguma forma. Nonaka reconhece que, se os funcionários não estão identificados com a organização, eles não irão necessariamente converter conhecimento tácito em explícito. A liderança importa muito. Bons líderes podem acelerar o processo SECI e torná-lo mais produtivo.

A MÉDIA GERÊNCIA COMO MEDIADORA ENTRE O TOPO E A BASE

Outra importante contribuição de Ikujiro Nonaka é que ele resgatou a média gerência na teoria de gestão. Em sua abordagem teórica, a média gerência tem um papel-chave dentro da organização ao conciliar as ideias visionárias da alta gerência com as realidades caóticas dos trabalhadores na linha de frente. A alta gerência cria o sonho e a média gerência ajuda a pô-lo em prática ao resolver as tensões entre onde as coisas estão e onde elas precisam estar para realizar as visões da alta gerência. Em poucas palavras, o conhecimento é criado pela média gerência. Eles são atores essenciais no processo SECI.

Com a média gerência servindo como mediadora entre o topo e a base, os gerentes de nível médio não são figuras inúteis, como retratados algumas vezes nos livros de gestão. Tampouco têm se tornado obsoletos pela tecnologia da informação. Na verdade, a tecnologia da informação permite a conexão de mais dados e informações, conferindo, assim, mais ferramentas à média gerência. Estes gerentes têm um papel de integração, não muito diferente dos engenheiros de sistemas na AT&T antes dos desinvestimentos.

A abordagem de Ikujiro é relevante aos contextos da inovação nas organizações (japonesas) de médio e grande porte. Esses contextos não permitem necessariamente o entendimento de iniciativas empreendedoras; no entanto, eles podem auxiliar na compreensão de como o empreendimento pode perceber e buscar novas oportunidades. Neste sentido, o esquema de Nonaka também é uma elaboração útil sobre como uma grande organização pode construir e manter capacidades dinâmicas.

PHRONESIS (SABEDORIA PRÁTICA)

Outra característica necessária para o sucesso continuado das empresas, de acordo com Nonaka, é a *phronesis* de Aristóteles. A análise estratégica é incapaz de "especificar exatamente como uma empresa acha um caminho para criar valor identificando uma necessidade latente do consumidor, ou uma nova maneira de satisfazer uma necessidade existente" (Nonaka e Toyama, 2007: 371). Parte do motivo parece ser a crença de Nonaka, da qual eu compartilho, de que a criação de valor começa no momento em que novas oportunidades são percebidas.

No entanto, o planejamento estratégico geralmente não vai ajudar a organização a perceber novas oportunidades. Em vez disso, "a estratégia é um processo de criação do futuro" (ibid.: 372). A visão de Nonaka é compatível com a de Mintzberg *et al.* (1998) que vê a estratégia como algo mais do que planejamento; a estratégia emerge em paralelo ao planejamento. O valor flui da capacidade de adaptação à mudança contínua. Nonaka comenta que Weick (2001) chama esse processo de "estratégia *just in time*".

A criação de valor está na habilidade da organização de improvisar uma estratégia para capturar as oportunidades no momento certo. A empresa pode tranformar seu ambiente ao mesmo tempo em que é transformada por ele. A heterogeneidade das empresas do mesmo setor econômico se deve em parte ao fato de que as empresas concebem (percebem) diferentes futuros e reagem de forma diversa à busca dessas oportunidades.

A capacidade de compreender e proporcionar aquilo que é considerado bom por consumidores individuais em momentos e situações específicos é o que Nonaka chama de *phronesis*. Não se trata de um conceito puramente utilitário, pois a sabedoria prática também envolve julgamentos de valor sobre o que os consumidores e a sociedade desejam. Trata-se de uma habilidade que deve ser distribuída por toda a organização.

REFLEXÕES

Existem algumas reflexões conclusivas e comparativas que eu gostaria de fazer sobre as importantes contribuições de Nonaka à nossa compreensão da empresa criadora de conhecimento. Observo que Nonaka dá pouca atenção à alocação de recursos em P&D. Tais gastos aparentemente são tidos como naturais. O núcleo do modelo é um conjunto de processos que envolve pessoal de P&D, projeto, *marketing* e operações, bem como a alta gerência. Existe uma visão holística de inovação que transcende o típico estabelecimento de projetos em P&D encontrado em muitos trabalhos na área de estudos da inovação.

Prefácio **XV**

O modelo é diferente, mas compatível com as capacidades dinâmicas (Teece, 2007), segundo as quais o conjunto mais amplo de habilidades que estabelecem e mantém a competitividade é formado por perceber, buscar e reconfigurar. Essa tríade tem aspectos óbvios em comum com o SECI, uma vez que *perceber* envolve utilizar conhecimento tácito e tornar explícito este conhecimento, do modo que ele possa ser uma base para a ação; *buscar* envolve sistematizar e aplicar o conhecimento explícito, bem como combinar ativos especializados para tirar proveito de economias e encaminhar os complementos necessários; *reconfigurar* envolve a adaptação a mercados e competidores em mudança, bem como ao crescimento do empreendimento.

Esse modelo não abrange completamente a visão da inovação aberta do empreendimento (Chesbrough, 2007). Conforme Nonaka, "a empresa precisa construir seus próprios ativos de conhecimento, e isso leva tempo" (Nonaka e Toyama, 2002: 998). Para não ser deixada para trás, a empresa precisa ter boa capacidade de sintetização. Isso talvez não seja tão diferente das capacidades combinatórias enfatizadas por Bruce Kogut e outros. Por outro lado, o modelo de Nonaka reconhece a importância do lugar ou contexto compartilhado (que Nonaka chama de "*ba*"). O "*ba*" não precisa ser limitado a uma simples organização – ele pode abranger fornecedores, clientes, governos e concorrentes. Talvez este seja um modelo de inovação aberto pela metade. Sem dúvida, trabalhos futuros irão esclarecer o tema.

O modelo encontra-se francamente em oposição à teoria neoclássica da empresa (com sua ênfase na otimização em contrapartida às restrições conhecidas). A essência do empreendimento de Nonaka é a criatividade e a inovação. Isso envolve explorações e missões, e não a otimização. Ele tem isso em comum com muitos dos novos textos sobre gestão da inovação. Nonaka também rejeita claramente os conceitos que retratam a empresa como uma resposta aos problemas da informação (por exemplo, Coase, 1937; Alchian e Demsetz, 1972); em vez disso, ele segue a teoria da empresa baseada no conhecimento, alinhado com Penrose (1959) (que vê os planejadores da empresa como criadores de imagens em vez de processadores de informações), Fransman, e outros.

Ainda será preciso esclarecer até que ponto o modelo de Nonaka poderá ser comprovado. No momento atual, o modelo não está formulado com proposições que possam ser testadas; porém, em meu ponto de vista, ele se presta à formulação de hipóteses e testes. Proposições testáveis poderiam ser: (i) empresas que seguem o processo SECI têm mais produtividade em P&D; (ii) empresas onde a alta gerência possui uma visão do conhecimento claramente articulada têm melhor desempenho; (iii) grandes empresas com uma média gerência engajada são mais inovadoras; (iv) empresas sem objetivos orientadores amplamente divulgados e articulados terão um desempenho mais fraco; e (v) o planejamento estratégico não é necessário nem suficiente para o sucesso financeiro. Sem dúvida, os batalhões de doutorandos na área podem redefinir essas hipóteses e iniciar a audaciosa e importante tarefa de teste empírico. Tenho muita confiança de que alguns resultados importantes em termos estatísticos estão por vir.

Não estou certo de que o modelo abarque totalmente os efeitos das redes de relacionamento, o momento de ingresso, o papel da arquitetura do setor econômico e as complementaridades e coespecializações – embora todos estes aspectos sejam importantes para se agregar valor a partir da inovação (Teece, 1986, 2006). Talvez devêssemos entender Nonaka literalmente quando ele aborda sua teoria em termos de criação de conhecimento, em vez de comercialização do conhecimento. Neste sentido, acredito que a teoria da criação de conhecimento precisa estar aliada a uma teoria de utilização do conhecimento e de captura de valor, caso pretenda se tornar uma teoria sólida para subsidiar as decisões gerenciais.

O modelo reconhece que os indivíduos são relevantes – embora o individualismo metodológico não esteja muito profundo no modelo de Nonaka. O processo SECI é ancorado pela média gerência e orquestrado pelos líderes. A socialização – transformando conhecimento tácito individual em conhecimento tácito grupal – é parte da criação de conhecimento.

A empresa criadora de conhecimento e o processo SECI de Nonaka são tipicamente japoneses. A ênfase está na criatividade grupal e em ouvir os conselhos daqueles que têm mais experiência. A idade e a experiência abrem caminho para a sabedoria, o que também tem uma dimensão moral. Contudo, a abordagem nos faz questionar se o modelo de liderança de Ikujiro Nonaka envolve a liderança empreendedora, e se o processo SECI é capaz de ser completamente transferido ao contexto dos Estados Unidos e da Europa. Suspeito que ele seja adequado para muitas empresas grandes e bem-estabelecidas, mas ele pode não ser totalmente apropriado para novos empreendimentos.

Então, aonde isso tudo nos leva? Repare que alguns dos escritos de Nonaka têm uma profunda implicação filosófica, o que os torna de difícil compreensão para alguns de nós. Ao mesmo tempo, esse acabamento filosófico nos ajuda a admirar o fato de que a gestão não está apenas relacionada aos números.

Acredito que o trabalho de Nonaka tenha iluminado profundamente nossa compreensão da inovação e do desenvolvimento de novos produtos. Seu trabalho nos ajuda a entender como as grandes companhias são lideradas na criação de excelentes produtos, e como o gerenciamento é importante – não apenas a alta gerência, mas também a média gerência. Com a perda de dois gigantes da gestão nos últimos 12 meses – primeiro Peter Drucker e depois Alfred Chandler – temos sorte de ter um terceiro gigante entre nós. Queremos de Nonaka os longos anos de produtividade e a inspiradora identificação de tendências; e precisamos de Nonaka o profundo conhecimento enciclopédico de

Al Chandler sobre a evolução dos negócios nos Estados Unidos, na Europa e no Japão. É claro que gostaríamos de ver também a Índia e a China incluídas neste painel de pesquisa.

Jiro, você tem mais trabalho a fazer! Nós o saudamos pelas realizações e agradecemos pelas contribuições.

Comentários apresentados na Filadélfia por ocasião da entrega do prêmio Booz, Allen and Hamilton Distinguished Scholar in International Management.

6 de agosto de 2007

David J. Teece
Diretor, Institute of Management, Innovation and Organization
Professor, Haas School of Business University of California, Berkeley

NOTAS

1. Veja Fransman (1994).

REFERÊNCIAS

Alchian, A. and Demsetz, H. (1972). "Production, information costs, and economic organization," *American Economic Review*, 62: 777–95.

Chandler, A. (1990). *Scale and Scope: The Dynamics of Industrial Capitalism*. Cambridge: Harvard University Press.

Chesbrough, H. (2007). *Open Business Models: How to Thrive in the New Innovation Landscape*. Cambridge: Harvard Business School Press.

Coase, R.H. (1937). "The nature of the firm," *Economica*, 4 (16), 386–405.

Fransman, M. (1994). "Information, knowledge, vision and theories of the firm," *Industrial and Corporate Change*, 3: 713.

Ichijo, K. and Nonaka, I. (2007). "Introduction: Knowledge as competitive advantage in the age of increasing globalization," *Knowledge Creation and Management: New Challenges for Managers*. Oxford: Oxford University Press.

Kuhn, T.S. (1996). *The Structure of Scientific Revolutions*. Chicago: The University of Chicago Press.

Mansfield, E. (1968). *Industrial Research and Technological Innovation*. New York: WW Norton.

Mintzberg, H., Ahlstrand, B. and Lampel, J. (1998). *Strategy Safari: A Guided Tour Through the Welds of Strategic Management*. New York: Free Press.

Nonaka, I. and Toyama, R. (2002). "A firm as a dialectical being: Toward a dynamic theory of a firm," *Industrial and Corporate Change*, 11(5): 995–1009.

Nonaka, I. and Toyama, R. (2005). "The theory of the knowledge creating firm: Subjectivity, objectivity and synthesis," *Industrial and Corporate Change*, 14(3): 419–36.

Nonaka, I. and Toyama, R. (2007). "Strategic management as distributed practical wisdom (phronesis)," *Industrial and Corporate Change*, 16 (3): 372–94.

Nonaka, I., Toyama, R., and Nagate, A. (2000). "A firm as a knowledge creating entity: A new perspective on the theory of the firm," *Industrial and Corporate Change*, 9 (1): 1–20.

Penrose, E. (1959). *The Theory of the Growth of the Firm*. Blackwell: Oxford.

Teece, David J. (1986). "Profiting from technological innovation," *Research Policy*, 15 (6): 285–305.

Teece, David J. (2006). "Reflections on profiting from technological innovation," *Research Policy*, 35 (8): 1131–46.

Teece, David J. (2007). "Explicating dynamic capabilities: The nature and microfoundations of (sustainable) enterprise performance," *Strategic Management Journal*, 28:1319–1350.

Weick, K.E. (2001). *Making Sense of the Organization*. Oxford, UK: Blackwell.

Sobre os autores

Ikujiro Nonaka é professor emérito na Graduate School of International Corporate Strategy, da Hitotsubashi University, em Tóquio, docente com distinção na Xerox Faculty da University of California, em Berkeley, e docente Drucker com distinção no Drucker Institute, da Claremont Graduate University da Califórnia. Como criador da Teoria da Criação de Conhecimento aplicada às empresas, sua pesquisa é focada na gestão da criação de conhecimento para fomentar a próxima geração de líderes nos negócios.

Ryoko Toyama é professora na Chuo Graduate School of Strategic Management da Chuo University, e professora visitante na Graduate School of Knowledge Science no Japan Institute of Advanced Science and Technology. Sua pesquisa está voltada às áreas da estratégia, gestão de tecnologia e gestão de conhecimento.

Toru Hirata é professor na School of Economics e na Graduate School in Human and Socio-Environmental Studies na Kanazawa University. Sua pesquisa está voltada às áreas da gestão de conhecimento relacionada à estratégia de propriedade intelectual e tecnológica.

Colaboradores

Susan J. Bigelow é jornalista e pesquisadora na Graduate School of International Corporate Strategy na Hitotsubashi University. Sua pesquisa é em teoria da comunicação e filosofia comparativa relacionada à estética e tecnologia.

Ayano Hirose é candidata a D.B.A. na Graduate School of International Corporate Strategy na Hitotsubashi University sob a supervisão de Ikujiro Nonaka. Sua pesquisa é na área de criação e gestão de conhecimento em organizações sociocomunitárias.

Florian Kohlbacher é pesquisador no German Institute for Japanese Studies em Tóquio e ex-pesquisador visitante na Hitotsubashi University nas áreas de gestão de conhecimento, negócios internacionais e *marketing*.

Sumário

Introdução: Por que precisamos de uma nova teoria
da empresa baseada no conhecimento 23

1 As Características do Conhecimento 29

2 A Estrutura Teórica 42

3 Liderando a Empresa Criadora de Conhecimento 80

4 A Visão e os Objetivos Orientadores: Os Valores para o Bem Comum 98

5 *Ba* 140

6 O Diálogo e a Prática: Alavancando a Dialética das Organizações 174

7 Os Ativos Dinâmicos de Conhecimento em Processo 215

8 Liderança: Promovendo a Distribuição da Excelência na Organização 250

9 Conclusões 288

Índice 295

Introdução
Por que precisamos de uma nova teoria da empresa baseada no conhecimento

Estamos em meio a uma grande mudança, uma condição que Lester Thurow (2003) chamou de terceira revolução industrial. É uma mudança em direção à economia baseada no conhecimento, onde o conhecimento é o recurso mais importante, sobrepondo-se à tradicional gestão dos recursos de capital, terra e trabalho (Drucker, 1993). Isso tem estimulado uma discussão mais ativa sobre a teoria e a prática da "gestão do conhecimento". Mesmo assim, a maioria das empresas continua tendo sérias dificuldades em entender o recurso do conhecimento, e continuamos sem um modelo teórico efetivo para compreender as operações da empresa na economia baseada no conhecimento.

No mundo das práticas comerciais, a gestão do conhecimento inicialmente assumiu a forma de grandes investimentos em tecnologias da informação (TI), uma abordagem que se mostrou dolorosamente ineficiente, para não dizer um fracasso total. Este foi o resultado de um grande mal-entendido – de que a gestão do conhecimento diria respeito apenas ao armazenamento, à transferência e ao uso eficientes da informação, e de que o termo "gestão", por sua vez, seria a simples administração ou supervisão dos sistemas de informação. Na verdade, em sua natureza, o conhecimento é diferente da informação e dos recursos físicos, e, a menos que entendamos a natureza essencial do conhecimento, não conseguiremos compartilhá-lo ou utilizá-lo, e, sobretudo, criá-lo de modo eficaz.

No mundo acadêmico, as teorias dominantes sobre gestão continuam se baseando em uma visão estável de empresa, uma entidade atômica que opera de acordo com um conjunto de princípios universais, e as pesquisas visam esclarecer quais são estes princípios e torná-los mais precisos. Ainda que essa abordagem teórica consiga justificar por que as empresas têm sido bem ou mal-sucedidas em

24 *Managing Flow*

tirar proveito do conhecimento e da proteção de seus ativos de conhecimento, ela não consegue explicar como as empresas criam o conhecimento específico que é singular à sua prática.

Para entender a mudança de paradigmas para a sociedade do conhecimento, precisamos realizar uma mudança de paradigma equivalente no modo como pensamos sobre o conhecimento e sua gestão. Em vez da gestão convencional do conhecimento, o que precisamos é de uma gestão *baseada em conhecimento*, derivada de uma teoria abrangente que explique o processo complexo por meio do qual o conhecimento é criado e utilizado na organização, em sua interação com o ambiente. Este livro é nossa tentativa de construir tal teoria. Acreditamos que ele é singular, ao lidar com os aspectos subjetivos, processuais, práticos e estéticos da criação e da gestão do conhecimento em um enquadramento holístico. Na economia do conhecimento, a empresa não faz apenas o planejamento para o futuro, ela cria o futuro continuamente. O que diferencia as empresas umas das outras são suas visões do futuro e suas capacidades práticas de agir para tornar este futuro realidade, usando sua sensibilidade estética para criar conhecimento.

Uma vez que o conhecimento é criado por seres humanos, não podemos conceber teorias sobre a criação do conhecimento alheias às subjetividades humanas, como os pensamentos individuais, sentimentos, ideias, motivações e sonhos. E só poderemos entender como as empresas criam conhecimento que seja singular a elas se compreendermos o papel e as funções da subjetividade humana neste processo.

As teorias dominantes têm apresentado a tendência de evitar este lado da gestão em seu esforço para buscar uma "boa ciência", que é definida como excludente da subjetividade na busca por "fatos" objetivos e regras universais que governam a maneira como estes fatos se conectam. Essa negligência do fator humano tem resultado em teorias gerenciais que tratam os seres humanos simplesmente como mais um recurso, como a terra ou o capital. Elas falham por desconsiderar a importância do instinto, da emoção e do contexto humanos no processo de criação do conhecimento. Como Christensen e Raynor (2003: 178) afirmam: "Recursos são normalmente pessoas ou coisas – eles podem ser empregados e dispensados, comprados e vendidos, depreciados ou construídos".

Nossa teoria encontra paralelo na visão relacionada ao processo, derivada da filosofia processual de Alfred North Whitehead, reconhecendo a natureza inter-relacionada e em constante mudança da criação de conhecimento. Ela é contrária à visão convencional do conhecimento como uma substância autossustentável e da empresa como uma máquina estática de processamento de informação: a máquina recebe informação do ambiente, processa e determina os níveis de produção para se *adaptar* ao ambiente. Tal visão não pode conceitualizar o verdadeiro processo de criação de conhecimento. O conhecimento não é uma substância estática ou uma coisa, mas um processo de interação que sempre muda, em um campo de relações instável. Desta maneira, para entender o conhecimento, precisamos examinar o processo de interações humanas e mudanças. A teoria da criação de conhecimento encara o conhecimento como um processo dinâmico e a empresa como uma entidade dialética em um relacionamento ativo com seu ambiente. A existência do conhecimento e da empresa não é independente do ambiente, ocorrendo, na verdade, *dentro* do ambiente em relação com outros, emergindo em interação com outros e remodelando a si mesmo, aos outros e ao ambiente por meio dessas interações. A teoria de criação do conhecimento é baseada na visão do mundo e de todas as coisas inseridas nele como em "fluxo" contínuo. O relacionamento com o ambiente é caracterizado pela criação ativa da mudança, em vez de uma reação passiva à mudança. Para entender este processo dinâmico, precisamos de uma teoria da empresa baseada no conhecimento que possa explicar como as companhias percebem e interpretam as realidades, como interagem com os vários agentes dentro e fora da organização e como sintetizam várias interpretações subjetivas de modo a transformá-las em conhecimento coletivo, que se torna objetivo e validado como um ativo de conhecimento universal da empresa.

Nossa teoria é prática ao lidar com o cotidiano gerencial da vida real. O conhecimento e sua gestão precisam ter relação com o tempo subjetivo que está "aqui e agora" e os julgamentos de valor feitos de acordo com cada situação ou contexto em particular. Essas situações não podem ser convergidas em uma fórmula universal para a operação da empresa, sendo, na verdade, simples realidades com as quais cada empresa precisa lidar. Este livro não é um manual de "como fazer" a prática gerencial. Em vez disso, nosso objetivo é teorizar a gestão não somente como uma ciência, mas também como uma arte, e construir uma teoria que capte a realidade essencial da vida nas empresas.

Uma vez que o conhecimento e sua gestão é uma acumulação de julgamentos de valor, a teoria da gestão envolve necessariamente questões de estética e ética. Na era da sociedade do conhecimento, a questão migrou da quantidade (quanto deveríamos produzir?) para a qualidade (o que e por que deveríamos produzir?). São os valores das pessoas e as decisões baseadas em valores que determinam o estilo de vida em uma organização, sua razão de ser e o valor que ela cria. Sendo assim, a empresa criadora de conhecimento cria valor ao perguntar e responder constantemente, em bases operacionais diárias, a questão ontológica humana "por que existimos?" e a questão estética "o que é bom?". Desenvolvemos o conceito de *phronesis* de Aristóteles – sabedoria prática ou prudência – para mostrar como os valores, a estética e a ética se inserem no processo organizacional de criação de conhecimento. Em nossa visão, a essência dos negócios não está em superar os concorrentes para maximizar os lucros, e sim na criação do conhecimento organizacional e na busca incansável do seu próprio padrão de

26 *Managing Flow*

excelência. A excelência somente emerge com o comprometimento e a prática incondicionais de servir ao bem comum da companhia, de seus funcionários, clientes e demais partes interessadas, assim como da sociedade ampla, com base na própria visão e valores da companhia. Valores são criados por meio do esforço contínuo de dar o melhor de si, criando conhecimento e inovação para realizar o futuro que se tem em mente. O lucro é um resultado desta criação de valores, e não um propósito em si.

Embora nossa teoria se apoie nos trabalhos filosóficos de Aristóteles, Nishida, Polanyi e Whitehead, não estamos preocupados com a especulação filosófica. Não somos filósofos nem intérpretes de filosofia. Em vez disso, nosso objetivo é integrar tais ideias e conceitos filosóficos para desenvolver uma teoria processual da empresa baseada no conhecimento. No Capítulo 1, discutimos a natureza do conhecimento e por que as teorias existentes não explicam adequadamente o processo de criação de conhecimento. Nos Capítulos 2 e 3 apresentamos o esquema teórico do livro. Os capítulos subsequentes discutem os principais elementos da teoria e os ilustram com exemplos da vida real de companhias engajadas na gestão baseada no conhecimento. Tanto a teoria quanto os exemplos práticos enfatizam as capacidades criativas dos seres humanos e como isso leva à inovação organizacional. No espírito do livro *Adventures of Ideas*, de Whitehead (1933), pretendemos contribuir com uma teoria da empresa na sociedade do conhecimento que integre a filosofia com o comportamento real e as circunstâncias das empresas criadoras de conhecimento.

Utilizamos estudos de caso porque a essência do processo não pode ser capturada valendo-se dos métodos científicos tradicionais de análise de substâncias. Flyvbjerg (2006:379) indicou que os estudos de caso precedentes e os exemplos fornecem um método de pesquisa mais apropriado para as organizações "fronéticas", observando que "a história é central para a pesquisa das organizações fronéticas [...] assim como as narrativas que contêm atores e eventos específicos". O ser humano é um animal que conta histórias, e a noção de história é tão fundamental quanto a noção de ação (MacIntyre, 1984: 214, 216). A narrativa é o ato de descrever e explicar na forma de histórias, consistindo em início, meio e fim (Aristóteles, 2002; Dante, 1985). Esta é uma abordagem eficaz para a compreensão da complexidade organizacional, pois torna possível manter o contexto, a reflexão, o propósito, os motivos e a sensibilidade temporal para captar e explicar a realidade (Tsoukas e Hatch, 2001). Além disto, a narrativa é eficaz ao explicar não somente o "porquê", ao descrever a causalidade entre eventos, mas também ao explicar a questão dinâmica de "como" – não "como fazer", mas "como isso vem a ser" –, já que ela se baseia no julgamento de valores e na razão prática sobre as relações entre meios e fins. A razão prática ocorre como uma consequência de pensamentos e ações em direção a um objetivo, estabelecendo os meios para realizar aquele objetivo com a ação e o desempenho

Introdução 27

recomendados. Assim, a questão essencial na gestão *fronética* diz respeito a qual ação tomar, e isso só pode ser respondido tendo em mente a pergunta "De que história ou histórias eu faço parte?". Neste livro, procuramos descrever e explicar os eventos organizacionais particulares com detalhes narrativos específicos e interessantes, que nos permitam abstrair e articular princípios universais que explicam o "como".

O conhecimento é criado por meio da síntese de contradições. O próprio título do livro, *Managing Flow*, estabelece a aparente contradição de que "se tudo está em fluxo", não podemos gerenciar nada. A intenção de Heráclito não era sugerir que tudo flui aleatoriamente sem intenção, mas enfatizar a necessidade de discernir e entender as regras por trás do fluxo, seja ele algo que atrai para o caos, ou uma lei do universo. Para que façamos isso, precisamos ser capazes de olhar para o processo a fim de captar a essência da realidade. Contudo, apenas enxergar a essência não é suficiente. Para sobreviver ao constante fluxo de inter-relações e mudanças incessantes, não podemos ser meros observadores ou reagentes; precisamos *agir* quando enfrentamos uma situação particular, para mudar o fluxo. A *phronesis* é a capacidade de captar a essência de uma situação em andamento e tomar a ação necessária para criar a mudança. Este livro é a nossa tentativa de construir uma teoria para explicar como as empresas gerenciam o fluxo ao exercitar a *phronesis* de modo a serem capazes de continuar criando conhecimento em um mundo que está sempre mudando.

REFERÊNCIAS

Aristotle. (2002). *Nicomachean ethics* (S. Broadie & C. Rowe, Trans.). New York: Oxford University Press.

Christensen, C.M. and Raynor, M.E. (2003). *The Innovator's Solution: Creating and Sustaining Successful Growth*. Cambridge, MA: Harvard Business School Press.

Danto, A. C. (1985). *Narration and knowledge*. New York: Columbia University Press.

Drucker, P.F. (1993). *Post-Capitalist Society*. New York, NY: Harper Business.

Flyvbjerg, B. (2006). Making organization research matter. In S. Clegg, C. Hardy, T. Lawrence & W. Nord (Eds.), *The SAGE handbook of organization studies, second edition* (pp. 370–387). Thousand Oaks: SAGE publications.

MacIntyre, A. (1984). *After virtue: A study in moral theory (2nd ed.)*. Notre Dame: University of Notre Dame Press.

Thurow, L.C. (2003). *Fortune Favors the Bold: What We Must Do to Build a New and Lasting Global Prosperity*. New York, NY: HarperCollins.

Tsoukas, H. and Hatch, N. J. (2006). Complex Thinking, Complex Practice: The Case for a Narrative Approach to Organizational Complexity. In R. MacIntosh, D. MacLean, R. Stacey and D. Griffin (eds.), *Complexity and Organization: Readings and Conversations*. Oxson: Routledge. 247–276.

Whitehead, A.N. (1933). *Adventures of Ideas*. New York, NY: Free Press.

As características do conhecimento 1

Neste capítulo, abordaremos a natureza do conhecimento e de que maneira ele se diferencia de outros recursos. Assim, será possível compreender por que precisamos de uma nova teoria sobre o conhecimento e sua gestão. Nas teorias da empresa, a questão do conhecimento tem sido abordada principalmente a partir da chamada visão da empresa baseada em recursos, os quais são vistos como uma das maneiras mais eficazes de gerar retornos acima da média (Winter, 1987; Prahalad e Hamel, 1990; Nelson, 1991; Kogut e Zander, 1992; Leonard-Barton, 1992; Teece *et al.*, 1997). As questões centrais dessa visão advêm da preocupação com aqueles tipos de recursos de conhecimento que trazem retornos acima da média, isto é, de que maneira uma empresa pode potencializar seus lucros a partir do conhecimento que possui e de que forma uma empresa pode proteger seu conhecimento e seus recursos. Embora essa visão reconheça a capacidade dinâmica da empresa (Teece *et al.*, 1997; Teece, 2007), muitos dos argumentos tendem a se concentrar no uso dos recursos em vez de olhar para as dinâmicas nas quais a empresa produz continuamente recursos por meio da interação com o ambiente. O que falta na abordagem baseada em recursos é uma estrutura abrangente que indique como as partes internas e externas das organizações interagem entre si ao longo do tempo, criando algo novo (para uma leitura detalhada veja, por exemplo, Priem e Butler, 2001). A visão da empresa baseada em conhecimento (Grant, 1996; Spender, 1996; Nonaka e Toyama, 2005), que derivou da visão baseada em recursos, busca superar essa carência. Spender observou que "a teoria da empresa baseada em conhecimento pode gerar *insights* que superam as teorias baseadas em recursos e em funções de produção". Spender conceitua a teoria da visão baseada em conhecimento como "uma plataforma para uma nova visão de empresa como um sistema dinâmico, evolutivo e semiautônomo de produção e aplicação de conhecimento" (Spender, 1996: 59).

Além disso, na visão da empresa baseada em recursos, o conhecimento é tido como um dos muitos recursos que geram receita. A intangibilidade do conhecimento como um recurso é amplamente reconhecida e discutida, mas ainda é insuficiente para a compreensão do papel do conhecimento na gestão e no processo pelo o qual o conhecimento é criado. A natureza do conhecimento enquanto recurso de gestão se diferencia muito da natureza do conhecimento enquanto recurso físico. Os atributos do conhecimento não perdem valor quando utilizados por um grande número de pessoas, o que faz dele um recurso que gera receita e que transcende tempo e espaço, seja na forma de objetos, escrita ou tradições transmitidas através de gerações. O conhecimento torna-se um recurso infinito que é simultaneamente produzido e consumido, tornando interconectadas e inseparáveis sua concepção e produção; e o seu valor é criado por meio da recategorização, surgindo da criação de novos tipos e combinações de conhecimento (cf. Toffler, 1980; Romer, 1986; Bell, 1995; Nonaka e Takeuchi, 1995; Burton-Jones, 1999). Em outras palavras, enquanto recursos físicos como o capital, as matérias-primas e os equipamentos de produção podem ser usados apenas por seus proprietários e se depreciam com o uso, o conhecimento não perde seu valor, podendo ser reproduzido e compartilhado por vários usuários devido a sua ampla disponibilidade. Além disso, o valor dos recursos físicos também pode aumentar se combinado ao conhecimento.

Em alguns aspectos, o conhecimento se assemelha à informação, pois esta pode ser copiada, reproduzida a baixo custo e externalizada, o que permite dizer que seu valor depende do número de pessoas que a possui. A informação também é indivisível ou sistemática, em vez de fragmentada. Sua qualidade é incerta, o que dificulta a determinação de seu valor, e sua transação é irreversível, visto que uma vez que alguém possui uma informação, é impossível "deixar de possuí-la" (Stigler, 1961; Macho-Stadler e Pérez-Castrillo, 2001). Entretanto, o conhecimento é muito mais do que uma simples coleção de informações. Se comparado aos recursos físicos e à informação, a característica mais proeminente do conhecimento é ser ele resultado da interação humana. Não se trata de uma substância independente esperando para ser descoberta e coletada. O conhecimento é criado nas interações entre as pessoas e em seu ambiente. Assim, para se compreender o conhecimento é necessário primeiro compreender os seres humanos e os processos interativos a partir dos quais o conhecimento emerge.

Como as interações humanas são a fonte da criação de conhecimento, ele é subjetivo, relacionado a processos, estético e adquirido pela prática. Nossa visão do conhecimento e de seu processo de criação tem como foco as pessoas e as ações, e baseia-se nas tradições filosóficas orientais de Nishida bem como nas tradições ocidentais de Aristóteles, Polanyi e Whitehead, todas as quais explicam

As características do conhecimento **31**

a natureza do conhecimento e a existência humana de um mundo dinâmico e inter-relacionado.

O CONHECIMENTO É SUBJETIVO

Há muito tempo, estudiosos vêm tentando excluir a subjetividade da gestão com o intuito de construir uma teoria "objetiva" que possa ser universalmente aplicada pelos administradores em qualquer situação que tenham de enfrentar na sua profissão. Apesar desse esforço "racional", é impossível excluir totalmente a subjetividade da gestão. De acordo com Flyvbjerg (2001), a ciência social não pode ser separada de fatores subjetivos, já que ela trata justamente de questões de subjetividade, tal como valores, contextos e poder. É preciso enfrentar a questão da subjetividade inerente à gestão, não somente por ser impossível de excluí-la, mas por ser a própria matéria a ser examinada para se elaborar uma teoria de empresa baseada no conhecimento.

Como afirmado na seção anterior, o conhecimento é criado pelas pessoas a partir de suas interações. Portanto, é necessário compreender melhor a natureza do ser humano para entender o conhecimento. Primeiramente, deve-se compreender que os seres humanos possuem diferentes pontos de vista subjetivos, e que essas diferenças são necessárias para a criação do conhecimento. Os recursos materiais e a informação não devem e não podem variar de acordo com seu usuário. As teorias dos sistemas organizacionais e dos sistemas de informação até hoje tenderam a enxergar a organização como uma máquina de processamento de informação. Nessa visão, as diferenças de perspectiva e capacidade entre os homens são consideradas fraquezas ou "ruídos" a serem superados para que a máquina opere de forma eficiente. Ainda que os sistemas de produção em massa e as linhas de montagem ao estilo da fábrica de Ford sejam os fundamentos básicos do capitalismo moderno, eles são, na verdade, sistemas que buscam gerar produtos padronizados com o mesmo nível de qualidade, independentemente dos diferentes níveis de qualificação da mão de obra. Os sistemas de informação são desenvolvidos de modo que a informação transmitida tenha o mesmo significado, não importando qual o emissor ou o receptor. Autoridade e responsabilidade são definidas burocraticamente em uma clara cadeia de comando que visa assegurar uma operação uniforme, mesmo que as pessoas que ocupam essas posições tenham diferentes níveis de capacidade.

As teorias de gestão têm tentado eliminar essas diferenças, mas são justamente tais diferenças de perspectiva e de capacidade entre os homens que dão vida ao novo conhecimento. A tradicional definição grega de conhecimento como uma "crença verdadeira justificada" sugere que o conhecimento é algo objetivo, absoluto e livre de contexto. Essa visão do conhecimento como uma "verdade" que

32 *Managing Flow*

existe independente de nós, que vai além da nossa experiência e que ao mesmo tempo anseia por ser descoberta, desvia nossa atenção do significado essencial de conhecimento. Na verdade, devemos encarar a "crença" como o ponto de partida para a compreensão do conhecimento, pois ela é a fonte de todo o saber, sendo que é o ser humano quem sustenta e esclarece tal convicção. Citando Santo Agostinho, Polanyi (1969) enfatizou a importância da fé para a compreensão do conhecimento: "Se não crerdes, não entenderás".

O conhecimento não pode existir sem as subjetividades da vida humana e os contextos que envolvem os seres humanos, isso porque a "verdade" varia de acordo com quem somos e a partir de que ponto a enxergamos. O conhecimento é a informação que é significativa, e, como observou John Dewey, o significado não é uma qualidade fixa associada a um evento específico, e sim a variedade de maneiras possíveis nas quais o evento pode influenciar nossas ações futuras e nosso entendimento compartilhado (Dewey, 1916). O significado da informação é desempenhado pela subjetividade. Em outras palavras, para ser considerado conhecimento, o saber requer juízo de valor. Um novo significado é criado e leva à criação de um novo valor justamente porque pontos de vista subjetivos diferem de pessoa para pessoa, dependendo do contexto. Por esses motivos, é necessária uma teoria de gestão que encare abertamente a questão das diferenças na subjetividade individual, como modo com que interpretamos o mundo e nossos valores, em vez de teorias que tratem os seres humanos como partes substituíveis de uma organização e busquem desprezar a subjetividade humana, como se fossem um "ruído" na "máquina".

Nossa visão de conhecimento é baseada na concepção de Michael Polanyi (Polanyi, 1958). Polanyi se opõe à visão objetiva e analítica que encara o conhecimento como algo que o ser humano adquire ao analisar o objeto como algo que existe à parte e além dele mesmo. Ele argumenta que o ser humano adquire conhecimento por meio da sua formação e na integração de suas experiências individuais de modo ativo e subjetivo, o que ele denomina "conhecimento tácito". Para Polanyi, o conhecimento explícito, objetivo e analítico é uma lógica sem sentido, nada mais do que "conhecimento sem objeto conhecido" (Popper, 1972), muito embora ele não negue a importância deste conhecimento objetivo e explícito. O conhecimento é acima de tudo uma questão de como nós, como indivíduos, respondemos à realidade e como situamos esta realidade em relação a nós mesmos. Em outras palavras, é a questão de como existimos enquanto indivíduos. É em relação a este conhecimento pessoal que integramos ativamente nossas experiências e, neste processo, criamos novo conhecimento e novos significados.

Alguns estudiosos e profissionais da área de gestão têm começado a salientar que as teorias de gestão devem se basear na experiência dos seres humanos, os quais possuem intenções e valores (Yu, 2003). Weik (1979), em sua análise dos recursos empresariais e ambientais, afirma que uma organização não reage sim-

As características do conhecimento **33**

plesmente ao ambiente, mas também o *concebe*, interpretando-o em uma perspectiva subjetiva. Ao contrário do que defende a visão estruturalista, como a de Michael E. Porter, professor na Harvard Business School, a realidade não possui uma existência "objetiva"; ela é *criada* por uma organização que a percebe como *real*. Isso significa que as organizações diferem entre si não apenas pela doutrina em que se baseiam para *reagir* a uma realidade, mas também por aquela em que se baseiam para *perceber* a realidade. E esta perspectiva, por sua vez, é formada por meio da interpretação dessa realidade. Tais diferenças são a fonte dos diferentes valores que cada organização pode criar.

O CONHECIMENTO É RELACIONADO AO PROCESSO

Nossa visão de mundo é compatível com a dos filósofos processuais, como Alfred North Whitehead.[1] Na filosofia processual, o mundo é uma teia orgânica de processos inter-relacionados ou uma série de eventos em que tudo existe em relação ao resto. O homem é visto como uma sociedade de eventos espaço-temporais complexos (Jungerman, 2000). Embora os seres humanos tenham a tendência de enxergar o mundo como matéria, nada, nem mesmo o indivíduo, existe como uma matéria autossuficiente o tempo todo. O que pensamos serem entidades substanciais são, na verdade, eventos momentâneos que ocorrem em espaço e tempo particulares. Como Heráclito afirmou: *panta rhei*, tudo está em movimento. "O rio não é um objeto, mas um fluxo contínuo" (Rescher, 2003: 5). Por este prisma, a tradição científica que vê a matéria como substância já não é válida. Em vez disso, deve-se considerar a inter-relação e a interdependência das entidades no processo e como o processo muda como um "fluxo" no espaço-tempo.

Até hoje, as teorias e as práticas da gestão do conhecimento têm tratado este como substância. Em vez disso, deveríamos entender o conhecimento primordialmente como processo, sendo criado e usado em relação ao conhecimento de outros seres humanos que coexistem. Mesmo quando o conhecimento parece adquirir uma forma concreta ou substancial como um produto, ele incorpora processos anteriores de desenvolvimento do produto pelo fabricante e *torna-se* conhecimento novo quando é *experimentado* pelos clientes, os quais desencadeiam um novo processo de criação de conhecimento. Entretanto, não devemos negar o mérito da compressão do conhecimento como substância. Até certo ponto isso é inevitável, pois compreender a existência como puro processo está normalmente além da capacidade humana. Só podemos compreender a existência se abstrairmos ou "congelarmos" uma parte do processo como um elemento compreensível em tempo e espaço particulares. Contudo, devemos ter a consciência de que esta abstração – em que nos envolvemos para dar sentido ao mundo – é também um aspecto do processo. Whitehead adverte que devemos ter cuidado para não cair na falácia de um materialismo inadequado, ou seja, interpretar equivocadamente o processo de abstração como uma realidade concreta. Tendo este cuidado em mente, existem situações em que compreendemos melhor o conhecimento como substância e outras situações em que o compreendemos melhor como processo. Assim como no processo de conversão de um substantivo em verbo, obtemos uma melhor compreensão da noção subjacente durante o processo de conversão, em vez de simplesmente visualizá-la como verbo ou substantivo.

O conhecimento nasce a partir da experiência, que é um processo subjetivo de percepção, e da apreensão da essência na interpretação do mundo. Cabe ressaltar que o nosso significado de "subjetivo" difere daquele proveniente da filosofia ocidental tradicional inaugurada por Descartes e Kant, em que o objeto é considerado um centro estável do universo. Na filosofia processual, considera-se que o objeto surge da interação com o mundo, e não que o mundo surge a partir do objeto, como em Kant (Whitehead, 1978).[2] Em vez de existirmos como uma substância autossuficiente em forma de átomo, existimos, ou passamos a existir, como um processo integrado ao mundo, em nossas interações com ele.

Na visão de Whitehead, o ser humano enquanto "entidade real" é uma complexa sociedade de eventos que ocorrem como uma série de ocasiões ou experiências únicas. Isso significa que "entidade real" é aquilo que é experimentado. O que nós experimentamos até o presente momento cria o que somos neste exato instante, ou o que seremos no momento seguinte. O mundo é feito de eventos ou ocasiões de experiência, em vez de *coisas* que perduram; ele é feito de personagens compostos em grande parte pelas suas relações (Cobb, 2007: 571).[3] Toda experiência é momentânea e tem características únicas. Nós unificamos a experiência do presente com a nossa experiência do passado e de outros indivíduos e nos tornamos um novo ser. Nas palavras de Whitehead, "os vários se tornam um só, e com um a mais". Esta realidade unitária é uma criação. Neste sentido, "experimentar é criar, criar é experimentar", e "a cada momento eu sou uma nova experiência" (Hartshorne, 2007: 77, 81). Quando tomamos uma decisão, incorporamos, direta ou indiretamente, todas as experiências anteriores. Por meio da decisão, o evento ganha realidade e torna-se um objeto disponível para ser experimentado por personagens futuros. Nossas experiências não são substâncias autossuficientes, mas processos que envolvem relacionamentos (Jungerman, 2000: 1–14). Em suma, somos aquilo que experimentamos até o momento, e a maneira como nos relacionamos com o mundo é baseada em quem somos. Na visão processual, o ser humano está sempre no estado de *se tornar*, onde *ser* é tão-somente um aspecto de *se tornar*.

Isso não significa que sejamos seres passivos, definidos e formados pelo ambiente. Pelo contrário, somos seres ativos buscando nos definir e redefinir e alterar o ambiente em nossas interações com ele. Nossos propósitos individuais definem nossa existência no mundo, pois formam a maneira como nos relacio-

As características do conhecimento **35**

namos com o mundo e adquirimos significado, e, por sua vez, a maneira como formamos o mundo. Heidegger afirmou que o futuro, o qual apresenta o potencial de acontecer, é a dimensão temporal mais importante, pois à medida que projetamos nosso futuro no presente, tanto nosso exercício presente quanto nossa experiência passada podem ser vistos a partir de um ponto de vista diferente (Heidegger, 1962). Por exemplo, quando uma mulher projeta um futuro como uma romancista, seu passado se torna uma fonte de histórias para ela e "o mundo se abre como um local repleto de colegas artistas, fãs, editores e assim por diante. Seu futuro e seu passado dão asas ao seu presente" (Polt, 1999: 97). Os homens são seres idealizadores que farão o possível para realizar seus sonhos e ideais – e estes estão além da mera preferência (Rescher, 2003). Ao questionarem sua própria existência, os seres humanos transformam a si e ao ambiente que os cercam, fazendo a pergunta: "com que propósito vivemos?". A criatividade desempenha um papel no relacionamento entre os seres humanos e o mundo. No processo de criação do conhecimento organizacional, os indivíduos interagem entre si para transcender seus próprios limites e realizar sua visão de futuro. Como resultado, eles mudam a si mesmos, aos outros, à organização e ao ambiente.

A filosofia processual vem sendo incorporada ao trabalho de alguns estudiosos da área de gestão. Entre eles, Chia e Tsoukas (2003) propõem um modelo de mudança organizacional "risômica" baseado na filosofia de Deleuze. Criticamente, eles compreenderam que a fraqueza essencial dos modelos de mudança organizacional existentes é estarem presos ao legado intelectual de Parmênides, "o qual faz prevalecer, de forma implícita, o desempenho sobre a mudança, a descontinuidade sobre a interconectividade imanente, o progresso linear sobre o tornar-se heterogêneo e o equilíbrio sobre o movimento e a transformação" (Chia e Tsoukas, 2003: 218).

Na teoria processual da empresa baseada no conhecimento, definimos o conhecimento como "o processo humano/social dinâmico de justificação da crença pessoal em relação à verdade" (Nonaka e Takeuchi, 1995: 58). O conhecimento é criado pelas pessoas em suas interações umas com as outras e com o ambiente. Ele é um processo no qual os pensamentos subjetivos do indivíduo são justificados pela interação social com outros indivíduos e com o ambiente para tornar-se uma "verdade" objetiva. A justificativa da crença por meio da interação social é necessária e possível precisamente porque o significado deriva de um fenômeno que varia de indivíduo para indivíduo. O conhecimento nasce das perspectivas múltiplas da interação humana. É com essa perspectiva múltipla que alguém se torna capaz de enxergar diversos aspectos de um fenômeno em diferentes contextos que, observados em conjunto, conduzem a uma compreensão da essência ou verdade do fenômeno todo, dentro de cada um. Por esses motivos, o processo de criação do conhecimento é um processo social de uma verdade avaliadora (Nonaka, 1994; Nonaka e Takeuchi, 1995). Filósofos recentes, como Richard Rorty, argumentam

36 *Managing Flow*

que a validação por parte do grupo produz um conhecimento que não é privado nem subjetivo (Rorty, 1979). O conhecimento é criado socialmente na síntese de diferentes visões sustentadas por várias pessoas.

Por estas razões, para se compreender o conhecimento temos que entender o processo em que os homens estão inter-relacionados. Na essência do pensamento da teoria econômica convencional, no qual a pessoa é vista como *Homo economicus*, os relacionamentos individuais são definidos em contratos para satisfazer o desejo das pessoas apenas nos quesitos de posse e consumo de bens e de acumulação de riqueza. Sendo assim, não há comunidade, há apenas indivíduos que existem à parte uns dos outros. Uma visão baseada no contrato de relacionamentos externos não pode explicar o processo social da criação do conhecimento.

O CONHECIMENTO É ESTÉTICO

Como afirmado anteriormente, o conhecimento é criado a partir das nossas crenças, e para uma crença tornar-se conhecimento é preciso que seja justificada como verdade. Polanyi afirma que o conhecimento deve ser julgado pela sua importância. O conhecimento surge de uma série de juízos de valor. Tais juízos dependem do modo como percebemos a verdade, a bondade e a beleza. Em outras palavras, o juízo de valor depende do senso estético de cada ser humano. Como Whitehead afirma, "na ausência de Beleza, a Verdade cai na trivialidade. A Verdade é relevante em função da Beleza" (Whitehead, 1933: 267). Indo além, ele encara a experiência harmoniosa como a forma mais concreta de beleza.

Como Taylor e Hansen (2005) assinalam, historicamente a teoria organizacional tem se preocupado primordialmente com as questões instrumentais da eficácia e da eficiência. À medida que o estudo da estética nos negócios se torna mais comum, as atenções estão se migrando das abordagens puramente instrumentais e passando a incluir os âmbitos da moral e da estética. De modo geral, "a estética está relacionada com o conhecimento criado a partir de nossas experiências sensoriais" (Taylor e Hansen, 2005: 1212). Strati (2003) argumenta que o conhecimento estético é uma forma de conhecimento que as pessoas adquirem ativando as capacidades específicas de suas faculdades perceptivas sensoriais para garantir que os juízos estéticos do dia a dia façam parte das organizações (Strati, 2003: 54). Desde Nietzsche (1967), tem havido um consenso filosófico amplo na noção do saber estético por meio da experiência e também no argumento de que outras formas de saber derivadas do pensamento racional dependem – e se fortalecem – da experiência estética (Dewey, 1934; Gagliardi, 1996). O conhecimento estético oferece um *insight* e uma consciência que talvez sejam impossíveis de expressar em palavras, mas ainda assim nos possibilita perceber novos caminhos (John, 2001).

As características do conhecimento **37**

O senso estético é necessário não apenas para julgar o conhecimento que é criado, mas também para determinar o tipo de conhecimento a ser criado. Criamos conhecimento de acordo com nossos valores e ideais. As empresas se diferenciam umas das outras por conceberem diferentes futuros e por buscar realizá-los (Nonaka e Toyama, 2007). Novas oportunidades para uma empresa, novos mercados, novas tecnologias ou novos modelos de negócios baseiam-se em sua visão de futuro, e são os valores, os ideais e o senso estético dos membros da organização que determinam essa visão. Em outras palavras, a ontologia da empresa, que define "como a organização deve existir no mundo", primeiramente estabelece a visão de futuro da empresa para então definir a existência da empresa, o conhecimento a ser criado e, consequentemente, o ambiente em que ela irá operar.

O CONHECIMENTO É CRIADO POR MEIO DA PRÁTICA

Uma vez que o conhecimento é subjetivo, relacionado ao processo e estético, ele só pode ser criado na verdadeira prática de lidar com cada situação particular. A maneira como nos relacionamos com o próximo e como percebemos o mundo que nos cerca muda conforme a situação, já que tanto nós quanto o mundo nos encontramos em um estado de mudança constante. Portanto, é preciso uma teoria que explique o processo em que o conhecimento é criado por indivíduos que fazem julgamentos de valor de acordo com suas situações e contextos particulares, nas interações com o ambiente específico que os rodeia.

Na tentativa de fazer da gestão de negócios uma ciência, os teóricos da gestão têm buscado regras universais ao analisarem os recursos da empresa ou o ambiente em ela que opera. Os problemas particulares que uma empresa enfrenta em situações específicas são simplesmente encarados como condicões iniciais a serem inseridas na fórmula do planejamento estratégico. Nesta visão, acredita-se que as "regras" certas naturalmente levarão à resposta certa e, ao final, isso irá melhorar ao máximo o cumprimento da tarefa. Porém, as situações particulares que os profissionais enfrentam todos os dias não são apenas "condições iniciais", mas problemas reais que se alteram diariamente e precisam ser enfrentados.

Alguns teóricos têm discutido o problema de enxergar a gestão como um conjunto de regras universais (Mintzberg *et al.*, 1998). Esses teóricos perceberam que o gerenciamento não é realizado por meio de análises baseadas em regras universais, mas por práticas desenvolvidas para lidar com os problemas particulares que uma empresa enfrenta. Eles argumentam que a fonte do diferencial competitivo está na capacidade de adaptação, na prática para a mudança contínua, e não na capacidade de estabelecer um plano analítico preciso (Chia, 2004; Whittington, 2004). Nesta visão, a gestão está mais para arte ou ofício do que para uma ciência, já que se baseia no *insight*, na visão, na intuição e na experiên-

38 *Managing Flow*

cia (Mintzberg, 2004). Trata-se da capacidade social de improvisar, ou seja, de reagir rápida e apropriadamente frente a uma situação imprevista (Weick, 2001). Contudo, esta análise não chega a explicar o processo em que esta capacidade é desenvolvida na prática.

RUMO À TEORIA PROCESSUAL DA EMPRESA BASEADA NO CONHECIMENTO

Na seção anterior, afirmamos que a característica mais importante do conhecimento é a de ser criado pelos seres humanos em suas interações e que, portanto, o conhecimento é subjetivo, relacionado ao processo, estético e criado por meio da prática. Para se compreender a gestão baseada no conhecimento é preciso uma teoria de empresa baseada nesta visão de conhecimento, ao invés das teorias da gestão convencional que encaram a empresa como uma entidade autossuficiente e indiferente, na qual as subjetividades humanas são "ruídos" que devem ser desconsiderados na análise. A visão do conhecimento como uma ação subjetiva, processual, estética e prática revela como o conhecimento é constantemente criado para alterar a empresa e o ambiente, e como esta capacidade criativa se desenvolve nas interações com o meio. O que define a empresa e o conhecimento que ela cria são as suas capacidades práticas de formar juízos de valor em cada situação particular para concretizar sua visão de futuro. Essa capacidade foi descrita por Aristóteles como um hábito essencial da mente que alcança a verdade. É a virtude intelectual que ele chamou de *phronesis*, traduzido *grosso modo* como prudência, sabedoria prática e racionalidade prática.

O conceito de *phronesis* é normalmente entendido como a capacidade de determinar e tomar a melhor atitude em relação a uma situação específica, servindo ao bem comum. A *phronesis* considera as circunstâncias contextuais, atende a particularidades e altera os objetivos do processo quando necessário (Eisner, 2002). A *phronesis* está relacionada a valores; vai além do conhecimento científico e analítico (*episteme*) e do conhecimento técnico ou *know-how* (*tecne*), e envolve julgamentos e decisões tomadas por um ator social virtuoso (Flyvbjerg, 2001: 370). Em outras palavras, é o conhecimento tácito de alta qualidade adquirido por meio da experiência prática torna alguém, guiado por valores e ética, capaz de tomar decisões com cautela e tomar as devidas providências, no tempo adequado para cada situação. Adquire-se a *phronesis* por meio da busca pela excelência, pelo esforço de se aperfeiçoar as próprias competências, resultando em um artesão virtuoso (MacIntyre, 1984).

Tendo a *phronesis* como um elemento de ligação, podemos explicar os aspectos subjetivos, processuais, estéticos e práticos do processo de criação do conhecimento de uma empresa. A *phronesis* resume o "saber por que" como uma

As características do conhecimento **39**

teoria científica, o "saber como" enquanto uma habilidade prática, e "saber o quê" como um objetivo a ser alcançado. No próximo capítulo, apresentaremos um modelo teórico para explicar o processo dinâmico de criação do conhecimento organizacional e como ele desenvolve a capacidade criativa chamada *phronesis*.

NOTAS

1. Entre os principais expoentes estão Heráclito, Leibniz, Bergson, Peirce, James e Whitehead (Rescher, 2000). Aqui, iremos nos concentrar exclusivamente em Whitehead. O próprio Whitehead não utiliza o termo "filosofia processual", e sim "filosofia do organismo".
2. Por esse motivo, Whitehead utiliza o termo "superjeto"[*], em vez de "objeto" (Whitehead, 1978).
3. A filosofia processual tem uma afinidade com a filosofia budista e com o taoísmo. No budismo, acredita-se que "tudo surge a partir de diversas outras coisas e não há existência além de suas relações entre si" (Cobb, 2007: 568). De acordo com Hartshorne, a doutrina de Whitehead tem o mérito do pensamento budista, mas com bem mais clareza e consistência, já que ele se embasa em mais de mil anos de processo intelectual e no estímulo da ciência e da lógica ocidentais.

REFERÊNCIAS

Bell, D. (1995). Chishiki Shakai no Shogeki [The impact of intellectual society]. Tokyo: TBS Britanica.

Burton-Jones, A. (1999). Knowledge Capitalism: Business, Work, and Learning in the New Economy. New York, NY: Oxford University Press.

Chia, R. (2004). "Strategy-as-practice: Reflections on the research agenda," European Management Review, 1, 29–34.

Chia, R. and Tsoukas, H. (2003). "Everything flows and nothing abides: Towards a 'Rhisomic' model of organizational change, transformation and action," Process Studies, 32 (2), 196–224.

Cobb, J.B., Jr. (2007). "Person-in-community: Whiteheadian insights into community and institution," Organization Studies, 28 (4), 567–88.

Dewey, J. (1916). Democracy and Education: An Introduction to the Philosophy of Education. New York, NY: Free Press.

Dewey, J. (1934). Art as Experience. New York, NY: GP Putnum's Sons.

Eisner, E.W. (2002). "From episteme to phronesis to artistry in the study and improvement of teaching," Teaching and Teacher Education, 18, 375–85.

Flyvbjerg, B. (2001). Making Social Science Matter: Why Social Inquiry Fails and How it Can Succeed Again (S. Samplson, Trans.). Cambridge: Cambridge University Press.

---

[*] N. de T.: Do inglês *"superject"*.

Gagliardi, P. (1996). "Exploring the aesthetic side of organizational life," in S.R. Clegg, C. Hardy and W.R. Nord (eds.). Handbook of Organization Studies. London: Sage.

Grant, R.M. (1996). "Toward a knowledge-based theory of the firm," Strategic Management Journal. 17:109–122.

Hartshorne, C. (2007). "The idea of creativity in American philosophy," in H.F. Vetter (ed.). Hartshorne: A New World View. Cambridge, MA: Harvard Square Library, pp. 66–83.

Heidegger, M. (1962). Being and time. (J. Macquarrie and E. Robinson Trans.). Malden, MA: Blackwell Publishing.

John, E. (2001). "Art and knowledge," in B. Gaut and D. Lopes (eds). The Routledge Companion to Aesthetics. London: Routledge, pp. 329–52.

Jungerman, J.A. (2000). World in Process: Creativity and Interconnection in the New Physics. Albany: State University of New York Press.

Kogut, B. and Zander, U. (1992). "Knowledge of the firm, combinative capabilities, and the replication of technology," Organization Science, 3 (3), 383–97.

Leonard-Barton, D. (1992). "Core capabilities and core rigidities: A paradox in managing new product development," Strategic Management Journal, 13, special issue,111–25.

Macho-Stadler, I. and Pérez-Castrillo, J.D. (2001). An Introduction to the Economics of Information: Incentives and Contracts, tr. R. Watt. Oxford: Oxford University Press.

MacIntyre, A. (1984). After Virtue: A Study in Moral Theory, 2nd edn. Notre Dame: University of Notre Dame Press.

Mintzberg, H. (2004). Managers not MBAs: A Hard Look at the Soft Practice of Managing and Management Development. San Francisco: Berrett-Koehler Publishers.

Mintzberg, H., Ahlstrand, B., and Lampel, J. (1998). Strategy Safari: A Guided Tour through the Wilds of Strategic Management. New York, NY: Free Press.

Nelson, D.B. (1991). "Conditional heteroskedasticity in asset returns: A new approach," Econometrica, 59 (2), 347–70.

Nietzsche, F. (1967). The Will to Power (W. Kaufmann & R.J. Hollingdale, Trans.). New York, NY: Random House.

Nonaka, I. (1994). "A dynamic theory of organizational knowledge creation," Organization Science, 5 (1), 14–37.

Nonaka, I. and Takeuchi, H. (1995). The Knowledge-Creating Company. New York, NY: Oxford University Press.

Nonaka, I. and Toyama, R. (2005). "The theory of the knowledge-creating firm: Subjectivity, objectivity and synthesis," Industrial and Corporate Change, 14, 419–36.

Nonaka, I. and Toyama, R. (2007). "Strategic management as distributed practical wisdom (phronesis)," Industrial Corporate Change, 16 (3), 371–94.

Polanyi, M. (1958). Personal Knowledge: Towards a Post-Critical Philosophy. Chicago: University of Chicago Press.

Polanyi, M. (1969). The Logic of Tacit Inference, Knowing and Being. Chicago: University of Chicago Press.

Polt, R.F. (1999). Heidegger: An Introduction. Ithaca, NY: Cornell University Press.

Popper, K.R. (1972). Objective Knowledge: An Evolutionary Approach. Oxford: Oxford University Press.

Prahalad. C.K. and Hamel, G. (1990). "The core competence of the corporation," Harvard Business Review, June–July.

Priem, R.L. and Butler, J.E. (2001). "Is the resource-based theory a useful perspective for strategic management research?" Academy of Management Review, 26 (1), 22–40.

Rescher, N. (2000). Process Philosophy: A Survey of Basic Issues. Pittsburgh: University of Pittsburgh Press.

Rescher, N. (2003). Rationality in Pragmatic Perspective. Lewiston, NY: Edwin Mellen Press.

Romer, P.M. (1986). "Increasing returns and long-run growth," Journal of Political Economy, 94: 1002–37.

Rorty, R. (1979). Philosophy and the Mirror of Nature. Princeton, NJ: Princeton University Press.

Spender, J.C. (1996). "Making knowledge the basis of a dynamic theory of the firm," Strategic Management Journal, 17, winter special issue), 45–62.

Stigler, G.J. (1961). "The economics of information," The Journal of Political Economy, 69(3), 213–25.

Strati, A. (2003). "Knowing in practice: Aesthetic understanding and tacit knowledge," in D. Nicolini, S. Gherardi, and D. Yanow (eds). Knowing in Organizations: A Practice-Based Approach. New York, NY: M.E. Sharpe.

Taylor, S.S. and Hansen, H. (2005). "Finding form: Looking at the field of organizational aesthetics," Journal of Management Studies, 42 (6), 1211–31.

Teece, D.J. (2007). "Explicating dynamic capabilities: The nature and microfoundations of (sustainable) enterprise performance," Strategic Management Journal, 28(13), 1319–50.

Teece, D.J., Pisano, G., and Shuen, A. (1997). "Dynamic capabilities and strategic management," Strategic Management Journal, 18(7), 509–33.

Toffler, A. (1980). The Third Wave. New York, NY: Morrow.

Weick, K.E. (1979). The Social Psychology of Organizing, 2nd edn. Reading: Addison-Wesley.

Weick, K.E. (2001). Making Sense of the Organization. Malden, MA: Blackwell.

Whitehead, A.N. (1933). Adventures of Ideas. New York, NY: Free Press.

Whitehead, A.N. (1978). Process and Reality, corrected edn. New York, NY: Free Press.

Whittington, R. (2004). "Strategy after modernism: Recovering practice," European Management Review, 1, 62–8.

Winter S.G. (1987). "Knowledge and competence as strategic assets," in D.J. Teece (ed.). The Competitive Challenge: Strategies for Industrial Innovation and Renewal. Cambridge, MA: Ballinger. 159–184.

Yu, F.T. (2003). "A subjectivist approach to strategic management," Managerial and Decision Economics, 24, 335–45.

2 A estrutura teórica

Como discutimos no capítulo anterior, o conhecimento é criado a partir da interação dinâmica entre subjetividade e objetividade. O conhecimento nasce da subjetividade de atores inseridos em um contexto e encontra sua objetividade por meio do processo social. O conhecimento surge da síntese do pensamento e da ação de indivíduos que interagem tanto dentro quanto fora dos limites da organização. Esse conhecimento cria então uma nova *práxis* de interação que, por sua vez, torna-se a base da geração de novo conhecimento, por meio da espiral de criação de conhecimento.

Neste capítulo, oferecemos uma estrutura que resume o processo dinâmico de criação de conhecimento. Em primeiro lugar, examinamos o modelo SECI de criação do conhecimento (Nonaka, 1991, 1994; Nonaka e Takeuchi, 1995), o qual ilustra o processo contínuo de conversão entre conhecimento tácito, ou subjetivo, e o conhecimento explícito, ou objetivo.

O MODELO SECI

A contínua interação entre o conhecimento tácito e o conhecimento explícito dá origem a um novo saber. Polanyi afirmou que todo o saber é tácito ou enraizado em conhecimento tácito e que nenhum saber é completamente explícito (Polanyi, 1969). De acordo com ele, a consciência humana se aprofunda por meio do processo contínuo de alternância entre a integração e a recomposição do conhecimento tácito. Porém, Polanyi não teorizou a respeito do processo de criação do conhecimento. Embora estejamos de acordo com ele quanto à importância do conhecimento tácito, acreditamos que a fonte da criação de conhecimento é o processo da interação entre o tácito e o explícito, pois estes não existem separadamente. Em vez disso, assim como a porção visível e a porção submersa de um *iceberg*, eles formam uma continuidade. Por terem caracteres opostos, eles interagem em um dinâmico processo dialético e criativo. É dentro dessa dinâmica que nasce o novo conhecimento.

O processo ilustrado em nosso modelo consiste em quatro tipos de conversão de conhecimento: socialização, externalização, combinação e internalização (veja a Figura 2.1). Referimo-nos a isso como Modelo SECI (Nonaka e Takeuchi, 1995). Na espiral do modelo SECI, o conhecimento tácito processado por indivíduos é externalizado e então transformado em conhecimento explícito, de modo que possa ser compartilhado com outros indivíduos, sendo enriquecido por seus pontos de vista individuais até se tornar conhecimento novo. A partir daí, ele é internalizado mais uma vez por um grande número de indivíduos na forma de um conhecimento novo, rico e subjetivo que se torna a base para se gerar um novo ciclo de criação de conhecimento.

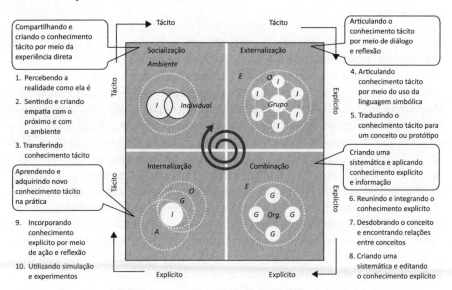

I = Indivíduo – G = Grupo – O = Organização – A = Ambiente
Figura 2.1 O processo de criação de conhecimento: modelo SECI.

Como afirmado no capítulo anterior, conhecimento é processo e não substância. O termo "conversão" pode ser mal-interpretado, como se o conhecimento fosse substância e pudesse ser processado da mesma forma que os recursos físicos. Como Whitehead observou, o pensamento humano confere substância aos processos ao construir uma imagem de sucessivos eventos em tempo e espaço particula-

44 *Managing Flow*

res, em uma tentativa de firmar e constituir significado. Primeiro, é necessário estabilizar o processo para se poder entendê-lo. "Segundo Whitehead, congelamos processos como se fossem entidades, justamente com o intuito de dar sentido ao fluido mundo 'real' " (Bakken e Hernes, 2006: 1602). A substância na forma de substantivos e produtos, como no livro *Thing Knowledge* (2004), de Baird, é uma cristalização do processo naquele contexto particular de espaço-tempo. O modelo SECI é a nossa estrutura ou retrato do processo de criação contínua de conhecimento, o qual nos permite a análise e a avaliação necessárias para dar sentido ao mundo real em fluxo.

O modelo SECI é um modelo processual. Ele se inicia com a socialização dos indivíduos, avança para a externalização dentro dos grupos, para a combinação nas organizações e, então, volta para a internalização nos indivíduos. O aspecto mais importante é que os indivíduos, os grupos e as organizações estão eles próprios se transformando durante o processo de criação de conhecimento, uma vez que eles mesmos são uma coleção de processos.

Socialização

Na etapa da socialização, o conhecimento tácito individual é compartilhado por meio das experiências nas interações sociais do dia a dia para criar um novo conhecimento tácito. Uma vez que é difícil dar forma ao conhecimento tácito – que costuma dizer respeito a um tempo e espaço particulares – ele só pode ser compartilhado entre os indivíduos por meio da experiência direta que envolve os cinco sentidos. Geralmente, isso requer que os indivíduos passem um bom período de tempo juntos ou convivam no mesmo ambiente. O sistema de formação de aprendizes é um método típico de transferência de conhecimento por meio da socialização, no qual o aprendiz observa o mestre para adquirir *know-how* por meio da imitação e da prática. O treinamento corporativo no local de trabalho é uma variação deste método.

Vivendo em um mundo particular ou *se envolvendo*, os indivíduos compartilham e acumulam conhecimento tácito sobre o mundo ao seu redor. Por exemplo, uma pessoa pode ter conhecimento tácito das preferências dos clientes por meio da sua própria experiência como cliente. Na socialização, os indivíduos aceitam as contradições em vez de enfrentá-las, absorvendo conhecimento em seu meio social pela ação e percepção. Uma pessoa pode compartilhar seu conhecimento tácito sobre clientes, fornecedores e até mesmo concorrentes, identificando-se com eles por meio de suas experiências compartilhadas. Ao final, isso irá ajudá-lo a alcançar a uma nova consciência. Na Honda Motor Co. Ltd., o modo fundamental de pensar sobre o desenvolvimento de produtos está resumido na expressão *"sangenshugi"*, ou "os três princípios *gen*". São eles: *genba*, vá ao lugar certo; *genbutsu*, conheça a situação real; e *genjitsu*, seja realista. As implicações dos três princípios *gen* são de que o indivíduo deve se envolver com o produto em *gen*, ou "aqui e agora", nos lugares onde o produto é fabricado e onde ele é utilizado, para compreender a sua realidade essencial. Portanto, quando a Honda estava desenvolvendo seu carro Fit – inicialmente concebido para o mercado europeu – o primeiro passo da equipe de desenvolvimento foi ir até a Europa para ver, com seus próprios olhos, os tipos de carros utilizados em cada região e de que maneira estavam sendo utilizados. A equipe não solicitou as opiniões dos empregados da Honda na Europa nem de outros entendidos do mercado europeu, pois o que eles queriam era observar diretamente e sem pré-concepções as diversas situações dos usuários. Como afirmou um membro da equipe:

> Se tudo o que quiséssemos fossem dados para pesquisa, poderíamos tê-los conseguido diretamente com o nosso pessoal na Europa. Mas experimentamos por nós mesmos o peso e a carga de carregar seis caixas de vinho com as mãos; empurramos nossos próprios carrinhos de compras nos supermercados, experimentando o calor ou o frio da época, do mesmo modo que as moradores locais. Os produtos que eles colocam em seus carros variam de país para país, mas nós aprendemos que, independentemente do país, é importante que um carrinho de compras cheio caiba no carro. Observando a realidade na linha de frente e pensando com seu corpo, você pode desfazer a imagem que criou em sua mente. (Ui, 2002: 52)

O que a equipe da Honda tentou obter com a experiência não foi apenas uma informação concreta sobre os carros, mas a sensação do lugar, a qual somente poderia ser obtida experimentando o estilo de vida e os valores dos clientes. A socialização não é simplesmente uma observação, mas um processo no qual o observador abandona crenças preconcebidas para ter sensação de experiência compartilhada com o próximo que exclui relações assunto/objeto, de modo que o indivíduo e o observador sejam vividos como um só. No processo de socialização, o método de observar é fenomenológico, o que significa que suspendemos os valores e ideias preconcebidos do outro, ou os colocamos entre parênteses, para que possamos observar a realidade simplesmente como ela é (cf. Husserl (1962) para o conceito de "*epoché*" ou "colocar entre parênteses"). Indo um pouco mais longe, a socialização é o processo de compartilhar conhecimento com os outros por meio do compromisso, da descoberta e da ação.

Para expressar o fato ou estado presente, usaremos as palavras "realidade" ou "atualidade". Essas palavras são similares, ao denotarem o estado do acontecimento ou da existência real. A diferença está na cognição *versus* ação. De acordo com Kimura (1994: 29), a palavra "realidade" tem sua origem no termo em latim "*res*", que significa substância. Assim, a realidade seria uma substância ou objeto existente que pode ser observado. "Atualidade" origina-se do latim "*actio*", que significa ação ou atividade. Portanto, é uma situação em progresso que só pode ser alcançada por aqueles que estão comprometidos e envolvidos com a experiência real em que se encontram. A atualidade é percebida com os cinco sentidos e por meio da empatia com os outros. A mais comprometida das experiências é a que mais se aproxima da verdade. Isto significa que a atualidade é a origem da criação do conhecimento.

O mais importante é a qualidade da experiência e a capacidade de observação durante a experiência. Como conceito, isso é parcialmente explicado pela noção da "experiência primária" indiferenciada, de Dewey, na qual as experiências ativas e passivas são um todo necessário; e pela noção da "pura existência", de William James e Kitaro Nishida, a qual existe antes da divisão de objeto e sujeito. Em Whitehead, a palavra "concrescência" descreve a sensação ou a experiência direta do presente. "A realidade é sentida antes de ser conhecida. O conhecimento vem depois" (Brown, 2003: 51). Em todas essas descrições, a "experiência" é o todo unificado e concreto, no qual a interpretação e a análise feitas pelo "eu" ou pela consciência ainda não ganharam lugar. É de um "magma" ou pré-estado ativo de conhecimento que as interações entre subjetividade e objetividade surgem no processo de conferir um significado à experiência.

Externalização

O conhecimento tácito reunido na etapa de socialização é articulado como conhecimento explícito por meio do processo de externalização. Enquanto a socialização fomenta a criação do conhecimento por meio do compartilhamento direto de uma mesma experiência, na externalização o conhecimento tácito dos indivíduos transforma-se em conhecimento explícito por meio da linguagem, das imagens, dos modelos e de outras formas de expressão, para então ser compartilhado com o grupo.

Um exemplo de externalização é uma equipe de pesquisa e desenvolvimento que tenta esclarecer o conceito de um novo produto, ou experientes trabalhadores da linha de frente tentando descrever suas habilidades de compreensão tácita em um manual de treinamento ou em uma proposta de gestão para "*kaizen*", ou melhorias na eficiência. Não é incomum a falta de consciência do conhecimento tácito que se possui, devido a sua ausência de forma visível. Por meio da externalização, a empresa pode comunicar o conhecimento adquirido de uma forma mais eficiente e para um número muito maior de pessoas do que faria se o conhecimento permanecesse tácito. Além disso, novas realizações ocorrem no processo de externalização e, outra vez, um novo conhecimento é criado.

Como discutido no capítulo anterior, é necessário estabilizar o processo para que seja possível compreendê-lo. Exposto em termos de linguagem, é similar ao processo de conversão de um verbo para um substantivo. "Criamos substantivos *a partir* de processos com o intuito de atribuir sentido *aos* processos" (Bakken e Hernes, 2006: 1601). Dessa forma, o conceito abstrato da ação que se torna uma matéria não está separado da experiência real em um tempo e espaço

A estrutura teórica **47**

particulares, pois se encontra intrinsecamente ligado a ela. Na externalização, o conhecimento tácito dos indivíduos é verbalizado em um diálogo de duas vias e, mais tarde, conceitualizado e aprimorado. Na filosofia grega, Platão enfatizou a importância do diálogo como um processo de esclarecimento da essência das coisas na busca por novo conhecimento. O fundamento filosófico do processo de externalização é o idealismo, uma vez que o conhecimento tácito é sistematizado na busca da essência da experiência subjetiva de alguém para alcançar os seus ideais. Nesse caso, o diálogo é um método eficaz para articular o conhecimento tácito pessoal e compartilhar este conhecimento com os demais (Nonaka, 2005).

Verbalizar um ideal e um protótipo é um processo de conceitualização de uma essência invisível (para uma discussão detalhada sobre protótipos, veja Rosch, 1978). A externalização em seu melhor momento produz aquilo que Husserl conceituou como *"intuição eidética"*, ou *insight* de uma essência. Trata-se da capacidade de entender e expressar um *eidos*, ou seja, uma forma, requerendo, portanto, uma grande capacidade de imaginação. Essa é a essência da poesia. Como Whitehead afirmou, a filosofia é como um poema (Whitehead, 1925). Ela precisa estar fundamentada nos princípios universais e, ao mesmo tempo, deve explicar os fatos mais concretos e particulares. Um poema é uma arte contraditória que utiliza palavras abstratas e, portanto, além do "real", mas que também expressam o "real" em si, fora do alcance das limitações da experiência da pessoa envolvida. Quando a análise lógica dedutiva e indutiva é incapaz de expressar ou explicitar adequadamente os conceitos escondidos ou mesmo os mecanismos acumulados no conhecimento tácito, as ferramentas mais eficientes são a metáfora, a analogia, a abdução de hipóteses e o uso da narrativa para a sua contextualização. A metáfora é particularmente útil ao diálogo para a conversão de conhecimento tácito em conhecimento explícito, pois nos possibilita entender e experimentar algo nos termos de outra coisa (Lakoff e Johnson, 1980). Por exemplo, a equipe que desenvolveu a caminhonete Honda Accord utilizou a metáfora do falcão, a ave mais veloz, para conceitualizar seu protótipo, usando a imagem das suas asas para simbolizar velocidade e do seu corpo para simbolizar solidez. Quando a equipe de desenvolvimento de produto da Matsushita Electric estava trabalhando na sua secadora de roupas de secagem rápida com força centrífuga, aplicou a metáfora da frigideira chinesa *wok* para criar o conceito técnico de uma secadora de roupas com tambor neste formato, que se movimenta com pequenas e rápidas rotações (Nonaka e Katsumi, 2004).

Combinação

O conhecimento explícito é trazido de dentro e de fora da organização para ser então combinado, editado ou ainda processado para formar conjuntos de conhecimentos explícitos mais complexos e sistemáticos. A essa etapa dá-se o

48 *Managing Flow*

nome de combinação. O novo conhecimento explícito é, então, disseminado pela organização. Exemplos específicos disso são revelados pelos processo de *design* para a transformação de um conceito em especificações de um produto concreto ou pela análise das combinações de dados para um propósito específico. A etapa de combinação também pode incluir a "quebra" de conceitos. A quebra de um conceito, tal como uma visão corporativa, transforma-o em ideias de negócios ou produtos, criando um conhecimento explícito mais sistemático. Neste caso, as contradições são resolvidas por meio da lógica. Na etapa da combinação, o racionalismo ou as metodologias científicas baseadas na análise lógica que têm suas origens na época de Descartes são as mais úteis na combinação, edição e quebra de conhecimento explícito. No entanto, o monitoramento, a avaliação e a combinação da informação custam caro, já que não significa simplesmente combinar os conhecimentos existentes. O todo não é apenas a soma das partes. A validade do conhecimento integral criado varia muito em função do cuidado com que foi organizado. O uso criativo das redes sociais informatizadas e dos bancos de dados em larga escala pode facilitar esta etapa de conversão do conhecimento. Muitos métodos de gestão do conhecimento baseados em tecnologia da informação visam aperfeiçoar esta etapa por meio de uma combinação mais eficiente e eficaz.

Nos últimos anos, desenvolvimentos sem precedentes da tecnologia da informação e da Internet possibilitaram a um grande número de pessoas o acesso simultâneo à informação em tempo real, por meio da livre troca de conhecimento explícito, sem as restrições de tempo e espaço. As programações de computador em código aberto, como aquela que resultou na criação do sistema operacional Linux, ilustram como centenas ou até mesmo milhares de pessoas podem cooperar em uma rede digital, compartilhar códigos de programação e trabalhar em paralelo para acelerar o desenvolvimento, reduzindo radicalmente os custos da criação de conhecimento. Esse desenvolvimento aberto e em larga escala promove uma integração mais eficaz e eficiente entre os recursos humanos e o conhecimento, se comparado ao desenvolvimento a portas fechadas praticado por um pequeno grupo de pessoas. Uma cooperação de código aberto tem como base o compartilhamento de um algoritmo padronizado, um procedimento lógico que segue um conjunto finito de princípios operacionais, o que permite aos participantes combinarem seu conhecimento explícito de uma maneira mais rápida e eficaz.

Internalização

O conhecimento explícito é criado e compartilhado por toda uma organização, sendo então convertido em conhecimento tácito durante o processo de internalização. A leitura de livros, por exemplo, coloca-nos em contato com uma vasta gama de conhecimento explícito. Entretanto, raramente somos capazes de nos apropriar deste conhecimento apenas com a leitura. É somente por meio da reflexão ou da aplicação deste conhecimento na prática que conseguimos entender seu significado essencial. Esta etapa pode ser entendida como a *práxis*, na qual o conhecimento é aplicado e utilizado em situações práticas até se tornar a base para novos ciclos. Dessa forma, o conhecimento explícito, assim como os conceitos de um produto ou os procedimentos de uma fabricação, deve ser realizado por meio da ação, da reflexão e da prática, para então ser internalizado como conhecimento próprio de alguém. Por exemplo, os programas de treinamento podem ajudar os *trainees* a perceberem a si mesmos como partes da organização que os cerca. Ao se dedicarem à leitura e à reflexão profunda das informações contidas em documentos ou manuais sobre seus postos e sobre a organização, os *trainees* se tornam capazes de internalizar esse conhecimento explícito e enriquecer seu próprio conhecimento tácito. O conhecimento explícito também pode ser incorporado com simulações ou experimentos.

O processo de internalização não se trata apenas de por algo em prática, mas de fazê-lo com a mente consciente. A consciência é fundamental, já que há uma grande diferença entre a realização consciente e a inconsciente. O psicólogo organizacional Donald Schön (1983) descreveu aqueles que têm a capacidade de expressar coisas que são difíceis de explicar, os "profissionais reflexivos". A internalização é o processo no qual refletimos sobre o significado daquilo que aprendemos por meio de nossas ações e simultaneamente convertemos o conhecimento explícito em uma habilidade que pode ser usufruída à vontade. Este processo é explicado pela filosofia do pragmatismo, particularmente pela noção da "experiência secundária", de Dewey, no qual a experiência intelectual inclui reflexão, e pela ideia da "reflexão na ação", de Schön.

Quando os pensamentos e as habilidades de um indivíduo são cristalizados em uma representação, um produto ou serviço, e lançados no mercado, as subsequentes interações com clientes, concorrentes, outras regiões e outras entidades enriquecem ainda mais o conhecimento tácito de todo o grupo. Esse conhecimento tácito internalizado e enriquecido pode ser partilhado novamente com a socialização, iniciando um novo processo SECI.

O desenvolvimento de produtos oferece uma demonstração adequada de como funciona o processo SECI de criação de conhecimento. O conhecimento parcial e provisório baseado nos valores e nas experiências dos indivíduos torna-se justificado quando compartilhado pelos membros da organização. A partir daí, ele se torna a base para a criação de novo conhecimento, talvez na forma de um novo produto. No mercado, o conhecimento incorporado ao produto passa novamente pelo processo de justificação, e, mais uma vez, é criado conhecimento na síntese das visões adquiridas no mercado.

É importante a compreensão de que o movimento das quatro etapas de conversão de conhecimento ocorre em *espiral*, e não em círculo. A criação de conhecimento é uma atividade de criação do futuro, e o futuro está sempre aberto. Nada é

50 *Managing Flow*

estável. Os seres humanos continuam mudando ou *se tornando* ao exercitar suas criatividades na escolha de alternativas para seu futuro. Na espiral da criação do conhecimento, a interação entre os conhecimentos tácito e explícito é ampliada por meio dos quatro modos de conversão do conhecimento. A espiral aumenta em escala à medida que o conhecimento se move pelos níveis ontológicos: de indivíduo para indivíduo (socialização), de indivíduo para grupo (externalização), do grupo para a organização (combinação) e da organização de volta para o indivíduo (internalização). O conhecimento criado com o processo SECI pode desencadear uma nova espiral de criação de conhecimento, expandindo-se horizontalmente e verticalmente conforme se movimenta por meio das comunidades de interação, transcendendo os limites de seção, de departamento, de divisão de negócios e até mesmo de organização. O conhecimento pode ser transferido para além dos limites da organização, e o conhecimento de diferentes organizações interage neste processo (Badaracco, 1991; Nonaka e Takeuchi, 1995; Inkpen, 1996). O conhecimento criado por uma organização com a interação dinâmica entre indivíduos pode desencadear a mobilização do conhecimento mantido pelos públicos externos tais como consumidores, empresas afiliadas, universidades e distribuidores. Por exemplo, um processo de produção inovador pode causar mudanças no processo de produção dos fornecedores, que, por sua vez, desencadeia uma nova etapa na inovação de produtos e processos na organização original. Outro exemplo está na articulação do conhecimento tácito dos clientes, o qual eles próprios não conseguem articular. Um produto pode evocar esse conhecimento tácito à medida que os clientes vão atribuindo significado ao produto por meio da aquisição (ou da não aquisição), da adaptação e do uso. Um produto pode também acarretar mudanças no comportamento dos clientes no que diz respeito às suas visões de mundo, podendo eventualmente reconstruir seus ambientes. As reações dos clientes estão, portanto, refletidas nos processos de inovação da organização, iniciando uma nova espiral de criação de conhecimento. Assim, a criação de conhecimento organizacional é um processo sem fim, que se atualiza continuamente.

Com o progresso da TI e das diversas ferramentas para a gestão do conhecimento, atualmente é possível externar e combinar de forma mais eficiente e eficaz o conhecimento tácito na forma de conhecimento explícito. Entretanto, confiar simplesmente na externalização e na combinação não irá garantir à empresa um diferencial competitivo sustentável. Katsuaki Watanabe, presidente e CEO da Toyota Motor Corporation, enfatiza a importância da "espiral de conhecimento tácito e explícito" e adverte para o perigo de parar na etapa de externalização do conhecimento tácito. Ele explica que, caso o conhecimento tácito não cresça, o conhecimento explícito tampouco crescerá. Se nos basearmos apenas no conhecimento explícito, como em manuais ou sistemas de especialização, e desconsiderarmos o conhecimento tácito processado anteriormente, não haverá progresso e a base do conhecimento irá finalmente se perder (Watanabe, 2008).

Esse processo dinâmico é um movimento dialético entre os conhecimentos tácito e explícito, e entre criatividade e eficiência. A interação entre os conhecimentos tácito e explícito é um constante movimento entre o subjetivo e o objetivo. Do ponto de vista subjetivo, o indivíduo cumpre um papel central como observador. Do ponto de vista objetivo, nós afastamos de nós mesmos para observar. É uma sucessiva jornada contínua entre o subjetivo e o objetivo, movendo-se em direção à verdade.

UM MODELO DINÂMICO DO CONHECIMENTO COMO PROCESSO CRIATIVO

Como discutido na seção anterior, o novo conhecimento nasce da conversão entre conhecimento tácito e explícito. O ideal é que o conhecimento cresça em qualidade e quantidade em uma espiral ascendente à medida que é transferido do indivíduo para o grupo e do grupo para a organização. Entretanto, a qualidade e a quantidade do conhecimento também podem decair em uma espiral descendente se uma das quatro etapas do processo SECI for impedida por alguma razão.

Pesquisas recentes mostram que são necessários diversos requisitos para que a espiral SECI funcione de forma eficiente e seja vinculada às forças coletivas da organização (von Krogh, Ichijo e Nonaka, 2000). Esses requisitos estão relacionados com a maneira pela qual uma organização motiva as pessoas que criam o conhecimento, e como são criadas as relações entre as pessoas, e entre as pessoas e o ambiente.[1] O que oferecemos é um modelo dinâmico baseado no processo SECI que ilustra os diversos fatores que permitem a criação de conhecimento (Nonaka, Sasaki e Senoo, 2004; Nonaka, Toyama e Konno, 2004; Nonaka e Toyama, 2005b). O caráter dinâmico do modelo está na síntese contínua da experiência real e abstrata em contextos particulares para a elaboração de uma teoria universal. A contradição é, portanto, inerente. Sempre haverá uma lacuna ou uma contradição, pois é impossível converter todo conhecimento tácito em conhecimento explícito, assim como é impossível converter todo conhecimento explícito em atividade prática. Embora exista uma grande variedade de aspectos facilitadores, somente a empresa que reúne e sintetiza naturalmente esses fatores na criação contínua e consistente de conhecimento consegue executar de fato uma gestão baseada no conhecimento.

A Figura 2.2 apresenta o modelo da empresa baseada na criação de conhecimento, na qual isto ocorre por meio da interação dinâmica com o ambiente. O modelo consiste em sete componentes básicos: o processo SECI de *diálogo* e *prática*; a *visão de conhecimento* e os *objetivos orientadores*, que fornecem direção e energia ao processo SECI; o *ba*, uma relação espaço-temporal onde deve ocorrer o processo SECI; e o *ambiente*, agindo como um ecossistema de conhecimento e de um *ba* em múltiplas camadas.

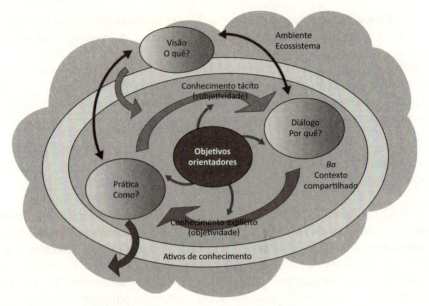

Figura 2.2 Um modelo processual da empresa baseada no conhecimento.

A visão de conhecimento

A visão de conhecimento de uma empresa emerge do confronto direto com as perguntas fundamentais: "Por que existimos?", "O que queremos ser?" e "Por que fazemos o que fazemos?". Esse tipo de questionamento remete aos fundamentos da empresa, ou seja, seu domínio e sua missão. Como explicado no capítulo anterior, as empresas diferem entre si porque concebem diferentes futuros. As possibilidades de alcançar uma *práxis* no futuro são manifestadas em cada nível organizacional ao se responder a questão "por que existimos?" (Heidergger, 1962). Uma visão de conhecimento – que é baseada no valor estético que a empresa atribui à verdade, à bondade e à beleza – define o tipo de futuro que a empresa imagina para si e determina o domínio e a missão do ideal coletivo, dando direção à empresa e foco para a criação de conhecimento além de seus produtos existentes, de suas capacidades, de sua estrutura organizacional e de seus mercados. Portanto, a visão de conhecimento determina como a empresa evolui a longo prazo.

Na ciência econômica convencional, o objetivo principal de toda empresa é maximizar o lucro. Na sociedade do conhecimento, porém, a visão de uma corporação deve transcender tal objetivo e basear-se em um valor absoluto que vai além das matrizes financeiras (Collins, 2001). Drucker (1954) sustenta, por exemplo, que a única definição válida para o propósito empresarial é criar um cliente. A Honda Motor tem o objetivo firmado de "oferecer ao cliente um bom carro". Em-

A estrutura teórica **53**

bora esse propósito acabe por levar à geração de lucros, não se trata apenas de um método para maximizar o lucro. Trata-se de um objetivo absoluto por si só, pois articula o tipo de entidade que a empresa Honda almeja ser. É justamente esse tipo de visão de conhecimento que fornece uma direção à espiral de conhecimento e transcende os limites dos produtos, das divisões, da organização e até mesmo dos mercados da empresa, determinando a essência da sua base de conhecimento, a qual permanece focada no valor absoluto que a empresa está buscando e na direção em que está evoluindo.

A visão, ou a maneira como a empresa define a razão de sua existência, também questiona o comprometimento com o futuro das pessoas dentro da organização, e inspira a paixão intelectual dos seus membros para que se sintam encorajados a criar conhecimento. A nobreza da causa está relacionada à motivação e à ajuda para aumentar as aspirações morais dos membros da organização (Ellsworth, 2007). Ela também define um sistema de valor consistente para avaliar e justificar o conhecimento criado na organização. Como afirmado anteriormente, o processo social de justificação do conhecimento é essencial para combinar o conhecimento subjetivo de um indivíduo com o conhecimento de outros a fim de criar conhecimento novo. Para que esse processo de justificação ocorra, a empresa deve ter seu próprio padrão coerente de verdade, bondade e beleza.

Uma visão de conhecimento é uma imagem ideal de como queremos ser, e esse ideal não é algo fácil de ser alcançado. Por se tratar de uma visão do futuro que fornece significado ao passado e ao presente, a visão de conhecimento é, na verdade, um objetivo autotranscendente voltado a fazer com que a organização supere a si mesma. No idealismo pragmático de Nicholas Rescher, até mesmo um objeto que aparenta ser impossível de ser alcançado desempenha um papel importante na movimentação do pensamento e da ação em direção ao ideal. Os valores e os ideais inerentes ao objetivo promovem uma base racional suficiente para aumentar o efeito da ação humana na prática (Rescher, 1994).

A empresa japonesa Olympus possui uma visão de "*Social-IN*", a qual afirma ser um conceito mais avançado que o de "*Market-IN*", uma vez que se baseia na ideia de que a empresa criaria valores baseados nos pontos de vista das pessoas que vivem na sociedade. Para a Honda, o valor é expresso absolutamente como "o prazer de comprar, o prazer de vender e o prazer de criar", em vez de simplesmente vencer a concorrência. Como explicaremos no Capítulo 4, a empresa farmacêutica japonesa Eisai possui uma visão de conhecimento que sintetiza seu valor absoluto como "serviços à saúde humana" (*hhc – "human health care"*). Essa visão envia para todos os indivíduos na organização a mensagem de que a Eisai defende um valor coerente com o qual procura compreender e compartilhar o sentimento dos pacientes e de suas famílias, contribuindo para o bem-estar do paciente, em vez de simplesmente tentar agradar aos médicos e aos farmacêuticos, que são os clientes diretos da empresa. Diariamente, empregados de todos os níveis da empresa repensam sobre o que significa contribuir para o bem-estar dos pacientes e de suas famílias e sobre o que esta empresa farmacêutica pode fazer para promover isso. Esse processo mobiliza a sabedoria coletiva de todos os empregados nas atividades de criação de conhecimento concebidas para ajudar os pacientes e suas famílias.

Como veremos no Capítulo 6, a filosofia de gestão da Seven-Eleven do Japão é definida com base em seus dois princípios: "adaptar-se às mudanças" e "fazer o básico corretamente". Essa visão de conhecimento é expressa em termos de *como a empresa quer ser*, embora tais visões não sejam fáceis de alcançar. De fato, é justamente devido à dificuldade de alcançar tais visões que tanto a matriz da empresa quanto as suas lojas continuam levando adiante o processo de criação de conhecimento. Na medida em que dominam completamente o básico, elas tentam responder às mudanças recorrentes da exigência dos clientes. Uma visão de conhecimento não passa de um conjunto de palavras vazias se não estiver em um contexto e puder contar com um mecanismo concreto para transformar a visão em realidade. Enquanto a filosofia do idealismo racional questiona por que procuramos a verdade, a beleza e a bondade, o idealismo pragmático exige a inclusão da prática para que o ideal possa ser alcançado.

Os objetivos orientadores

Uma empresa deve possuir um mecanismo para realizar sua visão de conhecimento. O mecanismo é um conceito concreto, um objetivo ou um padrão de ação que conecta a visão ao processo de criação de conhecimento do diálogo e da prática. Chamamos isso de *objetivos orientadores*, pois são eles que guiam o processo de criação do conhecimento.

O objetivo orientador é o motor que impulsiona toda a organização. Ele é responsável por sintetizar as contradições na criação de conhecimento por meio do questionamento na busca da essência das coisas. A Suzuki, empresa japonesa de motocicletas, expressou seu objetivo orientador para uma nova *scooter* como "1cc = mil ienes". O objetivo da empresa não era expressar uma preferência pela redução de custos, mas concretizar a articulação da sua visão de "sustentar uma herança de fabricação japonesa". Esse objetivo fez com que a empresa criasse conhecimento ao formular a seguinte pergunta: "Qual é a essência de uma *scooter*?". Para realizar o objetivo de 1cc por mil ienes não era suficiente que os engenheiros da Suzuki simplesmente se perguntassem "Isso é uma parte realmente necessária para a fabricação de uma *scooter*?". Em vez disso, eles tiveram de perguntar: "Para começar, o que é uma *scooter*?". Tal pergunta fundamental levou ao desenvolvimento da *scooter Choinori*, baseada em uma nova abordagem de adicionar ao chassi apenas as peças mais essenciais, em vez de remover todas as peças desnecessárias de um modelo já existente (Nonaka e Katsumi, 2004). Chamá-las de "as peças mais essenciais" não significa que eram de baixo custo. Pelo contrário, a

A estrutura teórica **55**

nova *scooter* foi construída com tecnologias de ponta e de alto custo; porém, ao final, isso reduziu os custos com o corte no número total de peças necessárias. O objetivo orientador da empresa tornou-se a engrenagem que motivou os departamentos de pesquisa e desenvolvimento, de produção e de *marketing* a transcender suas diferenças, concentrando-se no mesmo objetivo.

Na Canon, sediada no Japão, o objetivo orientador é o "fluxo de caixa". Apesar deste nítido foco financeiro, este não é o típico objetivo de uma gestão financeira destinada à garantia de lucros. Como um conceito, o fluxo de caixa pode ser facilmente entendido e intuitivamente acessado, o que o torna, portanto, um bom mantra para motivar todos os indivíduos da organização a pensarem em como tornar as origens da vantagem competitiva da empresa evidentes em seu próprio trabalho: como podem contribuir no seu trabalho para melhorar o fluxo de caixa da organização. Não basta apenas dar o melhor de si em seu próprio trabalho. Para realizar bem as suas tarefas, de uma forma que ajude a melhorar o fluxo de caixa em geral, deve-se considerar uma série de outros fatores em várias perspectivas de tempo e em relação ao trabalho dos outros.

Esse esforço de buscar um ideal inatingível tem a função reguladora de orientar a organização de forma que a impeça de conformar-se com realidades imperfeitas e que a permita continuar movimentando-se próxima ao ideal, mesmo que seja dando um passo de cada vez (Rescher, 2003). No caso da Seven-Eleven do Japão, discutido no Capítulo 6, o objetivo orientador desta cadeia de lojas de conveniência está em "cortar a perda de oportunidades". Isso significa que, ao visitarem uma loja, os clientes devem encontrar tudo o que desejam, caso contrário a loja terá perdido a oportunidade de lhes vender algum produto. Ao contrário das perdas resultantes de um estoque não vendido, as perdas de oportunidades são invisíveis. A Seven-Eleven refinou um ciclo de hipóteses de criação, de experimentação e de implementação sobre a necessidade de estoque diário, tornando possível oferecer aos clientes o que eles desejam, e quando desejam. Embora este seja um objetivo claro e concreto, não há um final definido para o processo e tampouco um caminho definido para alcançá-lo, pois ele só pode ocorrer por meio da busca incansável pela criação de conhecimento. Desta maneira, isto conduz a organização a um caminho positivo em direção à perfeição e à excelência irrealizáveis. Essa é a fonte da vantagem competitiva sustentável da Seven-Eleven.

Em resumo, para promover a criação de conhecimento organizacional não é suficiente apenas definir a visão e o objetivo orientador. Os *slogans* tornam-se insignificantes se não são compartilhados e aceitos por todos os membros da organização. Para alcançar isso, os líderes da organização devem facilitar o diálogo e a prática constantes para "catequizar" a visão de conhecimento e os objetivos-chave por toda a organização.

Diálogo e prática (a dialética do pensamento e da ação)

Como discutido anteriormente, o conhecimento é criado na transição contínua entre subjetividade e objetividade. Em termos concretos, a síntese da contradição que ocorre neste processo é alcançada por meio da dialética do pensamento e da ação. O diálogo dialético é um método muito poderoso de conversão do conhecimento tácito – que é difícil de expressar na linguagem formal do conhecimento explícito – na etapa da externalização do modelo SECI. O diálogo também se faz eficaz na criação de novo conhecimento explícito ao conectar, aprofundar e refinar a diversidade de conhecimento existente na etapa da combinação do SECI. A prática forma uma base para o compartilhamento de conhecimento tácito por meio da experiência partilhada (socialização), e também permite a incorporação de conhecimento explícito ao conectá-lo novamente a um fato ou contexto específico, dando-lhe a forma de conhecimento tácito (internalização). Com o diálogo e a prática contínuos, o processo é convertido em substância com o intuito de ser acessado e compreendido, e um novo processo emerge dessa substância. Em outras palavras, é um processo contínuo da conversão verbo-substantivo.

A criação de conhecimento é guiada pela síntese das contradições (Nonaka e Toyama, 2002, 2003). O mundo é cheio de contradições; a dualidade é um aspecto essencial da realidade. Aceitando a dualidade e sintetizando-a, uma pessoa pode mover-se além das simples dicotomias do *"ou isso ou aquilo"* e criar conhecimento novo para resolver a contradição.

A síntese é alcançada por meio da dialética do pensamento e da ação (cf. Hegel, 1969). Nesse caso, o conceito de "dialética suave", que aceita a contradição e incorpora pontos de vista conflituosos como processos inter-relacionados, pode ser utilizado juntamente com a dialética de Hegel que compreende tese, antítese e síntese. Na dialética suave típica da filosofia oriental, tudo é visto em contexto e em relação com o todo, em oposto à verdade absoluta (Nisbett, 2003). A metáfora do mundo como um quebra-cabeça é uma ilustração inspiradora. O mundo é um quebra-cabeças constituído de diversas peças que reconhecem e aceitam a existência de diversas outras peças, todas se esforçando, de maneira pluralista, para encontrar a melhor posição ou espaço para se encaixar. Cada peça possui em sua própria existência uma essência comum que é a base de todo o mundo. Ao contrário do processo de negação na dialética de Hegel, cada peça desse quebra-cabeça admite a variedade e a diversidade de todas as outras peças, reconhecendo e possuindo uma relação comum ao coexistir na base do todo, e sendo capaz de alcançar autorreconhecimento por meio dessa relação. Desta maneira, o formato de cada peça no quebra-cabeça é determinado pelo formato das peças que a cercam e da relação entre elas. As peças mantém sua inter-relação em um determinado formato e, assim, estruturam o todo. Na criação de conhecimento, o todo e as suas partes não são externamente rela-

A estrutura teórica **57**

cionados entre si; ele são relacionados internamente, e novas soluções são encontradas nas contradições dessas relações.

Diálogo: a síntese do pensamento

A síntese da dialética do conhecimento ocorre com o diálogo que busca a essência ou o significado essencial das coisas. Embora algo possa parecer um paradoxo, por meio da busca de sua essência e da criação de novos contextos que incorporem os pontos de vista de outros seres a partir do diálogo, abandonamos nossos preconceitos e nos tornamos capazes de encontrar novas resoluções nessas contradições.

Ao dialogar, o contexto existente nas emoções e nos pensamentos é compartilhado. O relacionamento Eu-Tu de Martin Buber (1958) é uma forma altamente direta e pessoal de se aproximar do próximo e se abrir com ele. O diálogo é eficaz como base da criação do conhecimento devido à sua capacidade de nos remeter à compreensão de visões diferentes daquela que atribuímos aos nossos pensamentos e de, ao mesmo tempo, aceitar e sintetizar essas visões. Entretanto, para que o diálogo seja eficaz é necessário que sejamos capazes de articular nossos pensamentos de maneira a dialogar de forma afirmativa e modesta, simultaneamente. A criação de conhecimento exige o tipo de diálogo em que contrapomos nossas visões àquelas de outras pessoas, de modo que possamos perceber que cometemos erros e assim nos remeter a um nível mais elevado na busca pela essência das coisas. Essa forma de diálogo exige uma mente aberta e a capacidade de ser tanto autoassertivo quanto modesto.

O que é mais relevante em tal diálogo não é sua lógica, mas o significado que ele cria. Por exemplo, usando a forma simples e lógica do silogismo, podemos concluir que "Sócrates morre" a partir dos pensamentos de que "todo ser humano é mortal" e "Sócrates é humano". Contudo, apesar de estar correta, essa forma lógica não pode agregar qualquer significado novo ao pensamento original. Por outro lado, se buscarmos explicação sobre a essência do ser humano ou da essência da morte, poderemos chegar à nova conclusão de que "Como um pensamento, Sócrates é imortal".

Na Toyota, o diálogo que busca a essência é encorajado nas operações diárias em todos os níveis da organização com o uso da prática denominada "Pergunte o porquê cinco vezes". Não é tão difícil apresentar uma razão que explique por que você faz determinada coisa. Porém, quando você é continuamente questionado para explicar o fundamento dessa razão, você inevitavelmente começa a questionar a si próprio sobre a razão essencial que há por trás de seu pensamento ou de sua atitude. Tal diálogo existencial permitiu que a Toyota sintetizasse muitas contradições de uma maneira que ia além do mero compromisso. Por exemplo, as contradições entre custo e qualidade não são mais um problema para a Toyota. Por meio da busca pela essência tanto do custo quanto da quali-

58 *Managing Flow*

dade, a empresa criou um novo sistema de produção que torna possível reduzir os custos e, ao mesmo tempo, melhorar a qualidade.

Na Honda, as contradições são solucionadas com base em três níveis de questionamento. O primeiro é o nível A, que envolve uma questão sobre as especificações do projeto. Por exemplo, muitas contradições devem ser solucionadas para se chegar a uma decisão final sobre as especificações do motor, como eficiência de combustível *versus* potência, ou segurança *versus* velocidade. Para solucionar tais contradições, os engenheiros da Honda formulam uma questão de nível mais alto, em vez de tentar encontrar o melhor equilíbrio entre as condições contraditórias. O segundo é o nível A0, que consiste em uma questão sobre conceitos. Os engenheiros retomam a questão de qual é o conceito do motor para um carro particular e, em seguida, decidem quais especificações são necessárias para realizar o conceito. Se as contradições não puderem ser resolvidas com as questões do nível A0, então o questionamento avança para o terceiro nível, que se chama A00. Esta é uma questão existencial relacionada ao porquê ou para quê. Por exemplo, qual é o propósito da Honda ao fazer aquele carro em particular? Ou ainda, com que propósito a Honda existe acima de tudo? "Qual é o seu A00?" é um refrão ouvido frequentemente nas operações cotidianas da Honda.

Pode parecer que essas questões sejam um tanto filosóficas e tenham pouco a ver com os negócios. Entretanto, tomar decisões sobre as especificações sem refletir sobre os propósitos essenciais leva apenas a uma escolha entre as opções existentes. Para se chegar a uma nova solução que vá além das contradições, é preciso que se responda as questões existenciais que buscam a essência baseada nos valores do indivíduo e nos valores da organização.

Prática: a síntese da ação

Na criação de conhecimento, as contradições que não podem ser solucionadas somente por meio da análise lógica são sintetizadas com a prática. Por prática, não se entende apenas ação. As atividades de criação de conhecimento exigem que pensemos profundamente sobre o significado essencial de nossas ações e seus resultados enquanto as desempenhamos, e que usemos os resultados desta reflexão para corrigi-los. Este processo de "reflexão da ação" é enfatizado por Schön (1983) que, por sua vez, foi influenciado pelo conceito de pragmatismo de Dewey. Obviamente, essa autorreflexão envolve uma análise lógica completa, e no movimento contínuo entre subjetividade e objetividade, a experiência subjetiva de uma pessoa se transforma em conhecimento por meio da ação e da prática (cf. MacIntyre, 1984; Bourdieu, 1998). Este ponto de vista é uma metacognição que sintetiza os pontos de vista das pessoas, de dentro para fora.

As contradições que não podem ser solucionadas apenas por meio da análise objetiva dependem da criação de uma visão subjetiva sistemática e da intui-

A estrutura teórica **59**

ção acumuladas com a prática. Para isso, é preciso que se coloquem de lado as pré-concepções a fim de observar e experimentar a realidade particular como ela realmente é. Por exemplo, quando a empresa japonesa de bebidas Suntory desenvolveu sua nova bebida energética, DAKARA, os membros da equipe de desenvolvimento descartaram o conceito para o primeiro produto, que havia derivado da análise lógica do mercado da época. Esse conceito era uma bebida energética que "dá aquela energia extra ao trabalhador". Primeiramente, a equipe de desenvolvimento foi a campo para observar como as bebidas energéticas eram consumidas. Após uma observação detalhada, verificou-se que os consumidores, em sua maioria, estavam cansados e precisando de mais saúde, em vez de mais "energia extra para trabalhar". Este achado levou ao novo conceito de "uma bebida que preserva a sua saúde quando a vida se torna exigente" (Nonaka e Katsumi, 2004).

Reflexão da ação é pensar profundamente sobre o significado essencial de uma ação e seus resultados, para que seja possível um processo de revisão desses resultados. No caso da Seven-Eleven do Japão, os dados de vendas não são recursos suficientes para verificar se uma hipótese está correta ou incorreta. Os empregados são encorajados a pensar cuidadosamente sobre o porquê de uma ação estar correta ou incorreta, para que consigam produzir hipóteses mais eficazes da próxima vez. A reflexão da ação combina a análise lógica e objetiva com a observação subjetiva e a experiência. É uma compreensão metacognitiva que sintetiza os pontos de vista das pessoas de dentro para fora. A partir do diálogo e da prática, as visões subjetivas são objetivadas para que expandam os recursos do conhecimento.

Ba

O conhecimento depende do seu contexto, pois é criado em uma ação situada (Suchman, 1987). O conhecimento também está em um contexto específico na medida em que depende de um tempo e espaço particulares (Hayek, 1945). Por esse motivo, o processo de criação de conhecimento ocorre necessariamente em um contexto específico de tempo, espaço e relação com os outros. O conhecimento não pode ser criado em um vácuo; precisa de um local ou contexto que possibilite a interpretação da informação para constituir significado e tornar-se conhecimento.

Na teoria da criação do conhecimento organizacional, Nonaka e seus associados identificaram a importância do espaço físico ou virtual de interação ao qual chamaram "*ba*", isto é, o contexto para a criação do conhecimento (Nonaka e Konno, 1998; Nonaka *et al.*, 2000; Nonaka *et al.*, 2001). Trata-se um contexto compartilhado em movimento, que é "um local existencial onde os participantes compartilham contextos e criam novos significados por meio da interação" (Nonaka e Toyama, 2003: 7). Como uma placa de Petri para o cultivo de ideias, o *ba* é um recipiente temporário para a interação criativa guiada por uma visão particular de mundo que estabelece as condições para a participação. Também pode ser visto como um

60 *Managing Flow*

"espaço compartilhado para as relações em crescimento" (Nonaka *et al.*, 2006: 1185) entre os indivíduos, e entre os indivíduos e o ambiente.

Essa noção de *"ba"*, que se traduz literalmente como "lugar", "espaço", ou "campo", origina-se na concepção de *"basho"*, desenvolvida pelo filósofo japonês Kitaro Nishida (1926; cf. Abe, 1988; Heisig, 2001; Wargo, 2005) e mais tarde reformulada por Hiroshi Shimizu (1995). Embora seja frequentemente utilizada pelos autores japoneses na bibliografia de gestão (por exemplo, Itami *et al.*, 2000; Shimizu *et al.*, 2000; Yamada, 2005; para mencionar apenas alguns), ela não deve ser erroneamente interpretada como um modo exclusivamente japonês de pensar. A importância do lugar na ação e na cognição humanas tem sido identificada pelos filósofos ocidentais desde o *"chora"* ou "recipiente" de Platão como um lugar de gênese, do *"topos"* de Aristóteles como o lugar da existência física, e do *"Ort"* de Heidegger com o lugar da existência humana (Nonaka e Toyama, 2003; Nonaka, 2005; cf. Casey, 1997, para uma história filosófica da concepção de lugar).

Nós definimos *ba* como um contexto compartilhado em movimento, no qual o conhecimento é criado, compartilhado e usufruído. O *ba* é o alicerce da atividade de criação de conhecimento. É o lugar onde o indivíduo se compromete com a prática e o diálogo dialético para implementar a visão e os objetivos orientadores da empresa. Embora seja fácil ver o *ba* como um espaço físico, tal como uma sala de reuniões, ele deve ser entendido como um estado com vários níveis de interação que explica as *interações* que ocorrem em tempo e espaço específicos. Em japonês, a palavra *ba* não se refere apenas a um lugar físico, mas a um tempo e espaço específicos, ou ao caráter das relações em um tempo e espaço específicos. O *ba* pode surgir entre os indivíduos, em grupos de trabalho, equipes de projeto, círculos informais, reuniões temporárias, ou em espaços virtuais tais como grupos de *emails* e na linha de frente, no atendimento ao consumidor. O *ba* é um lugar existencial onde os participantes compartilham seus contextos e criam novos significados por meio da interação. No *ba*, os participantes compartilham e constroem relações "aqui e agora". Além disso, o contexto e o tempo certos para a interação são cruciais na criação do conhecimento. Um *ba* típico e informal pode ser encontrado em uma reunião de pessoas em um bar, onde os participantes conversam sobre suas preocupações do "aqui e agora" em uma atmosfera aberta e calorosa, o que algumas vezes desencadeia *insights* e resoluções.

Definimos o *ba* como um contexto compartilhado *em movimento* devido ao seu caráter mutável e flexível. Os participantes de um *ba* trazem consigo seus próprios contextos e interagem com os outros e com o ambiente, mudando seus próprios contextos, o contexto do *ba* e o próprio ambiente (veja a Figura 2.3). Novos conhecimentos são criados com esta mudança de contextos e significados. No *ba*, o futuro ou o conhecimento a ser criado está conectado ao passado ou aos contextos que os participantes trazem ao presente, em um relacionamento em crescimento que forma um contexto e uma perspectiva compartilhados. Nas palavras de Whitehead, este é o estado de "preensão", ou a maneira na qual o que era "lá adiante e depois" torna-se "aqui e agora". É a maneira pela qual uma experiência momentânea incorpora seu predecessor (Cobb, 2007). O relacionamento em crescimento no *ba* está em constante mudança na medida em que os contextos dos membros individuais do *ba* se alteram. Por esse motivo, um *ba* tem a qualidade do "aqui e agora". O *ba* sintetiza o relógio ou *chronos* com o tempo oportuno ou *kairos* (Rämö, 2004a, 2004b), tornando possível tomar uma atitude que é oportuna a uma situação em particular. Enquanto o *ba* possibilita aos participantes o compartilhamento de tempo e espaço, o próprio *ba* transcende estes elementos.

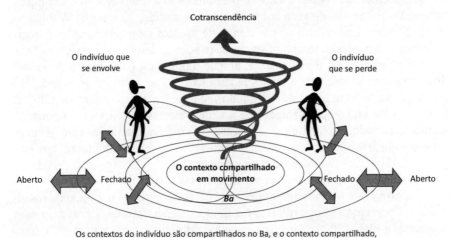

Os contextos do indivíduo são compartilhados no Ba, e o contexto compartilhado, assim como o contexto do indivíduo, se expande por meio dessa interação.

Figura 2.3 O *ba* como um contexto compartilhado em movimento.

O *ba* como um contexto compartilhado significa que as visões subjetivas são compreendidas e compartilhadas na sua *relação* com os outros. A ciência moderna baseia-se na premissa de que a subjetividade não pode ser compartilhada entre indivíduos. Compatíveis com essa premissa, alguns interpretam a criação de conhecimento principalmente como uma atividade individual. Por exemplo, Simon (1991) afirma que "todo o aprendizado se dá dentro das cabeças humanas" (p. 125), enquanto Grant (1996) interpreta a criação do conhecimento como uma atividade individual e como o principal papel das empresas ao empregarem o conhecimento existente. Como discutido anteriormente, as subjetividades devem ser compartilhadas nas interações para que ocorra criação de conhecimento. O *ba*, por sua vez, promove o compartilhamento e a síntese da subjetividade. Para ser participante de um *ba* é preciso envolver-se com a perspectiva limitada do próximo e transcendê-la.

Chama-se *ba* um lugar de cotranscendência que requer um autoenvolvimento intencional com outras pessoas, objetos ou situações. Isso ocorre a partir da transcendência das distinções entre sujeito/objeto para que se possa experimentar diretamente o presente imediato (Nishida, 1960). Nishida afirma que a essência do *ba* é "a ausência". Isso não significa que nada existe no *ba*, mas que, no *ba*, uma pessoa existe em relação às outras em vez de ser uma identidade absoluta em um sentido atomístico. Uma pessoa pode *se perder* e se abrir às outras. Em uma linha semelhante, outros observaram certa perda da autoconsciência neste fluxo (Csikszentmihalyi, 1990; Nakamura e Csikszentmihalyi, 2002). Por meio dos relacionamentos no *ba*, alguém pode ver a si próprio em relação aos outros e acolher suas visões e valores, possibilitando a compreensão e o compartilhamento de pontos de vista subjetivos. Nesse sentido, *ba* é o que Whitehead chamou *"continuum extensivo"*, um campo de eventos inter-relacionados e interconectados em espaço-tempo. Esta inter-relação é latente (Cooper, 2005) e emerge a partir do *ba*. É por meio do *ba* que o ponto de vista interno do indivíduo entra em sintonia com o ponto de vista externo do outro ou do grupo. Não é uma proposta do tipo "ou isso ou aquilo", mas de "tanto isso quanto aquilo". O *ba* dá suporte ao compartilhamento e à síntese necessária para que o conhecimento seja criado. No Capítulo 5, mostraremos como as interações com os clientes e o compartilhamento de conhecimento tácito no *ba* possibilitaram aos empregados da Mayekawa Manufacturing compreender os desejos e necessidades de seus clientes e a realizá-los a partir de diversas perspectivas.

É no *ba* que o conhecimento emerge pela primeira vez por meio da cognição e da percepção compartilhada de uma existência mútua. De acordo com Kozlowski e Klein (2000), essa emergência é tanto de "pernas para o ar" e interativa quanto organizada e reprimida. Padrões informais de interação – interação social que transcende os limites formais e o fluxo do trabalho – organizam a emergência. O *ba*, portanto, fomenta e gera a emergência ou, mais especificamente, a emergência do conhecimento e de uma compreensão fundamental. De certo modo, isso leva à construção do ativo social de uma organização.

Embora o conceito de *ba* tenha algumas familiaridades com a ideia de "comunidades de prática" (Lave e Wenger, 1991; Wenger, 1998), existem aí diferenças importantes. Enquanto uma comunidade de prática é um local de ensino, o *ba* é um local de criação de conhecimento. Os limites de uma comunidade de prática são firmemente estabelecidos pela tarefa, cultura e história da comunidade, enquanto os limites do *ba* são maleáveis e podem mudar de forma rápida. Enquanto o conjunto dos membros de uma comunidade de prática é relativamente estável e leva algum tempo para que um novo membro aprenda sobre a comunidade e torne-se um membro completo na prática, o conjunto de membros de um *ba* não é fixo. Seus participantes vêm e vão. O *ba* é criado, acontece e desaparece de acordo com as necessidades dos participantes. Enquanto os

A estrutura teórica **63**

membros de uma comunidade de prática pertencem à comunidade, os participantes do *ba* relacionam-se com o *ba*.

Os fatores por trás da atividade de emergência do conhecimento no ba

O *ba* não necessariamente nasce porque alguém oferece um espaço e reúne as pessoas. Há uma série de características que devem estar presentes para que o *ba* seja um local eficiente na criação de conhecimento. Em primeiro lugar, um *ba* deve ser auto-organizado e possuir seus próprios objetivos, intenções, direção e missão. Sem intenção, não há maneiras possíveis de direcionar a energia do *ba*, e o caos irá prevalecer. A visão de conhecimento de uma empresa pode definir o direcionamento, mas cada *ba* deve estabelecer objetivos de trabalho reais e esclarecer a intenção de forma que a média gerência esteja no centro desta atividade. Com tal intenção, a condição de "um-para-muitos e muitos-para-um" é alcançada à medida que as intenções do indivíduo são sintetizadas e a intenção do *ba* torna-se a intenção de cada participante.

Em segundo lugar, os participantes do *ba* devem estabelecer um senso compartilhado de objetivo. O compartilhamento de conhecimento e de valores subjetivos e tácitos contribui para o desenvolvimento da intersubjetividade. Os relacionamentos são baseados na mente aberta e na empatia, e os participantes criam um espaço atemporal de significado compartilhado que transcende a subjetividade individual. Quando contextos são compartilhados no movimento que há dentro de um *ba*, os participantes não enxergam a partir de um ponto de vista autocentrado, mas reposicionam a si mesmos em termos de relacionamento com os outros.

Em terceiro lugar, um *ba* necessita de participantes com diferentes tipos de conhecimento. O *ba* é uma situação compartilhada ou um nexo espaço-temporal onde as diversas dimensões subjetivas e históricas dos membros se intersectam e suas experiências heterogêneas interagem. O novo conhecimento é criado na síntese de pontos de vista subjetivos, sendo enriquecido pela diversidade de contextos e perspectivas. Entretanto, simplesmente juntar tudo isso não é suficiente para acionar a criação de conhecimento. O princípio do seu surgimento é o processo em que uma estrutura cria existência a partir de um conjunto de condições, e tal estrutura está além dos resultados esperados. Trata-se de um processo de gerar um todo que tem uma qualidade diferente da mera soma de suas partes (Polanyi, 1966). Por este motivo, a emergência só poderá ser realizada em um *ba* que apoie a interação simultânea e espontânea das partes e do todo. O processo deve desenvolver-se do compartilhamento de pontos de vista e contextos baseados em objetivos compartilhados pré-estabelecidos. Isso, porém, demora a acontecer, e quanto mais os contextos e o envolvimento ativo de participantes variam, menos eficientes eles são na criação de conhecimento. Sistematizar de forma eficaz a contradição entre criatividade e eficiência é uma questão de gestão do *ba*.

64 *Managing Flow*

Em quarto lugar, embora o *ba* necessite de limites, estes devem ser abertos. As possibilidades de expansão os contextos não têm limites, de modo que o compartilhamento de contextos significativos requer limites. Portanto, os líderes devem proteger um *ba* dos contextos externos para que ele possa desenvolver seu próprio contexto, especialmente quando o *ba* está destinado a criar o tipo de conhecimento que está fora das normas em vigor na organização. Normalmente, os participantes de um *ba* apresentam dificuldade em enxergar e aceitar a necessidade de trazer outros contextos que são diferentes daqueles que já vêm sendo compartilhados no *ba*. Porém, os limites devem ser permeáveis, acompanhando a natureza dinâmica do *ba*, na qual o contexto compartilhado está em constante mudança, já que os participantes individuais vêm e vão. Além disso, é preciso que os limites de um *ba* estejam abertos para permitir a conexão com outro *ba*. É incumbência do líder que está de fora do *ba* encontrar e estabelecer conexões entre os diversos *ba*. O poder legítimo de uma organização pode ser utilizado de forma eficaz para proteger os limites da incubação e ao mesmo tempo buscar mantê-los permeáveis.

Em quinto lugar, um *ba* requer o comprometimento dos participantes. De fato, o comprometimento é a base da atividade humana na criação de conhecimento (Polanyi, 1966) e a fonte de energia que conduz as interações dentro do *ba*. O conhecimento é formado quando os participantes do *ba* estão tão comprometidos com seus objetivos quanto engajados em seus eventos e atividades, e até contribuindo com seu próprio tempo e energia pessoais. Para isso, o *ba* necessita de um processo de compreensão, confiança e respeito mútuos, bem como de percepções compartilhadas e empatia ativa. Isso está de acordo com Naess (1987, 1989), cujo conceito de "autorrealização" refere-se ao processo de inteira compreensão do sujeito e do objeto por meio da empatia, levando à unificação. Indivíduos que tenham acumulado conhecimento tácito, que é a fonte da vantagem competitiva sustentável de uma organização, são de grande valor. Entretanto, pode haver ocasiões em que essas pessoas optam por não externar suas opiniões, temendo que isso possa vir a reduzir seu valor relativo para a empresa. Por exemplo, um vendedor de alto nível pode optar por não compartilhar seu *know-how* exclusivo com outras pessoas, com receio de que elas alcancem seu mesmo desempenho. O cultivo de um senso de segurança entre os participantes, desenvolvido a partir de relacionamentos de confiança e compaixão, do comprometimento compartilhado com o *ba* e com a organização, se contrapõe a esta tendência.

Pesquisas sobre os fatores motivacionais por trás da criação de conhecimento revelam a importância da motivação intrínseca, endógena ou interna, como uma fonte de superioridade competitiva (Osterloh e Frey, 1997). Enquanto o dinheiro é o arquétipo do motivador extrínseco ou exógeno, os motivadores endógenos típicos são a aspiração pessoal e a realização. Embora a motivação exógena tenda a ser mais eficiente a curto prazo em comparação ao trabalho de

A estrutura teórica **65**

rotina, também é capaz de produzir um efeito negativo no trabalho que não está sendo feito, caso não haja alguma forma de incentivo endógeno a longo prazo. Portanto, a motivação exógena não necessariamente encoraja a externalização de conhecimento tácito em empregados altamente valorizados. Na verdade, na pior das hipóteses, a motivação extrínseca pode "expelir" (*ibid.*) a motivação intrínseca e consequentemente emperrar a atividade do SECI.

Para que a motivação endógena funcione em uma organização, as seguintes condições devem ser satisfeitas: a criatividade deve ser buscada; o trabalho deve ser complexo, mas de escopo amplo e exigir conhecimento extensivo; e o conhecimento tácito deve ser criado e compartilhado. Em trabalhos dessa natureza, a existência ou a carência de motivação endógena determina a qualidade dos resultados. Sensações de satisfação,e sentimentos de camaradagem ou de "fazer parte" são importantes na criação de conhecimento tácito. Além disso, para que os indivíduos possam sustentar a motivação endógena, devem ser estabelecidas condições apropriadas, tais como experiências de aprendizagem de alta qualidade, um *ba* voltado ao monitoramento e ao treinamento e um sistema de incentivos variado e multidimensional que encoraje a transferência e a criação de conhecimento tácito. Isso contribui para a emergência do conhecimento tácito no *ba*.

Um bom *ba* pode ser representado por uma esfera, em que há uma superfície mínima para determinado volume (Nonaka e Toyama, 2002). Um bom *ba* pode alcançar a interface externa mais eficiente com uma variedade de requisitos. Cada participante do *ba* está na mesma distância do centro. Entretanto, deve ser percebido que, nesse caso, o significado de "centro" não é um ponto fixo. Uma vez que o *ba* é um contexto compartilhado em movimento, o centro pode mudar à medida que o *ba* evolui, e qualquer participante tem potencial para ser um centro.

A organização como um posicionamento orgânico de diversos ba

Um *ba* não é necessariamente exclusivo para um encontro ou projeto. Nas teorias da empresa baseada na criação de conhecimento, a companhia é vista como uma configuração orgânica de um *ba* com múltiplas camadas, no qual as pessoas interagem umas com as outras e com o ambiente baseadas no conhecimento que possuem e nos significados que criam.[2] Quando as empresas são vistas como configurações orgânicas do *ba* em vez de estruturas organizacionais, é possível determinar que tipo de conhecimento pode – e deve – ser criado, quem são as "pessoas certas" com conhecimento latente que podem fazer isso e que tipo de interações entre elas é necessário para criar um conhecimento que não sofra restrições pela estrutura convencional da organização. Isso explica a adequação da empresa tanto para as tarefas rotineiras quanto para as tarefas não rotineiras (Thompson, 1967).

66 *Managing Flow*

As trocas formais definidas pelas estruturas de comando da organização representam apenas uma parte das interações que ocorrem na criação de conhecimento. As interações informais e dialéticas entre as pessoas dentro e fora da empresa – e também com o ambiente – contribuem para a criação de conhecimento. Uma vez que todas essas interações contribuem para o conhecimento, a participação no *ba* escancara diversos níveis e contextos da organização, tanto internos quanto externos. As pessoas na organização aprendem a transcender seus próprios limites subjetivos por meio da participação em vários *ba* além dos limites da empresa, construindo camadas de redes de trabalho em um mundo pequeno (Watts, 2003) que se conectam a um *ba* maior. Enquanto a hierarquia formal da empresa determina a distribuição *objetiva* de poder e recursos, o padrão informal das interações sociais possibilita aos seus atores localizar e usar seus conhecimentos subjetivamente, indo além dos caminhos já definidos para o processamento da informação. Isso altera a natureza dos limites que definem uma empresa. A fixação de limite na empresa baseada na criação de conhecimento deixou de ser uma simples questão de propriedade (Arrow, 1974; Williamson, 1975) e tornou-se mais complexa. As interações não podem ser propriedades, e o conhecimento resultante das interações informais e subjetivas "lá fora" pode ser vital para o desempenho econômico "aqui dentro", não podendo ser separado de forma objetiva do funcionamento da organização.

Na teoria convencional das organizações, acredita-se que o ambiente determina a estrutura da empresa, a qual, por sua vez, determina as ações das pessoas/agentes dentro da empresa em sequência linear. Na verdade, a estrutura da empresa nem sempre determina de forma direta as ações das pessoas nela presentes. Ao contrário, o ambiente e a estrutura são ativados e atualizados pelas pessoas da empresa ao mesmo tempo em que as afetam. A estrutura é uma abstração que só se faz real por meio da interação no *ba*, onde as pessoas compartilham as mesmas experiências reais e concretas do "aqui e agora". Em outras palavras, o *ba* surge a partir do ponto em que o ambiente, a estrutura e o agente se cruzam e são interpretados para criar conhecimento novo.

Como discutido anteriormente, o *ba* é um processo de vivenciar uma situação "aqui e agora" que transcende o tempo e o espaço. Isso significa que o *ba* surge não somente a partir da interpenetração do ambiente, da estrutura e do agente na dimensão do espaço, mas também a partir da ocorrência simultânea do passado, do presente e do futuro na dimensão do tempo. Um bom *ba* emerge e transcende de um nexo espaço-temporal (veja a Figura 2.4).

No relacionamento dialético entre o *ba* e a estrutura, o *ba* é o verbo e a estrutura é o substantivo. Assim, a estrutura é uma forma de *ba* estabilizada como processo. Isso facilita a observação – e a gestão – da criação de conhecimento e seu compartilhamento. Entretanto, devido ao fato da estrutura apontar de forma inerente para a estabilização, ela pode impedir o processo auto-orga-

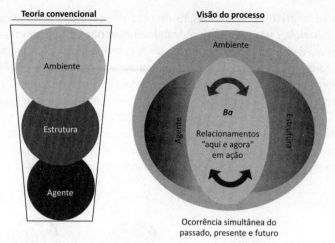

Figura 2.4 *Ba*: a interpenetração do ambiente, da estrutura e do agente.

nizado de surgimento e conexão do *ba*. Portanto, as características estruturais da organização devem encorajar a criação do *ba* na empresa tanto vertical como horizontalmente com o intuito de criar conhecimento de forma constante. A sinergia entre o *ba* e a estrutura corporativa sintetiza as aparentes contradições de criação de conhecimento *versus* eficiência, e liberdade *versus* controle nas questões de poder.

A chave para responder à incerteza ambiental é a alavancagem eficiente da hierarquia e das redes, para possibilitar flexibilidade e mudança na estrutura organizacional quando necessárias. Todo o *ba* que é configurado de forma orgânica para se adequar a cada situação torna isso possível. Nas empresas altamente inovadoras, observamos uma estrutura com diversas camadas ou uma configuração orgânica do *ba* que se formam livremente em correspondência com os principais objetivos da organização. Tanto o *ba* de reflexão coletiva quanto o *ba* que atua como conexão com o mundo exterior estão comprometidos com a organização e efetivamente expandem seus limites em relação aos clientes, aos fornecedores e aos setores econômicos da região.

Por essas razões, é preciso reconsiderar o que é exatamente o limite de uma empresa. O *ba* não está limitado à estrutura de uma organização, podendo ser criado através dos limites organizacionais. Ele pode ser construído por meio de uma *joint venture* com um fornecedor, uma aliança com um concorrente ou um relacionamento interativo com clientes, universidades, comunidades locais ou com o governo (veja Figura 2.5). Os membros de uma organização transcendem seus limites por meio da participação no *ba* e, ao mesmo tempo, fazem transcender os limites do *ba* quando este se torna conectado a outro *ba* do qual eles também participam. Neste sentido, os limites legais de uma empresa não são tão importantes quanto o fato dela estar ou não sintetizando seus vários *ba*, seja dentro ou fora da organização. Alguns *ba* devem ser formados somente dentro da empresa, pois produzem o conhecimento que dá a ela a sua vantagem competitiva. Porém, o que é mais importante para uma empresa é que ela consiga construir um *ba* que lhe forneça a capacidade de sintetização. A criação de conhecimento é um processo humano e dinâmico, e gestores e trabalhadores crescem dentro desse processo. Os gestores tornam-se líderes e isto aumenta sua capacidade de sintetizar diferentes *ba* a partir de sua experiência como participantes. Retornaremos a essa questão e discutiremos o *ba* e sua gestão em maior detalhe no Capítulo 5.

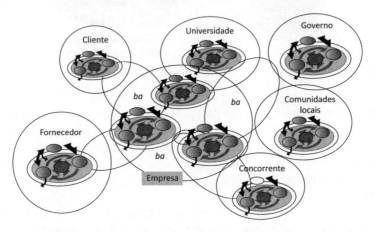

Figura 2.5 A organização como uma configuração orgânica de *Ba*: o ecossistema do conhecimento.

Os ativos de conhecimento

Já explicamos como ocorre o processo de criação do conhecimento por meio do diálogo e da prática no *ba*. O conhecimento acumulado nesse processo torna-se parte dos ativos de conhecimento da organização, os quais contribuem para a geração de valor da corporação. Os ativos de conhecimento incluem patentes, licenças, banco de dados, documentos e a assim chamados capitais de conhecimento, bem como habilidades, ativos sociais, equidade da marca, aptidões em projetos, sistemas e estruturas organizacionais e culturas e rotinas organizacionais.

A expressão "ativos de conhecimento" tem afinidades com a expressão "capital intelectual". Este último é normalmente utilizado e possui um significado amplo (cf. Roos *et al.*, 1997; Sveiby, 1997; para citar apenas alguns). Edvinsson e Malone (1997) definiram o capital intelectual como "o conhecimento que pode ser convertido em valor" e que consiste em dois componentes principais, *recursos humanos* e *capital estrutural*, incluindo ativos intelectuais (grifo original). Os re-

A estrutura teórica **69**

cursos humanos são as capacidades coletivas dos empregados, tais como experiência, *know-how* e criatividade. O capital estrutural ou ativos intelectuais são o conjunto de conhecimentos tangíveis e transferíveis. O capital estrutural inclui as estruturas organizacionais e os sistemas de incentivo, e o mesmo vale para nosso termo "ativos de conhecimento".

Os ativos de conhecimento são tanto o produto final do processo de criação de conhecimento como a matéria-prima para a criação de novo conhecimento. Embora seja possível adquirir ativos de conhecimento já existentes por meio de direitos de uso de patentes ou mesmo adquirindo a totalidade de uma companhia, o comprador deve possuir de antemão certo nível de conhecimento e capacidade para explorar plenamente a aquisição. A maior parte do conhecimento obtido de fora de uma empresa é explícito. Para poder criar conhecimento constantemente, uma empresa precisa acumular seu próprio conhecimento tácito, o que leva tempo. Como visto com tecnologias vinculadas a um único caminho, o tipo de ativos de conhecimento tácito que uma empresa já possui determina o tipo de ativos de conhecimento que ela possuirá no futuro, e esse é um fator importante para determinar a vantagem competitiva.

Diferentemente dos ativos físicos, os ativos de conhecimento são um processo em vez de uma substância e, portanto, estão em mudança constante. Trata-se de um recurso interno indispensável para criar valores que não podem ser prontamente comprados ou vendidos (Konno, 1998; Teece, 2000). Grande parte do valor econômico de uma empresa é medida em ativos de conhecimento explícito, tais como *know-how*, patentes, direitos autorais e imagem do produto, devido ao fato de serem fáceis de medir. Porém, eles são, na verdade, os resultados de empreendimentos passados para a criação de conhecimento. O ativo mais valioso é o conhecimento tácito subjacente que foi necessário para criá-los, pois o conhecimento e sua metodologia são a fonte da capacidade de criação de conhecimento na empresa e, portanto, a medição do seu valor futuro.

Uma vez que o conhecimento surge a partir das interações entre as pessoas, os ativos que geram conhecimento são os relacionamentos nos quais ele é compartilhado no *ecossistema* de trabalhadores, clientes, fornecedores e universidades, e este é o capital social que impulsiona a organização. Robert Putnam descreve o capital social como "as características da vida social – redes de relacionamento, normas e confiança – que possibilitam aos participantes atuarem juntos de modo mais eficaz na busca de objetivos em comum" (Putnam, 1996: 56). O capital social também é descrito como o "estoque de conexões ativas entre as pessoas: a confiança, a compreensão mútua e os valores e comportamentos partilhados que unem os membros das redes humanas e das comunidades e que tornam possível a ação cooperativa" (Cohen e Prusak, 2001). Uma pessoa existe em relação às outras que constituem a comunidade e, ao mesmo tempo, cada pessoa possui características únicas e uma experiência em particular nessa comunidade, como uma pessoa-na-comunidade

70 *Managing Flow*

(Cobb, 2007). Entretanto, na essência do pensamento econômico, uma pessoa é geralmente vista como *"Homo economicus"*, para o qual os relacionamentos individuais são definidos pelo contrato. Isso constrói relacionamentos que são apenas externos, em vez de internos, pois os indivíduos não compartilham experiências. Ou seja, os indivíduos existem à parte uns dos outros e não há comunidade.

Um dos mais importantes ativos de conhecimento de uma empresa é seu *"kata"* específico de diálogo e prática. *Kata* significa basicamente um padrão ou modo de fazer as coisas. É um tradicional código japonês de conhecimento e descreve um processo de sistematização do pensamento e do comportamento em plena ação; a metacognição da reflexão em ação. Takashi Saito descreve o *kata* como a essência principal de um programa de comportamento que representa o ideal dos mestres praticantes e das empresas excelentes (Saito, 2001). O *kata* é a prática de perceber a essência com o intuito de atuar de uma forma que seja apropriada ao contexto. Ele envolve a capacidade prática de visualizar uma situação em movimento e sintetizar essa observação na ação efetiva. O *kata* é explicado na filosofia grega como o conceito de *"phronesis"*, ou sabedoria da prática, a qual discutiremos posteriormente neste capítulo.

Nelson e Winter (1982) enfatizaram a importância da manutenção eficaz das rotinas e do fortalecimento do processo evolucionário da empresa. Nos ateremos aqui às "rotinas criativas" do *kata*, que tornam possível a criação de conhecimento ao promover a criatividade e preservar a eficiência. O *kata* difere de uma rotina uma vez que possui um processo de autorrenovação contínuo. Feldman observa que a autorrenovação contínua é alcançada quando uma função de *feedback* de alta qualidade é incorporada, aguçando os sentidos e ajudando a anunciar e modificar as diferenças entre os resultados previstos e a realidade (Feldman, 2000). Portanto, o *kata* funciona com um alto grau de liberdade para fazer modificações contínuas baseadas no *feedback* em tempo real a partir da situação que se desdobra. A prática do *kata* consiste em aprender e crescer com os três estágios seguintes: *Shu* (aprender), *Ha* (quebrar) e *Ri* (criar). No estágio de *Shu*, a pessoa aprende seguindo as instruções de um professor, imitando sua prática e apropriando-se de seus valores e técnicas. No estágio seguinte, *Ha*, o profissional abandona o molde do professor e procura revisá-lo usando a sua própria influência criativa. Ao estágio final, *Ri*, o profissional abandona o professor e trabalha para desenvolver sua própria abordagem. Portanto, a prática do *kata* não consiste na adoção dos métodos de alguém, mas da prática de aperfeiçoar tais métodos e incrementá-los. Trata-se de um contínuo processo tácito de autorrenovação, motivado pela busca da verdade, da bondade e da beleza.

O *kata* pode ser explicado também pela concepção da cinética, como uma forma processual de conhecimento que está profundamente enraizada no corpo e expressa nas ações inconscientes do conhecimento tácito (Fradette e Michaud, 1998). Quando o *kata*, ou a cinética, é compartilhado, a capacidade de sintetização

A estrutura teórica **71**

de uma organização cresce de tal modo que a organização consegue tomar uma atitude em uma situação de forma instantânea sem precisar recorrer a procedimentos lógicos. O *kata*, ou cinética, é arraigado na organização como uma "rotina criativa". Enquanto os sistemas de gestão convencional uniformizam as rotinas em manuais que devem ser explicitamente seguidos, o *kata*, como um arquétipo criativo, exige um alto nível de liberdade, pois adota a autorrenovação contínua. Trata-se da perfeição da prática de fazer ajustes no local por meio da autoavaliação da ação em tempo real. A rotina diária de criação, implementação e verificação de hipóteses sobre os clientes da Seven-Eleven do Japão tornou-se a repetição constante de um *kata* compartilhado na organização. Uma rotina criativa que incorpora um processo de verificação permite à organização responder às mudanças constantes das necessidades dos clientes, enquanto uma rotina simples não torna isso possível.

Assim como o *kata* permite ao profissional corrigir uma ação ineficiente, quando aplicado a uma organização ele aperfeiçoa o desempenho corporativo e assegura uma gestão organizacional eficiente. Na gestão convencional, uma rotina e uma cultura organizacionais em determinado ambiente podem algumas vezes funcionar às avessas, inibindo a criação de conhecimento em outro ambiente. A dificuldade de abandonar esta prática significa uma "superproteção das experiências bemsucedidas" (Levitt e March, 1988; Leonard-Barton, 1992). Porém, na rotina da mudança criativa que é o *kata*, as práticas específicas estão em constante revisão e renovação. Neste caso, não são aquelas práticas que são mantidas, mas a prática subjacente da inovação contínua e improvisada. Ao tornar possível a visão de conhecimento e ao permitir o aprimoramento constante de sucessos passados, este processo aumenta a qualidade cinética da organização.

Na principal liga americana de beisebol, o jogador Ichiro Suzuki, de nacionalidade japonesa, descreve seu *kata* explicando que sente outro "eu" observar seu movimento sempre que está rebatendo. Isso significa que ele consegue se distanciar e analisar suas ações de uma maneira lógica no momento em que as pratica, estudando a distância entre seu movimento e aquilo que ele acredita ser sua maneira ideal na tentativa de aproximá-los. Ao observar e corrigir sua ação de maneira simultânea e objetiva, ele pratica o que é chamado de metacognição: a habilidade de assimilar o conhecimento explícito de forma rápida, examinando-o de forma lógica e então internalizando-o.

O ambiente: um ecossistema de conhecimento

Ao longo das últimas duas décadas, mudanças significativas no ambiente jurídico e nas capacidades tecnológicas a administrativas facilitaram a colaboração das empresas, distribuindo as operações de uma empresa por várias organizações. Como ressaltado por Iansiti e Levien (2004: 5–6), este desenvolvimento tem levado muitas indústrias para uma estrutura de redes, na qual, atualmente, produtos e serviços são resultados da colaboração entre diferentes organizações. Prahalad e Ramaswamy (2000: 81) também observaram que "a unidade de análise estratégica passou da empresa simples para uma família de negócios e, finalmente, para o que é chamado de 'empreendimento expandido', que consiste em uma empresa central apoiada por uma constelação de fornecedores". As empresas operam em um ecossistema de negócios, que é "a comunidade de organizações, instituições e indivíduos que unem firmemente a empresa, seus clientes e fornecedores" (Teece, 2007). Na economia das redes de relacionamentos, nenhuma empresa pode ser vista de forma isolada, e o valor e a inovação são gerados com a cocriação e a superação da visão tradicional central que a empresa possui em relação aos negócios.

Esse novo ambiente aplica-se às práticas de gestão estratégica que têm o *ba* como foco e que, assim, ampliam os limites da organização. Isso pode ocorrer em diversos relacionamentos, tais como em uma *joint venture* com um fornecedor, uma aliança com um concorrente ou nas relações interativas com clientes, universidades, comunidades locais e com o governo. Isso redefine a entidade da empresa como uma "configuração orgânica de *ba* com múltiplas camadas", ou uma coleção de *ba* em uma interação dinâmica.

Para se manterem competitivas, todas as organizações dependem hoje em dia de uma rede de alianças, de terceirização e do compartilhamento de conhecimento. Essas redes constituem um ecossistema de negócios (cf. Moore, 1996; Iansiti e Levien, 2004; Nonaka e Toyama, 2005b; Kohlbacher, 2007), podendo existir também dentro de uma empresa com várias unidades de negócios (por exemplo, Eisenhardt e Galunic, 2000). O valor econômico de uma empresa criadora de conhecimento surge a partir das interações entre trabalhadores do conhecimento, ou entre eles e seus ambientes de clientes, fornecedores ou institutos de pesquisa (Nonaka e Toyama, 2005b). Deste modo, a base do conhecimento da empresa inclui suas competências tecnológicas, bem como seu conhecimento sobre as necessidades dos clientes e das capacidades dos fornecedores (Teece, 1998). Como observado por Prahalad e Ramaswamy (2000: 81), a competência nos negócios atualmente é "uma função do conhecimento coletivo disponível ao sistema inteiro" em uma rede de relacionamentos aprimorada entre fornecedores, fábricas, parceiros, investidores e clientes. Um ecossistema de conhecimento consiste em um *ba* multicamadas que existe além dos limites organizacionais e que está em constante evolução. As empresas criam novo conhecimento sintetizando seu conhecimento já existente com aquele de vários atores externos à empresa, como clientes, fornecedores, universidades e até mesmo concorrentes (Nonaka e Toyama, 2005b). Observe que é o ser humano quem continua a ser a entidade intelectual mais importante no ecossistema de negócios, como a personificação do rico conhecimento tácito da empresa e de seus relacionamentos profundos.

O conhecimento não está incorporado apenas na organização, mas também em seus clientes, fornecedores, concorrentes, parceiros de universidade e

A estrutura teórica **73**

outros que atuam em seu ambiente. A organização combina o conhecimento externo desses agentes com o seu próprio para produzir conhecimento novo. Assim como um ecossistema de organismos vivos inclui as cadeias cinéticas e a segregação de *habitat*, o ambiente da empresa é um ecossistema de relacionamentos orgânicos entre as diversas fontes de conhecimento que interagem dentro e fora da organização. Nossa visão de mercado como um reservatório de conhecimento aproxima-se da visão econômica da escola austríaca. Hayek (1945, 1948a, 1948b), por exemplo, observou que todos os mercados se distinguem pelo conhecimento descentralizado e disperso, e que a capacidade do empreendedor de lucrar a partir dos concorrentes é fruto de suas informações únicas, locais e, portanto, superiores. Hayek também foi um pioneiro em destacar a importância do conhecimento em um contexto específico e implícito, e argumentou que mudar as circunstâncias de forma contínua pode redefinir a vantagem relativa do conhecimento adquirido por diferentes indivíduos. Nossa visão do mercado como um processo dinâmico também possui semelhanças com a escola austríaca, como na teoria de Kirzner (1973) do processo de mercado enquanto descoberta empreendedora. Como O'Driscoll e Rizzo (1996: 5, grifo original) observaram, "toda a atividade de mercado... pode ser entendida como um *processo de tentativas* de corrigir os erros e coordenar o comportamento". É evidente que o conhecimento e a sua criação, nesse caso, são recursos necessários para superar a ignorância de agentes individuais a fim de administrar e controlar tal processo. Da mesma forma que a escola austríaca, sugerimos uma teoria dinâmica de mercado e concorrência que desafia os modelos ba-seados exclusivamente em racionalismo e equilíbrio.

O ecossistema dos negócios evolui de forma dinâmica em uma cadeia de *ba* com multicamadas que transcende os limites da organização. Portanto, o ambiente e a organização devem ser encarados como interdependentes e, ao mesmo tempo, em evolução conjunta, e não como entidades separadas. O positivismo na ciência econômica e na teoria da gestão organizacional torna difícil a compreensão do conceito de interdependência. Na visão contemporânea da cognição como uma ação incorporada, o conhecimento surge por meio da interação com o ambiente, e tanto o atuante quanto o ambiente são modificados conforme interagem. Visto a partir da perspectiva fenomenológica do "mundo-da-vida" (Husserl, 1970), o ambiente não é um simples objeto preexistente da observação humana e científica, mas é o significado que emerge a partir da nossa experiência ao interagir com o próprio. Atuamos nesse "mundo-da-vida" cotidiano com o conhecimento e o bom senso que temos sobre o mundo antes da teoria. Essa prática diária consciente absorve a sociedade como um conhecimento físico e resolve os conflitos dualísticos de forma dialética no processo da ação. Da mesma forma, as corporações estabelecem metas que tanto influenciam quanto são influenciadas pelo ambiente. O conhecimento resultante é absorvido, interpretado

74 *Managing Flow*

e transformado em conhecimento interno; em seguida, é refletido no próximo produto ou serviço da empresa, de forma que o ambiente não é nem uma premissa estabelecida nem um relacionamento conflituoso. Na Seven-Eleven do Japão, os funcionários e atendentes são orientados a não *pensar pelos clientes*, mas a pensar *como* clientes. No momento em que o cliente é visto como objeto de análise, o observador é ofuscado pelas pré-concepções e incapaz de enxergar aquele cliente como ele é realmente.

Os relacionamentos em um ecossistema não podem ser descritos pela simples causalidade, como observado por Edward Lorenz nos primeiros anos da década de 1960 com o "efeito borboleta" e no trabalho de muitos biólogos que buscaram explicar as relações entre a cadeia alimentar e os efeitos do ambiente. É difícil identificar todas as relações ou conexões que ocorrem na cadeia e comprovar a causalidade. Na realidade, todos os organismos vivos coexistem. Um ecossistema pode ser comparado a um quebra-cabeça tridimensional, de maneira que as peças se conectam umas às outras de forma direta, mas também de forma indireta às peças que estão em todos os lugares do quebra-cabeça (Ezaki, 2007). O quebra-cabeça pode parecer estático, mas à medida que uma peça muda, todas as outras são afetadas, ou seja, elas se relacionam em uma interação dinâmica. As peças do quebra-cabeça não possuem a mesma importância, mas algumas são consideradas peças-chave. Acontece o mesmo no ecossistema onde algumas espécies que são peças-chave determinam a coexistência das espécies relacionadas. Todas as espécies do ecossistema, não importa o quão egoístas elas pareçam ser, vivem e deixam de viver para compensar o quebra-cabeça. Assim, a questão da coexistência torna-se uma questão de sentir a extensão dos relacionamentos, o que confere importância à "sensibilidade" ou imaginação. Como uma entidade dinâmica no ecossistema dos relacionamentos de conhecimento, a empresa já não pode ser definida pela propriedade, simplesmente. E a definição de limites que se baseiam na redução de custos de transação não é suficiente para a compreensão e a administração do valor econômico e da vantagem competitiva. A empresa criadora de conhecimento precisa administrar o *ba* de multicamadas que vai além da empresa, ao mesmo tempo em que deve proteger os ativos de conhecimento – sua fonte de vantagem competitiva. Sob este prisma, a inteira proteção dos ativos de conhecimento é uma tarefa complexa, ou até mesmo impossível.

O modelo SECI é uma estrutura para a superação de dualidades como vontade própria *versus* determinismo ambiental e agência *versus* estrutura. O sujeito, situado no mundo, está engajado na criação de conhecimento e, ao integralizar este conhecimento, disponibiliza-o para o mundo. Esse processo não é determinado pelo ambiente ou pela vontade própria, ocorrendo, na verdade, em algum lugar entre esses dois elementos, na relação dialética entre o sujeito individual e o ambiente, que nasce a partir do diálogo e da prática, em uma síntese dinâmica que é capaz de transformá-los.

A estrutura teórica **75**

NOTAS

1. Para a lista de pesquisas empíricas relacionadas ao processo SECI e seus requisitos, veja Nonaka *et al.* (2006).
2. Por uma questão de interesse, essa visão mostra certas semelhanças com a visão de Kozlowski e Klein (2000) das organizações como sistemas de vários níveis.

REFERÊNCIAS

Abe, M. (1988). "Nishida's philosophy of 'place,' " International Philosophical Quarterly, 28 (4), 355–71.

Arrow, K.J. (1974). The Limits of Organization. New York: Norton.

Badaracco, J.L. (1991). The Knowledge Link: How Firms Compete through Strategic Alliances. Boston: Harvard Business School Press.

Baird, D. (2004). Thing Knowledge: A Philosophy of Scientific Instruments. Berkley, CA: University of California Press.

Bakken, T. and Hernes, T. (2006). "Organizing is both a verb and a noun: Weick meets Whitehead," Organization Studies, 27 (11), 1599–1616.

Bourdieu, P. (1998). Practical Reason: On the Theory of Action. Stanford, CA: Stanford University Press.

Brown, F. (2003). "Value in mind and nature," in F.G. Riffert and M. Weber (eds). Searching for New Contrast: Whiteheadian Contribution to Contemporary Challenges in Neurophysiology, Psychology, Psychotherapy and the Philosophy of Mind. Frankfurt: Peter Lang, pp. 37–59.

Buber, M. (1958). I and Thou, tr. R.G. Smith. New York: Charles Scribner's Sons.

Casey, E.S. (1997). The Fate of Place: A Philosophical History. Berkeley: University of California Press.

Cobb, J.B., Jr (2007). "Person-in-community: Whiteheadian insights into community and institution," Organization Studies, 28 (4), 567–88.

Cohen, D. and Prusak, L. (2001). In Good Company: How Social Capital Makes Organizations Work. Boston: Harvard Business School Press.

Collins, J. (2001). From Good to Great: Why some Companies Make the Leap and others Don't. New York: HarperBusiness.

Cooper, R. (2005). "Peripheral vision: relationality," Organizational Studies, 26 (11), 1689–710.

Csikszentmihalyi, M. (1990). Flow: The Psychology of Optimal Experience. New York: Harper and Row.

Drucker, P.F. (1954). The Practice of Management. New York: Harper.

Edvinsson, L. and Malone, M. (1997). Intellectual Capital. New York: Harper Business.

Eisenhardt, K.M. and Galunic, D.C. (2000). "Coevolving: at last, a way to make synergies work," Harvard Business Review, 78 (1), 91–101.

Ellsworth, R.R. (2007). "Leading innovation with purpose and meaning," unpublished manuscript.

Ezaki, Y. (2007). Seitaikei tte nani? [What is ecosystem?]. Tokyo: Chukou Shinsho.

Feldman, M.S. (2000). "Organizational routines as a source of continuous change," Organization Science, 11 (6), 611–29.

Fradette, M. and Michaud, S. (1998). The Power of Corporate Kinetics: Create the Self-adapting, Self-renewing, Instant-action Enterprise. New York: Simon & Schuster.

Grant, R.M. (1996a). "Prospering in dynamically-competitive environments: organizational capability as knowledge integration," Organization Science, 7 (4), 375–87.

Grant, R.M. (1996b). "Toward a knowledge-based theory of the firm," Strategic Management Journal, 17(winter special issue), 109–22.

Halverson, R. (2004). "Accessing, documenting and communicating practical wisdom: the phronesis of school leadership practice," American Journal of Education, 111 (1), 90–121.

Hamel, G. (2003). The Quest for Resilience. Harvard Business Review, September issue.

Hayek, F.A. (1945). "The use of knowledge in society," The American Economic Review, 35 (4), 519–30.

Hayek, F.A. (1948a). Individualism and Economic Order. Chicago: University of Chicago Press.

Hayek, F.A. (1948b). The Meaning of Competition: Individualism and Economic Order. Chicago: University of Chicago Press, 92–106.

Hegel, G.W.F. (1969) Hegel's Science of Logic, tr. A.V. Miller. New York: Humanities Press.

Heidegger, M. (1962). Being and Time, tr. J. Macquarrie and E. Robinson. New York: Harper & Row.

Heisig, J.W. (2001). Philosophers of Nothingness: An Essay on the Kyoto School. Honolulu: University of Hawaii's Press.

Husserl, E. (1970). The Crisis of European Science and Transcendental Phenomenology: An Introduction to Phenomenological Philosophy. (D.Carr, Trans.). Evanston: Northwestern University Press.

Husserl, E. (1962). Ideas: General Introduction to Pure Phenomenology, tr. B. Gibson. New York: Collier.

Iansiti, M. and Levien, R. (2004). The Keystone Advantage: What the New Dynamics of Business Ecosystems Mean for Strategy, Innovation, and Sustainability. Boston: Harvard Business School Press.

Inkpen, A.C. (1996). "Creating knowledge through collaboration," California Management Review, 39 (1), 123–40.

Itami, H., Nishiguchi, T., and Nonaka, I. (eds). (2000). Ba no dainamizum to kigyo [The Dynamism of Ba and the Corporation]. Tokyo: Toyo Keizai Shinposha.

Kimura, B. (1994). Kokoro no byouri wo kangaeru [Thoughts on Pathology of the Mind]. Tokyo: Iwanami Shoten.

Kirzner, I.M. (1973). Competition and Entrepreneurship. Chicago: University of Chicago Press.

Kohlbacher, F. (2007). International Marketing in the Network Economy: A Knowledge-based Approach. Basingstoke: Palgrave Macmillan.

Konno, N. (1998). Chishiki shisan no keiei. [Management by Knowledge Assets]. Tokyo: Nihon Keizai Shimbun Sha.

Kozlowski, S.W.J. and Klein, K.J. (2000). "A multilevel approach to theory and research in organizations: contextual, temporal, and emergent processes," Multilevel theory, research, and methods in organizations: Foundations, extensions, and new directions, 3–90.

Lakoff, G. and Johnson, M. (1980). Metaphors We Live by. Chicago: University of Chicago Press.

Lave, J. and Wenger, E. (1991). Situated Learning: Legitimate Peripheral Participation. New York: Cambridge University Press.

Leonard-Barton, D. (1992). "Core capabilities and core rigidities: a paradox in managing new product development," Strategic Management Journal, 13(special issue), 111–25.

Levitt, B. and March, J.G. (1988). "Organizational learning," Annual Review of Sociology, 14, 319–38.

MacIntyre, A. (1984). After Virtue: A Study in Moral Theory, 2nd edn. Notre Dame: University of Notre Dame Press.

Moore, J.F. (1996). The Death of Competition: Leadership and Strategy in the Age of Business Ecosystems. New York: HarperBusiness.

Naess, A. (1987). "Self-realization: an ecological approach to being in the world," The Trumpeter, 4(3), 35–42.

Naess, A. (1989). Ecology, Community and Lifestyle: Outline of an Ecosophy, tr. D. Rothenberg. Cambridge: Cambridge University Press.

Nakamura, J. and Csikszentmihalyi, M. (2002). "The concept of flow," in C.R. Snyder and S.J. Lopez (eds). Handbook of Positive Psychology. New York: Oxford University Press, pp. 89–105.

Nelson, R.R. and Winter, S.G. (1982). An Evolutionary Theory of Economic Change. Cambridge, MA: Belknap Press of Harvard University Press.

Nisbett, R.E. (2003). The Geography of Thought: How Asians and Westerners Think Differently – and Why. New York: Free Press.

Nishida, K. (1926). Basho (Topos). Tetsugaku Kenkyu [The Journal of Philosophical Studies], 123(June), 1–99.

Nishida, K. (1960). A Study of Good, tr. V.H. Viglielmo. Printing Bureau, Japanese Government.

Nonaka, I. (1990). Chishiki souzou no keiei [A theory of organizational knowledge creation]. Tokyo: Nihon Keizai Shimbunsha.

Nonaka, I. (1991). "The knowledge-creating company," Harvard Business Review, 69 (6), 96–104.

Nonaka, I. (1994). "A dynamic theory of organizational knowledge creation," Organization Science, 5 (1), 14–37.

Nonaka, I. (2005). "Managing organizational knowledge: theoretical and methodological foundations," in K.G. Smith and M.A. Hitt (eds). Great Minds in Management: The Process of Theory Development. New York: Oxford University Press, pp. 373–93.

Nonaka, I. and Katsumi, A. (2004). Innovation no honshitsu [The essence of Innovation]. Tokyo: Nikkei BP sha.

Nonaka, I. and Konno, N. (1998). "The concept of 'Ba': building a foundation for knowledge creation," California Management Review, 40 (3), 40–54.

Nonaka, I., Konno, N., and Toyama, R. (2001). "Emergence of 'Ba': a conceptual framework for the continuous and self-transcending process of knowledge creation," in I. Nonaka and T. Nishiguchi (eds). Knowledge Emergence: Social, Technical, and Evolutionary Dimensions of Knowledge Creation. New York: Oxford University Press, pp. 13–29.

Nonaka, I., Sasaki, K., and Senoo, D. (2004). "Jizokuteki seichou kigyou no sikou, koudou youshiki: risouteki pracmatism no takyuu" [The Thinking and Action Pattern of Sustainable Growth Firms: Pursuing Idealistic Pragmatism], Think!, winter, 92–101.

Nonaka, I. and Takeuchi, H. (1995). The Knowledge-Creating Company: How Japanese Companies Create the Dynamics of Innovation. New York: Oxford University Press.

Nonaka, I. and Toyama, R. (2002). "A firm as a dialectical being: towards a dynamic theory of a firm," Industrial and Corporate Change, 11 (5), 995–1009.

Nonaka, I. and Toyama, R. (2003). "The knowledge-creating theory revisited: knowledge creation as a synthesizing process," Knowledge Management Research & Practice, 1 (1), 2–10.

Nonaka, I. and Toyama, R. (2005a). "Phronesis toshite no senryaku" [Strategy-as-Phronesis], Hitotsubashi Business Review, 53 (3), 88–103.

Nonaka, I. and Toyama, R. (2005b). "The theory of the knowledge-creating firm: subjectivity, objectivity, and synthesis," Industrial and Corporate Change, 14 (3), 419–36.

Nonaka, I., Toyama, R., and Konno, N. (2000). "SECI, Ba and leadership: a unified model of dynamic knowledge creation," Long Range Planning, 33 (1), 1–31.

Nonaka, I., Toyama, R., and Konno, N. (2004). "Chishiki-beisu kigyo riron" [The knowledge--based theory of the firm: toward dynamic evolution of strategic management], Hitotsubashi Business Review, 52 (2), 78–93.

Nonaka, I., von Krogh, G., and Voelpel, S.C. (2006). "Organizational knowledge creation theory: evolutionary paths and future advances," Organization Studies, 27 (8), 1179–208.

O'Driscoll, G.P. Jr and Rizzo, M.J. (1996). The Economics of Time and Ignorance. London: Routledge.

Osterloh, M. and Frey, B. (1997). "Managing motivation: crowding effects in the theory of the firm," Diskussionsbeitrag, 31. Zurich: Institut für betriebswirtschaftliche.

Polanyi, M. (1966). The Tacit Dimension. New York: Doubleday.

Prahalad, C.K. and Ramaswamy, V. (2000). "Co-opting customer competence," Harvard Business Review, 78 (1), 79–87.

Putnam, R.D. (1996). "Tuning in, tuning out: the strange disappearance of social capital in America," Political Science and Politics, 288 (4), 664–83.

Rämö, H. (2004a). "Moments of trust: temporal and spatial factors of trust in organizations," Journal of Managerial Psychology, 19 (8), 760–75.

Rämö, H. (2004b). "Spatio-temporal notions and organized environmental issues: an axiology of action," Organization, 11 (6), 849–72.

Rescher, N. (1994). Philosophical Standardism: An Empiricist Approach to Philosophical Methodology. Pittsburgh: University of Pittsburgh Press.

Rescher, N. (2003). Rationality in Pragmatic Perspective. Lewiston, NY: Edwin Mellen Press.

Roos et. al. (1997). Intellectual Capital: Navigating in the New Business Landscape. New York: University Press.

Rosch, E. (1978). "Principles of categorization," Etnolingwistyka [Ethnolinguistics], 17, 11–35.

Saito, T. (2001). Dekiru hito ha doko ga chigau noka [What Makes Effective People Different?]. Tokyo: Chikuma Shobo.

Schon, D.A. (1983). The Reflective Practitioner: How Professionals Think in Action. New York: Basic Books.

Shimizu, H. (1995). "Ba-principle: new logic for the real-time emergence of information," Holonics, 5 (1), 67–9.

Shimizu, H., Kume, T., Miwa, Y., and Miyake, Y. (2000). Ba to kyoso [Ba and co-creation]. Tokyo: NTT Shuppan.

Simon, H.A. (1991). "Bounded rationality and organizational learning," Organization Science, 2 (1), 125–34

Stewart, T.A. (1997). Intellectual Capital : The New Wealth of Organizations. New York: Doubleday.

A estrutura teórica **79**

Suchman, L.A. (1987). Plans and Situated Actions: The Problem of Human-machine Communication. Cambridge: Cambridge University Press.

Sveivy, K.E. (1997). The New Organizational Wealth: Managing and Measuring Knowledge--Based Assets. Berrett-Koehler Publishers.

Teece, D.J. (1998). "Capturing value from knowledge assets: the new economy, markets for know-how, and intangible assets," California Management Review, 40 (3), 55–79.

Teece, D.J. (2000). Managing Intellectual Capital: Organizational, Strategic, and Policy Dimensions. New York: Oxford University Press.

Teece, D.J. (2007). "Explicating dynamic capabilities: the nature and microfoundations of (sustainable) enterprise performance", Strategic Management Journal, 28 (13), 1319–50.

Thompson, J.D. (1967). Organizations in Action. New York: McGraw-Hill.

Ui, Y. (2002). "Fujyoshiki no susume" [Promoting un-common]. Leadership Strategy, spring edition, 52.

von Krogh, G., Ichijo, K., and Nonaka, I. (2000). Enabling Knowledge Creation: How to Unlock the Mystery of Tacit Knowledge and Release the Power of Innovation. New York, NY: Oxford University Press.

Wargo, R.J.J. (2005). The Logic of Nothingness: A Study of Nishida Kitaro. Honolulu: University of Hawaii's Press.

Watanabe, K. (2008). "Monodukuri no shitsu wo hibi takameru" [Improving the quality of making product every day]. Voice, 362, 80–7.

Watts, D.J. (2003). Six Degrees: The Science of a Connected Age. New York: W.W. Norton.

Wenger, E. (1998). Communities of Practice: Learning, Meaning, and Identity. New York: Cambridge University Press.

Whitehead, A.N. (1925). Science and the Modern World. New York: Macmillan.

Williamson, O.E. (1975). Markets and Hierarchies, Analysis and Antitrust Implications: A Study in the Economics of Internal Organization. New York: Free Press.

Yamada, Y. (2005). Basho no ronri ni yoru jigyokaikaku [Business Innovation Based on the Logic of Place]. Tokyo: Hakutoshobo.

3 Liderando a empresa criadora de conhecimento

No capítulo anterior, analisamos o modelo dinâmico em que uma empresa cria conhecimento por meio das interações com seu ambiente. Quem direciona todo esse processo dinâmico é a liderança, desempenhando uma diversidade de papéis no processo de criação de conhecimento, tais como: propiciar uma visão e um objetivo orientador; desenvolver e promover o compartilhamento de ativos de conhecimento; criar, energizar e conectar o *ba*; e possibilitar e promover a constante espiral de criação de conhecimento por meio do diálogo e da prática. Na base dessa liderança está a *phronesis*, isso é, a sabedoria prática de tomar as decisões necessárias e ter atitude apropriada no momento certo para o alcance de um bem comum.

O conceito de *phronesis* origina-se em Aristóteles. Em sua obra *Ética a Nicômaco* (2002), Aristóteles distingue três tipos de conhecimento: *episteme*, *techne* e *phronesis*. A *episteme* é a verdade universal, que corresponde ao princípio de validade universal na prática da ciência moderna. Baseada na análise racional do idealismo, ela diz respeito ao conhecimento objetivo (explícito), livre de contexto, que busca uma aplicabilidade universal, independente de tempo e espaço. A *techne* corresponde basicamente à técnica, à tecnologia e à arte. É a habilidade prática, ou *know-how*, necessária na criação. Baseada na racionalidade instrumental, ela diz respeito ao conhecimento prático (tácito) dependente de contexto. A *phronesis* é uma virtude intelectual. Atualmente traduzida como prudência, ética, sabedoria prática ou racionalidade prática, a *phronesis* é geralmente entendida como a capacidade de determinar e tomar a melhor atitude em uma situação específica para contribuir ao bem comum. A *phronesis* considera as circunstâncias contextuais, aborda questões específicas e analisa processos quando necessário (Eisner, 2002). Em outras palavras, é o conhecimento tácito de alta qualidade adquirido por meio da experiência direta que faz com que aquele indivíduo orientado por valores e éticas consiga tomar decisões pudentes e atitudes apropriadas para cada situação. A *phronesis* é adquirida pelo esforço de se aperfeiçoar o próprio trabalho, redundando em um artesão virtuoso.

De modo geral, a *phronesis* é o conhecimento prático da vida ética, social e política, que responde pelo seu desenvolvimento primeiramente no campo da ciência política. A política é a arte do possível, que cria o futuro por meio de um processo de coordenação e negociação. Como um julgamento político, a *phronesis* é a capacidade de iniciar uma ação em direção ao futuro, baseada em um consenso universal das metas e indicadores específicos a serem alcançados por meio do julgamento e da convicção de indivíduos em cada contexto (Beiner, 1983).

Se o conceito parece complicado, vejamos o exemplo de um carro: qualquer pessoa que possua a tecnologia e as peças necessárias é capaz de fabricar um carro. Outra questão, porém, é saber se um usuário irá ou não atribuir valor ao carro, ou seja, se produto final corresponderá ao que o usuário considera um "bom" carro, pois os valores da pessoa que fabricou o carro e daquela que usufruirá dele são diferentes. O produto, neste caso um carro, incorpora os valores atribuídos por seus fabricantes no momento em que é fabricado. Se a *techne* é o conhecimento de como fabricar um "bom" carro, a *phronesis* é o conhecimento do que é um "bom" carro (juízo de valor) e de como construí-lo (pôr em prática o juízo de valor). Uma empresa não conseguirá sobreviver apenas por meio da *techne,* pois por mais bem-sucedida que ela seja na fabricação de um carro, se não for um "bom" carro, o esforço não terá sentido. Da mesma forma, a *episteme* é incapaz de responder a pergunta "o que é um bom carro", uma vez que "bom" é um valor subjetivo cuja definição depende do usuário do carro, e e este valor não pode ser uma verdade universal, uma vez que depende do contexto, ou de quem percebe a qualidade do carro. Devemos lembrar, também, que a resposta para a pergunta "o que é um bom carro?" muda constantemente conforme as circunstâncias. Em resumo, na empresa, a *phronesis* é a capacidade de compreender e realizar aquilo que é considerado "bom" pelos clientes individuais, em momentos e situações particulares.

Tendo a *phronesis* como um elemento sintetizador de ligação, pode-se explicar os aspectos práticos, subjetivos e de criação de futuro do processo dinâmico envolvido na construção e execução estratégica na empresa criadora de conhecimento. *Phronesis* é um conceito que sintetiza o "saber por quê" da teoria científica com o "saber como" da habilidade prática, e ainda com o "saber o quê" das metas a serem alcançadas. Ao contrário da *episteme*, a *phronesis* enfatiza a prática em contextos particulares, pois a "qualidade" percebida por alguém deve ser alcançada pelos meios adequados a cada situação. Entretanto, a *phronesis* não trata apenas do conhecimento em um determinado contexto por si só. Como ela é o conhecimento necessário para servir ao bem comum, está em afinidade com os princípios universais. De acordo com Dunne (1993), a *phronesis* é caracterizada tanto pela capacidade de percepção em situações concretas quanto pelo conhecimento dos princípios universais. Uma vez que as ações originam-se de situações particulares, a *phronesis* é a capacidade de sintetizar um conhecimento geral universal com o conhecimento particular de uma situação concreta.

A *phronesis* está relacionada aos juízos de valor da verdade, da justiça e da beleza, ou simplesmente do bem comum ao qual as pessoas se dedicam; e é necessária a capacidade de fazer julgamentos *fronéticos* para a conversão do conhecimento. O conhecimento tácito não se transforma diretamente em conhecimento explícito, mas é convertido no contexto do juízo de valor de quem tem o conhecimento. Na liderança, a *phronesis* é manifestada na capacidade de optar pelos objetivos apropriados e de desenvolver com sucesso os meios para alcançá-los (Halverson, 2004). Os líderes *fronéticos* utilizam sua atenção aos detalhes para "enxergar" ou "sentir" os problemas de suas organizações dentro de seus limites locais e desenvolver com sucesso planos para resolvê-los. Em suas tomadas de decisões, os líderes *fronéticos* devem ser capazes de sintetizar o conhecimento contextual, acumulado pela experiência, com o conhecimento universal adquirido a partir de treinamento.

Trabalhando na teoria educacional, Halverson (2004) afirma que os líderes das organizações com *phronesis* coletiva criam estruturas organizacionais que os auxiliam a definir e a solucionar os problemas que conseguem identificar. Como resultado, a organização desenvolve práticas compartilhadas por meio das quais pode identificar e processar diversos problemas com o intuito de solucioná-los. A integração aparentemente sem esforço da *phronesis* política e pessoal na prática especializada é uma característica do desempenho virtuoso (Dreyfus e Dreyfus, 1986).

AS CAPACIDADES QUE CONSTITUEM A *PHRONESIS*

No contexto de uma empresa criadora de conhecimento, o que é, de fato, a *phronesis*? Defendemos que a *phronesis* consiste em seis capacidades: (i) a capacidade de fazer um julgamento sobre o "bem"; (ii) a capacidade de compartilhar contextos com os demais para criar o espaço de conhecimento compartilhado que chamamos de *ba*; (iii) a capacidade de apreender a essência de situações e de coisas particulares; (iv) a capacidade de transformar questões específicas em soluções universais e vice-versa, usando de linguagem/conceitos/narrativa; (v) a capacidade de saber usufruir de qualquer meio político para realizar conceitos para o bem comum; e (vi) a capacidade de promover a *phronesis* nos demais com o intuito de construir uma organização resiliente.[1]

As seções seguintes explicam em detalhes as seis capacidades citadas acima, sempre levando-se em consideração a *phronesis* de Aristóteles e como este conceito tem sido desenvolvido na ciência política e na pedagogia. Em relação a este tópico, nosso trabalho ainda está em progresso e requer um aprofundamento nas pesquisas. Essas seis capacidades são modelos ideais. Não são necessariamente iguais, mas permitem uma ampla gama de variação dependendo da situação e, portanto, devem ser julgadas pela sua coerência ampla. Além disso, lembramos que a *phronesis* não é necessária apenas para a alta gerência. O conhecimento é um processo no qual a *phronesis* é praticada por uma liderança distribuída, de forma que as pessoas de diversos níveis organizacionais estejam aptas a exercê-la em suas situações particulares.

A capacidade de julgar o que é bom

A prática de julgar aquilo que é bom significa a capacidade de discernimento moral de alguém sobre o que é "bom", e de sua ação na prática sobre este julgamento, de acordo com cada situação particular. Refere-se tanto à capacidade de conceber um ideal como de buscar sua realização. O julgamento do "bom" começa pelos valores do indivíduo. O conhecimento criado em uma organização depende dos valores atribuídos pelo líder da organização à verdade, ao que é considerado bom e à beleza. Sem uma sólida base filosófica em seus valores, os indivíduos não conseguem fazer julgamentos sobre o que é bom e, assim, a empresa não é capaz de gerar valor.

Soichiro Honda, fundador da Honda Motor Company, argumentou que uma boa base filosófica é absolutamente essencial para o desenvolvimento de tecnologias, bem como para seu uso, pois são as pessoas que criam a tecnologia em benefício da sociedade. Ele escreveu: "A filosofia é mais importante do que as tecnologias. Coisas como dinheiro e tecnologia são apenas meios de servir as pessoas... Uma tecnologia não possui significado se em sua base ela não considera as pessoas... O que impulsiona o crescimento da empresa é a filosofia... Uma tecnologia verdadeira é uma joia filosófica. Portanto, até mesmo em um laboratório de pesquisa a filosofia dos funcionários deve prevalecer sobre a tecnologia" (Honda, 1996: 61–62).

Os valores ou a filosofia que serve como base para julgar o que é bom devem ser próprios do indivíduo, ou seja, não podem ser providenciados por outros. Na Honda, a questão mais importante levantada por todos é: o que *você* acha? A Honda reconhece que seu valor é o produto dos valores e da filosofia de cada indivíduo dentro da empresa. Seu princípio de gestão, "respeito ao próximo", reconhece que todo ser humano é diferente, e essas diferenças são uma importante fonte de valores que a empresa cria. Entretanto, isso não significa que cada indivíduo deve buscar apenas o próprio bem. A *phronesis* é a capacidade de julgar para o bem *comum*. Esse tipo de julgamento requer um ponto de vista mais abrangente para que seja possível perceber o que é melhor para o todo, ainda que essa visão emane dos valores e desejos de algum indivíduo em particular.

84 *Managing Flow*

Outro princípio que expressa as opiniões fundamentais da Honda é "As Três Alegrias". São elas: a alegria de criar, a alegria de vender e a alegria de comprar. A alegria de criar algo a partir de suas próprias ideias originais é importante para a Honda. Os funcionários são instigados a criar aquilo que lhes dá alegria, baseando-se em seus valores pessoais, e a pensar que o produto não é algo para ser apreciado apenas pelos engenheiros da Honda. Aqueles que vendem o produto e, acima de tudo, aqueles que o compram, devem apreciá-lo da mesma forma. Esse ponto de vista estabelece o padrão de valor para que os funcionários da Honda atuem em prol do bem comum.

Quando a Honda estava desenvolvendo o motor CVCC, um motor de baixas emissões que estaria de acordo com a "Lei do Ar Limpo", promulgada Estados Unidos em 1970, Soichiro Honda declarou que colocaria a Honda em posição de derrotar as "Três Grandes" da indústria automobilística norte-americana, que haviam se oposto à nova lei. Porém, os engenheiros da Honda se opuseram aos motivos de Soichiro, alegando que na verdade o que eles almejavam era desenvolver um motor que cumprisse com a responsabilidade social de uma empresa de automóveis, ao reduzir emissões nocivas. Eles afirmaram que o faziam em prol de seus filhos. Quando a notícia chegou aos ouvidos de Soichiro, a vergonha que sentiu foi tanta que o fundador da Honda decidiu que era hora de se aposentar.

Esse tipo de valor de bem comum que fornece às empresas um valor maior a ser buscado é por si só um objetivo. Não se trata apenas de um meio de aumentar o lucro, que é o objetivo estabelecido de forma implícita pelos estudiosos da gestão convencional em suas teorias empresariais. Em sua *Introdução à Metafísica*, Aristóteles escreveu "É da natureza do homem o desejo de saber" e na *Ética a Nicômaco* enfatizou que "Todo o tipo de conhecimento especializado, todo o questionamento, assim como toda ação e execução parece buscar o bem" (2002: 95). Em suma, o homem busca o bem por seu próprio mérito e não para obter lucro ou vantagem sobre os outros. Não se trata simplesmente de um meio, mas de um bem absoluto e autossuficiente, assim como a felicidade ou, em termos mais apropriados para uma empresa, a autorrealização. O dinheiro não é o bem em si, mas um meio de alcançar um objetivo que é o bem. O lucro é algo que é obtido como um resultado da busca pela *phronesis,* e não o objetivo final.

Como, então, alguém adquire o julgamento *fronético*? A capacidade de fazer um julgamento sobre o bem é alimentada pelas experiências de vida. A importância da experiência como uma fonte de conhecimento tem sido discutida, mas a experiência necessária para promover a *phronesis* vai além das experiências no local de trabalho. De acordo com Aristóteles, a *phronesis* é o caráter incorporado em um bom homem. Para promover o bem, é necessária a experiência como ser humano em todos os aspectos da vida, de maneira que são de importância especial as experiências estéticas e uma cultura da filosofia, história, literatura e artes que promova a compreensão em situações históricas e sociais. Para cultivar a liderança da *phronesis* crí-

Liderando a empresa criadora de conhecimento **85**

tica, uma organização precisa gerar um mecanismo de liderança por meio da experiência de alta qualidade. Finalmente, o objetivo final tanto para os indivíduos quanto para a organização deve ser a busca incansável pela excelência. De fato, MacIntyre (1984) entende que o objetivo maior da prática é a conquista de "padrões de excelência", uma ideia que também pode ser encontrada em Aristóteles.

A capacidade de compartilhar contextos com os demais para criar um ba

Como explicado anteriormente, o *ba* – que basicamente significa "lugar" em japonês – é definido neste caso como um contexto compartilhado em movimento, onde o conhecimento é criado, compartilhado e posto em prática. O conceito de *ba* enquanto um contexto compartilhado significa que as visões individuais e subjetivas são compreendidas e compartilhadas de maneira que o indivíduo pode se ver em relação aos outros e aceitar suas visões e valores. Trata-se do espaço onde os indivíduos compartilham as bases emocionais de seu conhecimento e de sua opinião de forma direta uns com os outros. Participar de um *ba* significa envolver-se e transcender a perspectiva limitada de si mesmo.

Para que um *ba* funcione de forma eficaz, é preciso ter a capacidade da empatia, a capacidade de se colocar no lugar do outro para compreender seus sentimentos. Prever o que os clientes valorizam requer essa capacidade, e para se compreender as emoções do próximo é preciso imaginação. A capacidade de mobilizar as pessoas depende do poder de imaginação do indivíduo para compreender e ser empático com os outros e receber empatia em retribuição. Para criar e administrar contextos em constante mudança é importante ser capaz de imaginar a emoção do próximo e compreender a consequência dos seus próprios atos – e dos outros.

Para isso, o indivíduo precisa ser capaz de "ler" uma situação e adaptar-se a ela rapidamente. Uma vez que a *phronesis* é a capacidade de tomar a decisão adequada para cada situação, o indivíduo deve conseguir reconhecer rapidamente uma situação de forma a compreender o que este contexto específico exige. Soichiro Honda afirmou certa vez: "Fazer brincadeiras é algo muito difícil. Você precisa captar a atmosfera da ocasião e da oportunidade. É algo que existe apenas naquele momento particular e em nenhum outro lugar. A piada se insere em um momento certo e não funciona em nenhum outro momento... Fazer brincadeiras é compreender a emoção humana" (Honda, 1966: 56–57). A capacidade de compartilhar emoções não é apenas uma questão de compreender as emoções alheias, mas de ser capaz de expressar suas próprias emoções de maneira que elas sejam compreendidas pelos demais. Para isso, o ativo social precisa ser cultivado com amor, cuidado, confiança e comprometimento.

Um líder *fronético* também deve possuir a capacidade de participar e promover o compartilhamento entre os participantes do *ba*. Para que o *ba* seja formado, deve-se cultivar o ativo social, bem como o cuidado, o amor, a confiança e a sensação de segurança (von Krogh *et al.*, 2000). Apenas dentro desse ambiente o indivíduo é capaz de transcender sua individualidade e conectar-se com os demais. O mesmo ativo social é empregado para conectar o *ba* em diversas camadas.

Uma empresa criadora de conhecimento deve ser capaz de agir imediatamente em resposta aos diversos *ba* que surgem e desaparecem ao longo do tempo, tanto dentro quanto fora da organização. Em uma empresa de liderança rígida, isso seria impossível. À medida que o conhecimento é criado na interação dinâmica com o ambiente, o gerenciamento do processo de criação de conhecimento exige a capacidade de promover e administrar essas interações conforme a situação. Isso significa que a liderança é responsável pela mobilização do conhecimento que é distribuído de forma desigual, e, ao mesmo tempo, por determinar o que fazer para melhorar a qualidade do conhecimento em todos os níveis, e de que forma se pode sintetizar sua diversidade. Para isso, os líderes do conhecimento devem ser capazes de conectar diversos *ba*, dentro e fora da organização para constituir um ecossistema de conhecimento auto-organizado. Esse processo é feito com a formação de microrredes de trabalho (Watts, 2003), nas quais os indivíduos – em muitos casos gerentes de nível médio – são conectados à vontade uns aos outros e tornam-se iniciadores da ação ou da mudança (Gladwell, 2000).

A capacidade de captar a essência de situações ou coisas particulares

O que ganhamos ao sermos empáticos em um *ba* não passa de uma simples experiência, a menos que nos aventuremos a compreender o significado essencial desta experiência, isto é, a essência que a torna universalmente relevante como uma verdade constante e universal. Enxergar a essência é a capacidade de assimilar intuitivamente a verdadeira natureza e o significado das pessoas, das coisas e dos eventos. Trata-se da capacidade de perceber rapidamente o que está por trás do fenômeno e projetar cuidadosamente uma imagem do futuro baseada nessa intuição. A *phronesis* é "uma forma de raciocínio e conhecimento que envolve uma mediação distinta entre o universal e o particular" (Bernstein, 1983: 146).

Ao se reconhecer a situação de forma correta e captar sua essência, pode-se vislumbrar o futuro e refletir sobre a atitude a ser tomada a fim de realizá-lo. Para isso, é preciso enxergar micro e macroníveis, simultaneamente. Assim como no dito popular "Deus está nos detalhes", o tipo de consciência que permite ao indivíduo perceber a verdade nos detalhes individuais é o primeiro passo da criatividade. Nas palavras de Hayek, o que realmente importa são as pequenas mudanças do dia a dia que compensam o fenômeno econômico (Hayek, 1945). A sensibilidade aguçada para mudar diariamente e a capacidade de perceber as implicações dessa mudança em uma perspectiva maior são atributos essenciais da *phronesis*. Para Gadamer, a compreensão é uma forma de *phronesis* (Bernstein, 1983), e o diálogo é de grande importância (Gadamer, 2006). Gadamer afirma que "apenas por meio do encontro *dialógico* com o desconhecido e percebendo as afinidades que ele tem consigo, o ser humano é capaz de abrir-se para arriscar e testar seus julgamentos prévios" (Bernstein, 1983: 128–9, grifo original).

O *Automobile Hall of Fame*, em Detroit, que homenageia aqueles que contribuíram para a indústria automobilística de forma significativa, possui uma área dedicada à Soichiro Honda. Uma das fotos da exibição apresenta Soichiro observando uma corrida de motociclismo, agachado para ficar ao nível dos olhos do motoqueiro (veja a Figura 3.1). Essa postura captura a essência do "jeito Honda": foco sobre o local, o produto e a factualidade da experiência – os três princípios *gen* que Honda afirmou certa vez, "Quando assisto a uma corrida, vejo muitas coisas. Vejo que deveria fazer isso e aquilo para aquela manobra após a curva. E eu penso sobre a próxima geração de máquinas: se eu fizer isso, elas terão mais velocidade... Eu passo naturalmente para o próximo processo" (Honda, 1963). Quando se consegue perceber a universalidade por meio da experiência, ou seja, enxergar a floresta e as árvores simultaneamente, isso é uma experiência de *phronesis*. A *phronesis* permite ao indivíduo perceber além do comum para ver a essência. No final, "o que é necessário é a especificação e a interpretação dos princípios universais apropriados para essa situação particular" (Bernstein, 1983: 54).

Figura 3.1 Soichiro Honda assistindo a uma corrida de motociclismo.
Fonte: Honda Motor.

A capacidade de transformar questões específicas em princípios universais e vice-versa por meio de linguagem/conceitos/narrativa

Para alternar entre o particular e o universal é necessária a capacidade de conceitualizar e articular ideias subjetivas e intuitivas em uma linguagem clara, conectar esses conceitos "micro" a um contexto macro-histórico e articulá-los de uma maneira convincente, como uma visão ou um cenário para o futuro. Neste processo, são utilizados tanto os métodos verticais de raciocínio dedutivo e indutivo quanto os métodos horizontais de expressão, como metáfora, analogia e narrativa. Como afirmado anteriormente, a *phronesis* requer mais do que o simples conhecimento prático de uma situação particular; ela exige a capacidade de contemplar a fim de apreender a "verdade" universal do particular, com o intuito de determinar a melhor maneira de agir em prol do bem comum. Por esse motivo, é necessária a interação contínua entre o conhecimento subjetivo e objetivo para identificar a maneira de se comportar. Embora Soichiro Honda tenha sido um grande defensor da importância da linha de frente da produção, também enfatizou a necessidade de cruzar *insights* subjetivos com conhecimentos objetivos na linha de frente. Soichiro observou: "Ação sem filosofia é uma arma letal; a filosofia sem ação não tem significado" (Tagami, 2003: 87). Ao mesmo tempo em que enfatiza a importância de perceber a situação ou coisa real, a Honda Motor instiga o *respeito pelos sólidos fundamentos teóricos* (veja a Figura 3.2).

Drucker (2004: 15) afirmou que "a gestão é o que a tradição chama de uma arte liberal – liberal devido ao fato de lidar com os fundamentos do conhecimento, do autoconhecimento, da sabedoria e da liderança; arte devido ao fato de lidar com a prática e a aplicação". A capacidade de compreender com sensibilidade e sentimento os relacionamentos no ecossistema seria, assim, cultivada nas artes liberais. Mesmo que o indivíduo possa compreender a essência de algo e conceituá-la, este conceito permanecerá imerso no indivíduo até que seja comunicado aos demais. A essência captada deve ser comunicada em uma linguagem universal que seja entendida por todos e expressada como uma aspiração ou visão que motive as pessoas. Isso requer uma imaginação fértil (ou *"fantasia"*; cf. Noel, 1999), especialmente uma imaginação histórica e uma habilidade marcante de criar e comunicar uma visão do futuro que capture a imaginação dos demais, com o uso eficiente de metáforas, analogias ou simplesmente da contação de histórias.

O CEO da Canon Inc., Fujio Mitarai, é conhecido por sua capacidade de modificar sua mensagem de maneira que ela sirva para o contexto da interação. Mitarai compartilha sua filosofia de gestão no escritório e na fábrica da Canon, no Japão. Em suas visitas, ele discursa durante aproximadamente duas horas e, em seguida, reúne-se com cada funcionário (nas menores filiais) ou com todos aqueles acima da subgerência. Ao mesmo tempo em que compartilha seu conhe-

Figura 3.2 Soichiro Honda desenhando um esboço no chão.
Fonte: Honda Motor.

cimento, Mitarai também é capaz de adquirir conhecimento contextual, que é utilizado em tomadas de decisão estratégicas. O conceito de Mitarai para a "gestão de fluxo de caixa e otimização de custos" é o objetivo orientador da Canon (Nonaka e Toyama, 2005a). Ao contrário da simples solicitação de "aumentar as vendas", Mitarai utiliza um conceito de contabilidade básica para expressar uma ideia mais complexa e multidimensional de como cada funcionário pode contribuir com o seu trabalho particular para otimizar os custos e o fluxo de caixa na organização. Mitarai estimula os funcionários a pensar de uma maneira mais profunda em como sintetizar suas visões particulares sobre o trabalho com as regras universais da empresa, e essa sensibilidade é cultivada no *ba*.

O poder político para a realização de conceitos em prol do bem comum

Apenas identificar a essência, compartilhá-la e comunicá-la aos demais não é suficiente. É preciso também aproximar as pessoas e estimulá-las para a

90 *Managing Flow*

ação, combinando e sintetizando o conhecimento e os esforços de todos na busca do objetivo. Para mobilizar as pessoas a alcançarem o bem comum, os líderes *fronéticos* devem escolher e utilizar os meios adequados a cada situação particular, incluindo, algumas vezes, meios maquiavélicos, em que a astúcia e a determinação podem auxiliar a chegar ao "bom" resultado (Badaracco, 1997).

A liderança é uma questão de poder, e não necessariamente do poder formal decorrente da posição hierárquica. O conhecimento por si só pode ser uma fonte de poder e, portanto, pode existir fora da hierarquia da organização. O conhecimento como uma fonte de poder também sugere que ele é um bem frágil e que precisa de cuidado. O carisma de um líder depende de seus valores e visão de mundo, e geralmente afeta a eficiência e a eficácia do processo de criação de conhecimento de uma maneira muito mais significativa do que o poder formal que o líder exerce. Pesquisas indicam que líderes eficazes são capazes de sintetizar a contradição ao compreenderem que as ideias contraditórias são um estilo de vida. Os líderes precisam exercitar seu poder político para energizar os recursos emocionais e espirituais da organização.

Embora seja difícil fornecer um exemplo ideal, podemos dizer que as fontes prováveis de exercício efetivo do poder político são o magnetismo pessoal, a consideração dos pontos de vista do próximo e uma boa noção de tempo. O carisma de um líder depende de seus valores e de sua visão de mundo, e geralmente afeta a eficiência e a eficácia do processo de criação de conhecimento de forma mais significativa que o poder formal que ele exerce. Para Nietzsche, "a vontade de poder não é *Reich*, mas *Macht*, e não é supremacia, mas superioridade" (Solomon, 2003: 130, grifo original).

Uma noção de equilíbrio para alcançar aquilo que Aristóteles chamou de razão áurea também se faz importante para o julgamento político. Nesse caso, a razão áurea não significa simplesmente o meio termo; significa evitar os extremos e agir para solucionar as contradições com moderação. Para isso, os líderes *fronéticos* partem do pensamento de "tanto isso quanto aquilo", em vez de partirem da ideia de "ou isso ou aquilo." Poder político é a capacidade de compreender inteiramente o papel complementar das contradições da natureza humana – bem e mal, otimismo e pessimismo, civilidade e incivilidade, diligência e preguiça – e harmonizá-las de uma maneira oportuna à medida que cada situação surge. Dizemos que o magnetismo pessoal é difícil de ser descrito, mas aqueles que o possuem aceitaram de maneira pessoal as contradições associadas à natureza humana e tornaram-se capazes de sintetizá-las (Iizuka, 2003).

A realidade da gestão é dinâmica e, ao mesmo tempo, repleta de confusões e contradições. As teorias tradicionais de gestão têm tentado solucionar as contradições por meio do projeto de estruturas organizacionais, sistemas de incentivo, rotinas ou da cultura organizacional. Em uma organização criadora de conhecimento, as contradições não são consideradas obstáculos a serem superados, pois elas são necessárias para a criação de conhecimento. Em vez de buscar o equilíbrio ideal entre as contradições, elas são sintetizadas em um pensamento dialético que nega a dicotomia e gera o conhecimento. Ao aceitar a contradição, o indivíduo torna-se capaz de tomar a decisão que melhor se enquadra à situação sem perder de vista o bem a ser alcançado. O processo dialético de alcançar o objetivo por meio da interação social é um processo político impulsionado pela capacidade de fazer julgamentos políticos. Os líderes *fronéticos* exercem seu julgamento político por meio da compreensão das emoções do próximo na comunicação verbal e não verbal do dia a dia e com o cuidado especial com o momento de suas interações com os demais (Steinberger, 1993). Esse poder político também pode reduzir os custos da criação de conhecimento (dentre outros custos de justificação), seja ele conhecimento interno da organização ou importado de fora (Nonaka e Toyama, 2002).

Mitarai exerceu poder político para transformar a Canon, derrubando as barreiras entre as divisões e reduzindo o estoque ao introduzir um sistema de células de produção e um sistema de *mestre-artesão* para reconhecer os trabalhadores mais habilidosos. Ele também sincronizou a pesquisa e o desenvolvimento com a produção e as vendas para acelerar o desenvolvimento de produtos melhores, e retirou a empresa de diversos negócios não lucrativos. Ao longo de todo esse processo, foi crucial manter uma comunicação próxima com a linha de frente e o sindicato dos trabalhadores. Em sua própria descrição do esforço, Mitarai afirma que a frequência da comunicação é a chave para persuadir e convencer os demais a assumir um papel ativo na transformação (Mitarai e Niwa, 2006). Além de sua confraternização anual e das visitas à fábrica que duraram cerca de um mês, Mitarai também se reuniu mensalmente com cerca de 800 gestores e com o sindicato dos trabalhadores para discutir assuntos relevantes e políticas de gestão.

A capacidade de promover a phronesis *nas demais pessoas para construir uma organização resiliente*

A *phronesis,* como uma estratégia, não é planejada ou implementada por alguns poucos líderes selecionados na organização. Na verdade, a liderança da *phronesis* é distribuída pela organização de maneira que vários membros assumam papéis de liderança conforme a situação. Cultivar este tipo de liderança exige mecanismos para promover e transferir aos demais as capacidades da *phronesis* existentes nos indivíduos da organização, criando um sistema de *phronesis* distribuída (Halverson, 2004). Isso irá assegurar que a organização possua resiliência (Hamel, 2003) para responder de forma flexível e criativa a qualquer situação na busca pelo seu próprio bem, o que também reduz os custos de justificação, uma vez que a função de justificar o conhecimento criado é distribuída por toda a organização em vez de ser controlada por uns poucos. Johan Roos, assim como outros estudiosos, argumentou que ao cultivar a sabedoria prática em uma organização, as pessoas podem desenvolver a "preparação estratégica diária" necessária para lidar com um mundo complexo e incerto (Roos, 2006; Staler e Roos, 2007). Entretanto, trata-se de um modelo abstrato baseado em uma teoria de equilíbrio cognitivo, diferindo, portanto, da perspectiva da teoria de criação de conhecimento.

A liderança em uma empresa criadora de conhecimento não se refere a um controle administrativo rígido, e sim a uma liderança flexível e *distribuída*, onde o líder é determinado pelo contexto. Schumpeter argumentou que a inovação é desencadeada por líderes empresariais. Entretanto, ele interpretava a liderança como uma atividade de elite e o empreendedorismo como uma questão de disposição individual (Peukert, 2003). A criação de conhecimento, por outro lado, é implementada em cada nível da organização por meio da prática diária, exigindo o comprometimento ativo de cada indivíduo na organização, e não apenas de um pequeno grupo de elite, pois o conhecimento é criado a partir da interação humana dinâmica e diversificada.

Isso não significa que qualquer pessoa possa dar início imediato à criação de conhecimento. Para que a liderança do conhecimento funcione, é essencial que as informações e decisões fluam para cima e para baixo. A média gerência reconstrói a visão ou o objetivo orientador em planos ou conceitos concretos, constroem o *ba* e conduzem o diálogo e a prática. Ela também é o ponto crítico de microrredes (Gladwell, 2000; Watts, 2003). A capacidade de promover a *phronesis* é uma forma de conhecimento que possibilita à empresa cultivar a próxima geração crítica de funcionários. Trata-se da capacidade de apresentar as questões a serem resolvidas, a capacidade de criar o *ba* necessário para a troca criativa e a experiência máxima (Maslow, 1970) – as quais são desafiantes, de alta qualidade e diretas – e a capacidade de constantemente questionar a si mesmo sobre o que é bom. É importante que os líderes forneçam na prática exemplos claros de como pensar à maneira da *phronesis*. As pessoas aprendem o que é a *phronesis* pela prática realizada na interação. Conforme Dobson (1999: 133, grifo original), "a ética é algo que é *aprendido* por meio da observação do comportamento alheio". A *phronesis* é distribuída pela organização por seus gerentes que atuam como exemplos ou como o que Dobson chama de a estética do "gerente como artesão". O gerente como um artesão da *phronesis* faz uso eficaz do improviso, assim como no jazz ou no teatro de improviso (cf. Weick, 1998; Vera e Crossan, 2005), e, como resultado, alcança a preparação estratégica e a resiliência necessárias para lidar com o inesperado e o incerto.

A rotina da Honda de fazer constantemente a pergunta "O que *você* acha?" para seus funcionários tem o propósito de encorajá-los a refletir profundamente sobre seus próprios valores em relação aos valores da Honda e da sociedade. A pergunta também os obriga a pensar sobre o que *eles* desejam fazer no seu trabalho na Honda, uma vez que são seus pensamentos que estão sendo postos em prática. A Honda enfatiza a importância da experiência direta com seus três princípios *gen*: vá para a linha de frente (*genba*); conheça os elementos e a situação real (*genbutsu*); e perceba a realidade essencial (*genjitsu*). Desta forma, a Honda criou o Fit, enviando sua equipe de desenvolvimento para a Europa para ter a experiência do mercado europeu de forma direta, sem pré-concepções. Esse é o diálogo e a prática de promoção da *phronesis* distribuída na Honda.

EXERCITANDO A *PHRONESIS*

De que maneira, especificamente, a *phronesis* é exercitada? Como mencionado anteriormente, o silogismo prático de Aristóteles é mais eficaz para o exercício da *phronesis*.[2] Por outro lado, o silogismo lógico, que tem sido a maneira típica de pensar em pesquisas científicas, abrange uma premissa principal (por exemplo, "todos os homens morrem"), uma premissa secundária que descreve um evento, ação ou fato específico (por exemplo, "Sócrates é um homem") e uma conclusão que leva, por meio da dedução, a uma verdade ou evento (por exemplo, "Sócrates morrerá"). Portanto, o silogismo é uma metodologia em que duas ou mais premissas (principal e secundária) levam a uma conclusão necessária. O relacionamento entre as premissas e a conclusão é conceitual. Esse método de lógica prática é dedutivo, de tal maneira que, se as duas premissas forem verdadeiras, a conclusão também o será. Entretanto, uma vez que a conclusão já está contida nas premissas, o potencial deste método de criar novo conhecimento é limitado.

Em contraste, o silogismo prático tem por objetivo evocar ações como conclusões, cada uma com as suas implicações concretas individuais. A *phronesis* é a capacidade de obter conhecimentos sobre os eventos da premissa secundária ao optar pela melhor solução. No processo, a premissa secundária e a conclusão podem se tornar a premissa principal. A força do silogismo prático de Aristóteles está no fato de que se inicia com a premissa secundária, a intenção ou o objetivo *daquilo que precisa ser feito naquele exato momento*, e, embora a discussão se propague em nível universal, ela reconhece a melhor solução – não pela lógica – mas ao oscilar entre o particular (prática) e o universal (teoria) na "boa prática". Ao contrário do silogismo lógico, a conclusão alcançada pelo silogismo prático não é necessariamente a "certa", uma vez que, na maioria das vezes, não se pode responder a tais perguntas como se algo fosse absolutamente certo ou errado. Devido a esta ambiguidade, o silogismo prático pode promover a busca incansável pela perfeição, caso se possua a visão de um ideal a ser alcançado.

Quando decidimos qual atitude iremos tomar, não seguimos de modo dedutivo um dado princípio para um resultado específico, mas, em vez disso, começamos pela intenção e, embora mantenhamos um equilíbrio com o contexto particular, tomamos a atitude que melhor satisfaz tanto o objetivo quanto a situação. Portanto, a diferença entre o silogismo lógico e o silogismo prático é que o primeiro julga de forma lógica a veracidade da asserção, enquanto o segundo julga a sua justificação. Neste aspecto, o silogismo prático aproxima-se do método da abdução, o qual combina de forma livre a lógica vertical de dedução com a horizontal, o raciocínio análogo de indução para alcançar o objetivo por meio da construção e da verificação da hipótese (Josephson e Josephson, 1994). Esse raciocínio exige imaginação (Noel, 1999). À medida que este processo se desenvolve com a prática, a capacidade de ultrapassar o paradoxo da interação dinâmica com o ambiente é aperfeiçoada.

Esse processo pode ser observado na prática com a Toyota Motor Company. O conflito entre custo e qualidade é um problema para todas as empresas. Uma solução em potencial é buscar um meio-termo entre preço e qualidade que seja aceitável para os clientes. Na Toyota, em vez de aceitar as restrições da forma que são apresentadas e simplesmente buscar uma solução ideal sob tais condições, o primeiro passo é questionar as condições restritivas. A Toyota questiona o que é necessário fazer neste exato momento para alcançar o que considera ser o nível ideal de qualidade e custo e, em seguida, sintetiza o conhecimento de todos os trabalhadores da linha de frente em atividades "kaizen" designadas para resultar em melhorias operacionais.

Um resultado desse processo foi a criação de um novo conhecimento na empresa na forma do que hoje é conhecido como Sistema Toyota de Produção, um novo sistema de fabricação que superou o paradoxo e possibilitou que a empresa alcançasse o custo baixo juntamente com a alta qualidade. A abordagem da empresa para solucionar o problema consistiu na prática de perguntar "por quê?" cinco vezes. Com o novo sistema de produção, a prática se iniciou com uma situação em que havia excesso de estoque em peças. Por isso, a primeira pergunta foi "O que deve ser feito aqui?", seguida da pergunta relacionada, "Por que há um excesso de estoque?". Após a pergunta "Por quê?" ter sido feita mais quatro vezes, os funcionários concentraram-se cada vez mais na resposta. Por exemplo: "Produzimos o excesso de peças porque recebermos ordem para isso, ainda que não houvesse necessidade." (Por quê?) "Porque seguimos a produção na linha de frente, mesmo com o surgimento de um problema na retaguarda do processo." (Por quê?) "Porque não fomos avisados que essas peças não eram mais necessárias para a retaguarda do processo." (Por quê?) "Porque a produção se baseia em um sistema de 'empurrar', no qual a linha de frente empurra o que ela produz para a retaguarda, independente de suas necessidades." A solução encontrada pela Toyota foi a construção de um sistema produtivo de retaguarda, no qual a retaguarda anuncia para a linha de frente a quantidade exata de peças que necessita. Ao empregar tanto a lógica horizontal quanto a vertical em uma cadeia cinética de premissas secundárias e conclusões baseadas em contextos específicos, a Toyota ingressou em um processo de universalização que avançou de uma otimização parcial para uma otimização mais completa.

CONCLUSÃO

Neste capítulo, explicamos o processo de criação de conhecimento e de que maneira os componentes específicos constituintes do modelo dinâmico desse processo possibilitam a uma empresa criar e usufruir de forma contínua o novo conhecimento por toda a organização. A criação de conhecimento não se refere à substância, mas ao processo. Empresas baseadas no conhecimento são definidas como estando em um estado de transformação contínua por meio da criatividade e da inovação. Também abordamos a liderança na gestão de conhecimento e o papel da *phronesis* na sua execução. Segundo Aristóteles, a *phronesis* é a capacidade de fazer julgamentos instantâneos e de agir na situação particular "aqui e agora", em seu fluxo dinâmico de momentos de experiência.

A vantagem sustentável de uma empresa sobre a concorrência, em última análise, depende do tipo de valor que a empresa é capaz de seguir gerando. O valor não é criado simplesmente com a combinação e o processamento de informação, ou ao se analisar os ambientes de uma maneira lógica. Em vez disso, o valor surge a partir da capacidade de interpretar o ambiente de forma subjetiva e, acima de tudo, com a prática de buscar um valor absoluto determinado pela visão única que uma empresa possui sobre o que é bom, e aplicando-a conforme o contexto para se adequar a uma situação específica. A *phronesis* tem por objetivo estabelecer uma boa prática, ao julgar a adequação de cada ação, em cada *ba,* visando o bem comum mais abrangente possível. O pragmatismo idealista, como um estilo de vida, é empregado por meio do conhecimento a fim de buscar simultaneamente tanto o valor universal quanto a realidade particular. Quando o indivíduo ingressa na busca incansável pela excelência como um estilo de vida, seu conhecimento se torna sabedoria. O uso dinâmico dessa sabedoria, ou *phronesis*, é a essência da gestão que se baseia em conhecimento.

Como Schumpeter afirmou, o gerenciamento de uma empresa não é de domínio exclusivo dos empreendedores de elite, mas de um processo de distribuição, um processo *fronético*. A construção da *phronesis* coletiva que sintetiza o ambiente, a organização e o agente humano está no cerne da gestão baseada em conhecimento. As companhias que estabeleceram a *phronesis* organizacional são fortes e estão aptas a responder ativamente a qualquer tipo de mudança no ambiente, pois estão engajadas na prática sustentável de transformar o conhecimento em sabedoria, destinado a realizar a visão corporativa em tempo real.

Até aqui, apresentamos uma teoria do processo da empresa baseada na criação de conhecimento e de sua filosofia fundamental. Entretanto, o desafio maior ainda está por vir: a cristalização da teoria na prática. De que maneira, e a partir de qual metodologia, a energia que movimenta as atividades de criação de conhecimento em uma organização pode ser sustentada e potencializada? Oferecemos algumas diretrizes, mas podemos afirmar que não há manuais de

96 *Managing Flow*

padronização da prática, pois não há um único caminho. A criação de conhecimento é um processo dinâmico específico para cada situação, que está em constante mudança. Nos próximos capítulos, tentaremos descrever esse processo dinâmico em contextos particulares, usando estudos de casos de empresas que se mostraram bem-sucedidas ao se adaptarem a mudanças contínuas por meio da criação de conhecimento.

NOTAS

1. Para uma aplicação inicial da concepção de liderança política e militar, veja Nonaka *et al.* (2005) e para estratégia e gestão em geral, veja Nonaka e Toyama (2005b).
2. Walton (1998, 2006) argumenta que, como este é um tipo de inferência bastante diferente do silogismo dedutivo, deveria ser chamado de raciocínio prático, em vez de silogismo prático.

REFERÊNCIAS

Badaracco, J.L. (1997). Defining Moments: When Managers Must Choose between Right and Right. Boston: Harvard Business School Press.

Beiner, R. (1983). Political Judgement. London: Methuen.

Bernstein, R.J. (1983). Beyond Objectivism and Relativism: Science, Hermeneutics, and Praxis. University of Pennsylvania Press.

Dobson, J. (1999). The Art of Management and the Aesthetic Manager: The Coming Way of Business. Westport: Quorum Books.

Dreyfus, H.L., Dreyfus, S.E., and Athanasiou, T. (1986). Mind over Machine: The Power of Human Intuition and Expertise in the Era of the Computer. New York: Free Press.

Drucker, P.F. (2004). The Daily Drucker. New York: HarperCollins.

Dunne, J. (1993). Back to the Rough Ground. IN: University of Notre Dame Press.

Eisner, E.W. (2002). "From episteme to phronesis to artistry in the study and improvement of teaching," Teaching and Teacher Education, 18, 375–85.

Flyvbjerg, B. (2006). "Making organization research matter," in S. Clegg, C. Hardy, T. Lawrence, and W. Nord (eds). The SAGE Handbook of Organization Studies, 2nd edn. Thousand Oaks, CA: SAGE Publications, pp. 370–87.

Gadamer, H.G. (2006). "Classical and philosophical hermeneutics," Theory, Culture & Society, 23 (1), 29–56.

Gladwell, M. (2000). The Tipping Point: How Little Things Can Make a Big Difference. Boston: Little, Brown.

Halverson, R. (2004). "Accessing, documenting and communicating practical wisdom: the phronesis of school leadership practice," American Journal of Education, 111 (1), 90–121.

Hamel, G. (2003). "The quest for resilience," Harvard Business Review, September.

Hayek, F.A. (1945). "The use of knowledge in society," The American Economic Review, 35 (4), 519–30.

Honda, S. (1996). Ore no kangae [My Thoughts]. Tokyo: Shincho Bunko.

Iizuka, A. (2003). "Leader no kenkyuu" [A study of the leaders], Wedge, 3, 68–87.

Josephson, J.R. and Josephson, S.G. (1994). Abductive Inference: Computation, Philosophy, Technology. Cambridge: Cambridge University Press.

MacIntyre, A. (1984). After virtue: A Study in Moral Theory, 2nd edn. Notre Dame: University of Notre Dame Press.

Maslow, A.H. (1970). Motivation and Personality. New York: Harper & Row.

Mitarai, F. and Niwa, U. (2006). Kaisha ha dare no tameni [Whom the Companies are for]. Tokyo: Bungeishunju.

Noel, J. (1999). "Phronesis and phantasia: teaching with wisdom and imagination," Journal of Philosophy of Education, 33 (2), 277–86.

Nonaka, I. and Toyama, R. (2002). "A firm as a dialectical being: towards a dynamic theory of a firm," Industrial and Corporate Change, 11 (5), 995–1009.

Nonaka, I. and Toyama, R. (2005a). "Phronesis toshite no senryaku" [Strategy-as-Phronesis], Hitotsubashi Business Review, 53 (3), 88–103.

Nonaka, I. et al. (2005). Senryaku no honshitsu [The Essence of Strategy]. Tokyo: Nihon Keizai Shinbumsha.

Peukert, H. (2003). "The missing chapter in Schumpeter's theory of economic development," in J. Bachaus (ed.). Joseph Alois Schumpeter. Norwell, MA: Kluwer Academic Publishers, pp. 221–31.

Roos, J. (2006). Thinking from Within: A Hands-on Strategy Practice. Basingstoke: Palgrave Macmillan.

Solomon, R. C. (2003). Living with Nietzsche: What the great "Immoralist" has to teach us. New York, NY: Oxford University Press.

Statler, M. and Roos. J. (2007). Everyday Strategic Preparedness: The Role of Practical Wisdom in Organizations. Basingstoke: Palgrave Macmillan.

Steinberger, P.J. (1993). The Concept of Political Judgment. Chicago: Chicago University Press.

Tagami, K. (2003). Atarashii mono wo tsugitsugi to umidasu hiketsu [The Secrets of Creating New Things Continuously]. Tokyo: Kanki Shuppan.

Vera, D. and M. Crossan. (2005). "Improvisation and innovative performance in teams," Organization Science, 16 (3), 203–24.

von Krogh, G., Ichijo, K., and Nonaka, I. (2000). Enabling Knowledge Creation: How to Unlock the Mystery of Tacit Knowledge and Release the Power of Innovation. New York: Oxford University Press.

Walton, D.N. (1998). Ad Hominem Arguments. Tuscaloosa, AL: University of Alabama Press.

Walton, D.N. (2006). Fundamentals of Critical Argumentation. New York: Cambridge University Press.

Watts, D.J. (2003). Six Degrees: The Science of a Connected Age. New York: W.W. Norton.

Weick, K.E. (1998). "Introductory essay: improvisation as a mindset for organizational analysis," Organization Science, 9 (5), 543–55.

4

A visão e os objetivos orientadores:

Valores para o bem comum

Este capítulo descreve a forma como as empresas criam conhecimento para mudar a si e seu ambiente, baseadas em suas visões e objetivos. A visão posiciona a estratégia da empresa e suas operações ao projetar uma imagem do futuro que a empresa almeja criar. Essa visão motiva os funcionários e estabelece os fundamentos do sistema de valores da empresa, que é baseado em relacionamentos definidos dentro e fora da companhia.

A companhia farmacêutica Eisai entende que o benefício aos pacientes e famílias é a sua mais alta prioridade, e busca desenvolver suas pesquisas e desenvolver seus produtos com base nessa visão. A Honda Motor se tornou uma empresa automotiva global mantendo-se fiel à visão e à filosofia de seu fundador, Soichiro Honda. A experiência dessas duas companhias demonstra de que forma a visão e a filosofia de uma empresa definem sua relação com a sociedade, e de que maneira seus objetivos orientadores permanecem impulsionando-a em direção a um ideal. Ambas as companhias alcançaram a excelência – e a rentabilidade – como resultado de seu esforço incansável na realização de seus ideais, no lugar da busca pelo lucro em primeiro lugar.

EISAI

Apresentação da companhia

Estabelecida em 1941 por Toyoji Naito, a Eisai é uma companhia farmacêutica de médio porte que alcançou em 2007 um faturamento em vendas de 674,1 bilhões de ienes, ou 5,7 bilhões de dólares, uma receita líquida de 70,6 bilhões

A visão e os objetivos orientadores **99**

de ienes, ou 0,60 bilhão de dólares, e um investimento em pesquisa e desenvolvimento de 108,3 bilhões de ienes, ou 0,92 bilhão de dólares. Embora tenha aproximadamente a metade do tamanho da maior empresa farmacêutica do Japão – a Takeda Pharmaceutical – a Eisai é uma empresa inovadora que concorre no mercado global. Ela gera 90% de sua receita com produtos desenvolvidos internamente, com os medicamentos ARICEPT, atualmente em circulação para o tratamento do mal de Alzheimer, e o PARIET ou ACIPHEX, utilizado no tratamento de distúrbios gástricos. A Eisai está se expandindo agressivamente no mercado global, com 56,7% de suas vendas consolidadas ocorrendo no mercado externo. Por meio de investimentos ativos em pesquisa e desenvolvimento, a Eisai pretende alcançar um faturamento consolidado em vendas de um trilhão de ienes, ou 8,35 bilhões de dólares, no ano fiscal de 2012, e um investimento em P&D de 200 milhões de ienes, ou 1,67 bilhão de dólares. Enquanto muitas empresas farmacêuticas estão fazendo fusões para conseguir os benefícios de escala necessários para suportar os altos custos do desenvolvimento de produtos, a Eisai conservou sua independência ao mesmo tempo em que manteve seu foco original em P&D, com sólidos resultados nos negócios. O que possibilita à Eisai desenvolver e comercializar novos produtos no mercado global com lucros – mesmo sem as vantagens de escala das grandes empresas farmacêuticas – é o seu estilo próprio de gestão centrada no indivíduo, no conhecimento e na clara filosofia corporativa.

A filosofia Eisai

A empresa foi radicalmente reorganizada sob a liderança do neto de seu fundador, Haruo Naito, que em 1988 tornou-se seu terceiro presidente e CEO. Em 1989, ele divulgou uma declaração de missão chamada "Compromisso com a Inovação", que levantava a questão: "O mundo está mudando; você é capaz de mudar com ele?". Dessa maneira, ele implantou um programa para mudar a mentalidade dos funcionários. A indústria farmacêutica estava sofrendo uma mudança drástica, com o aumento dos investimentos em P&D, novos entrantes advindos de outros setores econômicos, intensificação da concorrência no mercado global, redução dos investimentos do governo com saúde e, finalmente, mudanças nas necessidades dos pacientes. Em vez de ter como foco o aumento do tamanho por meio de fusões e aquisições como muitas outras empresas farmacêuticas fizeram, a Eisai optou por adotar mudanças em seu jeito de fazer negócios. Esse processo foi iniciado com a pergunta fundamental: "Que tipo de empresa queremos ser?".

A resposta a essa pergunta foi a declaração de seu "Compromisso com a Inovação":

Estamos totalmente cientes de que os pacientes e suas famílias são os "participantes" mais importantes no processo de serviços de saúde, e nos orgulhamos de ampliar o benefício a eles na condução de nossos negócios. A essência da Eisai é a nossa busca pelo "jeito Eisai", que é realizado a partir do exercício de forte empreendedorismo praticado por cada funcionário. Isso significa que estamos constantemente criando e transmitindo a mensagem de que estamos contribuindo, como uma empresa farmacêutica, de forma significativa a qualquer sistema de saúde. Para tanto, é importantíssimo para nós conhecer e compartilhar os sentimentos dos pacientes, suas alegrias, irritações, tristezas e felicidades.

Essa é uma nítida declaração do compromisso filosófico da empresa em servir às pessoas que necessitam de seus medicamentos, reconhecendo o fato que os pacientes e suas famílias são os mais importantes participantes no processo de serviços de saúde. Para atender bem aos pacientes e suas famílias, os funcionários da Eisai são levados a vê-los não como um público-alvo sem rosto para a simples comercialização dos produtos Eisai, mas como seres humanos, com sentimentos. Portanto, a pergunta deixou de ser "O que devemos fazer para fabricar produtos de alta qualidade com baixo custo?", e passou a ser "Qual o propósito de estarmos fazendo medicamentos?". Isso deixou claro o propósito ou a razão de ser da Eisai, que serve para assegurar que todas as atividades e produtos da empresa contribuem para o benefício dos pacientes e suas famílias. Haruo Naito enfatizou que o lucro é alcançado como um resultado de fornececimento desse benefício, mas que não é o propósito em si (veja a Figura 4.1).

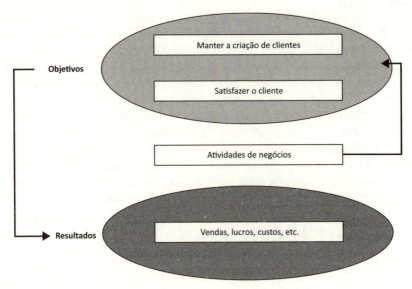

Figura 4.1 O lucro como resultado de proporcionar benefícios ao cliente.
Fonte: Eisai Co., Ltd.

A visão e os objetivos orientadores **101**

O *slogan* da nova missão era "Serviços de Saúde Humana" (*hhc, human health care*) e foi comunicado no Grupo Eisai para que fosse internalizado como o *modus operandi* para todos os funcionários. Isso os encorajou a pensar constantemente em como alcançar o objetivo – e estabeleceu um significado social para seu trabalho. Também os fez pensar nos pacientes como seres humanos individuais cuja qualidade de vida poderia ser melhorada pela Eisai. Em seu *website*, a empresa descreve seu objetivo essencial ou razão de ser da seguinte forma: "Demonstramos nossa obrigação com a sociedade ao identificarmo-nos com aqueles que necessitam de serviços de saúde, desenvolvendo uma resposta às suas necessidades, verificando os benefícios sociais desta resposta e, finalmente, sendo a primeira a disponibilizá-la para o mundo. Isso é o que a Eisai pretende realizar por meio do *slogan hhc*".[1]

Os medicamentos e suprimentos hospitalares são geralmente prescritos e adotados por médicos e farmacêuticos de acordo com a regulamentação da saúde de cada país. Esse sistema resultou em empresas farmacêuticas focadas nas necessidades de médicos e farmacêuticos como "clientes", em vez de estarem focadas nas necessidades dos pacientes enquanto "usuários finais". O "Compromisso com a Inovação", de Haruo Naito, mudou o foco da empresa para os pacientes e suas famílias, e mobilizou a empresa a inovar para melhorar a qualidade de vida dos pacientes. Naito explicou:

> A sociedade espera que sejamos inovadores. A Eisai é reconhecida por um potencial que outras empresas farmacêuticas não têm. Assim, cada funcionário da Eisai precisa atender essa expectativa. Antes de tudo, precisamos identificar de que maneira podemos melhorar nossos produtos para beneficiar os pacientes, suas famílias e a população em geral. Para isso, é necessário testarmos os produtos, demonstrar seu valor e torná-los disponíveis para o mundo. Para encarar esse desafio, cada aspecto de nossa organização – desde nossos funcionários e a cultura corporativa até a nossa maneira de fazer negócios – deve estar em constante renovação. Este é o significado da Inovação Eisai.[2]

Isso significa que cada funcionário da Eisai precisa estar comprometido com a visão da companhia e disposto a contribuir para alcançá-la. Por esse motivo, é muito importante que cada funcionário encontre o sentido no seu próprio trabalho. Conforme a declaração da empresa:

> A Eisai almeja ser um lugar onde cada funcionário se autorrealize. Queremos ser uma companhia na qual cada um de nós entenda o sentido do seu trabalho, ao fazer algo que é significativo para nossos pacientes, ao cooperar uns com os outros na execução de nosso trabalho e ao desenvolver excelentes habilidades em negócios. Esforçamo-nos para ter uma boa comunicação uns com os outros, baseando-se no entendimento de que nosso recurso principal são as pessoas. Queremos ser

solidários ao encorajar uns aos outros. Queremos ser instigados e desafiados a alcançar nosso objetivo. (Eisai, 1989)

Haruo Naito disse ter compreendido a importância do interesse e do comprometimento dos funcionários com a inovação bem-sucedida durante seus quatro anos à frente da Divisão de Pesquisa e Desenvolvimento no Instituto de Pesquisa Tsukuba, um trabalho que seu pai, primeiro presidente e CEO da Eisai, Yuji Naito, havia sugerido que ele assumisse (Morita e Tsuyuki, 2001: 73–5). Os funcionários do laboratório frequentemente questionavam com que valor Hauro Naito poderia contribuir, pois não se tratava de um químico profissional ou cientista de pesquisa. Ainda assim, Naito desenvolveu bons relacionamentos com os cientistas e pesquisadores, motivado pela fé de que ele os entenderia como seres humanos mesmo não conseguindo entender sua ciência. Em discussões profundas com os pesquisadores, Hauro Naito aprendeu que sua maior frustração era o reconhecimento insuficiente de seu trabalho pela empresa. Sendo assim, ele se esforçou para convencê-los de que o sucesso da Eisai dependia dos esforços de todos. Ele passou inúmeras tardes no instituto conversando com os cientistas e tentando motivá-los, explicando que o trabalho deles poderia afetar a sobrevivência da Eisai no mercado. Ele os assegurou, finalmente, que o instituto era a parte mais importante de todo o grupo, e acabou conseguindo mudar a mentalidade dos cientistas.

Naito também procurou criar um sistema que cultivasse o interesse dos funcionários e nutrisse seus sentimentos de realização. Ele introduziu medidas para calcular os resultados da pesquisa ao estabelecer marcos no processo P&D, e criou um sistema de comendas para recompensar o cumprimento dessas etapas. Como resultado desses esforços durante a sua gestão, os cientistas de desenvolvimento geraram inúmeros tratamentos novos e significativos, incluindo o ARICEPT e o PARIET. Também ocorreram diversas falhas em produtos, mas apesar disso, ao longo dos quatro anos de Naito no instituto de pesquisas, o ambiente de trabalho foi mais vigoroso do que nunca.

O desenvolvimento do medicamento ARICEPT, em particular, estimulou Naito a pensar profundamente sobre a natureza da atividade de criação de conhecimento, e de que maneira poderia promovê-la. O chefe do projeto, Dr. Hachiro Sugimoto, enquanto cuidava da enfermidade da mãe – que veio a falecer de doença mental – havia decidido dedicar sua vida ao desenvolvimento de um tratamento medicinal para a doença. Apesar de ter fortes esperanças em seu trabalho, ele fracassou diversas vezes, sendo pressionado a desistir em algumas ocasiões. Persistente, ele permaneceu no caminho, superando muitos obstáculos. O novo medicamento surgiu no mercado em 1997.[3] Acompanhar este processo causou em Naito uma forte impressão da força do comprometimento humano e do senso de propósito que movimenta a criação de conhecimento. Em seu retorno à matriz da Eisai, ele passou a reconsiderar o propósito da empresa e decidiu que o seu objetivo maior não era responder às necessidades dos médicos e farmacêuticos, mas "pro-

A visão e os objetivos orientadores **103**

mover o benefício aos pacientes e suas famílias", que veio a se tornar a visão corporativa e a filosofia do *hhc*. Ele acreditava que, a partir do momento em que cada funcionário compreendesse esse objetivo maior, ele ficaria motivado a alcançá-lo.

Compreendendo e internalizando a filosofia do *hhc*

Modificando a mentalidade por meio da prática

Após a declaração de "Compromisso com a Inovação", foram criadas atividades para promover o compartilhamento e a internalização da filosofia do *hhc*. Entretanto, a declaração dessa filosofia não passaria de meras palavras caso todos os funcionários não se comprometessem com ela e se esforçassem para realizá-la. Em primeiro lugar, gestores selecionados foram treinados para serem "líderes da inovação", em vez de simples administradores. Durante um período de aproximadamente dois anos, entre 1992 e 1994, 103 gerentes médios participaram desse programa, tornando-se líderes em seus ambientes de trabalho a fim de modificar a mentalidade e a prática dos funcionários da Eisai.

O treinamento em uma situação real. A chave para este treinamento está em tirar proveito da experiência prática de trabalhar na enfermaria de um hospital. É mais difícil "sentir" a filosofia do *hhc* do que compreendê-la de modo racional. Desta forma, o treinamento na enfermaria proporcionou o aprendizado experimental. Os funcionários visitaram hospitais e cuidaram de pacientes para identificar suas necessidades e indicações medicinais. O treinamento aconteceu em um hospital especializado em idosos, conhecido pelo seu jeito único de cuidar das pessoas. A filosofia do hospital baseava-se em "prover alívio e iluminar a vida dos idosos"; dessa forma, a autonomia do paciente era uma prioridade, com sistemas flexíveis organizados para atender suas necessidades individuais. Na convivência com os pacientes, tendo a experiência direta e observando o modo com que utilizavam os medicamentos, os funcionários passaram a compreender seus pontos de vista, suas necessidades e seus sentimentos. (veja a Figura 4.2). Dessa forma, foi possível aos funcionários obter uma profunda compreensão do significado de seu próprio trabalho no setor farmacêutico. Por exemplo, após o treinamento, os funcionários passaram a considerar as seguintes questões: "Qual é o ponto-chave dos medicamentos para idosos? A dosagem correta, uma maior eficácia ou menores efeitos colaterais, no caso do medicamento mostrar menor eficácia?" (Morita e Tsuyuki, 2001: 79–80). Para pesquisadores que estiveram buscando desenvolver os tratamentos medicinais mais eficazes, essa era uma nova visão, advinda da consciência recente de que os tratamentos medicinais deveriam ser feitos sob medida para o paciente. Um funcionário afirmou:

> Anteriormente, eu só tivera contato indireto com pacientes e tratamentos, por meio dos medicamentos que produzimos. A partir do treinamento, percebi que

existem dois aspectos no tratamento médico: a cura do paciente e o cuidado médico. Após passar por treinamento na enfermaria de um hospital, passei a pensar mais a respeito do papel dos medicamentos e do tipo de serviço médico mais adequado a cada hospital.

Outro funcionário disse:

Meu foco era totalmente voltado aos medicamentos; porém, no hospital, o foco do tratamento não era o mesmo. Percebi que os tratamentos medicinais eram apenas ferramentas para ajudar as pessoas a terem uma vida mais fácil até mesmo quando envelhecem. No laboratório, é fácil confundir o desenvolvimento do medicamento com o objetivo maior da pesquisa. Eu estava satisfeito e me sentia gratificado com o que fazia. No entanto, percebi que isso não era suficiente. Os medicamentos são úteis apenas em determinadas situações. O treinamento me mostrou uma nova compreensão a respeito do propósito dos medicamentos e do modo como deveriam ser desenvolvidos.

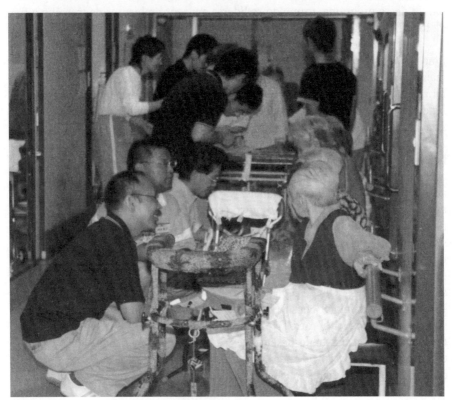

Figura 4.2 Empatia com os pacientes: pesquisadores interagindo com os idosos.
Fonte: Eisai Co., Ltd.

Os projetos do hhc: colocando as ideias em prática

Baseando-se na compreensão e no comprometimento adquiridos com a experiência direta, os funcionários da Eisai passaram a trabalhar em equipes a fim de discutir quais medidas poderiam ser tomadas em seu trabalho para aumentar o benefício aos pacientes e suas famílias. Os projetos do *hhc* foram desenvolvidos juntamente com as linhas de vendas, o P&D, a produção e as operações da organização. Cada projeto possuía um líder, tendo um membro de cada divisão como responsável por promover as atividades do *hhc*. A variedade de abordagens assegurava que todos os funcionários pertencessem pelo menos a um dos projetos. No ano fiscal de 2005, houve 427 projetos no total, incluindo os projetos das filiais estrangeiras (veja a Tabela 4.1). A seguir, exemplos do desenvolvimento de negócios a partir dos projetos do *hhc*.

Tabela 4.1 Quantidade de projetos *hhc* por divisão em 2005

Medicamento sob prescrição	113
Produtos de saúde ao consumidor	16
Pesquisa & Desenvolvimento	102
Produção	24
Sede global da companhia	28
Companhias da rede – Japão	106
Companhias da rede – Estados Unidos/Europa	27
Companhias da rede – Ásia	11
Total	427

O desenvolvimento do novo medicamento ARICEPT como um evento social. As doenças mentais são consideradas "doenças sociais" devido aos danos emocionais que causam às famílias aos assistentes de saúde dos pacientes uma vez que os sintomas são identificados. Essa situação os força a se adaptarem às suas mudanças de comportamento, o que causa um grande impacto na qualidade de vida dos pacientes e das pessoas que os cercam. Portanto, o efeito de um medicamento não pode ser avaliado apenas a partir da observação do paciente em si, mas também dos relacionamentos que o paciente possui e de que forma as experiências e os sentimentos envolvidos nesses relacionamentos são alterados pelo medicamento. Naito afirmou que "desenvolver o ARICEPT não é apenas criar um novo medicamento, mas criar uma sociedade que apoia as pessoas vítimas de doenças mentais".[4] Assim, uma equipe de P&D iniciou diversas atividades preparatórias para o lançamento do ARICEPT. Primeiramente, para observar as experiências e os sentimentos dos pacientes sob medicação, foi solicitado aos familiares e aos assistentes participantes do experimento que mantivessem um diário de seus eventos cotidianos e sentimentos, os quais

106 *Managing Flow*

seriam analisados a fim de identificar as mudanças e a maneira que elas ocorreram desde que os pacientes iniciaram o tratamento. Muitos deles se mostraram alegres e satisfeitos com o medicamento, afirmando que o tratamento os ajudou a compreender os pacientes e fez com que sentissem uma maior segurança em relação às suas atividades diárias como assistentes. Com os diários, a equipe de P&D foi capaz de compartilhar as experiências dos familiares e assistentes médicos dos pacientes, e elaborar critérios quantitativos para medir este efeito, que mais tarde foram transferidos para os setores de *marketing* e vendas.

Para dar início a uma sociedade de apoio, 42 gerentes regionais de vendas foram selecionados como membros de uma equipe estabelecida para educar a sociedade em relação às doenças mentais. Naquela época, muitas pessoas ainda desconheciam essas doenças, e aqueles que sofriam de alguma enfermidade mental eram geralmente mal-interpretados e às vezes negligenciados ou até mesmo maltratados. A equipe realizou reuniões comunitárias e foros similares para conscientizar as pessoas, com sessões dedicadas a médicos com o intuito de aperfeiçoar suas habilidades de diagnóstico. Para sustentar este mecanismo de apoio, a equipe ajudou a construir redes hospitalares na comunidade e a estabelecer clínicas especializadas em doenças mentais. Com estas atividades, o ARICEPT tornou-se muito mais do que apenas um medicamento; ele se tornou o contexto que possibilitou a geração de atitudes mais adequadas diante das doenças mentais por meio de um processo de apoio às relações entre pacientes, familiares, médicos, hospitais e comunidade.

Todos os membros da equipe de P&D já haviam compartilhado a experiência de um médico que precisava cuidar de um paciente com uma doença mental antes que o medicamento ARICEPT fosse criado. O médico, Kazuo Hasegawa, do St Marianna University School of Medicine Hospital, de Kawasaki, em Kanagawa – e atual *chairman* do Tokyo Center for Dementia Care Training and Research – relatou a história de um de seus pacientes: um sacerdote que sofria de perda de memória relacionada ao mal de Alzheimer. O paciente, que anteriormente adorava tocar música, deixou alguns rabiscos em uma partitura, onde se lia: "Não tenho lembranças. Será que algum dia irei recuperar meu entusiasmo, meus sentimentos de amor?". Eram gritos de desespero vindos das profundezas de sua alma. O Dr. Hasegawa disse ter sentido uma sensação de impotência e incapacidade ao saber que não havia cura para o mal de Alzheimer. Ele relatou essa história à equipe de pesquisa e, por meio desse diálogo, a equipe passou a compreender com seus corações o significado do *hhc* e de sua missão compartilhada de fazer com que o ARICEPT chegasse ao maior número de pacientes – e suas famílias – o mais breve possível.

O manual de treinamento para assistentes da saúde: "Importando-se em Ajudar os Outros." Em sociedades com um crescente índice de idosos, os dois prin-

A visão e os objetivos orientadores **107**

cipais cuidados com a saúde consistem em estender a longevidade e garantir a qualidade de vida, especialmente para aqueles que estão doentes e precisando de cuidado médico. Para atender as necessidades essenciais dos pacientes e responder a outras necessidades sociais, a Eisai America e outras nove organizações de saúde nos Estados Unidos – entre elas a *AARP*, a *National Alliance for Caregiving*, e a *Alzheimer's Association* – publicaram em conjunto o manual de treinamento *"Importando-se em Ajudar os Outros"*, contendo informações detalhadas sobre assistência de saúde e seus recursos. O manual é distribuído gratuitamente pelas organizações, encontrando-se disponível também no *website* da Eisai.[5]

Os funcionários da Eisai que participaram da criação do manual pretendiam desenvolver um programa que melhorasse a qualidade dos cuidados aos idosos, qualquer que fosse o seu nível de necessidade. Foi então que perceberam a grande necessidade de um manual, embora estivessem conscientes de que isso não iria necessariamente impulsionar as vendas dos produtos Eisai. Na época, o diretor executivo da *Alzheimer's Association* nos Estados Unidos descreveu os esforços da seguinte maneira:

> A primeira vez que este conceito foi discutido, não existia nada parecido no país. Não havia qualquer programa de voluntariado desenvolvido nacionalmente. Talvez existissem determinadas agências que promovessem treinamento ou tivessem experiência em treinar voluntários, mas ninguém havia enxergado isso em nível nacional até a Eisai aparecer e criar o conceito do manual.[6]

Modificando o tamanho e a estrutura dos medicamentos. Em suas atividades de *hhc* com os pacientes, os funcionários descobriram que os idosos estavam tendo dificuldades em engolir os comprimidos, devido à redução de saliva causada pela idade. Também perceberam que alguns pacientes receberam restrições médicas para tomar líquidos, tornando ainda mais difícil o processo de engolir os comprimidos. O tamanho e o formato do comprimido também causavam problemas, pois era difícil distinguir um comprimido do outro. Os funcionários passaram a refletir sobre o valor do medicamento quando o paciente passava por tanta dificuldade para ingeri-lo. Finalmente, eles criaram a ideia dos "medicamentos sem barreiras" e desenvolveram uma diversidade de novos produtos que atendessem a estes critérios, como, por exemplo, comprimidos que se dissolvem em cerca de 10 segundos, mesmo com uma pequena quantidade de água. As diversas dificuldades encontradas na produção dos comprimidos foram superadas com um novo equipamento desenvolvido em parceria com um fabricante de máquinas para produção de alimentos. Entre outros desenvolvimentos, houve a modificação dos medicamentos que eram amargos para disfarçar o gosto desagradável, e o adesivo para doentes do coração teve seu tamanho reduzido, oferecendo mais conforto aos pacientes. Medicamentos sem barreiras também

108 *Managing Flow*

foram desenvolvidos para crianças e para a população em geral, resultando em benefícios significativos para os pacientes.

Todas essas atividades levaram à fundação da Elmed Eisai,[7] uma filial independente, especializada na venda de medicamentos genéricos. No Japão, as companhias farmacêuticas que desenvolvem suas próprias marcas de medicamentos ignoravam, em sua maioria, o mercado de medicamentos genéricos, pois acreditavam ser um mercado secundário de baixo custo que poderia reduzir sua lucratividade. A Eisai, porém, estava consciente de que manter o controle do custo dos medicamentos era cada vez mais uma prioridade para uma população cada vez mais idosa, e consciente de seu impacto no sistema de saúde. Entretanto, em vez de apenas oferecer um genérico alternativo a preço baixo, a companhia decidiu que também deveria oferecer valor agregado, por meio de produtos como os "medicamentos sem fronteiras", identificando novas oportunidades de negócios e o potencial para se expandir em novos mercados.

Rótulos transferíveis para injeções. Uma vez que os medicamentos líquidos costumam ser incolores e de difícil identificação, as enfermeiras precisam verificar os rótulos diversas vezes para extrair a dosagem correta de uma seringa com segurança. Após terminada a extração, elas rotulam a seringa para evitar o uso inapropriado, normalmente escrevendo a informação diretamente na seringa com uma caneta permanente. Mesmo com tantas precauções, podem ocorrer erros que culminem na administração do medicamento errado para o paciente. Durante o treinamento na enfermaria do hospital, os funcionários da Eisai perceberam o perigo e passaram a trabalhar para a melhoria das embalagens, a fim de reduzir acidentes. A Eisai poderia ter decidido que seu único trabalho era produzir medicamentos, e que se estes fossem administrados de forma incorreta seria de responsabilidade dos médicos e das enfermeiras. Entretanto, do ponto de vista do benefício ao paciente, a empresa enxergou esses acidentes como um problema a ser resolvido. Em 2001, a Eisai tornou-se a primeira companhia do setor a criar um rótulo que poderia ser destacado do frasco e transferido diretamente para a seringa. Masako Kuroda, a enfermeira-chefe do St Luke's International Hospital, em Tóquio, comentou:

> Nós enfermeiras somos as responsáveis pelo preparo desses medicamentos. A Eisai escutou nossas opiniões e imediatamente aceitou nossas visões. Ficamos agradavelmente surpresas pela sua resposta e aprovamos a forma como a empresa aperfeiçoou a tecnologia exatamente como desejávamos, facilitando o uso de meios que são mais seguros para os pacientes. Sempre achei ser importante escutar aqueles que realmente cuidam dos pacientes todos os dias. Fiquei muito contente que a Eisai tenha feito isso.[8]

Novo formato das instruções para uso. A Eisai concluiu que as informações sobre efeitos colaterais e contra-indicações, as quais até então ficavam escondidas no final da bula, deveriam aparecer na tampa e na primeira página. Essa foi uma mudança revolucionária na indústria farmacêutica do Japão. Inicialmente, houve algumas oposições por parte dos vendedores que acreditavam que enfatizar as informações negativas dificultaria a venda do medicamento. Entretanto, a decisão final foi tomada com base naquilo que era mais importante para os pacientes. Não importa o quanto seja bom um medicamento, a saúde de um paciente pode ser prejudicada pelos efeitos colaterais do uso inadequado do remédio. Por esse motivo, para aumentar o benefício ao paciente, essas informações deveriam ser facilmente encontradas.

Central online *de atendimento ao consumidor.* Em 1992, a Eisai estabeleceu no mercado japonês uma central de informações sobre produtos, um sistema de ligações gratuitas para responder as dúvidas dos usuários – que vão de médicos e farmacêuticos a pacientes e suas famílias – sobre os produtos da Eisai e diversas outras questões, desde ciência médica e farmacêutica à vida cotidiana. Esse tipo de serviço é comum nos dias de hoje, mas naquela época era uma verdadeira inovação, especialmente para a indústria farmacêutica, em que as companhias consideravam que seus clientes eram apenas os médicos e os farmacêuticos, dando pouca atenção aos pacientes. A Eisai decidiu que a sua tarefa mais importante era realçar o benefício aos pacientes e às suas famílias, fornecendo as informações necessárias e aliviando a ansiedade. As perguntas e as solicitações que são feitas à central de atendimento ao cliente são aproveitadas pelas operações da companhia para desenvolver produtos melhores. Por exemplo, os produtos que possuem vitamina B, Chocola BB Junior e Chocola BB Syrup, foram criados em resposta a perguntas sobre a preparação de bebidas para crianças.

Centralizando a informação médica para uma resposta rápida. As responsabilidades dos Representantes de Vendas de Medicamentos (RVM) da companhia foram alteradas para refletir a perspectiva dos pacientes, o que resultou em mudanças nas vendas e no sistema de transferência de informação para médicos e farmacêuticos. No sistema anterior, a informação sobre os medicamentos era controlada por uma divisão especializada em cada escritório regional, que fornecia a informação ao RVM para passá-la aos médicos e farmacêuticos. Sob o sistema novo, todas as informações sobre os produtos médicos foram centralizadas no banco de dados de um computador da matriz, facilitando o acesso às informações por parte do RVM. O banco de dados podia ser rapidamente impresso e enviado via fax aos médicos e farmacêuticos. Isso acelerou as respostas às perguntas, sendo particularmente favorável em cirurgias, fornecendo aos médicos um rápido retorno sobre possíveis efeitos colaterais de determinado medicamento, além de aperfeiçoar a exatidão da resposta.

110 *Managing Flow*

As atividades do RVM também mudaram radicalmente. A tarefa principal consistia em fornecer informação a médicos e farmacêuticos, e o trabalho era avaliado de acordo com um sistema individual de quotas, que visava apenas a quantidade de medicamentos vendidos e não o valor fornecido ao paciente. O sistema de quotas foi substituído por um método que refletia a nova abordagem para a gestão baseada nos objetivos. O RVM foi avaliado tanto pela qualidade quanto pela quantidade de acordo com a chamada "atividades de vida ", designada a melhorar a vida dos pacientes ao fornecer produtos médicos de forma rápida e ao maior número de pacientes possível (Morita e Tsuyuki, 2001: 96–7). Isso não poderia ser avaliado com base na disponibilização do medicamento a médicos ou farmacêuticos, mas apenas após o medicamento ser consumido pelo paciente e causar efeito positivo. O novo papel do RVM era dar seguimento ao uso do produto e garantir a satisfação do paciente. O RVM planejaria atividades mensais de acordo com essas condições e reportaria os resultados, que seriam compartilhados na *intranet* da companhia. Outros RVMs revisariam os relatórios e a avaliação dos pontos premiados. Um relatório superior foi selecionado em cada região e o RVM responsável se tornaria o mais alto representante regional. A partir da perspectiva da companhia, um RVM superior não é bom apenas em cumprir suas quotas, mas também nas "atividades de vida". Para avaliar esse trabalho de forma mais precisa, supervisores acompanhariam os RVMs nas atividades de vendas e forneceriam instruções, compartilhando o conhecimento tácito e as experiências no *ba* para transmitir a filosofia do *hhc* e ajudar os RVMs a alcançar sua própria compreensão tácita.

O Departamento de Criação de Conhecimento: um mecanismo organizacional para o *hhc*

A Eisai vem conduzindo as atividades do *hhc* desde 1990, mas não de uma maneira sistemática. O conteúdo da atividade era decidido por cada departamento individual, e os resultados adquiridos pela organização não eram consistentes ou controlados, e tampouco havia mecanismos para transmitir os resultados ao resto da organização. A Eisai se expandiu globalmente, estabelecendo escritórios e fábricas globais em diversas partes do mundo e centros de pesquisa em Boston, nos Estados Unidos, e em Londres, Inglaterra. Para conectá-los e movê-los na mesma direção, era preciso assegurar que a filosofia do *hhc* fosse compreendida de forma tácita por todos os funcionários, independentemente da localidade ou da cultura. As atividades do *hhc* resultaram na mudança de mentalidade das pessoas envolvidas nos trabalhos, mas esse esforço teve que ser expandido pela organização de maneira global para que as mudanças fossem compartilhadas, acumuladas e refletidas na criação de conhecimento.

A Eisai foi a primeira empresa japonesa a possuir um *"Chisoubu"*, traduzido literalmente como "Departamento de Criação de Conhecimento". Criado em abril de 1997 e liderado por Haruo Naito, possuía duas funções: expandir o conceito do *hhc* para as companhias do grupo Eisai e para o exterior, e estimular a criação de conhecimento. O departamento aplicou o modelo SECI de criação de conhecimento organizacional para mudar a mentalidade dos funcionários e melhorar a qualidade de seu desempenho, alinhando-o com a visão do *hhc*. Inúmeros *ba* foram criados para ativar a espiral SECI de criação de conhecimento, o que se passou em uma rede de camadas de *ba* dentro e fora da organização. As melhores práticas de cada divisão ficaram conhecidas e foram disseminadas na companhia. Por exemplo, o Prêmio de Ciência da Eisai é concedido à divisão de pesquisa pela excelência em invenções e descobertas; o Prêmio Desempenho de Qualidade é concedido à divisão de produção por trabalhos originais de destaque; e dentre os trabalhos de inovação da Eisai que produzem atividades de excelência em *hhc*, escolhe-se um grande vencedor a ser homenageado com a comenda do presidente. Na "Iniciativa *hhc*", em que uma vez por ano são anunciados exemplos das atividades indicadas a prêmios no Japão e no exterior, mais de 100 representantes de projetos encontram-se para uma troca vigorosa de conhecimento e informação. Um sistema de prêmios e cerimônias de premiação como esse é considerado um importante meio de reconhecer o sucesso e promover o compartilhamento de conhecimento por toda a empresa.

O Departamento de Criação de Conhecimento também planejou e promoveu um treinamento para o *hhc*, atuando como um agente de integração entre intercâmbios globais de funcionários e projetos, abrangendo diferentes organizações. Um executivo-chefe em conhecimento (CKO – Chief Knowledge Officer) foi atribuído ao departamento e 11 funcionários veteranos cuidadosamente selecionados foram designados para trabalhar no Departamento de Criação de Conhecimento, garantindo que a visão do *hhc* fosse adotada na prática diária e internalizada pelos funcionários na forma de conhecimento tácito. Norikatsu Yasoda foi o primeiro CKO do Japão. De acordo com ele, a missão do Departamento de Criação de Conhecimento era "promover a criação de conhecimento em todos os níveis da companhia, baseando-se na teoria da criação de conhecimento, e trabalhar em busca da realização do *hhc* global" (Morita e Tsuyuki, 2001: 88–9), isto é, promover a inovação por meio do apoio à criação e ao compartilhamento de conhecimento. Essas pessoas também atuam como pontos nodais para a comunicação do conhecimento, constatando casos bem-sucedidos e comunicando as melhores práticas para toda a companhia. O departamento também é uma passagem de intercâmbio humano em projetos de função cruzada e com escritórios no exterior, planejando e promovendo o desenvolvimento de recursos humanos para estimular a filosofia do *hhc* (veja a Figura 4.3).

Figura 4.3 O conceito do Departamento de Criação de Conhecimento.
Fonte: Eisai Co., Ltd.

Sistematizando o treinamento dos recursos humanos: formando uma integração de contextos ampliados

Como resultado dos esforços do Departamento de Criação de Conhecimento, o treinamento de recursos humanos da Eisai mudou de forma drástica. Anteriormente, o treinamento era planejado e projetado pelo departamento de desenvolvimento de recursos humanos e durava de três a cinco anos de acordo com a hierarquia do funcionário. Assuntos do departamento pessoal eram administrados separadamente da área de treinamento. Com o Departamento de Criação de Conhecimento, essas duas funções foram fundidas e as atividades do *hhc* e de criação de conhecimento foram alinhadas. Isso tornou mais claros os objetivos do treinamento e o programa foi refeito adequadamente. Além disso, o Departamento de Criação de Conhecimento extinguiu a prática de treinamento por níveis hierárquicos, que tinha por objetivo a criação de generalistas. O novo programa tinha como foco o desenvolvimento da criatividade dos funcionários e foi combinado às necessidades do indivíduo. Também oferecia uma diversidade de cursos de treinamento que os funcionários podiam escolher baseados nas suas necessidades pessoais de desenvolvimento, em vez de em seu escalão.

As formas mais comuns de treinamento são chamadas "treinamento por adesão" e "conferência de conhecimento". No "treinamento por adesão", o participante é totalmente responsável por seu progresso ao aderir e adquirir o programa para cultivar uma sensação de propriedade, em taxas que variam de aproximadamente US$ 30 a US$ 120. Apesar de existirem discussões sobre a ideia de coletar taxas para o treinamento da companhia, a exigência da taxa proporcionou aos funcionários uma grande sensação de independência, responsabilidade e comprometimento com a sua própria educação. As atividades incluem treinamento em enfermarias hospitalares e trocas com outras indústrias e outros departamentos. A oportunidade de participar de um *ba* de troca de conhecimento com as pessoas de fora de seus departamentos gerou o estímulo necessário e ampliou seus interesses na busca por oportunidades não somente em sua posição atual, mas também para seu desenvolvimento profissional.

A "conferência de conhecimento" tem por objetivo treinar as pessoas para agir individualmente a fim de realizar a visão do *hhc* e compartilhar os resultados com seus colegas no mundo todo. Esse treinamento proporciona uma profunda compreensão da filosofia do *hhc* e da teoria de criação de conhecimento, assim como da sua aplicação nas rotinas diárias. O maior objetivo é criar "produtores de conhecimento" que estejam familiarizados com a teoria e a metodologia, e que possam criar conhecimento de maneira autônoma, assumindo atitudes práticas de apoio à inovação.

Compreendendo os sentimentos dos pacientes

Outra forma de treinamento de recursos humanos oferecido pelo treinador líder do Departamento de Criação de Conhecimento tem por objetivo cultivar a mentalidade do *hhc* e determinar o que a Eisai pode fazer pelos pacientes. O curso é aberto para todos os 3 mil funcionários no Japão, e oferece experiência em primeira mão com as necessidades dos pacientes em exercícios de simulação e visitas às instalações de enfermagem.

As simulações incluem o uso de tampões de ouvido para a experiência da perda auditiva dos mais velhos e de óculos especiais que simulam a visão comprometida devido à catarata, além de limitar o campo de visão. Os participantes também usam pesos nos punhos e nas mãos que reproduzem uma diminuição na força muscular. Essas medidas permitiram aos participantes experimentar diretamente as sensações físicas e psicológicas sentidas pelos idosos (entre 75 e 80 anos aproximadamente). Com essa experiência direta, os participantes aprendem a perceber as coisas pela perspectiva dos mais velhos, compreendendo e valorizando seus sentimentos em uma escala mais profunda. Alguns participantes comentaram: "A experiência foi bem diferente da imagem que eu tinha das pessoas idosas". "Agora, posso compreender melhor como os idosos se sentem e agem". "Desenvolvi um enorme desejo de ajudar as pessoas idosas que estão enfrentando dificuldades". Após os exercícios de simulação, os participantes agem como assistentes nas instalações de enfermagem para que seja possível experienciar a realidade e descobrir que possuem uma maior empatia pelos pacientes.

Uma enquete do conhecimento

A primeira medida do Departamento de Criação de Conhecimento foi fazer uma avaliação de todos os funcionários para determinar de que maneira eles lidavam com as suas tarefas diárias. Ao analisar as atividades da profissão a partir da perspectiva da criação de conhecimento, a enquete pôde revelar a maneira na qual o conhecimento é criado, utilizado e acumulado em cada parte da Eisai.

A enquete consiste em cerca de 200 questões, com uma catalogação que avalia o tempo dedicado e a importância atribuída às 24 atividades que representam o processo SECI em uma escala de cinco níveis. Os resultados da enquete são úteis na identificação das forças e fraquezas da Eisai em termos de criação de conhecimento, e representam uma informação valiosa para definir o ponto em que as próximas atividades de criação de conhecimento podem se iniciar. A primeira enquete, relizada em 1997, revelou que a pontuação da "internalização" era bastante alta, independentemente da idade ou da posição hierárquica, enquanto que as pontuações da socialização, externalização e combinação se mostraram medianas (veja a Figura 4.4). Isso sugere que, embora a aquisição e utilização de conhecimento em nível individual fossem altas, o conhecimento não era compartilhado de forma eficaz para criar novo conhecimento de forma organizacional. A velocidade do progresso na medicina e na farmacologia exige que o pessoal da indústria farmacêutica, mais precisamente os RVMs, passe uma grande parte de seu tempo adquirindo novo conhecimento. A enquete revelou que os funcionários estavam ocupados demais adquirindo e digerindo novos conhecimento e informação, de modo que não passavam tempo suficiente criando seu próprio conhecimento.

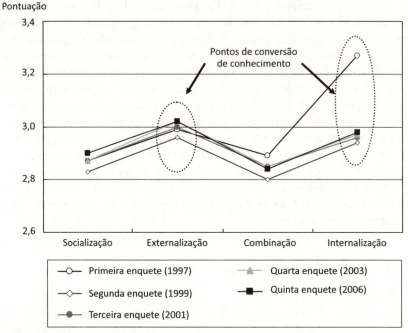

Figura 4.4 Resultados das enquetes do conhecimento.
Fonte: Eisai Co., Ltd.

A visão e os objetivos orientadores **115**

Foi realizada uma Enquete do Conhecimento para cada uma das cerca de 600 unidades e os resultados foram devolvidos para toda a organização. Em especial, o pessoal do Departamento de Criação de Conhecimento visitou o Departamento de Vendas e outras unidades da companhia, oferecendo *feedback* de suas características e problemas particulares, ao mesmo tempo em que davam instruções sobre as atividades de criação de conhecimento. Uma comparação entre a melhor organização e as restantes revelou que uma atividade de criação de conhecimento de caráter vigoroso está associada a um desempenho positivo. Os resultados mostraram que as organizações com bom desempenho nos negócios possuem uma alta pontuação nos processos de socialização, externalização e combinação, tendo também grande capacidade de combinar liderança e conhecimento. Ao analisar e formatar os processos organizacionais da unidade de melhor desempenho foi possível mostrar a cada unidade o que poderia fazer para simular e dar vida às suas atividades de criação de conhecimento. Com os resultados da enquete, cada unidade pôde determinar suas próprias forças e fraquezas, discutindo em detalhes como melhorar seu desempenho organizacional e esboçar um plano de ação individual.

As enquetes dos anos seguintes, de 1999 e 2001, apontaram que graças a diversos programas relacionados ao *hhc* oferecidos pelo Departamento de Criação de Conhecimento, assim como o treinamento e seus *feedbacks,* houve mudanças significativas nas atividades de criação de conhecimento. Os funcionários da Eisai estavam mais focados no processo de externalização para criar conceitos e conhecimento explícito novo a partir de seu conhecimento tácito acumulado, em vez de darem mais atenção ao processo de internalização. De acordo com a última enquete, em 2006, a criação de conhecimento tornou-se parte das rotinas criativas da Eisai.

Após a aplicação no Japão, a Enquete do Conhecimento também foi aplicada nos Estados Unidos, na Ásia e na Europa, e o Departamento de Criação de Conhecimento ofereceu um *feedback* direto sobre os resultados, que foi disponibilizado para a formulação de planos de ação seguindo os mesmos métodos utilizados no Japão.

A propagação global das atividades do *hhc*

Na Eisai, a missão do *hhc* priorizou o desenvolvimento de medicamentos para atender àquelas necessidades médicas ainda não atendidas, com o intuito de aumentar o benefício aos pacientes. Para ficar mais a par dessas necessidades, as atividades do *hhc* ampliaram a interação com os pacientes, suas famílias e assistentes, convidando pessoas que trabalham com saúde humana para conversar com os funcionários, visitando hospitais e integrando trabalhos voluntários, não apenas no Japão, mas no mundo inteiro. A seguir veremos alguns exemplos das atividades global do *hhc*.

O Instituto de Pesquisa da Eisai em Boston

Funcionários Eisai Research Institute (ERI), em Boston, nos Estados Unidos, juntamente com a *American Cancer Society* (ACS), criaram um programa de voluntariado chamado "Caminho para a Recuperação" no qual os voluntários oferecem caronas para pacientes com câncer, em suas idas e vindas dos hospitais. O programa tem por objetivo aumentar a compreensão dos funcionários sobre as experiências dos pacientes. Ao mesmo tempo em que oferecem caronas muito necessárias, os funcionários escutam as preocupações dos pacientes, oferecendo apoio e amizade. Por meio do trabalho voluntário, os funcionários da ERI adquirem conhecimento das necessidades dos pacientes e seus sentimentos, obtendo uma maior noção da urgência e do propósito da pesquisa e desenvolvimento dos medicamentos, além de experienciar o sentimento de recompensa ao contribuir com tempo e esforço para a ajuda aos necessitados da comunidade.

Eisai (Thailand) Marketing Co., Ltd.

A Eisai Thailand Marketing (ETM) descobriu que os pacientes que buscam tratamentos em hospitais tailandeses têm muita dificuldade em obter as informações de que necessitam sobre os cuidados com a saúde. "Os pacientes tailandeses enfrentam longas esperas para consultar um clínico geral, e quando finalmente o conseguem, a consulta normalmente tem duração de apenas três minutos", afirma um associado ao Departamento de Criação de Conhecimento. "Esse tempo é insuficiente para que os pacientes expliquem seus sintomas ou para que recebam um *feedback* adequado para compreenderm como devem lidar com suas enfermidades".[9]

Em resposta a essa necessidade, a ETM agendou uma série de "Dias da Eisai" para pacientes e assistentes em hospitais de quatro cidades da Tailândia. Os médicos apresentaram seminários sobre tópicos relevantes como o mal de Alzheimer e DRGE (Doença do Refluxo Gastroesofágico), seguidos de sessões em que os pacientes podiam tirar suas dúvidas. Isso forneceu informações valiosas sobre os cuidados com a saúde para um grande número de pacientes de uma única vez, ampliando o tempo de contribuição dos médicos participantes. Os representantes de vendas de medicamentos da Eisai na Tailândia também participaram, assistindo aos eventos de inscrição, coordenação e distribuição dos materiais de serviços de saúde. Mais de 3 mil pessoas foram beneficiadas com esses eventos e responderam positivamente, inclusive com cartas de agradecimento. Essa iniciativa do *hhc* recebeu o prêmio de melhor prática.

Eisai Korea

A Eisai Korea Inc (EKI) identificou recentemente uma necessidade de educação sobre o mal de Alzheimer em uma sociedade onde a doença está ape-

A visão e os objetivos orientadores **117**

nas começando a ser reconhecida e diagnosticada. Por meio de sua "Campanha Eisai de Distribuição de Carinho", foram oferecidas oficinas com apresentações de clínicos gerais para pacientes e assistentes, dando-lhes a oportunidade de interagir com os médicos. Os funcionários da EKI cumpriram um papel-chave coordenando os trabalhos e apresentando as informações. Mais de 40 oficinas foram realizadas desde o início da campanha, em 2006.

Executando o conceito do *hhc* nas operações diárias

A Eisai coloca seus objetivos orientadores da seguinte maneira: "satisfazer as necessidades médicas ainda não atendidas, promover o fornecimento constante de produtos de qualidade e expandir informações com segurança e eficácia". Esses objetivos são perseguidos sem desviar a atenção do valor de toda a cadeia de suprimento e dos ideais da companhia. As ideias e as ações são sintetizadas com base na filosofia corporativa do *hhc* e praticadas de maneira apropriada a cada situação particular por todo o grupo Eisai. O conceito operacional no processo organizacional da empresa é a "cadeia de valor sem emendas", que expressa o objetivo de realizar as operações com eficiência e garantir a segurança e a confiança em seus produtos por meio da cadeia de valor de P&D, de produção e de vendas, para a disponibilização da informação médica e da supervisão de controle de qualidade. Por exemplo, para alterar o formato dos comprimidos, os processos de produção foram reorganizados em um sistema de células administradas por trabalhadores com habilidades múltiplas. O objetivo era expandir as perspectivas dos funcionários ao elevar o conhecimento que os indivíduos tinham sobre todo o processo para aumentar a produtividade.[10] Tais mudanças foram introduzidas com base na crença de que "cada comprimido, cápsula e frasco que produzimos está conectado à vida de um paciente", como afirmado na política de controle de qualidade da Eisai.

Como resultado dessas atividades, os funcionários da Eisai passaram a pensar em seus objetivos nos termos da filosofia do *hhc* e a considerar seu significado social e, assim, determinar a direção mais desejada para o planejamento de negócios para realizar seus objetivos. Naito afirma que o único objetivo da Eisai é conquistar a satisfação do paciente e assim ser recompensada com boas vendas e lucros. Isso está referido até mesmo nas normas corporativas. Em junho de 2005, a Eisai alterou suas normas corporativas para incluir em seu conceito corporativo a visão do *hhc* de "se preocupar em primeiro lugar com os pacientes e suas famílias, e aumentar os benefícios que o cuidado com a saúde oferece". A empresa afirma que sua missão é "a melhoria da satisfação do paciente" e declara que "acredita que as receitas e os lucros serão gerados em consequência ao cumprimento da sua missão. A companhia ainda ressalta a importância deste impacto positivo da missão nos resultados subsequentes. Essa norma corporativa também declara que "As partes interessadas da companhia são principalmente seus pacientes, clientes, acionistas e funcionários. A empresa busca promover um bom relacionamento com essas partes e aumentar seu valor".[11] Segundo Naito, a Eisai se esforça para compartilhar a filosofia corporativa do hhc de forma que cada funcionário se dedique a realizá-la, praticando constantemente a geração de conhecimento em seu próprio trabalho.

A HONDA

Apresentação da companhia

A Honda Motor foi fundada por Soichiro Honda em 1948, na província de Hamamatsu, na cidade de Shizuoka, à cerca de 200 km de Tóquio. Seguindo os princípios de seus fundadores, a companhia partiu de uma fábrica de uma pequena cidade do interior do Japão para ser um concorrente internacional na indústria automobilística, com uma estratégia de negócios singular e um processo único de desenvolvimento de tecnologias.

O *core business* da Honda é a produção e a venda de automóveis, motocicletas e produtos automotivos, como motores de popa, lemes e geradores de energia. A empresa também produz baterias solares, robôs humanoides e motores para aviação. Ao final de março de 2008, ela realizou vendas de 3,93 milhões de unidades de veículos de quatro rodas, 9,32 milhões de motocicletas e 6,6 milhões de motores no mundo inteiro, com lucros advindos principalmente da América do Norte. No Japão, a capitalização total do mercado foi de cerca de 86 bilhões de ienes, ou 735 milhões de dólares, com uma receita líquida de vendas consolidada de aproximadamente 4,1 trilhões de ienes, ou 389 bilhões de dólares, e cerca de 26.700 funcionários. Sobre uma base consolidada, a receita mundial de vendas pelo mesmo período totalizou 10.028 bilhões de ienes, ou 95,5 bilhões de dólares, com 167.200 funcionários. A recente evolução das vendas e dos lucros em bases consolidadas está ilustrada nas Figuras 4.5 e 4.6.

A filosofia corporativa

Segundo a Honda, sua filosofia corporativa é a base das atividades diárias nos negócios e julgamentos feitos em todas as companhias do Grupo Honda e associados,[12] sendo o legado mais valioso dos seus fundadores, Soichiro Honda e Takeo Fujisawa, cujas lideranças deram forma à companhia.

Soichiro Honda, presidente-fundador no período de 1948 a 1973, um exímio engenheiro que assumiu a liderança do desenvolvimento tecnológico da Honda, frequentemente discursava sobre a importância da filosofia. Honda afirmou: "mais do que as tecnologias, devemos dar valor à filosofia humana. A

A visão e os objetivos orientadores **119**

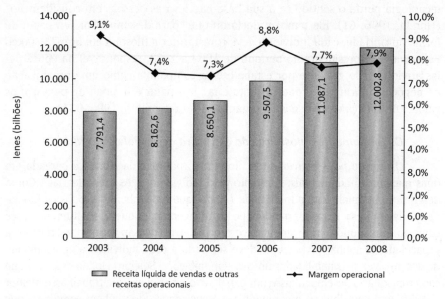

Figura 4.5 Receita líquida de vendas e outras receitas operacionais.
Fonte: Honda Motor, "Financial Highlights," http://world.honda.com/investors/highlight.

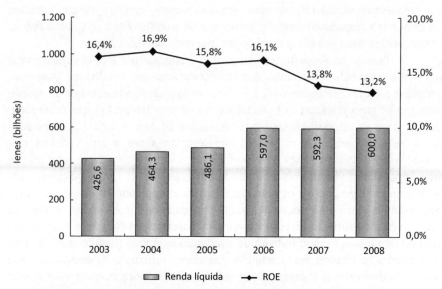

Figura 4.6 Receita da Honda/Rentabilidade sobre Capital Próprio (ROE).
Fonte: Honda Motor, "Financial Highlights", http://world.honda.com/investors/highlight.

tecnologia perde o sentido se a sua base não leva as pessoas em consideração" (Honda, 1996: 61). Ele também declarou que "para desempenhar seu papel de forma apropriada, cada indivíduo deve transformar a filosofia em ação".[13] Takeo Fujisawa, vice-presidente no período de 1964 a 1973, responsável na época pelas atividades de gestão e por estabelecer a companhia como uma organização de negócios, afirmou: "o que sustenta e faz prosperar é o modo de pensar e os valores na cabeça das pessoas da organização" (Yamamoto, 1996: 331).

Os fundamentos filosóficos da estrutura gerencial da Honda

O respeito pelos indivíduos. A filosofia corporativa da Honda é baseada em duas máximas fundamentais: "Respeito pelo Indivíduo" e "As Três Alegrias". Como descrito no manual intitulado *Filosofia Honda*, que é distribuído a todos os funcionários da empresa, respeitar o indivíduo significa entender que "o ser humano nasce como um indivíduo livre e singular, com o poder de pensar, raciocinar, criar – e a capacidade de sonhar";[14] por isso, deve ser dada a cada indivíduo a oportunidade de desenvolver suas habilidades únicas, sem inibições. Soichiro Honda esperava que cada funcionário desempenhasse um papel ativo na área em que trabalhasse melhor e desse uma contribuição à companhia e à sociedade. Ele também acreditava que um supervisor deveria perceber as capacidades das pessoas e desenvolvê-las, com base no pressuposto de que cada uma delas tem seu próprio caráter, suas forças e suas fraquezas. Portanto, Soichiro acreditava que nenhum ser humano é descartável. Até mesmo quando a Honda ainda era uma pequena empresa, ele concedeu aos funcionários a responsabilidade e a autonomia de suas funções e os colocou deliberadamente em situações em que cresceriam por meio das dificuldades.

A filosofia do Respeito pelo Indivíduo é apoiada por três valores básicos: iniciativa, igualdade e confiança. A iniciativa enfatiza que o indivíduo "não deve ser preso a ideias pré-concebidas, mas pensar com criatividade e agir de acordo com seu próprio julgamento e iniciativa, ao mesmo tempo em que compreende que deve se responsabilizar pelos resultados de suas ações".[15] Soichiro afirmava frequentemente que as pessoas não deveriam sentir-se amarradas ou emperradas em uma organização. De preferência, elas deveriam fazer total uso de suas capacidades visando um objetivo maior e agindo de forma independente. A igualdade exige que "as pessoas reconheçam e respeitem as diferenças entre as pessoas e, assim, que todos se tratem cordialmente".[16] A confiança, por sua vez, realça a construção de relacionamentos baseados na confiança mútua, "reconhecendo a todos como indivíduos, ajudando os outros naquilo que eles têm dificuldades, aceitando ajuda naquilo que temos dificuldades, compartilhando nossos conhecimentos e fazendo um esforço sincero para cumprir com nossas responsabilidades".[17] Em seu discurso na confraternização do 50º aniversário da Honda, Nobuhiko Kawamoto, presidente no período de 1990 a 1998, caracterizou a vida na Honda como "muito além dos negócios e das fronteiras nacionais, onde as pessoas batalham para compreender uns aos outros e vivenciar a felicidade. Essa é a nossa filosofia, nossa singularidade que não é alterada desde a época da [nosso] fundação, e o que o Grande Homem (Soichiro Honda) denominou *Respeito pelo Indivíduo*".[18]

No desenvolvimento de produto, o Respeito pelo Indivíduo baseia-se na compreensão de que o cuidado de vidas humanas é confiado a um veículo, e que, por isso, a segurança e o conforto do passageiro devem ser sempre consideradas. Soichiro acreditava que o propósito da tecnologia é servir à humanidade. Durante uma palestra na Universidade do Michigan, em 1974, afirmou: "As tecnologias não passam de ferramentas para servir aos seres humanos... Não importa o quanto a ciência, a tecnologia e as estruturas sociais se desenvolvam e evoluam, elas sempre serão operadas por seres humanos. Nós não podemos esquecer disso. No entanto, o ser humano sozinho não consegue fazer as coisas acontecerem. Podemos usar máquinas e estruturas sociais de maneira mais efetiva se promovermos a noção de conectividade entre nós, de coração para coração" (Harada, 1977: 198–202). Na Honda, o processo e a maneira de pensar o desenvolvimento dos produtos refletem essas visões, como capturado nos *slogans* "Equipamento Mínimo", que tem por objetivo diminuir o espaço do motor para distribuir o espaço de maneira mais eficiente por todo o carro, e "O Máximo para o Homem e o Mínimo para a Máquina", que prevê a aumento do conforto do passageiro na cabine e, ao mesmo tempo, a diminuição da máquina no intuito de torná-la mais eficiente e econômica.

O Respeito pelo Indivíduo também significa que o objetivo final da Honda não é o dinheiro, mas o desempenho do indivíduo para que ele possa contribuir com seu próprio mundo. Quando Soichiro fundou a empresa, não considerava o lucro da companhia seu objetivo principal. Porém, como toda a entidade corporativa, a Honda necessitava gerar lucro. A Honda pediu a seus funcionários que não se ativessem ao lucro de curto prazo e definissem metas a partir de uma visão mais ampla. Até mesmo quando a companhia era apenas uma pequena indústria local em Hamamatsu, Soichiro insistia em transmitir o pensamento de que a empresa existia para o bem dos seres humanos e da sociedade, e que, portanto, os funcionários precisavam pensar de forma que a empresa pudesse contribuir socialmente.

O desenvolvimento do motor CVCC mostra como a busca da Honda por um objetivo social foi posta em prática. Quando a Lei Muskie, promulgada em 1970 nos Estados Unidos, aumentou os controles de emissão de combustível, o nível de tecnologia da época parecia ser inadequado para possibilitar uma conformidade. Por essa razão, os Três Grandes fabricantes de automóveis dos Estados Unidos se opuseram. Soichiro Honda viu nisso uma oportunidade de superar suas desvantagens como um ingressante tardio da indústria automobilística e tornar-se um grande concorrente, e decidiu que a Honda construiria um novo motor capaz de atender aos novos padrões. Os engenheiros da Honda, no entan-

122 *Managing Flow*

to, estavam mais preocupados com o ambiente do que com o desejo de bater a concorrência, e responderam à Soichiro que queriam construir um motor para o futuro de seus filhos, e não para superar concorrentes. Esse era seu objetivo maior. Mais tarde, Soichiro recontou essa história, afirmando que isso o fez perceber que estava envelhecendo e que era hora de se aposentar (Honda 2001: 253).[19]

Em outubro de 1972, a Honda introduziu o motor CVCC – o primeiro motor no mundo em sua categoria a atender aos padrões ambientais especificados pela Lei Muskie. A tecnologia teve um impacto global e a Honda anunciou que o tornaria amplamente disponível, licenciando-o, mais tarde, a empresas como Toyota, Ford, Chrysler e Isuzu.

As Três Alegrias: comprar, vender e criar. As Três Alegrias surgiram pela primeira vez na edição de dezembro de 1951 da revista *Honda Monthly*,[20] em um artigo de Soichiro Honda que enfatizava o valor que a companhia atribuía ao Respeito pelo Indivíduo. Para a Honda, a alegria é um conceito profundo que enfatiza que a empresa deve empenhar-se não somente na eliminação das condições insatisfatórias, mas também na doação e compartilhamento de felicidades e surpresas entre funcionários, envolvidos e clientes, superando suas expectativas. A primeira delas é a Alegria de Comprar, que é "realizada ao produzir e fornecer produtos e serviços que superem as necessidades e as expectativas de cada cliente".[21] A Honda considera a Alegria de Comprar "o melhor determinante do valor do produto. Não é o fabricante ou o comerciante que melhor sabem o valor do produto e tem a palavra final. Na verdade, essa tarefa não cabe a ninguém além do comprador, que utiliza o produto em sua vida diária. Há felicidade ao pensar: 'Estou tão satisfeito por ter comprado isto'".[22] A Alegria de Vender expressa o prazer experimentado pelos funcionários, comerciantes e distribuidores da empresa "os quais estão associados com o desempenho e a venda dos produtos Honda que auxiliam no desenvolvimento de relações baseadas na confiança mútua com os clientes",[23] o que, por sua vez, resulta na geração de lucro, "bem como no orgulho e na felicidade de adquirir tais itens. Um fabricante de produtos que não proporciona essa alegria às pessoas que vendem seus produtos não merece ser chamado de fabricante" – como afirmado pela bibliografia da companhia.[24] Por último, a Alegria de Criar "surge quando manifestamos todo o nosso potencial e criamos produtos e serviços que superam as expectativas de clientes e concessionárias, proporcionando-lhes alegria".[25] Para o engenheiro da Honda, o principal motivador está em possuir os meios para criar um produto excelente que seja apreciado pela sociedade, honrando o engenheiro e a companhia. Como Soichiro Honda expressou: "Quando um produto é de qualidade superior e é bem recebido pela sociedade, a alegria do engenheiro é tanta que não pode ser superada. Como engenheiro, estou constantemente trabalhando na esperança de criar este tipo de produto".[26]

A visão e os objetivos orientadores **123**

As Três Alegrias definem o valor absoluto que os funcionários da Honda devem buscar em cada aspecto de suas atividades diárias. Eles são encorajados a criar e a vender produtos que lhes proporcionem orgulho e alegria, pois esses produtos levam aos clientes o valor que supera suas expectativas, proporcionando alegria a eles também. Esse valor absoluto também impede a empresa de perseguir valores relativos que são meras imitações do sucesso de outras companhias. O objetivo da Honda ao buscar As Três Alegrias consiste em construir relações mútuas de compartilhamento de alegria e confiança entre funcionários, distribuidores e clientes. Isso está enfatizado no pensamento corporativo de 1956: "A expansão da nossa empresa não tem apenas a intenção de contribuir para a felicidade de funcionários e acionistas. O propósito da nossa existência é proporcionar felicidade aos clientes ao oferecer-lhes bons produtos, ajudar no desenvolvimento de nossas companhias associadas, elevar o nível tecnológico da indústria japonesa e contribuir para o bem-estar da sociedade". Essa contribuição para a sociedade garante, como retorno, a sobrevivência da Honda. No manual da *Filosofia Honda* está escrito: "Acreditamos que a resposta sincera às mudanças que ocorrem no mundo por meio das Três Alegrias proporcionará alegria para a sociedade e fará da Honda uma empresa reconhecida, cuja existência a sociedade agradecerá".[27]

O princípio da empresa: a visão global

O princípio da companhia Honda é a declaração de seu objetivo final e a sua razão para entrar nos negócios. Ele foi escrito pela primeira vez em 1956, mostrando que a companhia já possuía uma visão global, mesmo quando era nova no mercado e consistia em apenas uma fábrica no interior: "Cultivando um ponto de vista internacional, a companhia dedica-se à fabricação de produtos com excelente desempenho por um preço baixo em resposta às necessidades dos clientes".

Em 1953, Hideo Sugiura juntou-se à companhia, tornando-se presidente em 1982. Ele afirmou: "Acho que a passagem sobre ter um 'ponto de vista internacional' pode ser uma afirmação um tanto exagerada, considerando a posição da Honda naquela época." E continuou:

> Entretanto, foi exatamente assim que a alta administração pensou, e realmente tentou colocar em prática. Quando jovens como eu assistimos aos mais velhos agindo e falando de tal maneira, adotamos essa ideia e começamos a praticá-la também. O Grande Homem [Soichiro Honda] expressou o que pensava do fundo de sua existência, e com toda a sua força. Nós éramos apenas jovens crianças, e ao ouvi-lo falar daquela maneira, fomos levados a abraçar essa ideia e seguir com ela.[28]

A atual declaração do princípio da companhia é o seguinte: "Em um espírito global, dedicamo-nos a oferecer produtos da mais alta qualidade, a um preço justo, para a satisfação de nossos clientes em todo o mundo".[29] A expressão "ponto de vista internacional" foi modificada para "espírito global" a fim de chamar atenção para o possível impacto negativo da Honda no ambiente global e para a importância de esforçar-se para contribuir com um desenvolvimento sustentável na sociedade. A palavra "nós" substitui a palavra "companhia" para realçar a importância da contribuição de cada funcionário à empresa. Ela busca expressar "a ideia de indivíduos trabalhando juntos para realizar um propósito comum e, ao mesmo tempo, a busca por um entendimento do trabalho prático".[30] A Honda explica que a expressão "dedicamo-nos" é utilizada porque "reconhece que a verdadeira alegria surge ao se fazer algo que vale a pena – algo pelo qual uma pessoa possa dedicar-se",[31] como, por exemplo, "fornecer produtos da mais alta qualidade por um preço justo, em nome da satisfação de clientes do mundo inteiro".[32] Significa que "a satisfação dos clientes" vai além da mera familiaridade com as necessidades e desejos do cliente e procura "satisfazer – e até mesmo superar – toda e qualquer expectativa de todos os clientes ao redor do mundo".[33] Para isso, os funcionários da Honda precisam "prever as mudanças sociais e culturais, assim como as mudanças no estilo de vida dos clientes".[34] Embora a busca simultânea pela "mais alta qualidade" e pelo "preço justo" geralmente entrem em conflito, a Honda reconhece que o conhecimento é criado a partir da síntese da contradição. Como afirmado no manual da empresa: "É imprescindível que ambos os objetivos sejam alcançados. O verdadeiro progresso surge quando se encontra novas maneiras de atingir ambos os objetivos ao mesmo tempo"[35]

As políticas de gestão

Baseando-se em sua Filosofia Corporativa e no Principio da Companhia, a Honda fixou políticas de gestão para orientar os funcionários em suas atividades diárias. Pede-se aos administradores que criem um ambiente profissional no qual essas políticas possam ser postas em prática. As políticas são:[36]
- Comporte-se sempre com ambição e jovialidade;
- Respeite os fundamentos teoricos, desenvolva novas ideias e use o tempo de maneira eficaz;
- Aprecie o seu trabalho e valorize a comunicação aberta;
- Esforce-se constantemente para ter um fluxo de trabalho harmonioso;
- Tenha sempre em mente os valores da pesquisa e da perseverança.

Comporte-se sempre com ambição e jovialidade
A Honda procura permanecer na ponta do desenvolvimento industrial, assumindo a sabedoria convencional dos riscos e desafios com o intuito de se tornar a primeira e a melhor, e isto requer ambição e jovialidade.

A visão e os objetivos orientadores **125**

A palavra "ambição" é uma tradução da palavra japonesa *"yume", que significa "sonho"*. A Honda se considera uma empresa orientada pelo poder dos sonhos. "No momento em que cada funcionário possui um sonho e busca realizá-lo na empresa, eles integram suas habilidades individuais em pleno trabalho e são motivados a contribuir para o bem-estar da sociedade", afirmou Hiroyuki Yoshino, o quinto presidente da Honda, que assumiu a empresa pelo período de 1998 a 2003. "É por este motivo que a Honda enfatiza tanto os sonhos dos indivíduos"[37] Como apresentado na bibliografia da Honda, os sonhos dão poder às pessoas, acendendo suas paixões e atribuindo um significado profundo para a vida.[38] Isso as encoraja a buscar os desafios e a não temer o fracasso na busca desses desafios.[39] Ao se esforçarem para realizar o futuro com o qual sonham, os funcionários da Honda por vezes alcançam o que parece ser impossível. Como expressado na bibliografia, isso acontece porque "o poder de sonhar é uma força criativa, capaz de produzir ideias revolucionárias".[40] Soichiro valorizava os desafios que exigem criatividade para encarar o futuro. Ele não apreciava a imitação no desenvolvimento de produtos, e geralmente estabelecia metas aparentemente muito altas, mas sempre que assumia um desafio o fazia com a certeza de que a empresa teria sucesso. Houve muitos fracassos, mas Soichiro treinou as pessoas para refletirem sobre as razões do fracasso e aplicar suas descobertas na próxima oportunidade. Ele dizia que os fracassos ofereciam dicas importantes, de forma que se as pessoas permanecessem motivadas e não desistissem, alcançariam o sucesso. Esta se tornou a mentalidade da Honda. O segundo presidente, Kiyoshi Kawashima, assumindo a empresa pelo período de 1973 a 1983, é lembrado pela declaração: "Ele [Soichiro Honda] falava sobre fazer produtos inovadores para os clientes, mas nós frequentemente levávamos as coisas muito além, desviando-nos do Princípio da Companhia, e esse era o problema". Kiyoshi afirmou também:

> O senhor Kihachiro Kawashima [vice-presidente responsável pelo setor de vendas no período de 1974 a 1978] e seus colegas me diziam, "Está muito ruim. Não podemos vender isso. Os clientes ainda não estão preparados para isso". Entretanto, se não tivéssemos experimentado aquele fracasso retumbante e tivéssemos construído apenas os produtos daquele dia, acho que a Honda teria sido uma companhia pequenina que teria provavelmente desaparecido. Se o objetivo do Grande Homem [Soichiro Honda] tivesse sido ser a Número Um no Japão e ele tivesse atribuído a si uma perspectiva japonesa, não tenho dúvidas de que a Honda não existiria nos dias de hoje.[41]

A Honda sempre foi guiada por um sonho, criando seus próprios desafios e enfrentando-os com objetivos bem planejados. Em 1954, quando a empresa tinha apenas seis meses, Soichiro declarou que iriam participar e vencer a corrida de motocicletas Tourist Trophy realizada anualmente na Ilha de Man. Num primeiro momento, esse desafio foi considerado impossível ; porém, levou a um forte desenvolvimento tecnológico na companhia, o que, em muito pouco tempo, transformou a Honda na principal fabricante de motocicletas. Da mesma maneira, a administração decidiu que deveriam participar da Fórmula 1 em 1964, pouco tempo depois da Honda começar a produzir automóveis. O objetivo não era somente que a Honda ficasse conhecida mundialmente, mas também que seu nível tecnológico se elevasse, sujeitando seus engenheiros ao desafio dessa difícil e disputada corrida, assim como ao prazer de vencer após fazerem o seu melhor. Com o potencial para uma vitória que não deixasse dúvidas quanto às forças da tecnologia Honda, e com pouco tempo para se preparar, a corrida seria o local ideal para demonstrar ao mundo a inspiração da empresa. Foi como um exercício do processo Honda: estabelecer uma meta, concentrando-se no tempo disponível e nas habilidades para atingi-la. Como afirmado pelo quarto presidente da Honda, Nobuhiko Kawamoto, que presidiu a empresa entre 1986 a 1998: "Para o processo de criação, a F1 era o local perfeito. Não era importante vencer. Queríamos que se sentissem desafiados, como se estivessem escalando uma encosta vertical desde o início. Assim, eles transmitiriam este Hondaísmo para a próxima geração" (Katayama, 1999: 19).

O projeto que desenvolveu o robô humanóide com a capacidade de andar chamado ASIMO fornece outro exemplo do processo Honda. Na época, o engenheiro chefe do Projeto Asimo da P&D da Honda, Toru Takenaka, afirmou que o robô não seria uma atividade lucrativa a curto prazo, mas impulsionaria a Honda para o futuro e desafiaria os funcionários a criar mais tecnologias inovadoras. "A Honda adora um desafio", apontou Takenaka. "O que é incrível na Honda é que a sua estrutura é estabelecida e tornou-se a cultura corporativa. Desde que você aprecie o trabalho, você consegue permanecer motivado. Este é um fator essencial para a criatividade" (Katayama, 2002: 53). Takenaka também enfatizou a importância das pessoas inspirarem umas às outras em debates amplos e calorosos, com pontos de vista divergentes, mesmo a ponto de brigar. Poder-se-ia dizer que, na Honda, a inovação é um processo estratégico da externalização de uma complicada característica de P&D, apoiando-se nas paixões e interesses do trabalho dos engenheiros para realizar essa característica.

A Honda também valoriza a jovialidade na criação e no alcance dos desafios. Soichiro definiu a jovialidade como a vontade de enfrentar obstáculos e a sabedoria para criar novos valores sem ser constrangido pelas estruturas existentes. Trata-se de "comprometer-se do fundo do coração com os ideais" e de uma "paixão pura com a mente aberta para aprender".[42]

Respeite os fundamentos teóricos, desenvolva novas ideias e use o tempo de maneira eficaz

Conhecida como uma empresa que valoriza o conhecimento tácito adquirido por meio do *"genba"*, ou implicações na realidade dos negócios, a Honda também valoriza a teoria, enfatizando a importância da teoria comprovada na criação e da implementação eficiente de novas ideias, o que contribui para uma companhia inovadora. Isso não significa necessariamente que o indivíduo deva seguir a teoria aceita ou a maneira padrão de fazer as coisas. A Honda encoraja os funcionários a "enxergar por trás do hábito [rotina diária] para compreender a teoria na qual se baseia" e a "mudar os hábitos por meio de novas ideias".[43] Ao estar sempre visando uma compreensão da essência da realidade e um melhor jeito de fazer as coisas, a Honda se mantém inovando. Faz parte desse processo a busca por um melhor aproveitamento do tempo, dando importância à simplicidade, à concentração e à rapidez.[44] A simplicidade orienta o indivíduo a se ater à essência daquilo que precisa ser feito, o foco nas questões cruciais. A concentração é responsável colocar em foco os recursos e decidir em que ponto eles são mais necessários para alcançar o objetivo. A rapidez refere-se à rápida implementação. O uso eficaz do tempo também significa estar pronto a tempo. A importância de administrar o tempo em todas as atividades é bem compreendida pela Honda, de modo que estar bem preparado e dentro do tempo são questões cruciais. Os funcionários sabem que devem trazer ideias originais dentro de tempo e recursos limitados com o intuito de garantir a sobrevivência da empresa. O uso do tempo no processo de tomada de decisão também é de importância crucial.

Aprecie o seu trabalho e valorize a comunicação aberta

A Honda acredita que é necessário criar um ambiente em que os funcionários possam se sentir satisfeitos e orgulhosos com seu trabalho, o que se dá juntamente com o espírito de desafio, no qual os funcionários usam sua criatividade e intelecto ao máximo. Considerando que os funcionários da linha de frente possuem o melhor entendimento da realidade do local de trabalho, a Honda os encoraja a tomar a iniciativa de criar melhorias diárias nas operações, e confia aos supervisores o apoio a esses esforços. Assim, a combinação e a acumulação de esforços geram um melhor ambiente de trabalho, uma maior satisfação dos funcionários e maior competitividade.

A Honda também dá grande importância ao bom relacionamento entre a equipe de trabalho, visando tornar o trabalho mais agradável. Para efetivar uma contribuição, todos os membros da equipe devem compreender os objetivos e seus papéis individuais. Quando ocorre um problema, em vez de pensar "isto não está sob a minha responsabilidade", espera-se que todos os integrantes da equipe tomem a iniciativa de trabalharem juntos para solucionar o problema. A comunicação é crucial para a eficácia do trabalho em equipe. Assim, a Honda estimula a discussão, o *feedback* e o compartilhamento de informação em todos os níveis da empresa.

Esforce-se constantemente para ter um fluxo de trabalho harmonioso

O fluxo de trabalho harmonioso promove eficiência e eficácia. Para alcançar o fluxo harmonioso, cada funcionário precisa compreender seu próprio trabalho como parte de uma tarefa maior e organizar seu trabalho de modo que exista um fluxo natural e consistente de fácil compreensão.

Tenha sempre em mente os valores da pesquisa e da perseverança

Como uma companhia que valoriza a inovação, a Honda nunca está satisfeita com o que é, e está sempre buscando satisfação com o que pode ser ou com o que será. O que diferencia a Honda de outras companhias automobilísticas é o fato de que todos os seus principais executivos, sucessores de Soichiro, são relativamente jovens e têm um profundo conhecimento tecnológico. A gestão da Honda sempre encarou o desenvolvimento tecnológico como o fundamento da companhia e seu principal negócio. O vice-presidente Fujisawa, que se aposentou em 1983, desaprovava a busca por lucro com a especulação, alertando os administradores para não tatearem fora de seu negócio principal. Como uma importante herança da duradoura influência de Fujisawa, a Honda não especulou os estoques ou propriedades durante os anos da bolha econômica no Japão após a década de 80. O princípio orientador de Fujisawa era "um trabalho que nos deixa orgulhosos" (Fujisawa, 1998: 69). Fujisawa lutou para preservar a identidade da Honda como fabricante.

Portanto, a Honda valoriza a pesquisa e a busca sem fim. Mesmo que a pesquisa não produza frutos a curto prazo, a companhia acredita que o conhecimento e a experiência adquiridos com esforço a longo prazo, bem como a satisfação resultante, é o que prepara os funcionários para o futuro. Espera-se que os supervisores sejam pacientes e confiem na sua equipe. Quando há um longo período de tempo sem progresso e a motivação começa a decair, cabe ao supervisor verificar a situação na linha de frente, dar conselhos apropriados e, se necessário, tomar providências para manter o entusiasmo e a motivação.

Por exemplo, o primeiro carro com passageiro da Honda, o H1300, foi um fracasso no mercado, ainda que viesse equipado com um sistema inovador de refrigeração a ar que dissipava o calor. Entretanto, a experiência adquirida no seu desenvolvimento gerou uma mudança no caminho da Honda que a ajudou a construir um carro muito mais bem-sucedido, o Civic, lançado em 1972. A eficiência do Civic no consumo de combustível fez com que a Honda ficasse conhecida no exterior, resultando em importantes exportações e sinalizando o fim da sua imagem como apenas uma fábrica de motocicletas. Com o Civic, a Honda elevou o nível e a quantidade de tecnologia em pequenos carros e tornou-se mais capaz de entender a necessidade dos clientes. Mas a consequência mais importante do desenvolvimento do Civic foi a drástica reorganização no processo de desenvolvimento de produtos na companhia.

A visão e os objetivos orientadores **129**

Evidentemente, a cultura corporativa da Honda aceita o fracasso e aprende com ele, apropriando-se das lições adquiridas com essa experiência nas atividades posteriores. Todos trabalham no limite de suas capacidades e, se o projeto falha, o esforço será inteiramente analisado para determinar as razões do fracasso, e nenhum indivíduo será responsabilizado. Esta é a prática estabelecida pela Honda. Jovens funcionários, em particular, são estimulados a assumir o desafio de trilhar um novo caminho sem medo de falhar.

Na Honda, a pesquisa é orientada pelos Três Princípios da Realidade (*gen*), ou os três gês: *Genba*, o lugar real; *Genbutsu*, a situação ou objeto real; e *Genjistu-teki*, ser realista. Os Três Princípios da Realidade nascem da crença de que a experiência direta fornece conhecimento valioso aos funcionários para que possam solucionar problemas e inovar. O princípio de *Genba* refere-se à importância de ir ao lugar real para ver o que está acontecendo, como, por exemplo, o chão de fábrica em produção ou a linha de frente nas vendas de varejo. Em uma prática que se iniciou com Soichiro, os principais executivos frequentemente visitam, ou "dão uma paradinha", na linha de frente para ver o que está acontecendo no local onde o verdadeiro valor da companhia está sendo criado. *Genbutsu* refere-se à importância de conhecer a situação real, estando em contato físico com os elementos da situação, incluindo contato humano. O conhecimento adquirido com a experiência direta é um bem mais valioso para a Honda do que o conhecimento adquirido com a leitura de livros ou relatórios. O princípio *Genjitsu-teki* insiste que seus funcionários sejam realistas em suas avaliações, baseando-se no conhecimento da situação real. À medida que busca sonhos e ideais, a Honda também se porta de maneira realista sobre seus métodos para conquistar tais ideais.

Podemos observar de que forma os Três Princípios da Realidade foram aplicados no processo de desenvolvimento da *minivan* Odyssey e do carro compacto Fit/Jazz. As equipes de desenvolvimento começaram observando como e quando os veículos desses tipos eram adotados no mercado-alvo, para enxergar e sentir o mercado por elas mesmas. As equipes não contaram com as informações oferecidas pelo seu pessoal na Europa, pois valorizavam o conhecimento adquirido com a experiência direta e sem qualquer preconceito. Também examinaram os métodos da linha de montagem para identificar de que maneira os produtos poderiam ser construídos. As equipes trabalharam juntas durante um longo período de tempo e discutiram exaustivamente as questões em uma comunicação aberta que gerou uma experiência compartilhada e a compreensão dos objetivos e de como atingi-los.

Shinya Iwakura, líder da equipe de desenvolvimento da primeira geração do Civic, introduzida nos anos 1970, descreveu a importância de sentir as necessidades dos clientes de forma direta: "É preciso um equilíbrio entre 'absorver' as necessidades de uso e 'colocá-las no produto' para criar algo que capture as tendencias do momento e que ainda possua valor absoluto e utilização prática" (Iwanaga *et al.*, 2001: 48). Uma vez que leva cerca de três a quatro anos para

130 *Managing Flow*

colocar um produto no mercado, os projetistas devem ter a capacidade de avaliar as necessidades futuras dos consumidores.

A organização e as atividades

Soichiro e Fujisawa tentaram criar uma atmosfera de mente aberta na organização, possibilitando a livre expressão de ideias e a aceitação das diferenças, baseando-se na filosofia do Respeito pelo Indivíduo e na crença de que todos os seres humanos são iguais e devem poder utilizar seus potenciais individuais ao máximo. Como resultado, a hierarquia é minimizada para permitir o debate independentemente da posição ou especialidade dos indivíduos, contribuindo para o ambiente de criatividade da Honda. Além disso, tentaram eliminar o factualismo de modo a manter uma organização dinâmica. As regras do protocolo proibiam o nepotismo, a prática comum de um superior agir como intermediário para algum subordinado e a formação de grupos organizada com base nas universidades onde os funcionários se graduaram. A aplicação dessas regras, típicas de diversas grandes organizações japonesas, ajuda a Honda a manter sua vitalidade e sua cultura corporativa.

Fujisawa usou de esforços conscientes para construir uma organização capaz de sobreviver mesmo após a saída deste gênio – seu carismático líder Soichiro Honda. Fujisawa teve, por sua vez, uma singular visão conhecida como a lei de *"banbutsu ruten"*, ou "todas as coisas fluem". Ele disse: "A razão pela qual a Honda pôde crescer tanto é porque seguimos a regra de que 'todas as coisas fluem'". Porém, ele também afirmou: "Mas também é com essa regra que a Honda algum dia será derrotada pelos novos entrantes. Por esta razão, também devemos pensar em maneiras de evitá-la". E acrescentou: "Soichiro Honda é uma pessoa especial. Seria impossível ter outra pessoa como ele. Assim, devemos construir um sistema no qual diversas pessoas possam trabalhar juntas para superá-lo" (Fujisawa 1998: 104). Com isso em mente, Fujisawa estabeleceu o núcleo da atual organização da Honda compreendendo profundamente, por meio da experiência, que o desempenho dos seres humanos tem um melhor resultado quando eles se relacionam, e não quando estão isolados uns dos outros. Fujisawa argumentou que "todas as pessoas precisam fazer parte da rede de relacionamentos", e procurou estabelecer uma organização de pessoas com relações transparentes e francas. Seus ideais foram mantidos e transmitidos por presidentes subsquentes e tornaram-se um dos fundamentos da cultura organizacional da Honda.

Autonomia em pesquisa e desenvolvimento

O que faz da Honda uma organização única é a independência de seus setores de pesquisa e desenvolvimento. Em 1957, a Honda separou o departamento de *design* da sua fábrica de Saitama, e em 1960 incorporou-o a uma nova entidade chamada P&D Honda. A gestão dos laboratórios de pesquisa e *design* incorpora os valores que a companhia atribui à igualdade, à independência e ao espírito de desafio. A estrutura organizacional é plana e todos os funcionários são considerados iguais, exceto o presidente, que se reserva o direito de tomar as decisões finais no desenvolvimento. Nos laboratórios, os subordinados e os supervisores são estimulados a expressar suas opiniões e a discutir livremente, baseando-se no lema que diz "todos os engenheiros são iguais perante a tecnologia". As ideias originais são mais valorizadas que a antiguidade ou a posição de autoridade. Mesmo uma pessoa cujo comportamento oscila fora do padrão continua sendo valorizada por suas habilidades e tem a mesma oportunidade de exercitá-las (veja a Figura 4.7).

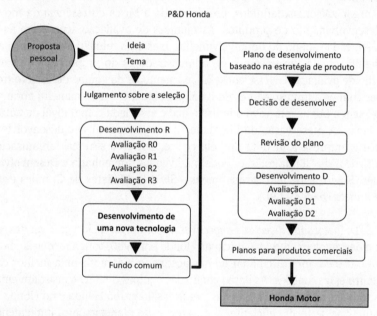

Figura 4.7 *Sistema P&D da Honda.*
Fonte: http://www.Honda.co.jp/RandD/system/index.html.

Na Honda, é comum ouvir a expressão "o mínimo de regras". Ela descreve o entendimento tácito de que todos os funcionários possuem capacidades criativas. No processo de desenvolvimento de produto, a autonomia do indivíduo e a liberdade de criação são respeitadas e estimuladas, baseando-se na crença de que a liberdade aprimora a criatividade. Novos funcionários que possuem conhecimento limitado sobre *design* são frequentemente designados a esboçar planos para as partes importantes. A Honda emprega esse método para aprimorar o processo da aprendizagem com a ajuda do outro, ao mesmo tempo em que estimula o indivíduo a fazer uso completo de suas capacidades existentes. Os novatos devem completar o projeto por si mesmos, mas para fazê-lo é necessário explorar o conhecimento dos colegas mais experientes. Portanto, eles são obrigados a construir relacionamentos com diversas pessoas da organização, em vez de trabalharem sozinhos ou somente com seus supervisores.

Organização e avaliação de P&D

Na Honda, a organização e a avaliação de P&D é o pilar principal de sua estrutura organizacional, apoiando sua vantagem competitiva. Essa estrutura reflete a importância que a empresa atribui à autonomia e à liberdade criativa além dos limites organizacionais definidos, possibilitando a busca da essência da inovação e do desenvolvimento de produtos. As reuniões de avaliação acontecem na P&D Honda em cada estágio do desenvolvimento, mas uma reunião de avaliação ainda mais significativa é um encontro de administradores do grupo Honda chamado "conselho de avaliação". Nesse conselho, os membros da equipe de projeto trocam opiniões com os administradores de igual para igual em uma maneira abrangente e suave, sem a linguagem vaga e indireta que é associada com o nível de autoridade no Japão. A preservação da liberdade criativa em pesquisa e desenvolvimento fortalece a empresa à medida que ela cresce. Entre os sistemas organizacionais característicos da Honda estão o modelo de Vendas, Engenharia e Desenvolvimento (Sales, Engineering and Development – SED) e o Líderes de Grandes Projetos (Large Project Leader – LPL).

SED: integrando diversas perspectivas. A estratégia de integrar vendas, engenharia e desenvolvimento teve início na Honda em 1986, com a formação da equipe para o projeto interdisciplinar *ad hoc* destinado a garantir uma melhor cooperação entre essas funções. As então chamadas equipes do SED consistiam em indivíduos trabalhando em cada uma das três áreas no grupo Honda e no Honda P&D. Para sintetizar de forma eficiente as estratégias de planejamento, implementação e avaliação de produto, as equipes compreendiam seis escritórios presidenciais regionais e quatro departamentos. Os líderes das equipes do SED eram chamados líderes de grandes projetos, ou LPL. Quando a equipe alcançava seu objetivo, este era então desmembrado. As redes pessoais que se desenvolveram a partir da síntese das funções das equipes do SED continuaram a operar como rotas informais de compartilhamento de informação.

LPL: enfatizando o elemento humano na liderança em equipe. Na Honda, um dos sistemas de desenvolvimento das capacidades de liderança é o LPG, que fornece oportunidades em tempo real para que os indivíduos tenham a experiência das tarefas da liderança, não somente no desenvolvimento de produto, mas também em outras funções, como *marketing*. No momento em que as equipes de projeto são organizadas, um LPL é reivindicado para liderá-las, juntamente com dois LPLs interinos. O LPL é responsável por coordenar as atividades da equipe e supervisionar o progresso de todo o projeto. Os LPLs interinos supervisionam os gastos e a engenharia, respectivamente. Os gestores do projeto reportam-se aos LPLs e são especialistas nas áreas de vendas, engenharia e desenvolvimento, respectivamente. Eles são responsáveis por supervisionar a equipe que compete à sua área de atuação. Um LPL é escolhido dentre aqueles que atuaram como líderes em projetos anteriores. Essas funções executam o trabalho de formação necessário para cultivar a liderança experienciada (veja a Figura 4.8).

Figura 4.8 Sistema LPL para distribuição da sabedoria prática (*phronesis*).
Fonte: Emenda do autor para material interno da Honda Motor.

Cada equipe de projeto estabelece uma meta concreta e se empenha para alcançá-la por meio da avaliação periódica de seu progresso. Se a avaliação revelar pouca possibilidade de sucesso, a equipe irá estancar o projeto e desviar seus esforços para outro projeto e assegurar a eficiência no processo de desenvolvimento.

É provável que apenas uma ou duas pessoas entre mil funcionários possuam capacidade para ser um LPL. Os LPLs interinos são selecionados de acordo com o seu potencial para ser ou não um LPL. O cargo não exige apenas habilidade de gestão, mas imaginação e uma capacidade de agir apropriadamente que está além do campo de experiência de um cargo comum. É necessário possuir sensibilidade criativa e perspicácia. " Um engenheiro completo é mais do que um excelente engenheiro, é um artista em potencial", afirmou Soichiro Honda. "É uma pessoa com o conhecimento de um cientista e a sensibilidade de um artista" (Honda, 2001: 218).

É interessante ressaltar que o LPL não tem poder sobre seu pessoal, ou seja, não pode influenciar o potencial de promoção ou o nível salarial, e nem mesmo escolher os membros do projeto. Isso é pensado para evitar a síndrome do Sim-Senhor, em que um projeto perde o rumo devido à indisposição dos funcionários para criticar o chefe. Um LPL lidera uma equipe não somente com o poder legitimado pela hierarquia da organização, mas por seu magnetismo e poder pessoais de atrair as pessoas por sua opinião, comprometimento, integridade, energia e experiência. Um LPL integra esses poderes ao ganhar o respeito dos membros da equipe, o que é adquirido a partir de relacionamentos de confiança mútua construídos no *ba* por meio de diálogo incansável. O principal papel do LPL é criar a diversidade de *ba* capaz de estimular os membros a colaborar independentemente de alcançarem o objetivo. No processo, cada membro da equipe experimenta e aprende sobre as capacidades que são exigidas de um líder, observando seus LPLs e LPs. Esse processo é o centro da gestão da Honda, focada no desenvolvimento humano.

Preservando a vitalidade

A indústria automobilística sobreviveu a uma recente reestruturação global, e no Japão somente a Toyota e a Honda mantiveram-se independentes. No que diz respeito às vendas, a Honda ainda equivale à metade da Toyota e ainda não está pronta para entrar para o "clube dos quatro milhões" – o número de unidades que uma companhia precisaria produzir por ano para manter-se competitiva. Entretanto, o maior desafio para a Honda é preservar a vitalidade necessária para a inovação constante. Quando a companhia ainda era pequena, muitos funcionários aprenderam suas tarefas ao interagirem diretamente com seus colegas e com Soichiro. Aqueles que trabalharam próximos a ele asseguraram a sucessão de suas ideias, que foram compreendidas com a experiência tácita direta no trabalho. Soichiro transmitia seu conhecimento tácito compartilhando experiências em situações reais, cultivando exemplos para apoiar o crescimento futuro da companhia. À medida que a Honda evoluiu de uma pequena companhia familiar para uma grande corporação global, a maioria dos sucessores diretos de Soichiro aposentou-se. Atualmente, há mais de 10 mil funcionários somente na Honda P&D.

Com um olhar crítico para o futuro, a Honda prefere manter sua independência como uma entidade corporativa. O respeito pela autonomia do indivíduo

A visão e os objetivos orientadores **135**

no processo de criação permanece como um dos pilares da filosofia da companhia como herança de Soichiro. Ao mesmo tempo, mudanças significativas ocorreram em resposta aos novos tempos em um estilo de gestão evolutivo que visa à eficiência na flexibilidade. A criação contínua de conhecimento em cada nível organizacional e as atividades que promovem a próxima geração de líderes que irá gerir o processo de criação de conhecimento é crucial para o sucesso dessa evolução. Citando Fujisawa, Takeo Fukui, sexto presidente da companhia desde 2003, afirmou: "A Honda não é uma companhia em que somente a alta gerência desempenha um papel importante. Todos na linha de frente são muito importantes. Cada funcionário deveria ser Soichiro Honda. É importante que criemos muitos Soichiro Hondas" (Akai, 2006: 217). A sustentabilidade da Honda, alcançada por meio da formulação de novos métodos de gestão e da preservação da criatividade organizacional, segue dependendo de sua capacidade de lidar com a realidade de que "todas as coisas fluem" à medida que desenvolve a próxima geração de líderes criativos.

IMPLICAÇÕES

Neste capítulo, apresentamos duas companhias orientadas por suas respectivas visões e ideais. Em um ambiente de negócios instável e em constante mudança, essas companhias buscam incansavelmente seus ideais para criar valores únicos além da mera rentabilidade. Ambas construíram sistemas e rotinas para realizar suas visões, com a ideia transparente de que precisam mobilizar toda a organização para ter sucesso.

A singularidade da Eisai está em seu modo de transformar toda a sua organização baseando-se na visão do *hhc*. Confrontados com a necessidade de mudança para sobreviver em um árduo ambiente de negócios em crescimento, iniciaram o processo de mudança com a pergunta: "que tipo de companhia queremos ser?". Uma companhia de *serviços de saúde humana* (*hhc*) foi a resposta aceita. Isso significa que a Eisai tem por objetivo ser uma empresa que possa contribuir para a sociedade, aumentando o benefício dos serviços de saúde aos pacientes e suas famílias. A visão do *hhc* define a *razão de ser* da companhia e o tipo de futuro que todos os membros da Eisai devem se empenhar para alcançá-la. Ela também define o sistema de valor que é a base na qual os funcionários da Eisai tomam decisões e atitudes. Com a visão de *hhc*, a resposta à pergunta: "o que é um bom medicamento?" não é constante, pois ela modifica a percepção dos funcionários, de uma visão que encara os medicamentos apenas como uma substância a ser comercializada, para uma visão do processo e dos relacionamentos que ocorrem com os pacientes e suas famílias, definidos por um medicamento particular que visa a aumentar seu benefício por meio do cuidado com a saúde. A visão do *hhc* também auxilia os funcionários a não enxergarem os pacientes e suas famílias apenas como público-alvo dos produtos Eisai, mas como seres humanos com suas próprias necessidades, sonhos e emoções. Para a Eisai, um bom medicamento vai além da eficácia que é definida cientificamente; um bom medicamento não deve apenas melhorar os sintomas dos pacientes, mas também sua situação e de suas famílias. Para produzir um medicamento à altura, os funcionários precisam possuir uma perspectiva e um relacionamento mais significativo com os pacientes, suas famílias, assistentes e com a comunidade que os cercam.

Em vez de apenas atender aos médicos e hospitais, que são os clientes diretos da Eisai, os funcionários precisam refletir profundamente sobre maneiras de aumentar o benefício aos pacientes enquanto desenvolvem, produzem e comercializam os medicamentos. A Eisai forma diversos *ba* onde os funcionários podem interagir com os pacientes e suas famílias em situações reais, e vivenciar serviços clínicos reais. Isso os possibilita estabelecer um processo para aplicar as questões e atividades do *hhc*, e aproveitar essas experiências diretas no desenvolvimento de produto, nas vendas e no *marketing*. Assim, a Eisai está prestando a atenção em todos os processos onde seus medicamentos são desenvolvidos e utilizados, sempre refletindo no que é um bom medicamento. Todas as atividades da Eisai têm como foco primordial realizar a visão do *hhc*, em vez de aumentar vendas, participação de mercado ou lucro. Como afirmado nos artigos de incorporação da Eisai, o lucro não é o objetivo, mas o resultado do processo de contribuição para o benefício do paciente.

No caso da Honda, estamos lidando com uma indústria diferente. Há semelhanças entre as duas empresas, pois ambas baseiam todos os seus sistemas e operações em visões e ideais. A visão de futuro da Honda como uma empresa global – mesmo quando se tratava apenas de uma pequena fábrica do interior – é o que orienta a companhia na realização de seu sonho. Um futuro como esse não foi realizado somente devido à liderança carismática de Soichiro Honda, mas com a atividade de criação de conhecimento em todos os níveis da organização, entre funcionários movidos por ideais, sonhos e experiências de alta qualidade. O que os motiva a buscar incansavelmente seus ideais é a filosofia Honda, que é compartilhada por todos e fornece a base comum, bem como a direção do processo de criação de conhecimento.

O Respeito pelo Indivíduo, um dos dois fundamentos da filosofia Honda, define o processo e as relações que os funcionários devem possuir uns com os outros e com o mundo. A outra crença fundamental, As Três Alegrias, define o sistema de valor da Honda que permite julgar o que é "bom" no pensamento e a avaliar o valor criado pela empresa. Assim como na filosofia do *hhc* da Eisai, no centro de ambas as visões está a ideia do ser humano como um indivíduo único, com seus próprios pensamentos, sonhos, emoções e capacidade para criar. O valor da Honda é criado tanto *por* esses seres humanos quanto *para* eles. Como afirmado

A visão e os objetivos orientadores **137**

por Soichiro Honda, a Honda não é um local de pesquisa tecnológica, mas um local que pesquisa seres humanos. As políticas de gestão da Honda, seus sistemas organizacionais e suas rotinas são construídos com base em ideias que têm o propósito de criar valor para os clientes e para a sociedade.

Em resumo, esses dois estudos de caso ilustram como a gestão baseada no conhecimento busca uma visão para o futuro baseada em ideais que levam em conta os relacionamentos das pessoas na sociedade. Quando uma empresa busca o bem comum, resultados positivos – e sustentáveis – acontecem.

NOTAS

1. Website da Eisai *"hhc & Compliance: What is hhc?"*, *http://www.eisai.co.jp/ecompany/ehhc1/html*.
2. Extraído da "Declaração da Inovação Eisai".
3. A Eisai descobriu o possível candidato para o composto químico em 1985. O ARICEPT foi testado clinicamente em 1989, aprovado pelo FDA em 1996 e introduzido no mercado em janeiro de 1997.
4. Entrevista com Chihiro Takayama, o *Chief Knowledge Officer* da Eisai, agosto de 2007.
5. http://www.caringtohelpothers.com.
6. Eisai Co., Ltd (2004).
7. O nome Elmed vem de *"elderly medicine"* ("medicina para idosos").
8. Eisai Co., Ltd (2004).
9. Entrevista com Norihito Watanabe, do Departamento de Criação de Conhecimento da Eisai, agosto de 2007.
10. Aitsugu seizou bunsha tokusakuka [Spinning out the production lines: good for the company?]. Nikkei Sangyo Shinbun. (October 6, 2004), p. 22.
11. http://www.eisai.co.jp/ecompany/ecgguideline.html.
12. Do prefácio do *Honda Philosophy Handbook*, escrito por Nobuhiko Kawamoto, que na época era presidente e CEO da Honda Motor Co.
13. *Honda Philosophy Handbook*, p. 15.
14. Ibid., p. 13.
15. Ibid., p. 14.
16. Ibid.
17. Ibid., p. 15.
18. http://www.mobilityland.co.jp/english/motegi.
19. Em seu discurso de aposentadoria em agosto de 1983.
20. Embora fosse "a alegria de produzir, vender e comprar" em 1951, ele foi revisado para "comprar, vender e produzir" em 1955 para enfatizar a ideia de que o cliente deveria vir em primeiro lugar. Mais tarde, isso foi modificado para "a alegria comprar, vender e criar".
21. *Honda Philosophy Handbook*, p. 17.
22. http://world.honda.com/history/limitlessdreams/satisfaction/text/03.html.
23. *Honda Philosophy Handbook*, p. 19.
24. http://world.honda.com/history/limitlessdreams/satisfaction/text/03.html.

138 *Managing Flow*

25. *Honda Philosophy Handbook*, p. 19.
26. http://world.honda.com/history/limitlessdreams/satisfaction/text/03.html.
27. *Honda Philosophy Handbook*, p. 21.
28. http://world.honda.com/history/limitlessdreams/satisfaction/text/01.html.
29. http://world.honda.com/profile/philosophy/.
30. *Honda Philosophy Handbook*, p. 31.
31. Ibid.
32. Ibid., p. 29.
33. Ibid.
34. Ibid.
35. Ibid., p. 31.
36. Ibid., p. 33.
37. Extraído de um discurso de Hiroyuki Yoshino, presidente da Honda na ocasião, no "Marunouchi knowledge forum" em 10 de dezembro 2001.
38. http://world.honda.com/ThePowerofDreams/.
39. *Honda Philosophy Handbook*, p. 35.
40. Ibid.
41. http://world.honda.com/history/limitlessdreams/satisfaction/text/01.html.
42. Honda Philosophy handbook, p. 37.
43. Ibid., p. 39.
44. Ibid.

REFERÊNCIAS

Akai, K. (2006). "Tsuyoi kaisha" wo tsukuru: Honda renpo kyouwa koku no himitsu [Establishing a "Strong company": Secrets of Honda Federal Republic Corporation]. Tokyo: Bunshun Bunko.

Eisai Co., Ltd. (1989). Eisai Commitment to Innovation. Unpublished manuscript.

Eisai Co., Ltd. (2004). Eisai Experience. Tokyo: Eisai Co., Ltd. [Company introduction video.]

Fujisawa, T. (1998). Keiei ni owari ha nai [No Ending to Managing a Company]. Tokyo: Bunshun Bunko.

Harada, K. (1977). Honda Soichiro: Jonetsu to namida [Soichiro Honda: His Passion and Tears]. Tokyo: Gomashobo.

Honda Motor Co., Ltd. (n.d.). Honda Philosophy. Unpublished handbook. Shizuoka: Honda Motor Co., Ltd.

Honda, S. (1996). Ore no kangae [My Thoughts]. Tokyo: Shincho Bunko.

Honda, S. (2001). Honda Soichiro: Yume wo chikara ni [Soichiro Honda: Power of Dreams]. Tokyo: Nikkei Business Bunko.

Iwakura, S., Nagasawa, S., and Iwaya, M. (2001). Honda no design senryaku: Civic, 2daime Prelude, Odyssey wo chushin ni [Design Strategy of Honda: With Focus on Civic, Second Generation Prelude and Odyssey]. Ritsumeikan Keieigaku [Ritsumeikan Business Journal], 40 (1): 31–51.

Katayama, O. (1999). Honda no heiho [Tactics of Honda]. Tokyo: Shogakukan Bunko.

Katayama, O. (2002). Honda Soichiro to sono shirarezaru deshitachi [Soichito Honda and his Unknown Apprentices]. Tokyo: Kodansha. Morita, H. and Tsuyuki, E. (2001).

A visão e os objetivos orientadores **139**

"Case study: Eisai Corporation," in D. Senoo, S. Akutsu, and I. Nonaka (eds). Chishiki Keiei Jissennron. [On Practice: Knowledge Creation and Utilization]. Tokyo: Hakuto Shobo, pp. 69–102.

Morita, H., Tsuyuki, E., and Nonaka, I. (2001). "Case study: Eisai Corporation." Manuscrito não publicado.

Nonaka, I. and Peltokorpi, V. (2006). "Visionary knowledge management: The case of Eisai transformation," International Journal of Learning and Intellectual Capital, 3 (2), 109–209.

Tanaka, S. (2007). Honda no kachikan: Genten kara mamori tsudukeru DNA [The Honda Value: DNA Maintained from the Origin]. Tokyo: Kadokawa Shoten.

Yamamoto, O. (1996). Honda no genten [The origin of Honda]. Tokyo: Narumi Bunko.

5 Ba

Neste capítulo, discutiremos o conceito de *ba*, o contexto que permite a criação de conhecimento e a inovação. Aplicando a teoria da criação de conhecimento organizacional ao caso da Mayekawa Manufacturing, ilustraremos a importância da criação de um contexto compartilhado, ou *ba*, nas relações da empresa com os clientes. Para que se alcance uma vantagem competitiva sustentável, essas relações devem possibilitar uma criação contínua e conjunta de conhecimento. A Mayekawa tem criado novo conhecimento e novos negócios ao construir e conectar o *ba* através das fronteiras da organização, oferecendo o exemplo mais claro de uma gestão focada no *ba,* em um ecossistema de negócios. O Instituto de Educação Kumon opera em 45 países no setor de ensino. Seu método educacional e seu sistema de organização servem como uma ilustração singular do ciclo de *feedback* da criação de conhecimento no *ba* com várias camadas, um processo que acelera o aperfeiçoamento e permite a expansão contínua. Além disso, a filosofia da companhia consiste em desenvolver relações íntimas com o intuito de contribuir socialmente à medida que a empresa se expande internacionalmente.

MAYEKAWA MANUFACTURING

Apresentação da companhia

A Mayekawa Manufucturing[1] surgiu em 1924 como uma fabricante de refrigeradores industriais e sistemas associados, sendo atualmente reconhecida como uma das líderes mundiais na refrigeração industrial. Em 2007, a Mayekawa alcançou o posto de segunda maior fabricante no ramo da refrigeração industrial, e continua desempenhando um papel importante nos ramos da refrigeração de alimentos e da tecnologia de controle térmico. A Mayekawa é uma companhia do setor privado com vendas consolidadas de 126 bilhões de ienes, o equivalente a cerca de 1,23 bilhão de dólares. A empresa emprega 3.180 funcionários (2.130 no Japão e 1.050 no exterior), e em 2007 possuía 60 escritórios no exterior, distribuídos por 20 países. Ao longo de seus 70 anos de história, ela expandiu o espectro de suas atividades em serviços e tecnologia no setor de energia, no processamento de alimentos e no estabelecimento de ambientes com temperaturas extremamente baixas. No decorrer de sua trajetória, a Mayekawa desenvolveu-se a partir de uma pequena indústria de refrigeradores para uma organização de serviços completos com uma ampla variedade de produtos (veja a Figura 5.1). Atualmente, as vendas de refrigeradores e de máquinas de processamento de alimentos representam apenas um terço do seu faturamento bruto. Os dois terços restantes compreendem serviços como engenharia e manutenção. O conceito de negócios da Mayekawa baseia-se na "engenharia de calefação total", o que significa fornecer soluções totais por meio da engenharia mecânica, utilizando tecnologias de controle térmico. E a empresa não apenas vende refrigeradores e compressores, mas também projeta, instala e mantém sistemas de produção e utilitários. Ela se expandiu até mesmo para as áreas de maquinaria para processamento de alimentos e consultoria em energia.

A visão da companhia é baseada nos conceitos de "*kyousei*" (coexistência) e de "*sistema total*". Para a Mayekawa, "*kyousei*" significa a construção de um novo relacionamento com seus clientes, ao passo que o conceito de "sistema total" serve para transformar o simples relacionamento de transação entre comprador e vendedor em uma parceria de negócios que está constantemente criando novos negócios que surgem como um projeto do *sistema total*. A base dessa ideia é a compreensão de que a época da produção em massa – quando as indústrias produziam bens simplesmente com o intuito de vendê-los – chegou ao fim. Isso significa que o mercado não deve mais ser visto "objetivamente" pelo lado de fora do *ba*, mas pelo lado de dentro, como uma amálgama de pessoas se relacionando.

A Mayekawa acredita que apenas produzir e vender peças industriais já não é suficiente. Ao mudar sua ênfase para o compartilhamento do contexto e para a criação de conhecimento em conjunto com os clientes, a empresa combinou suas ofertas de produtos com o conhecimento dos processos oferecidos, na forma de consultoria para um serviço mais abrangente. Dessa forma, a Mayekawa, que atuava como uma simples fornecedora de peças e produtos físicos, tornou-se uma fornecedora de soluções totais. A diferença está no fato de que tais soluções não são processos pré-definidos ou modelos industriais; são inovações criadas junto aos clientes.

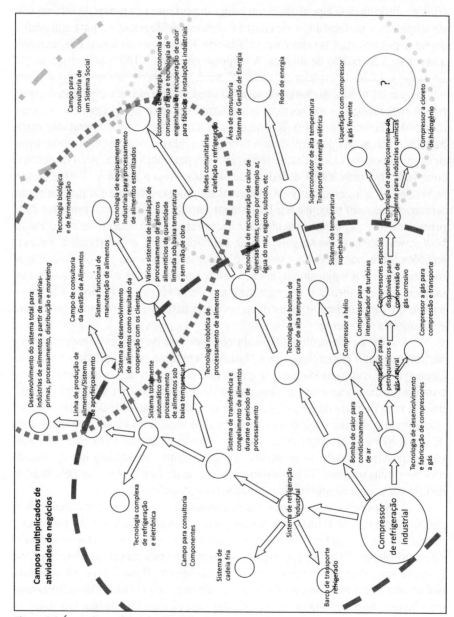

Figura 5.1 Áreas de negócios da Mayekawa.
Fonte: Baseado em informações da companhia.

Ao longo de sua história, a Mayekawa evoluiu ao construir relações profundas com seus clientes a fim de identificar e cultivar nichos de mercado. Essas relações possibilitaram à companhia continuar inovando em produtos e serviços que constituem valor para determinados clientes, a base de sua vantagem competitiva sustentável. Essa abordagem permitiu que a companhia evitasse a concorrência voraz e criasse um novo espaço no mercado "não contaminado pela competição" (Kim e Mauborgne, 2004: 77). Essa filosofia é expressa pela companhia na expressão *"mu-kyouso"*, que significa "sem competição", a qual é transmitida em publicações internas, como por exemplo, *From Competition to Co-creation* (*Da Competição à Criação Conjunta*) (Shimizu e Mayekawa, 1998). A Mayekawa considera mais importante que a empresa encontre o seu caminho próprio, seja qual for a concorrência. Seus métodos tornam a competição irrelevante, demonstrando que o futuro está em uma abordagem que permite às companhias criarem valor em conjunto com os consumidores.

Organizando as companhias: *doppos* como entidades dinâmicas e autônomas

Para por em prática sua visão baseada na criação conjunta, a Mayekawa possui uma organização baseada no projeto *"doppo"*, que representa um conjunto de diversas companhias pequenas. Uma abreviatura de *"dokuritsu hojin"*, *"doppo"* significa literalmente uma "entidade legal independente". Cada *doppo* ou companhia possui de 10 a 15 funcionários servindo uma região particular ou um mercado específico, como, por exemplo, alimentos, refrigeradores industriais ou serviços relacionados à energia. A Makyekawa possui cerca de 80 corporações como essas no Japão e 40 no exterior. De certa maneira, são unidades de negócios pequenas e independentes que constituem a rede da companhia Mayekawa.

O objetivo dessa organização é fazer com que as decisões sejam tomadas onde se encontram o conhecimento e a informação relevantes e aumentar a sensibilidade ao ambiente de negócios, à capacidade empreendedora e à inovação por meio da criação de uma organização que incentiva o conhecimento e as ideias de todos os funcionários. Como os produtos e serviços da Mayekawa são feitos sob encomenda e a companhia expande seus negócios cultivando um a um os nichos de mercado, é fundamental que seus produtos e serviços consigam identificar e atender de forma rápida as necessidades específicas de seus clientes em potencial. A organização em *doppo* foi desenvolvida para fornecer à Mayekawa a flexibilidade e a velocidade necessárias para transformar rapidamente as necessidades dos clientes em novos negócios. O conceito de *doppo* baseia-se na noção da auto-organização, de forma que as unidades individuais são relativamente livres para se organizarem de acordo com seus estímulos ambientais. Cada companhia é autossuficiente e responsabiliza-se por seu próprio negócio, possuindo todas as funções necessárias, como projeto, instalação, *marketing*, vendas, manutenção, contabilidade e pessoal, e produz seus próprios relatórios financeiros. Cada *doppo* ela-

144 *Managing Flow*

bora sua própria estratégia e plano de investimento, desenvolve seus próprios produtos, comercializa-os e gerencia seus próprios recursos humanos.

Embora os *doppos* sejam autônomos e autossuficientes, não estão isolados uns dos outros. Alguns chegam a dividir o mesmo ambiente de trabalho, e membros de diferentes *doppos* costumam passar momentos juntos em relações informais. Algumas vezes um novo projeto ou até mesmo um novo *doppo* pode resultar dessas relações. Ainda que os funcionários identifiquem-se com seus respectivos *doppos,* eles compartilham visões, crenças e valores corporativos similares por toda a rede. Nesse sentido, a Mayekawa enquanto um coletivo de *doppos* atua como uma comunidade colaborativa (cf. Heckscher e Adler, 2006).

Os *doppos* muitas vezes trabalham juntos, e um grupo de vários *doppos* forma um bloco categorizado por indústria ou região. Nesses blocos, os *doppos* compartilham informações e tecnologias, complementando o trabalho de cada um em um projeto que é grande demais para um único *doppo,* ao mesmo tempo em que a preservação de suas identidades é assegurada. A cooperação também pode acontecer por meio dos blocos. Em princípio, todas as entidades podem contar com os recursos umas das outras de acordo com as suas necessidades de mercado. O presidente do Laboratório de Pesquisa da Mayekawa, Yoshio Iwasaki, descreve a importância do relacionamento entre *doppos* da seguinte maneira:

> Um *doppo* é criado para ser uma organização autossuficiente. Porém, quando os membros de um *doppo* refletem profundamente sobre a forma que podem assumir enquanto *doppo,* passam a perceber do que carecem. Assim, começam a pensar em maneiras de trabalhar em conjunto com outros *doppos* ou grupos. Naturalmente, cada *doppo* deve gerar lucros. Entretanto, seja qual for a quantidade de dinheiro que um *doppo* produz, é necessário estar atento aos relacionamentos ou à ausência desses com outros doppos. Se não for possível identificar o trabalho de um determinado *doppo*, significa que há algo errado com ele.[2]

Em suma, a Mayekawa é uma organização coerente, com suas diversas partes interagindo de forma orgânica. A Figura 5.2 ilustra a configuração orgânica dos *doppos* e blocos.

Kigyouka Keikaku: planejamento estratégico para criar o futuro em conjunto

Cada *doppo* elabora estratégias para desenvolver seus próprios nichos de negócios, e este processo estratégico é descrito pela Mayekawa como *"kigyouka keikaku"*, o que significa literalmente "planejamento empresarial para criar uma corporação". Essa abordagem contrasta com a convencional elaboração da estratégia analítica. A expressão *"kigyouka keikaku"* origina-se da crença que companhia possui de que cada um deve ser um tomador de decisões independente, ajudando a configurar sua própria companhia na maneira que a deseja.

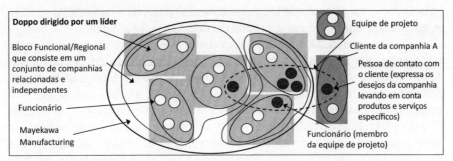

Figura 5.2 A Mayekawa como uma organização orgânica de *doppos* em blocos.
Fonte: Baseado em Peltokorpi e Tsuyuki (2006: 41).

O *kigyouka keikaku* é um processo estratégico que consiste em quatro etapas: (i) compreensão do ambiente de negócios e da posição que cada indivíduo nele ocupa; (ii) visualização do *kigyouka* ou imaginação da companhia que se deseja criar; (iii) compreensão da direção da companhia ou *kigyouka* que se deseja criar; e (iv) articulação de um plano de ação e de questões relevantes. Durante as etapas do processo, os membros do *doppo* vão à campo para se aproximarem dos clientes e sentir e experimentar pessoalmente o mercado e o ambiente de negócios com o intuito de compreendê-los e prever mudanças. Eles sintetizam esse conhecimento na interação dialética com os pontos de vista existentes, os quais se baseiam na experiência histórica e na cultura da companhia. Todos os membros do *doppo* participam da discussão do *kigyouka keikaku*, de maneira que o acordo final fica registrado em uma folha de papel de tamanho A3 como um compromisso assinado por todos os membros da organização que servirá como o manual ou mapa estratégico para implementação do planejamento. A partir dos processos de imaginação e elaboração presentes no *kigyouka keikaku*, cada indivíduo se compromete com o objetivo e o planejamento de seu respectivo *doppo* e compreende o que pode ser feito para pô-los em prática.

Compreendendo a posição de cada um como parte do ambiente

A compreensão da posição de cada um como parte do ambiente de negócios surge a partir do processo de definição do relacionamento entre o *doppo* e o ambiente. Isso pode parecer um típico processo de planejamento estratégico baseado na análise do ambiente e nos recursos internos da empresa. Entretanto, quando falamos "ambiente" não estamos nos referindo somente ao mercado e à sua análise objetiva, mas ao mundo total dinâmico e vivo no qual o *doppo* existe. De acordo com Iwasaki, isso abrange o mercado e o mundo em que vivemos, incluindo a comunidade local. "Nos vemos como parte do mundo e expressamos nossa posição em relação ao mundo como um todo. Na base deste processo está a noção de *kyousou*

146 *Managing Flow*

(criação conjunta, ou cocriação). Ou seja, somos produtos da relação com o ambiente, em vez de existirmos como uma entidade isolada e independente."[3]

No decorrer desse processo, é importante que todos os membros do *doppo* expressem o que "sentem" em seu ambiente operacional diário, em vez de reiterar de forma lógica o que leram em jornais e artigos de revistas sobre o ambiente. "É necessário se comportar de acordo com o que você sente, não com o que você pensa", explica Masao Mayekawa, o presidente honorário da companhia. Espera-se que os membros de cada *doppo* sintam o ambiente ao transcender a fronteira entre a organização e o mercado e ao conviver com os clientes. Os funcionários são estimulados a se ausentarem do escritório e passarem algum tempo no chão de fábrica do cliente. Até mesmo um membro novato de um *doppo* pode visitar um cliente sem precisar de autorização burocrática, independente da distância. Para a Mayekawa, é importante "sair para o mundo real" para se ter uma experiência direta com o cliente, sem intermediários. Por meio dessa convivência, os engenheiros conseguem sentir as necessidades dos clientes de maneira mais precisa. Isso é possível ao se observar a linha de produção do cliente ao seu lado, promovendo uma relação de confiança maior do que conseguem aqueles engenheiros que se concentram apenas nas especificações técnicas.

As necessidades dos clientes e as soluções para seus problemas normalmente são compreendidas apenas de forma tácita e de difícil articulação. As pessoas adquirem o conhecimento tácito e solucionam os problemas de maneira eficiente apenas ao experimentarem o mesmo que é experimentado pelo cliente. Masao Mayekawa explica que a convivência com o cliente permite uma fusão entre sujeito e objeto pela qual se percebe as necessidades essenciais dos clientes.[4] Ele chama isso de "deixar o cliente resmungar". Entretanto, a mera experiência do mundo dos clientes não leva à inovação. É importante ser capaz de separar as necessidades e os desejos essenciais dos clientes de suas reclamações. Isso exige uma compreensão da importância da percepção de momento e uma habilidade de agir no momento certo, pois a queixa de um cliente possui uma urgência do "aqui e agora" que rapidamente pode se perder. Um ex-gerente do Departamento de Serviço Total de Alimentos explica:

> Muitas vezes, os próprios clientes não sabem o que querem. Ainda que não possam articular o que querem, dão dicas, como, por exemplo, de algo que gostariam de mudar, preços mais baixos ou melhor qualidade. No começo, não sabemos o que fazer, pois não conseguimos compreendê-los. Só é possível realmente compreendê-los após conversar muito com eles ou perambular no seu chão de fábrica. (Tsuyuki, 2006: 61)

O "sentimento" subjetivo de cada membro do *doppo* sobre as necessidades dos clientes se torna objetivo por meio do diálogo com membros de outros *doppos*. Não são apenas os engenheiros que convivem no ambiente dos clientes, mas também outros funcionários da Mayekawa, que podem ser desde o setore de vendas e projeto ao setor de manutenção. Todos eles examinam os problemas e as necessidades dos clientes a partir de suas perspectivas particulares, e discutem e sintetizam suas opiniões a fim de chegar a um consenso sobre as verdadeiras necessidades dos clientes. Essa abordagem de diferentes perspectivas é denominada "*sei-han-gi ittai*", que se traduz literalmente como "produção, vendas e tecnologia integradas". Portanto, *kigyouka keikaku* é um mecanismo de cultivo de diálogo que cria novos planos de negócios, os quais incorporam conhecimento e opiniões variadas a partir de diferentes perspectivas. Neste processo, os membros do *doppo* investigam a fundo a si mesmos e aos clientes para posicionar o *doppo* no ambiente de negócios como um todo. Para isso, devem dar atenção não apenas às suas tecnologias e recursos, mas à cultura, às tradições, à visão e à missão da organização.

A imagem do kigyouka: visualizando a companhia que se deseja criar

No processo de imaginação, os membros expressam como gostariam que seu *doppo* fosse. Ao compreender o ambiente de negócios e a posição que cada um possui nele, inicia-se um processo de observação do passado e do presente do *doppo*, bem como do mundo em que ele existe. Imaginar a companhia que se deseja criar é um processo de observação do futuro do *doppo*, como Iwasaki explica:

> Neste processo, é necessário nos projetarmos em uma imagem de como queremos ser no futuro. Projetar-se significa estar livre do modo convencional de ver e pensar e da atual forma da organização, de seus sistemas e regras. Para projetar-se, é preciso intuição. Trata-se da capacidade ativa e criativa de enxergar o ambiente e a si mesmo de forma intuitiva. Tentamos perceber os sinais de mudança e o ambiente dinâmico por meio dos nossos cinco sentidos. Sabemos que a intuição da nossa organização está dando certo no momento em que conseguimos utilizá-la para pensar em como superar a nossa situação atual. (Iwasaki, 1995)

A imagem da companhia deve ser expressa em palavras simples. Essas palavras representam a essência dos sonhos, emoções e pensamentos coletivos dos membros do *doppo*. Não é necessário que a imagem seja concreta, mas deve provocar a visão do futuro nos membros do *doppo*. Iwasaki afirma que não se trata de uma imagem baseada no estado atual das coisas, e sim de uma imagem do futuro que impulsiona o presente.

Compreendendo a direção do kigyouka

Neste processo, os membros do *doppo* determinam as providências a serem tomadas para por em prática a imagem do *kigyouka*, baseada na sua com-

148 *Managing Flow*

preensão sobre o ambiente. Na etapa anterior, foram definidas as metas para se chegar à imagem. Nessa etapa, porém, é mais importante elaborar os princípios e a forma de pensar de modo geral, em vez de criar um plano concreto. De acordo com Iwasaki, o processo de imaginação do *kigyouka* determina a montanha a ser escalada, enquanto a compreensão da direção do *kigyouka* determina o caminho da escalada.

A questão mais importante levantada neste processo é: "Como podemos mudar o relacionamento com os demais para concretizar a imagem do *kigyouka*?". A direção do *kigyouka* articula de que maneira o *doppo* pode construir e alterar seu relacionamento com outros *doppos* e blocos ou outras empresas. Em outras palavras, ela define o tipo de *ba* que o *doppo* precisa construir para implementar sua visão de futuro.

O plano de ação: criando a narrativa

Nesse processo, os membros do *doppo* elaboram um plano de ação concreto para implementar a imagem do *kigyouka*, incluindo um cronograma, um plano de investimento e projeções de vendas e lucros. O plano de ação pode ser flexível e ser alterado durante a evolução do processo e conforme situações imprevistas vão surgindo.

Em resumo, o *kigyouka keikaku* é um processo no qual os membros do *doppo* criam seu futuro com base em sua compreensão de seu passado e presente em termos de suas relações com os demais. Este método não deve ser confundido com o planejamento analítico e convencional. Pelo contrário, trata-se de um processo de criação conjunta que busca a inovação visionária, a começar pela imaginação e pelo desenvolvimento de ideias baseadas em sentimentos, experiências e na exploração de palpites. Isso exige um espírito empreendedor que deve ser imbuído aos membros do *doppo*, assim como a capacidade de tomar decisões e assumir responsabilidades. O *kigyouka keikaku* é um planejamento orientado para o futuro que se baseia no conhecimento tácito adquirido ao se interpelar questões existenciais, ao contrário do planejamento analítico formal, que se baseia no conhecimento explícito de fatos e informações estatísticas. Durante o processo, os membros do *doppo* compartilham e sintetizam seus contextos e perspectivas para criar o *ba* onde o conhecimento emerge não somente na forma de plano de ação, mas também na forma de uma cultura única de perceber as coisas por meio das relações com o próximo.

A Mayekawa encara o *kigyouka keikaku* como um processo de criação e transmissão da cultura da companhia. A característica singular do processo é a sua perspectiva de enxergar o presente a partir do futuro, de fora para dentro e do macro para o micro. Os membros do *doppo* veem a si mesmos e as suas relações com o ambiente em termos da imagem de quem são e do que desejam ser no futuro. Com essa perspectiva eles são capazes de enxergar o que é preciso ser feito para concretizar o futuro idealizado, em vez de encarar o futuro como uma simples extensão do presente. Também é necessário que enxerguem a si mesmos e ao ambiente de fora para dentro e de cima para baixo, embora o *kigyouka keikaku* se inicie como um processo especialmente de baixo para cima. No *kigyouka keikaku*, os membros do *doppo* reúnem seu conhecimento tácito sobre o mercado ou o ambiente, baseando-se em seus "sentimentos" em relação às operações diárias. Não se trata apenas da soma de conhecimentos ascendentes. É necessário que os membros do *doppo* vejam a si mesmos e ao ambiente a partir de uma macroperspectiva para compreenderem a essência daquilo que sentem. Após uma autoavaliação profunda, pode haver momentos em que um *doppo* ou até mesmo a Mayekawa como um todo precise questionar e repensar sua posição e todo seu método de fazer negócios.

A Figura 5.3 representa um modelo simplificado do *kigyouka keikaku*. Começando com uma condição indeterminada, ele passa para o mais amplo e profundo compartilhamento de conhecimento tácito no *ba* e, ao mesmo tempo, refina a acumulação de conhecimento em uma linguagem e um imaginário mais explícitos para uma distribuição mais ampla, para criar o novo. Observe que não se trata de um processo linear e singular, mas de um processo em espiral contínua que se expande gradualmente.

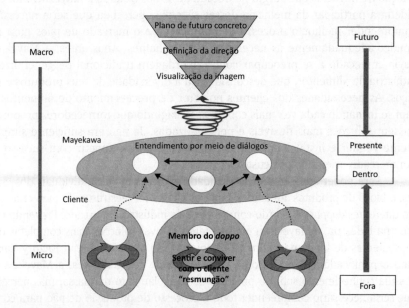

Figura 5.3 Modelo simplificado do *kigyouka keikaku*.

150 *Managing Flow*

O desenvolvimento de novos negócios criados em conjunto para alavancar sinergias criativas não ocorre somente no nível do *doppo*, mas em todo o planejamento corporativo. Quando o processo *kigyouka keikaku* de cada *doppo* está completo, líderes e sublíderes se envolvem novamente no mesmo processo com o bloco a que pertencem, algumas vezes acompanhados por líderes de outros blocos ou até mesmo gerentes seniores. Em seguida, os representantes do bloco se encontram com o instituto de pesquisa geral, ocasião em que se compartilha todas as informações e discutem-se as ideias e os problemas. Finalmente, um plano de negócios totalmente novo é resumido em uma circular, a qual é distribuída para todos os *doppos*.

O conhecimento criado em conjunto com os clientes: o caso do *kaizen* da panificadora

Um processo semelhante ao *kigyouka keikaku* pode ser encontrado na relação de criação conjunta com os clientes.[5] Em 1997, A Mayekawa iniciou seu projeto Bread Factory Kaizen (melhoria contínua) para uma panificadora, um exemplo claro de criação conjunta. O cliente, a Takaki Bakery, era uma fabricante tradicional e renomada de pão ao estilo europeu, cujos sistemas de calefação e refrigeração originais foram quase todos fornecidos pela Mayekawa, em uma relação de negócios que surgiu na década de 1960. Quando a Mayekawa foi convidada a participar da melhoria desses sistemas, percebeu que seria necessário compreender melhor o processo de panificação e o mercado de pães para responder adequadamente às necessidades dos clientes. Anos antes, a Mayekawa havia começado a se preocupar com a abordagem tradicional de generalizar a indústria de alimentos, que desconsiderava a diversidade de seus produtos e serviços. As necessidades dos clientes no setor de processamento de alimentos foram se tornando cada vez mais complexas, exigindo que fornecedores proporcionassem soluções mais flexíveis e personalizadas. Já não era suficiente simplesmente vender e instalar equipamentos e peças para competir com sucesso em um mercado orientado por custos.

Para poder atender com flexibilidade às necessidades individuais dos clientes, o bloco de produtos alimentícios da Mayekawa foi reestruturado para criar quatro diferentes *doppos* de acordo com os tipos de indústria e mercado. Prevendo uma crise na indústria, a Mayekawa queria oferecer novas soluções mais completas para seus clientes de longa data. Em 1997, foi iniciado o projeto Bread Factory Kaizen para a panificadora Takaki. Como fornecedora de refrigeradores, a Mayekawa já possuía conhecimento sobre o processo de congelamento da massa, mas percebeu que seria necessário compreender todo o processo de produção de pão para conseguir atender melhor a Takaki. Assim, os membros do projeto solicitaram à Takaki que os ensinasse todo o processo. Com a aprovação da Takaki, os quatro *doppos* no bloco de produtos alimentícios da Mayekawa uniram forças para colaborar uns com os outros e com o cliente, enviando engenheiros para a fábrica da Takaki para que aprendessem a produzir pão.

No início, o projeto preocupou-se principalmente em melhorar a fábrica por atacado da Takaki, que produzia para varejistas do mercado de massa, tais como supermercados e redes de lojas de conveniência. Quando a Mayekawa entrou em cena, o pessoal da Takaki já havia solicitado a uma empresa externa uma proposta para melhorar sua produtividade, mas sentiam-se inseguros. Da mesma forma, a Mayekawa não tinha soluções prontas para os problemas encontrados na Takaki; por isso, iniciaram com as clássicas medidas *kaizen* e conseguiram alcançar resultados positivos em melhorias concretas na linha de produção, que levaram à economia de energia e a uma maior eficiência. Entretanto, logo ficou evidente que essas melhorias não eram suficientes. Havia uma necessidade de identificar a raiz dos problemas de ineficiência na Takaki que podiam inibir os lucros e a vantagem competitiva sustentável de longo prazo.

Ao se familiarizarem com a fábrica da Takaki, as equipes de função cruzada da Mayekawa identificaram a origem das ineficiências produtivas nos complicados processos de vendas e entrega a clientes, as quais estavam criando complicações na linha de produção do pão. No Japão, a indústria panificadora havia recentemente passado por uma mudança radical devido às chamadas "guerras do pão fresco", nas quais varejistas tinham se comprometido com o "frescor" e a "variedade". Isso exigia a produção de diferentes tipos de pães em remessas menores e entregas mais frequentes para garantir produtos frescos. A produção passou de um volume diário de mil itens para um volume diário de apenas cem, de maneira que o pão precisava ser assado de duas a três vezes por dia para garantir seu frescor, levando a um aumento dos custos e uma diminuição da eficiência da indústria.

Com base nessa constatação, a equipe da Mayekawa propôs duas soluções. O primeiro era simplificar o processo de panificação para atender à demanda flutuante de entrega. O segundo era simplificar o processo de entrega, o que implicaria na reestruturação do setor de vendas e distribuição. Inevitavelmente, o projeto levou a uma reforma de todo o negócio atacadista da Takaki. A fim de identificar o problema essencial e a sua solução, as duas empresas tiveram de se envolver em discussões profundas sobre a essência do papel e da função do negócio atacadista, e sobre o que achavam que isso representaria em um contexto maior. Assim, a Mayekawa trouxe para discussão o processo *kigyouka keikaku*, e, então, gerentes de vendas e planejamento da Takaki, os quais normalmente não eram incluídos nos projetos de melhoria da fábrica, juntaram-se ao esquema.

152 *Managing Flow*

As perguntas abaixo foram feitas na Takaki durante o processo *kigyouka keikaku*:

- Quais as características atuais e futuras do mercado hoje atendido pela Takaki?
- Qual mercado a Takaki está buscando?
- O que a Takaki valoriza?
- Que tipo de relação a Takaki pretende construir com o mercado?
- Quais são as características singulares da Takaki?
- Como são as relações dentro das divisões?
- Como são as relações entre as divisões?
- Qual é a cultura da Takaki?
- Qual é a história da Takaki?

Baseados nessas perguntas, todos expuseram livremente suas ideias e sentimentos. Ficou claro que a essência do problema da Takaki estava na discrepância de seu papel como atacadista e sua visão de oferecer pães em estilo europeu, excelentes e de alta qualidade, para o consumidor japonês. O ideal de alta qualidade não fechava com o objetivo atacadista da Takaki de fornecer pão branco ao estilo norte-americano, produzido em massa, preferido pelo mercado. A Takaki tinha uma longa reputação no Japão como líder na produção de pão ao estilo europeu e na cultura do pão. Esta era a sua missão, tradição, orgulho e principal competência. Por outro lado, o negócio atacadista exigia um nível de qualidade diferente para satisfazer o mercado de massa. Durante o processo *kigyouka keikaku*, ficou claro que os problemas não seriam superados apenas com melhorias dentro da fábrica. A essa altura, a equipe de projeto foi obrigada a levantar a questão fundamental: "O que a Takaki pretende ser como companhia?". Foi proposto que se repensassem todos os processos principais – desde a aquisição às vendas – e que se repensasse o papel essencial da venda por atacado a partir do ponto de vista do cliente varejista.

Uma vez que a tradição e os pontos fortes da Takaki estavam em suas habilidades em promover a cultura do pão, foi determinado que, em se tratando de uma atacadista, a fábrica deveria ser capaz de recomendar maneiras melhores de vender pão de acordo com a situação particular de cada varejista, em vez de atender passivamente aos pedidos de varejo. Por meio dessa abordagem estratégica, foi decidido que a fábrica deveria ser multifuncional para responder com flexibilidade às variações dos pedidos. Assim, as discussões passaram a se concentrar na fábrica e nas funções necessárias para implementar a estratégia.

A Takaki possuía tanto uma fábrica para o negócio de vendas por atacado quanto uma fábrica para o negócio de vendas a varejo, localizadas a 60 km de distância uma da outra. A fábrica de vendas por atacado produzia e assava a massa, enquanto a fábrica de vendas a varejo produzia a massa congelada para ser enviada para as lojas de varejo da Takaki. Se as duas fábricas trabalhassem juntas, possibilitando à fábrica atacadista usar a massa congelada da fábrica varejista, a companhia produziria com maior flexibilidade e eficiência uma grande variedade de produtos. A Mayekawa fez uma simulação para testar a viabilidade do projeto. A ideia se mostrou promissora e a empresa começou a desenvolver a tecnologia e os sistemas necessários para uma boa integração entre as duas fábricas. Como resultado, usando o *kaizen* a equipe de projeto não apenas melhorou o processo de panificação e aprimorou seu sabor, como também melhorou muitos outros processos da fábrica, incluindo a produção em escala para a distribuição e o atendimento das vendas por atacado com maior diversidade de pedidos. Mais tarde, todos esses esforços acarretariam em uma melhor relação custo-benefício.

O caso da panificadora mostra de que maneira a Mayekawa estabeleceu um *ba* compartilhado com o cliente para a criação conjunta de conhecimento e valor por meio de uma inter-relação. A Mayekawa alavancou seu sistema *doppo* de liderança autônoma e distribuída orientado para o cliente para trabalhar intimamente com a Takaki a fim de inovar soluções em conjunto. Com a atenção voltada para a criação conjunta de conhecimento e inovação, a Mayekawa aplicou o conceito do *sei-han-gi ittai* para integrar os ativos de conhecimento do cliente à produção, às vendas e à tecnologia, por meio do diálogo e do questionamento, buscando um entendimento de nível essencial. Todo o processo foi promovido por relações de confiança, apoio e interdependência, e por uma mentalidade de trabalho em equipe cultivada ao se familiarizar com o mundo de Takaki, compartilhando seu conhecimento tácito e seus sentimentos. O comprometimento por parte dos membros da equipe é uma condição *sine qua non* para garantir o sucesso do compartilhamento e da criação conjunta no *ba*. No ecossistema de negócios do qual a Mayekawa faz parte, o cliente é a entidade mais importante. Vale lembrar que não se trata apenas do cliente imediato, mas também do cliente do cliente ou do cliente final a consumir o produto.

Na criação conjunta, é fundamental criar relações transparentes. Masao Mayekawa descreve o contexto compartilhado de um *ba* como "um mundo que acontece quando as pessoas relevantes se abrem umas com as outras a fim de aprofundar suas relações... Abrir-se significa soltar as próprias rédeas, e quanto mais fazemos isso, mais nos tornamos capaz de compreender o *ba*". Ele afirma que isso é possível e necessário não apenas para o indivíduo, mas para o grupo e a organização como um todo: "Quando nos abrimos e nos colocamos no lugar do cliente e agimos a partir de seu ponto de vista, o *ba* evolui naturalmente para um conjunto de relações, de forma que a Mayekawa torna-se capaz de se concretizar no *ba*" (Mayekawa, 2004: 179–183). Essa noção filosófica de abdicar do eu para encontrá-lo não é simplesmente deixar de lado preconceitos e preferências para ser capaz de perceber a realidade atual; trata-se de indivíduos e companhias superando sua ideologia egocêntrica e enxergando a si mesmos e aos demais tanto no interior como no exterior de suas relações. No *ba*, os indi-

154 *Managing Flow*

víduos, a organização e o ambiente interpenetram-se uns nos outros à medida que as relações entre eles estão em constante mudança. Por esse motivo, os funcionários da Mayekawa precisam estar abertos e devem transcender a si mesmos para se enxergarem de acordo com suas relações com o próximo, especialmente com o cliente e com o cliente final. Por meio da profunda interação no *ba*, os funcionários da Mayekawa conseguem alcançar os desejos e as necessidades latentes dos clientes e, assim, descobrir o que querem alcançar. Masao Mayekawa afirma que a intenção não é refletir intensamente sobre um problema antes de agir, mas agir de forma imediata e natural para "sentir" o método por meio da tentativa e do erro, reduzindo a sensação de "estar perdido" para chegar ao ponto "entre" sujeito e objeto, onde a criação conjunta de conhecimento é possível. Ele explica que no *ba* as respostas para as perguntas e os problemas podem passar diante dos olhos do indivíduo diversas vezes, mas são difíceis de serem compreendidas. A prática como rotina é essencial para se aprender a diferenciar e a discernir a realidade complexa e confusa das respostas apropriadas, e para possibilitar o surgimento gradual da abstração de dentro da experiência local (Bakken e Hernes, 2006).

A criação conjunta do *ba* entre os clientes e a Mayekawa não se restringe ao Japão. A companhia aplica esses mesmos princípios com clientes no exterior. Um exemplo recente de criação conjunta bem-sucedida é o desenvolvimento junto a um cliente norte-americano de um sistema de resfriamento com umidificação que congela pães já assados para evitar danos à sua consistência e sabor durante o transporte e a distribuição do produto. A Mayekawa desenvolveu a tecnologia nos Estados Unidos em uma íntima cooperação com o cliente. Em seguida, o sistema foi exportado para a Europa e o Japão. Na Europa e na América do Norte, a criação do *ba* com clientes teve sucesso, embora a elaboração dessas relações tenha sido um pouco complicada devido às barreiras linguísticas.

O INSTITUTO DE EDUCAÇÃO KUMON

Apresentação da companhia

Fundado por Toru Kumon em 1955, o Instituto de Educação Kumon é um dos maiores institutos educacionais privados do mundo, atendendo 4 milhões de estudantes em 45 países (dados de julho de 2007). Seu principal negócio são os serviços educacionais baseados em seu método singular de ensino, o método Kumon. Ele foi criado originalmente para ensinar matemática, mas expandiu-se para o ensino de japonês, inglês e outros idiomas. O instituto insiste que o método Kumon não busca ensinar as crianças, e sim descobrir seu potencial autônomo e oculto a fim de motivá-las a aprenderem sozinhas. O objetivo principal do método é fomentar a capacidade do aluno para que ele contribua com a sociedade, como afirmado na missão do Kumon:

> Ao descobrirmos o potencial de cada indivíduo, desenvolvendo sua capacidade ao máximo, buscamos formar pessoas responsáveis e sãs que contribuam para a comunidade global. (Kumon, "Perfil da Companhia 2006–2007")

O Kumon afirma que sua visão consiste em contribuir para a paz mundial por meio da educação. Isso significa que o instituto tem por objetivo motivar as pessoas a participarem ativamente na sociedade, com um grande senso de humanidade e harmonia, satisfazendo suas necessidades de aprendizado e desenvolvendo suas capacidades por completo.

Como e por que o método Kumon surgiu

No Japão, os jovens precisam prestar difíceis exames para serem admitidos no ensino médio e na universidade, e, em alguns casos, até mesmo no ensino fundamental. Como resultado, uma pequena indústria dos chamados "cursinhos" se desenvolveu paralelamente ao sistema de educação para ajudar os estudantes a passarem nos exames. O instituto Kumon também teve início como uma dessas escolas privadas, mas seu objetivo não é a aprovação nos exames. Na realidade, o instituto tem como foco a aprendizagem autônoma específica de cada aluno. Sendo assim, seu programa de estudos não acompanha as diretrizes do sistema de educação, especialmente no que diz respeito ao ensino fundamental e ao ensino médio, embora também ofereça cursos extras para o ensino médio.[6] O método Kumon é normalmente reconhecido como um modo de estimular a capacidade e o progresso, mas seu verdadeiro objetivo consiste em desenvolver a autoconfiança dos estudantes e fomentar seu senso de humanidade. Seu criador, Toru Kumon, era professor de matemática e dava aulas para o ensino médio. Com os anos de experiência e acompanhamento do comportamento dos alunos, ele passou a desenvolver técnicas de ensino específicas para cada um deles. As sementes do método Kumon foram plantadas em 1954, quando Toru Kumon criou um programa especial para ensinar matemática ao seu filho, Takeshi. Durante as aulas, ele utilizava um livro de exercícios que estava de acordo com as diretrizes governamentais descritas para o ensino fundamental, mas julgou a estrutura inadequada para o processo de aprendizagem de seu filho. Portanto, decidiu elaborar um livro de autoestudo para que o menino aprendesse por conta própria. Cada folha de exercícios do livro visava a compreensão de uma questão global. Isso se tornou a base do método Kumon.

O método era um sistema de autoaprendizado bem planejado. Iniciava com um objetivo de aprendizagem e, então, apresentava os passos para alcançá-lo. O objetivo de Toru Kumon era elaborar um processo que fosse menos cansativo para as crianças e que as ajudasse a conquistar o objetivo pelo menor caminho e no menor tempo possível. Enquanto os cursinhos se concentravam em melhorar as notas dos exames ajudando as crianças a compreender os livros didáticos do ensino fundamental e dos primeiros anos do ensino médio, Toru Kumon deixou de lado esses livros e voltou-se para a melhoria dos resultados visando atingir o nível de aprendizagem equivalente ao dos últimos anos do ensino médio nos raciocínios matemáticos de cada aluno. Isso desviou o foco de um objetivo de curto prazo, o de garantir a aprovação nos exames, para um objetivo de longo prazo, o de garantir um nível de compreensão equivalente ao dos últimos anos do ensino médio, o que influenciou muito o aprimoramento posterior do método Kumon.[7]

Toru Komun deu início ao sistema de ensino em 1957, mas logo percebeu que o alto custo do aluguel de um espaço para as aulas era um encargo enorme sobre as operações ; por isso, passou a recrutar donas de casa com um bom nível cultural para serem franqueadas Kumon, as quais poderiam ministrar aulas em casa ou em locais próximos utilizando os materiais e os métodos de ensino do Kumon.

Em 1962, Toru Kumon reorganizou sua companhia[8] sob o nome de Método Kumon. Em 1974, a publicação do livro, *Estudo Gostoso de Matemática – O Segredo do Método Kumon* (título original: *Kumonshiki sansu no himitsu*), trouxe um grande aumento nas matrículas dos cursos à distância e no número de turmas do Kumon. Um ano após a publicação, havia 110 mil alunos e 1.960 turmas no Japão (veja a Figura 5.4).

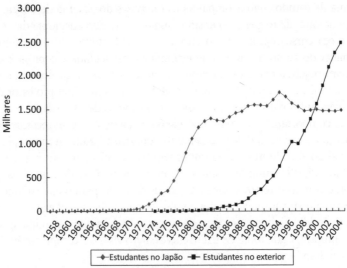

Figura 5.4 Tendências no número de inscritos nos Centros Kumon.
Observação: Número total de alunos em cada disciplina.
Fonte: Registros internos do KUMON.

Sistema de ensino focado nos estudantes

É difícil explicar de forma precisa os méritos do método Kumon. Relatos da mídia sobre a natureza autodidática do sistema descreveram de forma equivocada o Kumon como sendo um método de aprendizagem a partir de materiais impressos. Os elementos básicos do sistema, derivados dos princípios da missão, são: sua abordagem de ensino filosófica; a experiência e os métodos de ensino dos instrutores; seu apoio administrativo; e o material didático, que é constantemente modificado. Para identificar os méritos do sistema, é importante compreender de que maneira esses elementos funcionam como um todo orgânico.

A filosofia básica

O objetivo filosófico do método Kumon é proporcionar ao ser humano um maior nível de conscientização, identificando e desenvolvendo seu potencial. Nos Centros Kumon, que consistem em aulas ministradas pelos instrutores franqueados Kumon em comunidades locais, frequentemente ouvimos a máxima: "ajudar cada criança, incentivando seu apreço pela vida e seu espírito para desafios". Isso pressupõe que cada criança é diferente e possui um modo de aprendizado adequado a essa diferença. Toru Kumon chamou isso de "aprendizado no nível 'exato'". Ou seja, o ensino deve ser adequado à situação particular de cada aluno, em vez de seguir o mesmo processo para todos eles.

Todos os alunos começam em seu próprio nível e seguem com seu próprio ritmo, passando de nível apenas quando estão prontos. Ao reconhecer que existem variações no potencial humano, o método Kumon busca estimular e aprimorar as capacidades do indivíduo e seu desejo de aprender, de modo que as diretrizes dos materiais e dos instrutores não são a essência do método, sendo consideradas meras ferramentas para atingi-la. Isso não significa que os alunos trabalhem inteiramente sozinhos. Durante as aulas, cabe aos instrutores motivar cada estudante e dar o apoio necessário. Toru Kumon acreditava que cada criança possuía o potencial para crescer, de modo que não era culpa dela se não conseguia progredir. "Se as crianças não progridem de modo suave, o problema está no ensino e nos métodos dos instrutores" (Kumon, 1991: 251). E acrescentou: "a maior parte do ensino no século XXI será o ensino 'individualizado e adequado', representado pelo Método Kumon" (Kumon, 2007: Prefácio).

Materiais e métodos

A metodologia e os materiais do Kumon são únicos por sua estrutura sistemática de conteúdos categorizados de acordo com o nível de capacidade, sendo cada nível subdividido em etapas bem-estabelecidas. Os estudantes avançam para a próxima etapa apenas depois de compreenderem a etapa anterior. Na matemática, há 10 folhas de exercício em cada etapa, e 20 etapas, ou 200 folhas de exercício, em cada nível, com algumas exceções. A fim de medir as habilidades e o progresso do aluno, cada etapa possui uma média de tempo para sua realização. Os resultados indicam se o aluno precisará de reforço; se for o caso, o aluno continua revisando o conteúdo até dominar toda a etapa. Quando uma etapa é completada, o instrutor marca a folha com um grande círculo, indicando que houve 100% de aproveitamento. Isso proporciona ao aluno uma sensação de satisfação e missão cumprida. As aulas ocorrem duas vezes por semana, mas os alunos são estimulados a trabalhar com o livro de exercícios todos os dias. Os instrutores recolhem os livros a cada aula para corrigi-los, fazendo com que os alunos reflitam sobre seu nível de compreensão até o momento (veja a Figura 5.5). A vantagem do método Kumon está no fato de que os estudantes estabelecem suas próprias metas e seu próprio ritmo, sempre sob a atenção cuidadosa dos instrutores, os quais avaliam o progresso do aluno a cada nível.

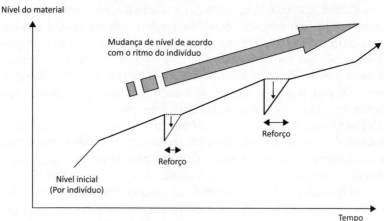

Figura 5.5 Sistema do método autodidata Kumon.
Fonte: Resumo do autor baseado em entrevistas.

Para ingressarem nas turmas do Kumon, os estudantes fazem um teste de nivelamento e começam com materiais de estudos selecionados para garantir que o estudante atinja 100% de aproveitamento sem dificuldades. O nível do estudante não é determinado apenas pela dificuldade das questões e a precisão do aluno ao respondê-las, mas também pelo tempo de conclusão dos exercícios. Os estudantes são testados ao final de cada nível para avaliar o quanto aprenderam. Os instrutores ajustam o curso de cada aluno de acordo com seu progresso, oferecem conselhos e também elogiam os estudantes para estimulá-los a estudar. Além disso, determinam a quantidade de trabalho de cada aluno de acordo com seu nível de motivação e a quantidade total de tema exigida pela sua escola (veja a Figura 5.6).

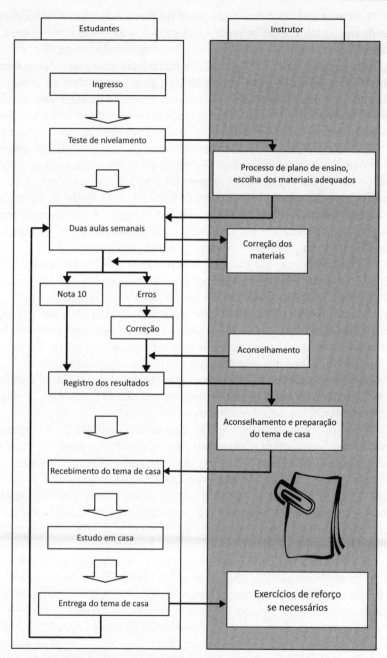

Figura 5.6 O processo de ensino do método Kumon.
Fonte: Resumo do autor baseado em entrevistas.

160 *Managing Flow*

O método Kumon difere totalmente do método escolar convencional do ensino de matemática, onde os professores explicam conceitos e princípios e, então, passam para os alunos problemas que são considerados de nível e ritmo médios para a turma. O método Kumon, por outro lado, estimula a "compreensão tácita por meio de experiências múltiplas". Os alunos aprendem os princípios e os conceitos de forma espontânea, por meio da repetição de exercícios envolvendo uma diversidade de cálculos. Eles aprendem resolvendo exercícios e, nos estágios mais críticos, recebem um exemplo de como resolver um problema. Os problemas mais difíceis são divididos em diversos passos que utilizam diferentes tipos de questões e mais exercícios. Mesmo os conceitos abstratos e difíceis são aprendidos de forma espontânea por meio da repetição de exercícios. Este é um elemento-chave do método. A combinação desses fatores ajuda os alunos a desenvolverem uma compreensão tácita sobre o assunto. A estrutura do ensino está ilustrada na Figura 5.5 por um gráfico que lembra os dentes de uma serra, com a velocidade do progresso variando de aluno para aluno.

A essência do método Kumon é a importância que ele atribui aos relacionamentos humanos. É possível perceber o ritmo individual e o modo de aprendizado de cada aluno e observar seu progresso. Os instrutores reconhecem o progresso real de cada estudante e refletem isso nos materiais e nas instruções. Os instrutores do Kumon tornaram-se pessoas influentes em suas comunidades, uma vez que interagem intimamente com as crianças e seus pais a fim de construir relações humanas que aumentem a efetividade do processo de aprendizado. Diferentemente do ensino a distância convencional por meio de correspondências, as interações entre os instrutores e os estudantes no método Kumon são reais e contextuais, levando a resultados positivos.

O material usado atualmente é de uma versão aprimorada do original desenvolvido por Toru Kumon. Como Toru Kumon costumava dizer: "Não há mais melhoria a partir do momento em que pensamos 'isto está bom o bastante'. Sempre deve haver algo melhor". "Reconhecer que você 'não está pronto' e assumir a postura de se esforçar para melhorar são os maiores ativos de um instrutor Kumon." A regra fundamental para o desenvolvimento de materiais didáticos é compreender a situação real em cada centro Kumon, baseados na observação direta e no *feedback* dos instrutores. O método Kumon coloca os estudantes no centro do processo e "aprende com as crianças" se os materiais estão adequados ou se precisam de revisão e melhoramento. "Se alguma folha de exercícios exige mais tempo da maioria das crianças, estenderemos levemente o tempo limite ou reformularemos as questões de modo que fiquem mais fáceis", afirmou Toru Kumon. "Nós sempre observamos atentamente as crianças e aperfeiçoamos nosso material de acordo com seu comportamento."[9] Ele enfatizou que as mudanças no conteúdo refletem o *feedback* obtido nas aulas. Os instrutores estão sempre aprimorando o método com instruções mais precisas para os alunos e, ao mesmo tempo, sugerem à empresa melhorias nos materiais. Essa espiral crescente de interação entre estudantes, instrutores e empresa acelera a identificação de problemas e melhorias no processo.

Os instrutores exercem a sabedoria prática

Os instrutores são o ativo mais importante na franquia Kumon. Ao contrário de outros "cursinhos", os alunos do Kumon estudam de forma independente e espontânea e contam com instrutores capazes de observar seus hábitos de estudo e intervir no momento adequado. Em vez de um protocolo de ensino, os instrutores recebem um guia intitulado *Pontos a Serem Observados para a Instrução*,[10] o qual acompanha todos os módulos de ensino. O guia apresenta as regras básicas e, ao mesmo tempo, oferece ampla flexibilidade aos instrutores para exercerem seu julgamento pessoal quanto às características particulares de cada aluno e às situações específicas que ocorrem em sala de aula. Essas diretrizes são atualizadas de acordo com o *feedback* dos instrutores e com as mudanças de conteúdo, cujos fundamentos são comunicados por meio de sessões de treinamento conduzidas pela matriz do Kumon. Os instrutores não apenas gerenciam os Centros Kumon, como também são os canais de comunicação com o estudante. "Devemos ser capazes de julgar rapidamente a situação de cada criança ao olharmos para seus rostos assim que entram na sala de aula", afirmou um experiente instrutor do instituto.[11] Geralmente, os instrutores contratam assistentes para a correção das folhas de exercícios para que tenham mais tempo livre para as atividades de observação e aconselhamento.

Para que os estudantes tenham progresso no método de estudo individualizado, o papel do instrutor em criar um ambiente que os mantenha motivados é fundamental. O esforço inicial do aluno para compreender o material deve ser elogiado, não importando a quantidade de erros ou a necessidade de reforço, pois o objetivo-chave é motivar o estudante a querer passar para o próximo passo. Enquanto os instrutores observam o comportamento e o progresso dos estudantes, devem cultivar um alto nível de sensibilidade adequada a cada criança. Embora a postura do estudante seja de grande importância, seu progresso é maior quando pais e instrutores compartilham os objetivos e estão preparados para dar o apoio necessário na hora certa. Os instrutores prestam bastante atenção ao movimento dos olhos, à postura e o comportamento de modo geral, à maneira como as crianças fazem uso de seu lápis, à sua saúde física e mental e ao ambiente familiar. As reações por parte dos instrutores em relação às crianças devem ser flexíveis e baseadas em hipóteses desenvolvidas a partir da observação atenta, aprimorada por meio do acúmulo de experiências de ensino que cultivem o conhecimento e o julgamento sábio.

Em resumo, o sucesso do método Kumon depende bastante das habilidades dos instrutores de observar e fazer julgamentos abrangentes a fim de pro-

162 *Managing Flow*

porcionar experiências didáticas únicas, adequadas a cada estudante. A necessidade de reforço e a quantidade de tema a ser feito variam de acordo com a situação de cada aluno. Os instrutores julgam a situação "aqui e agora" de cada aluno que conhecem no Centro Kumon, utilizando-se de experiências anteriores para comunicar seus julgamentos e oferecer apoio flexível e apropriado em um *ba* com estudantes individuais. Durante o processo, eles aprendem constantemente o que funciona com cada estudante e ajustam os materiais e métodos de acordo, criando conhecimento ao longo das rotinas diárias e compartilhando o conhecimento adquirido com o *ba* que abrange todo o Centro Kumon.

A "reinvenção" do Kumon

Com a expansão em larga escala da franquia Kumon, o compartilhamento eficaz da visão sua visão empresarial foi se tornando cada vez mais difícil, resultando em determinado momento na diluição da filosofia da companhia. O foco foi desviado do processo para os materiais em si, e o objetivo final articulado pela visão Kumon foi substituído pelo interesse em ampliar o número de franquias. Toru Kumon faleceu em 1995 e seu sucessor, seu filho Takeshi, não se encontrava em um bom estado de saúde. Foi uma época de mudanças no grupo Kumon. Yasuo Annaka, ex-diretor executivo da Sanyo Security, foi convidado por Takeshi para se juntar à companhia. Annaka estudou cuidadosamente o método Kumon e concluiu que sua filosofia e visão originais eram os ativos mais valiosos da empresa. Em 1997, Annaka[12] tornou-se CEO do Kumon. Ele tomou a iniciativa de reafirmar a visão e a filosofia da companhia, dando prioridade ao aprimoramento dos recursos humanos para que a visão pudesse ser implementada sob toda e qualquer circunstância.

O bem comum e a reconstrução do ba *social*

Annaka reformou a companhia restaurando a importância dos recursos humanos e da filosofia de três maneiras: compartilhando valores, informando as verdadeiras intenções e criando o *ba*. Ele acreditava que os valores e a filosofia compartilhados eram essenciais para uma organização e que a vitalidade só poderia ser mantida por meio do intercâmbio ativo de conhecimento e da verdadeira comunicação das intenções em uma cultura de generosidade e transparência. A fim de revitalizar o Kumon, Annaka visitou os locais de trabalho distribuídos por todo o país para construir uma comunicação ativa e positiva com todos os funcionários, incluindo os empregados de meio expediente, e simplificou a estrutura organizacional para gerar maior agilidade na tomada de decisões. Também elaborou sessões de treinamento para situações específicas. Sua reforma causou uma mudança drástica nos relacionamentos do grupo Kumon, especialmente entre instrutores franqueados e funcionários da matriz. A interação para o compartilhamento de informação foi ampliada e aprofundada, e o papel dos funcionários da matriz foi expandido de desenvolvedores e distribuidores para facilitadores das relações entre aprendiz, instrutor e a comunidade local, capturando a essência do processo de aprendizagem. A companhia apropriou-se constantemente do *feedback* dos envolvidos para melhorar os materiais dos alunos e os manuais de instruções. Os Centros Kumon passaram a ser tratados como a pedra fundamental de todas as operações do instituto, de modo que a organização foi reestruturada para apoiá-los. Annaka agilizou o processo de tomada de decisão por meio da criação de uma variedade de oportunidades para comunicação e compartilhamento dos objetivos no *ba*, promovendo um maior compartilhamento de conhecimento por toda a organização e atribuindo maiores competências às operações na linha de frente.

A contribuição mais significativa de Annaka foi ajudar os funcionários a se conscientizarem sobre o significado de seu trabalho e de sua razão de ser, fomentando seu próprio potencial para a liderança. Ele estipulou os três valores básicos da companhia como sendo os seguintes: o desenvolvimento do Centro Kumon corresponde a uma contribuição à sociedade; todos os funcionários desempenham o papel de líderes em todas as atividades; todos devem contribuir com as comunidades regionais (Instituto Kumon, 2001). Esses valores deixam claro que a ênfase da companhia não está no lucro, mas nas relações sociais significativas, embora o lucro também seja considerado essencial para sustentar a companhia. A filosofia de Annaka consistia em "primeiro a moralidade, depois o lucro". Para ele, era importante considerar a postura correta em primeiro lugar, pois acreditava que ao buscar os valores da empresa na direção certa, os lucros seriam uma consequência. Ele priorizou o compartilhamento dos três valores básicos de modo que todos os funcionários pudessem compreender a direção. Annaka acreditava que as pessoas em uma organização crescem quando reconhecem sua própria razão de ser. "Ao experimentar o sucesso e a autonomia, a mentalidade dos funcionários irá mudar de forma drástica, mesmo com resultados pequenos, mas significativos", afirmou.[13] Essa maneira de pensar era consistente com a filosofia Kumon original.

A contribuição para as comunidades regionais

Em julho de 2006, em uma reunião envolvendo os funcionários do grupo Kumon, a companhia lançou uma diretriz a fim de construir relações comunitárias regionais, a qual foi expressa no *slogan* "É hora da criação de novas comunidades regionais". A companhia expandiu suas atividades pelo país, oferecendo aulas de como cuidar de crianças pequenas e bebês para estudantes do ensino fundamental e do ensino médio[14] (veja a Figura 5.7). Outra medida adotada pela companhia foi a inclusão do método Kumon no sistema de educação pública denominado Tarefa 21,[15] que passou a ser aplicado à prevenção e ao tratamento de demência em idosos, com aulas voltadas para cidadãos da terceira idade em comunidades regionais. O objetivo do Kumon era ajudar a conter o progresso da doença entre os idosos por meio de atividades de ensino oferecidas nos asilos, as quais eram elaboradas para estimular o córtex pré-frontal. A companhia também designou essas atividades para o aumento e enriquecimento das interações sociais entre os idosos e os demais membros da comunidade.

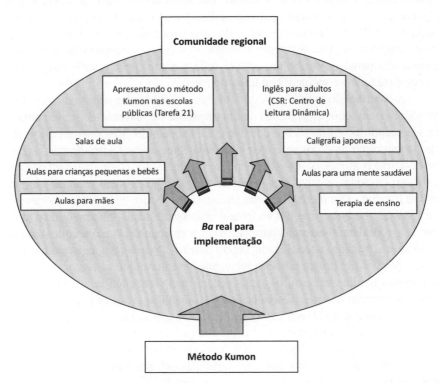

Figura 5.7 Expansão das atividades Kumon.

Em 2007, a empresa passou a integrar a assistência ao cuidado de crianças em todos os Centros Kumon do Japão, a qual até então era considerada uma atividade primordialmente voluntária em diversas partes do país. A assistência ao cuidado de crianças no instituto disponibilizou espaço para mães inexperientes dividirem seus problemas e dúvidas sobre o assunto. É um espaço de aprendizado que oferece aconselhamento prático e consistente. A decisão de fornecer esse serviço foi motivada pelo aparente enfraquecimento das relações tradicionais da comunidade, que no passado oferecia a mães jovens assistência no cuidado com a criança. As mães apresentavam mais dificuldade para desempenhar este papel e estavam preocupadas. Os instrutores do Kumon ofereceram às mães ferramentas como livros com ilustrações e brinquedos educacionais e, além disso, ajudaram com diferentes métodos para melhorar a comunicação entre as mães e seus filhos. Os instrutores operam a partir da perspectiva de que são as mães que têm o dever de criar seus filhos, de modo que o papel dos instrutores é apenas oferecer apoio. Um *ba* se desenvolve entre os participantes à medida que as mães compartilham informações e atividades, tais como cantarolar ou ler livros junto com seus filhos. Os instrutores do Kumon atuam como coordenadores, apropriando-se das experiências adquiridas nas aulas regulares do instituto. No início, os instrutores lideram a maioria das atividades ; porém, à medida que as mães vão se familiarizando umas com as outras e começam a sentir seus progressos, elas gradualmente se auto-organizam no *ba*.

Essa atividade não contribui de forma direta aos negócios do Kumon. Na verdade, os instrutores seguem a ética de não tentar persuadir as mães a matricularem seus filhos no Centro Kumon. Sob o *slogan* "Rumo à Criação Infantil dentro da Comunidade", a ideia do instituto de oferecer assistência no cuidado infantil surgiu a partir da perspectiva social de que ajudar as mães também pode ajudar a revitalizar a comunidade ao estimular um aumento da natalidade. Os instrutores têm como objetivo transferir seu conhecimento tácito sobre cuidados com crianças para outras mães, reforçando suas relações na comunidade além de ensinar as crianças no Centro Kumon. Isso confere ao Centro Kumon o papel de promotor do surgimento de um novo *ba* para o cultivo de relacionamentos desejáveis na comunidade.

A globalização e a filosofia Kumon

À medida que o nome Kumon se difundiu no mercado japonês, instigou o interesse de japoneses residentes fora do país, levando à criação de escritórios no exterior para atendê-los. Posteriormente, os escritórios expandiram-se para servir também à população local desses países. Em todos os países do mundo há uma necessidade de melhorar de forma geral o nível educacional, de maneira que o método "autodidático" do Kumon – no qual cada criança estuda no seu próprio ritmo – atraiu atenção considerável.

Toru Kumon desde o início dizia que seu sonho era expandir o método Kumon pelo mundo, e acreditava que isso era possível devido à linguagem universal da matemática (Kumon, 1991). Porém, a expansão dos Centros Kumon foi mais orgânica do que estratégica, ocorrendo naturalmente em resposta à demanda, que no início vinha dos japoneses residentes no exterior, e mais tarde das populações nativas. O Centro Kumon de Nova York, inaugurado em 1974, e a fi-

166 *Managing Flow*

lial de Taipei, aberta em 1975, serviam apenas para atender as crianças japonesas que viviam nessas cidades, mas aos poucos passaram a aceitar crianças locais. A velocidade da expansão dependia da regulamentação do sistema educacional de cada país. Entretanto, a reputação do método continuava a crescer por meio da propaganda boca a boca.

Nos Estados Unidos e na Europa, os Centros Kumon só foram expandidos após a reforma educacional adotada pelos estados, onde havia um grande interesse na eficácia da educação. Nos Estados Unidos, em 1983, a governo Reagan publicou o relatório *Uma Nação em Risco*, e exigiu a reforma educacional (Kinoshita, 2006). Naquele mesmo ano, foi inaugurado o primeiro Centro Kumon nos Estados Unidos. Na Alemanha, o primeiro Centro Kumon foi inaugurado em 1986. O Programa Internacional de Avaliação de Alunos (PISA), desenvolvido e coordenado pela Organização para Cooperação e Desenvolvimento Econômico (OCDE), classificou a Alemanha em 20º lugar em matemática e ensino de ciências, gerando uma crise entre os pais preocupados com a educação de seus filhos. O método Kumon, era uma das opções na busca por melhores métodos educacionais, o que resultou em uma proliferação dos Centros Kumon pelo país (Fuches, 2004).

Nos países em desenvolvimento, a situação era um pouco diferente. O método Kumon foi empregado para promover a economia local por meio da educação. Nas Filipinas, o primeiro Centro Kumon foi inaugurado em 1982 para os filhos de japoneses empregados no país, mas foi expandido para servir à população local de diversas formas, com centros especializados para a classe intelectual, facilitando sua introdução em escolas particulares, e para organizações educacionais locais, solicitando instrutores do Kumon para auxiliar na educação de crianças pobres. Nas Filipinas, o principal objetivo dos instrutores do Kumon é contribuir com o desenvolvimento da comunidade ao melhorar o nível educacional da população local. Teresa V. Santos coordena um Centro Kumon na cidade de Valenzuela. Segundo ela, a vantagem do método Kumon está no fato de que ele aprimora o conhecimento e as habilidades ao motivar as crianças a aprenderem, e este é o elemento capaz de orientar o país e a região para uma direção mais positiva.[16]

Embora a globalização do método Kumon ocorra devido a diferentes razões em diferentes países e regiões, há uma razão sempre presente: o desejo comum dos pais de melhorar o acesso de seus filhos à educação de qualidade para garantir que tenham um futuro viável. Outro ponto em comum é a linguagem universal da matemática, da qual surgiu o método Kumon.

A universalidade é o ponto forte do método Kumon, atravessando fronteiras para construir capacidades de aprendizado que podem ser efetivamente acompanhadas e avaliadas. Na maioria dos sistemas educacionais, é difícil quantificar os efeitos imediatos do estudo em termos da verdadeira capacidade de aprendizado. Com o método Kumon, os estudantes e seus pais podem sentir e observar de fato os progressos tanto graduais quanto de longo prazo. Isso acontece em todos os Centros Kumon, seja qual for o país ou região. "Para mim, o momento 'heureca' aparece quando o estudante descobre como 'deslanchar' para um novo conceito", afirmou um instrutor da América do Norte. "A importância de aprender com alunos excelentes não está na tentativa de aplicar os momentos observados a outros estudantes. Está na ajuda que obtemos para focar nossa atenção na importância da observação cuidadosa de todas as atividades de aprendizagem dos estudantes, para identificar os momentos excelentes no estudo de cada aluno, e usar essa informação para fazer modificações em nosso planejamento e orientação para seu progresso. Quando realmente conseguimos individualizar o programa Kumon de acordo com cada estudante e facilitar a aprendizagem autodidata do material avançado, nos tornamos, então, excelentes treinadores."[17]

Uma vez que o método Kumon não possui um manual operacional, os detalhes de seu funcionamento variam de país para país, mas a troca de conhecimento entre instrutores é relativamente tranquila, pois eles compartilham a filosofia e os valores existentes nos materiais e na prática do Kumon. Instrutores da Ásia e a da América do Norte se encontram regularmente no Fórum Mundial de Instrutores do Kumon para discutir o estado atual dos materiais de instrução e outras questões, de forma que as diferenças culturais e de costumes não são relevantes.[18]

As características do método Kumon

O Kumon tem se mostrado um modelo de criação de precedentes na indústria da educação, expandindo-se rapidamente de sua humilde origem japonesa para todo o mundo em apenas meio século. Obviamente, não existe um método educacional definitivo que agrade a todos, nem mesmo o método Kumon, de modo que há alguns que acusam o método Kumon de enfatizar apenas a velocidade do cálculo na matemática, e se preocupam com os efeitos potencialmente nocivos da educação da primeira infância. Contudo, a aceitação generalizada do Kumon ao redor do mundo sugere que a companhia realmente busca resolver uma deficiência nas abordagens convencionais da educação, um problema universal.[19]

Os pontos fortes inerentes ao método Kumon encontram-se em três áreas. A primeira é o sistema de desenvolvimento de materiais para o autoaprendizado, que podem ser adequados a cada indivíduo e ao ensino prático, algo facilmente convertido para o ensino de línguas a ser usado em outros países e culturas. A universalidade do sistema Kumon e dos seus métodos é evidente no *ba* global de compartilhamento de informações entre instrutores, onde os conceitos e os termos do Kumon tornaram-se uma linguagem comum para a comunicação de ideias e práticas.

A segunda área trata do cultivo de instrutores que se preocupam com cada estudante individual no contexto de suas relações sociais abrangentes. No setor da educação, a qualidade do serviço oferecida é intangível e depende da

168 *Managing Flow*

qualificação das pessoas que oferecem esse serviço. A capacidade do instrutor de fazer julgamentos apropriados e no momento certo de acordo com a particularidade da situação é essencial, de modo que essa capacidade e as experiências compartilhadas pelos instrutores do Kumon são os ativos de conhecimento de maior valor e, também, a fonte da vantagem competitiva da companhia.

A terceira área é a existência do *ba* que permite a profunda comunicação necessária para o aprimoramento contínuo do serviço. Esse *ba* existe na forma de treinamento e grupos de estudos para o intercâmbio de conhecimento entre instrutores e a matriz. Por meio desse *ba*, a experiência prática dos instrutores é comunicada à matriz e refletida nos materiais para garantir o aprimoramento contínuo do ensino. Seu *ba* também se estende para as comunidades locais à medida que busca apoiar as mães jovens e os idosos, e reforçar as relações sociais por meio da educação. O objetivo da expansão não é apenas aprimorar as funções do Centro Kumon, mas estabelecer uma rede de *ba* orgânica e mundial entre os Centros Kumon. Isso é orientado pelo ideal Kumon de criar um futuro melhor por meio da educação, baseando-se em uma espiral de prática e criação de conhecimento dentro da sociedade como um todo. A eficiência do método Kumon advém da interconexão de seus três pontos fortes, orientada pelo objetivo comum de fomentar a capacidade humana.

Um funcionário do Kumon que trabalha no exterior observou que as pessoas não conseguiam entender o método a partir de explicações verbais apenas, sendo necessário experimentá-lo pessoalmente no Centro Kumon. "Explicamos o método em detalhes e pedimos para que assistam às aulas com o intuito de fazê-los sentir realmente a maneira como os estudantes mudam... O desenvolvimento de recursos humanos será a chave para que o Kumon torne-se uma companhia global. Será importante desenvolver pessoas que possam atuar de forma global, independente de sua nacionalidade, dando-lhes a chance de desempenhar um papel ativo nos eventos globais."[20] Em outras palavras, o valor do método Kumon não fica aparente em descrições explícitas; ele se torna visível no círculo virtuoso de expansão contínua dos processos de criação de conhecimento nos Centros Kumon. Tratam-se de processos de interação contínua, entre as experiências dos aprendizes como estudantes e as experiências dos educadores como instrutores no múltiplo *ba*, para o constante aprimoramento dos métodos e materiais de instrução, guiados pela filosofia Kumon.

IMPLICAÇÕES

Neste capítulo, analisamos o conceito da criação do contexto adequado ou *ba* como uma condição essencial para permitir profundas relações de negócios e a criação conjunta de conhecimento e valor, tanto dentro da organização como entre empresas. Os dois casos mencionados são exemplos de companhias que criam valor ímpar por meio da interconexão e das relações entre as pessoas e a organização desenvolvida no *ba*.

Compreende-se por *ba* o *continuum* no qual o conhecimento nasce do processo de interação dentro e entre as empresas no ecossistema de negócios. Em vez de tratar uma empresa como uma entidade isolada, a abordagem de gestão centrada no *ba* facilita a criação conjunta de conhecimento e valor com uma variedade de envolvidos no ecossistema de negócios, particularmente com o cliente no caso da Mayekawa, e com estudantes e comunidades locais no caso do Kumon. Ao contrário de uma estrutura que reflete uma imagem fixa de relacionamentos entre indivíduos como agentes, a organização e o ambiente, em um determinado ponto, o *ba* possibilita enxergar o processo de relações dinâmicas. Portanto, a gestão centrada no *ba* permite aos administradores e às empresas enxergar o ecossistema de negócios como um todo e agir no momento certo em benefício a todos os participantes, em vez de em benefício próprio.

A Mayekawa, com suas equipes de engenheiros multifuncionais e seus *doppos* construindo redes sociais com capacidades de criação de conhecimento, é um bom exemplo particular de um *ba* com várias camadas, o qual se estende para outras entidades do ecossistema de negócios, tais como fornecedores, clientes e concorrentes. A Mayekawa estabelece no *ba* íntimos relacionamentos "aqui e agora", envolvendo-se com clientes com o intuito de compreender suas necessidades essenciais para aprimoração e reforma. Seus relacionamentos de confiança permitem o intercâmbio tácito de conhecimento para a compreensão intuitiva das necessidades implícitas dos clientes e das provisões subsequentes de soluções organizacionais e tecnológicas feitas sob encomenda, que são difíceis de ser duplicadas pelos concorrentes. Masao Mayekawa fala sobre atividades corporativas "baseadas no *ba*" ou "centradas no *ba*" que aumentam o alcance do conhecimento de maneira constante em cada *ba*, nas áreas de produção, vendas e tecnologia. Tornando-se um só, o grande *ba* é revelado e, a partir daí, todas as coisas que antes não podiam ser vistas tornam-se reais e possíveis (Mayekawa, 2004). Por meio das relações com essa variedade de participantes, tanto o indivíduo quanto a empresa evoluem de uma visão centrada no "eu" para uma visão centrada no *ba*. Nesse sentido, o *ba* é tanto uma condição que possibilita a criação conjunta quanto um resultado da cocriação.

A criação conjunta do *ba* normalmente começa com sinais bastante fracos que chegam dos clientes, que muitas vezes não entendem perfeitamente suas próprias necessidades ou não conseguem expressá-las de forma explícita. Essas pistas vagas são então discutidas dentro de um *ba* interno à Mayekawa. Por meio de uma série de encontros com o cliente, desenvolve-se um *ba* no qual cada vez mais informações são trocadas, dando início à criação conjunta de conhecimento. No momento em que o conhecimento tácito acumulado no *ba* com os clientes é externalizado, o processo *kigyouka keikaku* da Mayekawa – no qual os funcionários sentem o ambiente, posicionam-se nele e imaginam aquilo que desejam conquistar – passa a ser particularmente relevante. Com o passar do tempo, surge um *ba* maior que inclui tanto o *ba* interno da Mayekawa quanto o *ba* em conjunto com o cliente (veja a Figura 5.8).

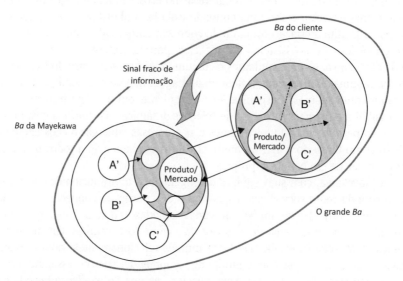

Figura 5.8 Criação conjunta do *ba* entre a Mayekawa e o cliente.
Fonte: Baseado em Mayekawa (2004: 201).

O envolvimento com o cliente é particularmente importante para o compartilhamento do conhecimento tácito e o conceito de criação, tendo como prerrequisito um alto nível de atenção às relações da organização (von Krogh, Ichijo e Nonaka, 2000: 57-58). Essa compreensão só pode ser alcançada ao se trabalhar juntamente com o cliente no *ba* para se chegar à criação conjunta de conhecimento e "coinovação" por meio da comunicação efetiva e do compartilhamento de conhecimento tácito. As interações diretas com os clientes e o desenvolvimento de confiança são essenciais para a criação e o desenvolvimento do *ba*. A comunicação rica – chamada pela Mayekawa de "comunicação de contexto" – leva à criação de valor e conhecimento superior para todas as partes por meio da profunda compreensão desenvolvida em relações de longo prazo caracterizadas pela empatia e pela preocupação mútua. À medida que a Mayekawa constrói e sustenta relacionamentos de longo prazo, em vez de ganhos financeiros a curto prazo, cresce o contexto compartilhado com os clientes. Essa colaboração gera inovação e serviço de qualidade superior, e, ao mesmo tempo, constrói ativos de conhecimento que são refinados com o passar do tempo. As relações em evolução passam a se basear em um destino comum de uma economia de redes, em vez de uma simples transação entre comprador e vendedor (Mayekawa, 2004). Dessa forma, a Mayekawa evoluiu de uma simples indústria para a companhia de soluções integradas que é hoje.

A companhia Kumon de serviços educacionais desenvolveu o método Kumon para orientar o estudo de acordo com as necessidades do indivíduo, com instruções voltadas para o nível e o ritmo de cada aluno. O objetivo maior da companhia é contribuir para o bem-estar da sociedade ao desenvolver a capacidade dos indivíduos de contribuir com ela. O ensino é desenvolvido em um *ba* com várias camadas, a começar pela relação professor-aluno e pela expansão global, incluindo as comunidades locais, por meio do compartilhamento de conhecimento entre os instrutores dos Centros Kumon ao redor do mundo. A chave para o método Kumon é a capacidade que os instrutores possuem para construir relações de confiança no *ba* que auxiliam na identificação das dificuldades de aprendizado de cada estudante e da comunidade, dando início, então, aos ajustes apropriados nos materiais do Kumon e nos serviços que refletem as necessidades dos estudantes. A capacidade dos instrutores de enxergar a situação de cada estudante, e fornecer a cada um deles a ajuda apropriada, também é desenvolvida no mesmo *ba*. No *ba, o* intercâmbio de conhecimento entre estudantes e membros da comunidade tornou-se um ciclo de *feedback* de criação de conhecimento para personalização e aprimoramento constantes de seus serviços. O Centro Kumon constrói o *ba* para motivar os indivíduos a compreender e buscar a filosofia Kumon, ou seja, para levar o ser humano a um nível mais alto de conscientização, identificando seu potencial e desenvolvendo-o. Para a companhia, o lucro não é a motivação principal, mas um resultado de suas atividades ao contribuir para o bem comum da comunidade.

Essas duas companhias e as suas atividades operacionais ilustram as limitações de uma análise estática da estrutura organizacional, dos recursos internos e do posicionamento estratégico ao explicar o crescimento bem-sucedido de uma empresa e sua expansão internacional. Uma organização é composta de pessoas, de modo que o conhecimento nasce da interação criativa entre essas pessoas no espaço temporal invisível do *ba,* onde o fator-chave para o sucesso é a busca incansável por relações que contribuem para a realização de um futuro melhor.

NOTAS

1. O nome oficial em inglês é MAYEKAWA MFG. CO., LTD.
2. Entrevista com Yoshio Iwasaki, 02 de Agosto de 2007.
3. Ibid.
4. As atividades e iniciativas de Mayekawa para construir relacionamentos e criar conhecimento em conjunto com clientes não devem ser confundidas com o método de pesquisa de mercado para a criação de conhecimento tácito e novas fontes de inovação, como o método do usuário de ponta, de von Hippel (2006), ou a técnica de invocação de metáfo-

172 *Managing Flow*

ras, de Zaltman (2003). O propósito na Mayekawa é estabelecer relacionamentos de negócios de longo prazo e cocriar inovações por meio da interação natural na atividade. Trata-se da cocriação de valor e inovação, em vez de meramente reunir informação por meio de técnicas de questionamento.

5. Esse projeto foi inicialmente descrito e analisado por Tsuyuki (2001, 2006) e nós aprofundamos seu trabalho com entrevistas adicionais.

6. No momento existe um "curso de pesquisa" de nível universitário no Japão.

7. Manuscritos de sala de aula de Toru Kumon são exibidos no Toru Kumon Memorial Museum.

8. O nome da organização já mudou diversas vezes. Em 1962, o nome era Osaka Institute of Mathematics. Em 1972, os escritórios em Osaka e Tóquio foram renomeados Osaka e Tokyo Institute of Mathematics, respectivamente. Em 1981, os dois escritórios se tornaram corporações, e, em 1982, eles se fundiram para se tornar o Kumon Institute of Mathematics. Em 1983, o nome mudou para Kumon Institute of Education.

9. "Jyuku: Sangyo tenkai no kiseki (9)" ["Cram schools: Tracking industry developments, vol. 9"]. Nikkei Sangyo Shimbun, 20 de setembro de 1990.

10. Um livreto que resume os princípios e pontos a anotar nas instruções; este livreto é distribuído para cada instrutor em sala de aula.

11. Entrevista com Hiroko Kuramoto, um instrutor Kumon em Tóquio, 03 de dezembro de 2005.

12. CEO em 1997–2005 e consultor em 2005–07. Annaka foi colega de Takeshi Kumon quando eles estiveram na Nomura Securities. Ele foi o mais jovem diretor executivo da Nomura, e depois foi para a Sanyo Securities antes de entrar para a Kumon.

13. Entrevista com Yasuo Annaka, 30 de janeiro de 2006.

14. Atividades para promover um lugar para compartilhar informações e conhecimento de como educar uma criança e obter apoio para seu sustento.

15. Atividades para apoiar a introdução do método Kumon no ensino público fundamental e médio, com o objetivo de aumentar a autonomia dos estudantes, sua concentração e habilidades.

16. Entrevista com Teresa V. Santos, uma instrutora em Valenzuela, Filipinas, 9 de dezembro de 2006.

17. Anais da 29º Conferencia Internacional de Instrutores Kumon.

18. No Fórum Mundial de Instrutores, pessoas de todo o mundo se reúnem, discutem e trocam informações ativamente.

19. Annaka afirma que "o mercado decide se isso é ou não é bom".

20. Entrevista com um funcionário Kumon, 16 de abril de 2006.

REFERÊNCIAS

Fuchs, M. (2004). Nihon no Kumon, German no kyouiku ni deau [Japanese Kumon Meets German Education]. Tokyo: Chikuma Shobo.

Heckscher, C. and Adler, P.S. (eds). (2006). The Firm as a Collaborative Community: The Reconstruction of Trust in the Knowledge Economy. New York: Oxford University Press.

Iwasaki, Y. (1995). Kigyouka keikaku tokucho no memo [A Memorandum on Characteristics of kigyouka keikaku]. Unpublished manuscript.

Kim, W.C. and Mauborgne, R. (2004). "Blue ocean strategy," Harvard Business Review, 82(10), 76–84.

Kinoshita, R. (2006). Terakoya globalization [Globalize a Small School]. Tokyo: Iwanami Shoten.

Kumon Institute of Education. (2001). Shinsei Kumon no kiseki [The Miracle of the New Kumon].

Kumon Institute of Education. (2007). Company Profile 2006–2007.

Kumon Institute of Education. (2007). The 29th Kumon International Instructor's Conference: Research Papers English. Kobe, Japan.

Kumon, T. (1991). Yatte miyo [Let's Do It]. "Kumon Shuppan. Juku sangyo tenkai no kiseki (3)" ["Cramming School: Tracking the industry development (3)"]. Nihon Keizai Shimbun, 12 September 1990, p. 32. Ba 137

Mayekawa, M. (2004). Monozukuri no gokui, hitozukuri no tetsugaku [The Secret of Manufacturing, the Philosophy of Forming People]. Tokyo: Diamond.

Peltokorpi, V. and Tsuyuki, E. (2006). "Knowledge governance in a Japanese project--based organization," Knowledge Management Research & Practice, 4(1), 36–45.

Shimizu, H. and Mayekawa, M. (1998). Kyoso kara kyoso he [From Competition to Co-creation]. Tokyo: Iwanamishoten.

Tsuyuki, E. (2001). "Mayekawa seisakusho 'kokyaku to no kyoso no bazukuri' " ["Mayekawa manufacturing 'co-creation of ba with customers' "]. in D. Senoo, S. Akutsu, and I. Nonaka (eds). Chishiki keiei jissenron [On Practice: Knowledge Creation and Utilization]. Tokyo: Hakuto Shobo, pp. 275–320.

Tsuyuki, E. (2006). 'Jusoteki 'ba' no keisei to chishikisozo – Mayekawa Seisakusho" ["Formation of multilayered 'ba' and knowledge creation in Mayekawa Seisakusho"]. in I. Nonaka and R. Toyama (eds). Chishikisozokeiei to Innovation [Knowledge-creating Management and Innovation]. Tokyo: Maruzen, pp. 50–75.

von Hippel, E. (2006). Democratizing Innovation. Cambridge: The MIT Press.

von Krogh, G., Ichijo, K., and Nonaka, I. (2000). Enabling Knowledge Creation, How to Unlock the Mystery of Tacit Knowledge and Release the Power of Innovation. New York: Oxford University Press.

Zaltman, G. (2003). How Customers Think: Essential Insights into the Mind of the Market. Boston: Harvard Business School Press.

6 O diálogo e a prática:
Alavancando a dialética das organizações

Na criação de conhecimento, os grandes avanços não são vistos somente na forma de inovações radicais em um produto ou serviço, mas também podem aparecer como inovações graduais por meio da prática cotidiana. No presente capítulo, examinaremos as operações das companhias varejistas Seven-Eleven e Ryohin Keikaku, nas quais o diálogo e a prática guiados por um objetivo compartilhado e por uma filosofia corporativa têm resultado em operações excepcionais que distinguem essas companhias de suas concorrentes.

A SEVEN-ELEVEN JAPAN

Apresentação da companhia

Em 1973, a Southland Corporation (Estados Unidos) licenciou para Ito-Yokado os direitos de criar o conceito das lojas de conveniências Seven-Eleven no Japão. O conceito, o sistema de divisão de lucro bruto e a marca registrada foram todos herdados do franqueador norte-americano original e aplicados às operações japonesas. Entretanto, o manual de operações da Southland para a administração das lojas era completamente dissociado da realidade do mercado japonês. Foi necessário que a Seven-Eleven Japan (SEJ) improvisasse, utilizando tentativas e erros para modificar os métodos operacionais das lojas e se adequar ao ambiente local. Neste processo, a companhia criou um estilo único de gestão para lojas de conveniência que deu vida nova ao que havia se tornado um modelo de negócios moribundo.

Desde a inauguração da primeira loja em Tóquio em 1974, a SEJ tornou--se uma das redes de lojas de varejo mais lucrativas do Japão. Em 2007, o índice

O diálogo e a prática **175**

de lucro sobre vendas era de aproximadamente de 32%, enquanto seus principais concorrentes japoneses, Lawson e Family Mart, alcançavam 17% e 14%, respectivamente (veja a Tabela 6.1). Em 28 de fevereiro de 2008, o número de lojas Seven-Eleven no Japão havia pulado para 12.004, representando o maior número de lojas mantidas por uma mesma companhia de rede de varejo em um único país. Neste mesmo período, o total de vendas das lojas Seven-Eleven foi de 2.574 bilhões de ienes, ou cerca de 24,6 bilhões de dólares. Em 1991, a SEJ adquiriu a maioria das ações da falida Southland (7-Eleven Inc., na época), transformando completamente a companhia em apenas três anos; e em 2005, a SEJ fez da 7-Eleven Inc. nos Estados Unidos uma filial de capital fechado onde pretendia introduzir o quanto antes o mesmo sistema de gestão da SEJ. Em março de 2008, a Seven-Eleven possuia uma rede total de 34.147 lojas distribuídas por 15 países, incluindo o Japão.

A expansão da SEJ pelo Japão e seu sucesso em recuperar a Southland celebrizou a companhia como um caso de gestão estudado na Harvard Business School, bem como em outras universidades de negócios, embora a análise costume se concentrar em seus sistemas altamente desenvolvidos, como, por exemplo, seu sistema de informação nos postos de venda (PDV) e seu método de *gestão item por item*, ou *tampin kanri*, em japonês. Na verdade, não é a autonomia desses sistemas que permite uma alta lucratividade nas lojas da SEJ, mas uma abordagem administrativa que tem como foco a qualidade da interação humana durante a coleta de dados que alimenta esses sistemas. Este foco no fator humano é a base da vantagem competitiva da SEJ. Inicia-se com a atenta observação diária do comportamento do cliente e a sua análise do tipo tentativa-e-erro, o que é então conectado às novas ideias de mercado para se adequar às necessidades instáveis do cliente. Isso resulta na criação de novo conhecimento sobre os produtos e serviços e, em última análise, na geração de lucro (veja a Figura 6.1). No Japão, este método é sustentado por uma forte tradição que consiste na participação do funcionário e na ênfase nas relações humanas; porém, uma recente aplicação bem-sucedida em outros países também sugere que o método tem o potencial para ser aplicado globalmente como uma abordagem aprimorada da gestão de varejo na era do conhecimento. Ao ser questionado se este sistema de gestão funcionaria globalmente, o presidente e CEO da SEJ, Toshifumi Suzuki, afirmou que em todos os lugares o varejo é vinculado a um padrão de consumo extremamente localizado, de modo que quanto mais sofisticado o nível de consumo, mais localizado ele é.

> Se criarmos um modelo de loja de conveniências de varejo que permita ao operador combinar os bens fornecidos às mudanças constantes na demanda e ao nível geral de sofisticação dos consumidores de um país, este modelo será sustentável em qualquer lugar. Uma vez estabelecido o conceito básico, tudo que temos de fazer é adequá-lo ao país. (*Nikkei Business*, 2006: 46)

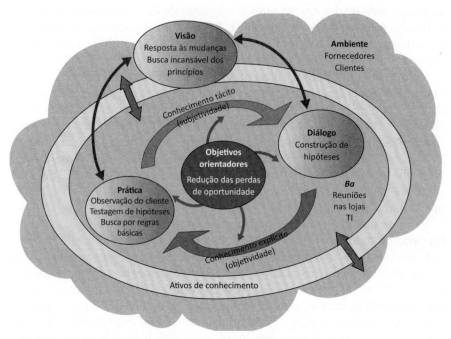

Figura 6.1 O processo de criação de conhecimento da Seven-Eleven Japan.

A filosofia da gestão: "Continue mudando!"

Os dois princípios filosóficos que guiam a prática da SEJ são: *Adaptação à Mudança* e *Acertar os Fundamentos*. O princípio de Adaptação à Mudança visa estimular as reações frente a um ambiente dinâmico e ao comportamento inconstante dos clientes, baseando-se na compreensão do significado essencial por trás dessa volubilidade. À primeira vista, o princípio de Acertar os Fundamentos parece contradizer o princípio anterior ; porém, sem uma clara compreensão básica de "higiene, serviço simpático e frescor dos produtos", a implementação do princípio de Adaptação à Mudança também será comprometida. Portanto, não se trata de Acertar os Fundamentos e seguir reproduzindo essa mesma conduta básica, mas de aprender a identificar no nível fundamental o que se passa em cada situação particular nas operações cotidianas das lojas, e de preservar a prática da grande conscientização. Isso exige funcionários capazes de refletir profundamente sobre o significado essencial do fenômeno a ser observado. Estes princípios são constantemente comunicados por toda a organização em todas as ocasiões possíveis e de diversas maneiras diferentes que soem verdadeiras à experiência de todo e qualquer funcionário.

Tabela 6.1 Vendas e lucros das maiores franquias de lojas de conveniência no Japão.

		Ano fiscal	Seven-Eleven Japan	Lawson	Family Mart	Circle K Sunkus	Mini Stop
Resultados (não consolidados)	Total de vendas das lojas (Bilhões de Ienes)	2006	2.498,8	1.360,5	1.031,7	898,7	260,2
		2006	2.533,5	1.377,8	1.068,8	872,8	268,2
		2007	2.574,3	1.042,8	1.121,8	860,0	282,2
	Faturamento com vendas (Bilhões de Ienes)	2006	492,8	248,0	184,1	180,6	56,5
		2006	517,0	256,0	194,1	183,5	57,9
		2007	527,7	269,6	210,4	189,2	61,0
	Operações com lucro (Bilhões de Ienes)	2006	177,4	43,8	29,8	25,7	7,5
		2006	172,8	44,4	27,5	22,9	7,3
		2007	168,1	45,3	28,6	21,5	7,6
Crescimento em relação ao ano anterior	Crescimento total das vendas nas lojas (%)	2006	2,4	2,4	3,3	0,8	5,9
		2006	1,4	1,3	3,6	-2,9	3,1
		2007	1,6	1,8	5,0	-1,5	5,2
	Crescimento do faturamento com vendas (%)	2006	5,5	3,6	6,2	33,9	5,2
		2006	4,9	3,2	5,4	1,6	2,5
		2007	2,1	3,2	5,4	1,6	5,4
	Crescimento do lucro das operações (%)	2006	1,7	3,8	4,0	36,5	-4,6
		2006	-2,6	1,4	-7,7	-10,9	-2,7
		2007	-2,7	2,0	4,0	-6,1	4,1
Operação de proporção de lucro em relação às vendas (%)		2006	36,0	17,7	16,2	14,2	13,3
		2006	33,4	17,3	14,2	12,5	12,6
		2007	31,9	16,8	13,6	11,4	12,5

Observações: O ano fiscal termina em fevereiro de cada ano. O "Total de vendas das lojas" inclui as vendas das lojas diretas e das lojas dos franqueados. O "Total de vendas das lojas", o "Faturamento com vendas" e o "Lucro das Operações" compreendem a companhia individual. A Circle K Sunkus foi fundada em 2005 com a fusão da Circle K com a Sunkus and Associates. Em 2006, seu crescimento foi resultado da fusão de cadeias regionais nos anos de 2005 e 2006. O total de vendas da SEJ compreende apenas o mercado japonês.

178 *Managing Flow*

No ramo das lojas de conveniência, conquistar a lealdade dos clientes que visitam a loja todos os dias é fundamental para o sucesso. A regra geral consiste em satisfazer o cliente hoje, sem pensar em como poderia tê-lo satisfeito ontem (Katsumi, 2002). Segundo Suzuki, considerando o mundo em que vivemos, no qual as necessidades dos clientes sofrem alterações variadas e breves, não pode haver uma maneira permanente e fixa de se fazer negócios. Em outras palavras, tudo está em movimento. Portanto, a SEJ não possui um planejamento a longo prazo, nem mesmo planos para criar um. Suzuki afirma que não há sentido em esforçar-se para seguir um plano a longo prazo sob as condições de constantes mudanças nas necessidades e desejos dos clientes. Ao contrário, o presidente da SEJ enfatiza a flexibilidade do pensamento e adverte os funcionários lojistas[1] a não se deixarem cegar pelo sucesso do passado, pois, assim, podem perder oportunidades de negócios ao não serem capazes de olhar para as coisas de um jeito diferente daquele na prática do passado. Isso não significa que o indivíduo deve ignorar a experiência anterior, mas, em vez disso, fazer da experiência a matéria-prima para gerar novas hipóteses que se adaptem à situação atual. Para a SEJ, a experiência passada é integrada à experiência do "aqui e agora" na prática de construção de hipóteses para criar um futuro, isto é, uma loja melhor. Esta prática, por sua vez, é compartilhada por toda a organização com interação e diálogo diretos. Portanto, a estratégia da companhia é ter uma liderança distribuída, resultado da iniciativa de muitos funcionários lojistas que criam conhecimento em seu dia a dia.

A prática cotidiana de criar hipóteses, testar e verificar

No Japão, uma típica loja SEJ possui apenas cerca de 110m^2, metade do tamanho de uma loja Seven-Eleven comum nos Estados Unidos. Dada esta limitação, uma típica loja SEJ apresenta apenas 3 mil itens em estoque de cada vez. Por isso, é importante que cada loja venda exatamente o que os cliente procuram, e não tente vender o que não procuram. A sincronia é crucial. Isso torna fundamental a gestão do inventário até o nível de um único item. É essencial para cada loja que todo seu pessoal pratique a construção efetiva de hipóteses seguida de testes para identificar os chamados "itens mortos" e substituí-los por itens mais vendidos. Graças a política da *gestão item por item*, cerca de 70% dos produtos normalmente vendidos nas lojas SEJ são abandonados após um ano. Mais do que isso, a *gestão item por item* visa identificar "item vivos" que provavelmente gerarão boas vendas amanhã e em um futuro previsível. Para saber quais serão as mudanças nas necessidades e na psicologia do cliente de amanhã, os funcionários das lojas SEJ se envolvem em um ciclo de criação de hipóteses, testes práticos e verificação. Isto é praticado por todos os funcionários das lojas, incluindo funcionários de meio expediente. Como salientado por Suzuki, a mudança não é alcançada por um único líder carismático, mas por meio de um processo coletivo de criação de conhecimento em que a liderança é distribuída. "Tenho apenas dois olhos", afirmou. "Há dezenas ou centenas de funcionários trabalhando meio expediente nas lojas Seven-Eleven Japan. Se cada um for capaz de fazer julgamentos por conta própria, teremos inúmeros pares de olhos" (Ogata, 2005: 185).

O que impulsiona o ininterrupto ciclo de criação de hipóteses, testagem e verificação em cada nível da SEJ é o objetivo da empresa de *reduzir o número de perdas de oportunidade*. Trata-se das vendas em potencial que foram perdidas porque os clientes não puderam encontrar o que procuravam no momento em que procuravam, ou seja, a loja foi incapaz de oferecer o produto ou serviço certo na hora e no lugar certos. Por exemplo, se os clientes não encontram seu almoço para viagem favorito quando visitam a loja na hora do almoço, deixarão a loja sem consumir qualquer produto. Dessa forma, não é apenas o almoço para viagem que se torna uma oportunidade de venda perdida, mas todos os outros itens, como, por exemplo, a bebida que o cliente em potencial teria consumido juntamente com aquela refeição. O esforço incessante praticado pela SEJ a fim de evitar as perdas de oportunidade tem gerado um número de vendas diárias por loja muito maior do que o de seus concorrentes, o que, por sua vez, proporciona lucros mais altos. Ao contrário do alto custo de um estoque exagerado, a perda de oportunidade por vendas não realizadas é imperceptível e, portanto, torna-se um conceito de difícil compreensão, pois faz parte dos *insights* tácitos adquiridos pelo pessoal de cada loja no contexto particular ao qual a loja se insere, baseado na interação frente a frente com o cliente. A SEJ confere a cada funcionário da loja – incluindo funcionários de meio expediente – a responsabilidade de encomendar categorias de itens específicas a serem estocadas em suas respectivas lojas, o que exige que cada funcionário elabore suas hipóteses próprias sobre a venda de itens em particular. Uma vez que os funcionários da loja local também fazem parte da comunidade local, eles têm a vantagem de conhecer seus clientes melhor do que qualquer outra pessoa, até mesmo do que o pessoal responsável pela matriz da SEJ.

Frequentemente, argumenta-se que o ponto forte da SEJ está na *gestão item por item* baseada em seu sistema de informação nas lojas (PDV – Pontos de Vendas). Presume-se, assim, que o sistema de informação de PDV em si é o mecanismo que determina os produtos a serem vendidos e os produtos a serem abandonados, quando, na verade, é o processo humano de criar hipóteses, testá-las e verificá-las que garante o funcionamento do sistema. Como Suzuki salientou: "Um sistema de PDV pode ser implantado em qualquer companhia, mas apenas oferece informações sobre o passado, não sendo capaz de dizer-lhe como agir no futuro. Com o intuito de manter-se lucrativo e competitivo, é preciso descobrir o que será vendido amanhã e quais produtos desenvolver para o futuro" (Suzuki, 2006: 126). Quando os funcionários de uma loja alteram um padrão de pedidos a fim de testar uma hipótese, o sistema PDV de processamento de dados imediatamente oferece o *feedback* que pode ajudar na aprovação da hipótese, mas não irá ajudar os funcionários a preverem uma oportunidade futura. Dessa maneira, o papel que o sistema de PDV desempenha é apenas de apoio, explica Suzuki. O que realmente importa é a capacidade de criar hipóteses baseando-se na capacidade de compreender o significado essencial do comportamento do cliente e dos fenômenos que influenciam este comportamento. A experiência do passado no mercado, assim como a informação adquirida, pode ajudar na elaboração dessas hipóteses ou julgamentos (Katsumi, 2002). Portanto, os sistemas de informação não fornecem toda a verdade, de modo que as hipóteses são apenas a base para novas reflexões, testes e validações. Embora a informação acumulada possa revelar padrões de mudança do passado até o presente, determinar o que será vendido no futuro depende muito da compreensão intuitiva de mercado, baseada no acúmulo de conhecimento tácito.

Para elaborar uma hipótese sobre as vendas futuras de um item, é preciso entender a natureza essencial da situação particular na qual o produto é ou não vendido. Ainda que hoje o item venda bem, não há garantias de que amanhã também o faça, devido à inconstância dos clientes e das situações. Além disso, as vendas também podem ser afetadas por fatores como condições meteorológicas e outros eventos. Os funcionários das lojas SEJ não apenas encomendam os refrigerantes, mas também preocupam-se com a marca e o tamanho dos refrigerantes preferidos pelos clientes da loja. A *gestão item por item* garante que a oferta atenda a demanda específica e contextual de cada loja. A demanda pode variar de forma significativa, até mesmo entre lojas de um mesmo bairro. Sendo assim, todos os funcionários de todas as lojas devem ser capazes de tomar decisões e agir de acordo com a situação em particular que enfrentam. Pela mesma razão, não existe um modelo universal de gestão de franquia, nem mesmo um manual escrito de orientação para os funcionários. Na verdade, cada funcionário da loja deve pensar e agir de acordo com seus próprios *insights* subjetivos em relação ao mercado local, acumulados por meio da interação cotidiana com os clientes. Estes insights subjetivos são verificados objetivamente a partir da elaboração e da testagem de hipóteses.

Para elaborar hipóteses capazes de se adequar às necessidades dinâmicas dos clientes, os funcionários das lojas Seven-Eleven são estimulados a pensar *como* clientes, em vez de pensar *pelos* clientes, começando da perspectiva de um cliente típico, passando pela perspectiva de uma família comum e, finalmente, a partir da perspectiva de um amigo íntimo. Isso obriga o funcionário a deixar de lado as opiniões baseadas em pré-concepções e experiências anteriores para ser capaz de enxergar as coisas diretamente do ponto de vista do cliente. Ao pensar em produtos e serviços sob diferentes perspectivas, os funcionários ficam sintonizados com contextos particulares ao mesmo tempo em que desenvolvem uma hipótese mais ampla que possa ser universalizada com a aprovação em grupo.

O diálogo e a prática **181**

Embora os funcionários sejam estimulados a pensar como clientes, também são encorajados a questionar incessantemente suas observações, assim como os contextos e os pressupostos que justificam suas interpretações. No decorrer das atividades diárias, as hipóteses são desenvolvidas apenas após investigação e reflexão contínuas por meio do diálogo com funcionários de outra loja e com os conselheiros do campo operacional (CCOs), que visitam as lojas regularmente oferecendo conselhos. Em seguida, a hipótese é posta à prova fazendo-se os pedidos cuja ordem é verificada em comparação com a informação fornecida pelo sistema de PDV da companhia, em uma constante espiral de criação de hipóteses, testagem e verificação.

A situação particular vivenciada pelos funcionários da Seven-Eleven difere não apenas conforme o local (loja), mas também conforme o tempo. Suzuki pede aos funcionários das lojas para "jogarem fora a experiência anterior" ao construírem hipóteses e para que não aceitem dados novos sem os questionarem. Em vez disso, solicita que olhem para além da superfície da informação e da experiência para descobrir o significado essencial no comportamento do cliente. Suzuki afirma que não se pode equalizar as circunstâncias do presente com as do passado e do futuro. "O que é realmente necessário no presente é um produto que satisfaça o cliente de amanhã, pois satisfazer o cliente de ontem pode não ser suficiente". explicou (Katsumi, 2005: 46). Até mesmo o cliente que visita a loja diariamente pode passar por diferentes fases psicológicas ou econômicas em diferentes épocas, o que faz dele um cliente completamente novo a cada vez. Para Suzuki, o sucesso de ontem não é uma garantia para o sucesso de amanhã ; por isso, adverte os funcionários das lojas para não se deixarem cegar pelos sucessos anteriores. Suzuki realça que os seres humanos são tão instáveis quanto o clima. Os funcionários das lojas devem ser capazes de identificar em detalhes as condições variáveis dentro da loja e em contextos maiores, e de ajustar a mercadoria de acordo, por meio do ciclo contínuo de criação, teste e verificação de hipóteses. Por exemplo, se ontem a temperatura da rua marcava apenas 20 graus e hoje está marcando 25 graus, acharíamos que hoje está quente, mas se a temperatura de ontem fosse de 30 graus, pensaríamos que hoje está frio. No primeiro caso, as vendas de sorvetes podem ser boas, embora não se possa afirmar o mesmo em relação ao segundo caso, ainda que a temperatura da rua fosse a mesma.

Suzuki enfatiza a importância da imaginação e da reflexão profunda para criar uma hipótese que seja adequada a uma situação particular. Ele explica que criar uma hipótese é um processo de criação da história que desejamos contar para nossos clientes, de modo que ao concordar com a nossa história o cliente efetuará a compra que esperamos que ele efetue. Suzuki oferece o exemplo de uma loja próxima a uma marina que imagina o que seus clientes – as pessoas que visitam a marina para pescar – possam querer para o almoço. Como os clien-

182 *Managing Flow*

tes provavelmente almoçam enquanto pescam, eles desejam comer algo que seja fácil de manusear, tal como um sanduíche ou bolinhos de arroz. Caso o dia esteja quente, bolinhos de arroz recheados com ameixa em conserva são uma boa escolha, pois a ameixa em conserva evita que o alimento se estrague. "Um bolinho de arroz é uma 'coisa' simples no momento em que você o encomenda sem nenhuma construção de hipótese", explica Suzuki. "Entretanto, no momento em que você atribui um significado para a coisa, você a transforma em um 'evento', ou seja, 'um bolinho de arroz que os clientes que estão pescando ao ar livre podem comer com segurança em um dia de calor'" (Suzuki, 2008: 119).

A prática diária da espiral de geração de conhecimento ao criar hipoteses, testá-las e verificá-las, integra o senso comum à informação objetiva, assim como as emoções e a psicologia humanas. Com a prática contínua, os funcionários das lojas Seven-Eleven podem aprimorar sua compreensão e especialização e, ao mesmo tempo, criar conhecimento valioso. Neste processo, é importante manter-se flexível em relação ao pensamento individual e tomar decisões baseadas na compreensão da *essência* de objetos e situações particulares. Concentrar-se apenas no interior da loja durante um longo período também pode comprometer a capacidade de se perceber a realidade, pois outros clientes em potencial são, pelo menos, tão importantes quanto os clientes existentes. É vital que um operador se concentre não apenas em sua loja específica, mas na área comercial como um todo. Dados provenientes de pesquisas de consumo e estatísticas populacionais também podem ser úteis para a análise do comportamento do consumidor a partir de uma perspectiva diferente.

Caso 1: criação de hipóteses, teste e verificação na venda de saladas

A elaboração de hipóteses na venda de saladas é um exemplo do uso eficaz da observação cuidadosa do mercado e da informação objetiva para se adequar às necessidades implícitas dos clientes. Os funcionários de uma loja Seven-Eleven localizada em uma zona de negócios central no Japão observaram a enorme frequência das funcionárias de escritórios comprando saladas no horário de almoço, e confirmaram este dado por meio da informação sobre o horário da visita dos clientes e da venda da mercadoria registrado pelo sistema de informação PDV. Entretanto, os funcionários responsáveis pela encomenda desse item perceberam algo mais na informação do PDV e foram capazes de capitalizar em cima disso para aumentar ainda mais as vendas. A loja vinha vendendo as saladas com base no pressuposto de que o produto era consumido apenas no almoço; por isso, estava encomendando um grande número de itens para o horário de almoço e pouca quantidade para o horário de janta, imaginando que as funcionárias dos escritórios não faziam horas extras, de modo que não comprariam saladas para o jantar. Contudo, além de revelar a grande ocorrência de

O diálogo e a prática **183**

vendas de saladas durante o período da manhã, a informação do PDV também mostrou um pequeno volume de vendas à noite. Os funcionários da loja responsáveis por pedir o item acreditaram que poderiam aumentar as vendas fazendo o pedido de fornecimento na noite anterior para atender à demanda da manhã seguinte. Essa hipótese foi testada modificando-se o pedido e o seu padrão de entrega, e os funcionários posicionaram as saladas em um local proeminente da loja junto a um cartaz publicitário especial. Como resultado, as vendas de salada subiram muito, especialmente no período da manhã, já que os clientes procuravam evitar as compras durante o congestionado horário de almoço. A hipótese foi aprovada devido ao aumento nas vendas, provando que a análise aprofundada da informação objetiva pode revelar oportunidades de vendas e uma demanda imprevista por parte do cliente.

Caso 2: criação de hipóteses, teste e verificação na 7-Navi

Para preservar a criação de conhecimento a fim de se adequar às mudanças, é importante aceitar a necessidade de uma mudança imediata na estratégia em caso de desaprovação da hipótese. Mesmo quando as hipóteses não se confirmam , o próprio processo e a experiência são vitais para promover em cada funcionário julgamentos inteligentes, ou *phronesis* (a sabedoria prática), para que sejam capazes de construir melhores hipóteses no futuro. Em 2002, a SEJ abdicou de um serviço chamado 7-Navi, um terminal de informação multimídia para o mercado eletrônico que havia sido implantado nas lojas metropolitanas juntamente com o 7dream.com, o serviço de vendas *online* da companhia. Introduzido em outubro de 2000, até a primavera de 2001 o 7-Navi havia sido instalado em 1.200 lojas, em um plano de introduzir o serviço em todo o Japão. Entretanto, o baixo uso levou ao cancelamento abrupto do serviço em outubro de 2002. Algumas partes do serviço original, como, por exemplo, a venda de bilhetes para eventos, foram incorporadas às impressoras multifuncionais existentes nas lojas. Na mesma época, a SEJ também estava instalando caixas eletrônicos nas lojas e era necessário liberar espaço para as máquinas, fazendo ainda mais sentido livrar-se logo das máquinas do 7-Navi. A decisão de cancelar o serviço 7-Navi seguia a filosofia SEJ de se adaptar rapidamente à mudança, apesar dos gastos incorridos no investimento original. A hipótese do 7-Navi foi testada e desaprovada, sendo necessária uma mudança imediata para evitar maiores perdas.

O diálogo direto no *ba*

Para promover a contínua criação de conhecimento na prática diária das lojas da SEJ, a companhia estimula a comunicação direta com o diálogo de maneira a mobilizar e sintetizar o conhecimento de todos os funcionários. O diálo-

184 Managing Flow

go também ajuda a esclarecer o modo como os funcionários das lojas entendem a política comercial da companhia, assim como as mudanças nas necessidades do cliente. O modo de pensar de Suzuki e a informação que ele deseja distribuir por toda a organização são compartilhados no *ba* por meio do diálogo direto, o que também pode ser visto como um mecanismo de reforço por meio da repetição. Os eventos do *ba* incluem a reunião de gerentes, a reunião de reforma do negócio e a reunião de conselheiros de campo (CCs), bem como visitas dos conselheiros às lojas e reuniões entre os seus respectivos funcionários. Os gerentes de escritórios centrais também estão em contato íntimo com o pessoal das lojas a fim de conectá-los ao processo e oferecer-lhes conselhos. No Japão, a SEJ está organizada em 15 zonas, de modo que cada zona é supervisionada por um gerente e dividida em diversos distritos, cada um deles supervisionado por um Gerente Distrital. Os Conselheiros do Campo Operacional (CCOs) desempenham um importante papel nos distritos, conectando lojas franqueadas à matriz e fornecendo conselhos sobre as mercadorias e as operações lojistas adequadas para cada região.

As reuniões de gerentes e a inovação operacional

Todos os gerentes, incluindo os Gerentes Distritais, encontram-se a cada duas semanas nas segundas-feiras às 9 horas. Esses encontros são seguidos pela Reunião de Reforma do Negócio, que ocorre às 15 horas. Todas as pessoas que ocupam cargos acima do nível gerencial nos escritórios centrais assistem a ambos os eventos. Os gerentes que oferecem suporte direto aos franqueados apresentam seus problemas e questões. A regra prática básica para o encontro de gerentes é lançar de imediato a solução para um problema e implementá-la, mesmo que para isso a pessoa responsável tenha de se retirar da reunião. Esta prática garante que a tomada de decisão e a ação sejam sincronizadas.

A reunião de conselheiros de campo

A reunião de Conselheiros de Campo (CCs) ocorre nas terças-feiras e é frequentada por 1.600 pessoas. Além dos CCs, encontram-se os Conselheiros do Campo de Recrutamento (CCRs), responsáveis pelo desenvolvimento das franquias, os Gerentes de Zona, os Gerentes Distritais e toda a equipe de *merchandising* estabelecida na matriz. O encontro começa às 9 horas e dura até o final do dia. No fim da tarde, os CCs retornam às suas regiões e ajustam suas atividades de acordo com as decisões tomadas durante o evento. Este padrão tem sido aplicado por mais de 35 anos, desde a fundação da companhia.

O encontro dos CCs é considerado o local mais importante para se compartilhar conhecimento e informação, conquistando a compreensão mútua em toda a organização. A pauta inclui todas as questões apresentadas na reunião de

O diálogo e a prática **185**

gerentes ocorrida no dia anterior, além de informações sobre *merchandising*, campanhas de vendas e casos de sucesso. O conhecimento prático de uma loja bem-sucedida também pode ser compartilhado. O *modo de pensar* da companhia também é comentado em uma série de tópicos pelo diretor ou presidente. Trata-se de uma oportunidade de demonstrar a aplicação das máximas da companhia, como por exemplo: "Pense como um cliente"; "Esqueça o sucesso do passado"; "Crie hipóteses, teste-as na prática e verifique-as". A reunião dos conselheiros de campo permite à alta gerência comunicar-se diretamente com os funcionários para certificar-se de que compreendam a importância dos valores e princípios fundamentais da companhia.

Anualmente, a SEJ investe cerca de 3 bilhões de ienes para reunir funcionários de todo o país no encontro de conselheiros. Isso ilustra a importância de se compartilhar tempo, local e contexto em uma comunicação frente a frente para compartilhar conhecimento tácito entre a alta gerência e os funcionários. Segundo Suzuki, a informação atualizada é a chave para o ramo das lojas de conveniência. "É por esta razão que faço questão de me comunicar diretamente. Participando dos eventos e mantendo contato direto com os gerentes, os quais são importantes fontes de informação, os funcionários podem absorver informações e se aprimorarem, de modo que, ao retornarem ao seu local de trabalho, possam comunicá-las diretamente aos proprietários da franquia" (Katsumi, 202: 164).

Ao se encontrarem pessoalmente, os funcionários são beneficiados não apenas pelas trocas verbais diretas, mas também aprendem a absorver informações no *ba* – um espaço para o compartilhamento de ideias e interações físicas – em um nível mais tácito. Com uma compreensão profunda, os funcionários conseguem se comunicar melhor com seus colegas de trabalho e com os proprietários da franquia ao retornarem às suas regiões. Os objetivos da reunião de conselheiros são a precisão e a rapidez na transferência de conhecimento e informação. Ao se colocar todos no mesmo lugar para escutarem a mesma informação ao mesmo tempo, a mensagem tem uma menor probabilidade de ser distorcida, como acontece em uma comunicação hierárquica mais indireta.

Os funcionários responsáveis pela tecnologia da informação também participam da reunião para que possam reagir de forma imediata às questões que talvez exijam modificações nos sistemas de informação. Na SEJ, estes sistemas são aplicados de forma eficiente devido à participação dos funcionários de TI nas reuniões, onde eles compreendem em campo as exigências dos usuários finais. Ao retornarem às regiões, os CCOs organizam um encontro nas suas zonas a fim de fazerem consultas e trocarem informações detalhadas, além de transmitirem o conteúdo discutido na reunião de conselheiros para os pontos mais avançados da organização. Em todos esses eventos, a comunicação frente a frente é fundamental.

186 *Managing Flow*

Ba, *conectando as lojas franqueadas à matriz*

Os CCOs desempenham o papel mais importante no sistema de franquia da companhia. Um *ba* criado para a comunicação direta entre empregados e gerentes na forma de reunião de CCs não tem sentido se não aproxima a comunicação da matriz às lojas.

Os CCOs fornecem orientação gerencial às lojas franqueadas e são um importante elo com os funcionários da matriz. Cada CCO é encarregado de oito a dez lojas e visita cada uma delas duas vezes por semana. Durante estas visistas, fornecem informações sobre a encomenda de pedidos, as políticas da companhia, as campanhas de vendas e os novos produtos. Eles introduzem as melhores práticas comunicando casos e experiências bem-sucedidas de outras lojas, ensinando técnicas eficazes de vendas e oferecendo apoio geral na gerência da loja. Suzuki adverte: "Um CCO deve dedicar seu tempo diretamente nas lojas e não desperdiçá-lo no escritório" (Suzuki, 2003: 185).

Além dos CCOs, outro elo que reúne a matriz às franquias é o chamado "Departamento de Consulta do Proprietário". Criado em 1979 como um departamento conectado diretamente ao presidente da SEJ, é composto de funcionários experientes com idade média de 50 anos e diferentes perfis. Os membros do departamento visitam todas as lojas Seven-Eleven uma ou duas vezes por ano, estabelecendo encontros particulares com os proprietários da franquia. As consultas variam de reclamações a preocupações relacionadas às operações de negócios e aos problemas pessoais dos proprietários da franquia. Após as consultas, os membros do departamento redigem um relatório para cada loja, a ser apresentado ao presidente da SEJ. Os relatórios são escritos com uma postura franca e clara, incluindo todo o tipo de críticas à companhia e à alta gerência. Todos os relatórios são lidos pelo presidente, o qual, por sua vez, levará imediatamente todos os problemas que identificar à reunião de conselheiros. Ele também repassa os relatórios para as divisões envolvidas para que providências posteriores sejam tomadas rapidamente.

O papel desempenhado pelo Departamento de Consulta do Proprietário (DCP) diferencia-se daquele desempenhado por um CCO. Enquanto os CCOs concentram-se nos aspectos quantitativos e operacionais da gestão de franquias, o DCP tem como foco as questões qualitativas. O DCP oferece suporte aos CCOs construindo relações com os franqueados ao mesmo tempo em que monitora suas atividades de orientação.

De acordo com a filosofia SEJ de Adaptação à Mudança e Acertar os Fundamentos, os CCOs recomendam às lojas que sigam as quatro seguintes regras básicas:

- Ofereça os produtos mais frescos possíveis (Gestão responsável pelo frescor);

O diálogo e a prática **187**

- Nunca fique sem estoque (Variedade);
- Seja simpático com o cliente;
- Mantenha as lojas limpas e bem iluminadas.

Essas regras talvez pareçam óbvias para o varejo, mas garanti-las todos os dias em todas as franquias do sistema é uma tarefa difícil. Em vez de utilizar um sistema de franquia por área, a SEJ baseia-se na interação direta entre os CCOs e as franquias individuais para incutir os valores da companhia.

Os sistemas de apoio

A fim de atingir o objetivo-chave de *reduzir as perdas de oportunidades*, a SEJ deve poder oferecer a seus clientes aquilo que eles desejam, quando desejam. Isso significa enfocar toda a operação no entendimento das necessidades dos clientes, oferecendo produtos que os satisfaçam e entregando-os na hora certa. Para construir uma organização eficiente e flexível que seja capaz de reagir de forma rápida e apropriada às mudanças no ambiente, a SEJ coopera com diversos parceiros externos com o intuito de sintetizar seu o conhecimento que eles têm sobre os clientes com o conhecimento que a própria SEJ têm de seus parceiros.

A SEJ acredita que é mais difícil compartilhar informações, desenvolver uma postura comum e adaptar-se à mudanças quando se trata de uma organização em crescimento. A companhia evita a complexidade organizacional mantendo o número de funcionários reduzido e com a intensa terceirização das operações. Em fevereiro de 2008, o número total de funcionários era de 5.294. Dos milhares de caminhões de entrega que fazem propaganda publicitária do logo da Seven-Eleven pelo Japão, nenhum pertence a companhia. Além disso, ainda que os sistemas de informação sejam extremamente sofisticados, seu departamento de TI funciona apenas para levar as necessidades dos usuários da linha de frente para os especialistas externos que desenvolvem os sistemas.

A coleta e a manutenção de informações

A SEJ combina os *insights* subjetivos acumulados pelos funcionários das lojas com os dados objetivos acumulados pelo seu avançadíssimo sistema de informação PDV. Por exemplo, os funcionários podem admitir a hipótese de que o consumo de bebidas e lanches rápidos será maior na data de um festival local. Antes de fazer o pedido, é possível conferir a precisão da hipótese de acordo com os padrões de consumo registrados nos festivais anteriores. Assim que o pedido é efetivado, os dados de vendas provenientes do sistema de processamento de PDV verificam se a hipótese está correta, e a informação obtida é armazenada para verificação na próxima vez que a loja efetuar um pedido.

188 *Managing Flow*

O sistema de informação da SEJ passou por seis renovações completas. Introduzido em maio de 2006 e totalizando um custo de 50 bilhões de ienes, ou 480 milhões de dólares, em seu desenvolvimento, o sistema de sexta geração é o maior sistema deste tipo, conectando via satélite centros de distribuição, Conselheiros de Campo, fabricantes, escritórios e uma rede integrada digital, além das lojas de conveniência e da matriz. A principal característica do sistema de sexta geração é a sua rede de fibra ótica de alta velocidade, a qual, confiável e adequada ao uso generalizado da banda larga, conecta todas as companhias que integram o Seven & i Group, a matriz da SEJ, os escritórios regionais e as lojas Seven-Eleven. Segundo a SEJ, o sistema é "contínuo" por conectar uma diversidade de informações para o uso conveniente de todos, a fim de aprimorar o apoio interno às operações das lojas Seven-Eleven. O sistema melhorou a eficácia da *gestão item por item* ao conectar os computadores das lojas e os Terminais Gráficos à uma rede local de Internet sem fio, de modo que cada terminal exibe diversos indicadores, tais como clima, eventos, mensagens comerciais e campanhas necessárias para se tomar decisões sobre pedidos. Os funcionários das lojas são capazes de tomar decisões rápidas e a tempo com o apoio da eficácia e eficiência do sistema de informação que aperfeiçoou o teste de hipóteses. As lojas recebem as informações em formato multimídia, desde dados numéricos, textos e áudio até ilustrações e vídeos. O sistema mostra aos funcionários das lojas as mais recentes informações sobre o produto e seus métodos de exibição, o clima e a lista de eventos públicos e os atuais comerciais televisivos sobre a companhia. Também fornece informações sobre pedidos anteriores, registros de vendas, falta de estoque, tendências de vendas e novos produtos. Atualmente, as lojas Seven-Eleven são equipadas com caixas registradoras PDV que aceitam cartões eletrônicos pré-pagos, incluindo o *smart card* próprio do Seven & i., chamado "Nanaco", e outros cartões, oferecendo mais conveniência aos clientes. Além disso, o novo sistema permite que cada loja crie seu próprio banco de dados com indicadores de desempenho de vendas.

Os dados de PDV são acumulados a partir das transações dos clientes. Os funcionários das lojas passam o item a ser vendido no leitor de código de barras, e inserem informações sobre o tipo de cliente. As informações incluem o sexo e a idade estimada do cliente, sendo coletadas e analisadas pela matriz da SEJ. O sistema de PDV coleta informações de mais de um ano sobre as vendas de cada item e sustenta a análise objetiva e refinada para a previsão de vendas. Essas informações detalhadas sobre quantos produtos foram vendidos e para que tipo de clientes também é utilizada no desenvolvimento de produtos futuros.

Todos os dias, os funcionários das lojas testam suas hipóteses sobre o mercado local por meio da análise e da informação contidas no PDV. O novo conhecimento criado e compilado dessa forma é comparado aos reais comportamentos da compra. Se uma discrepância é identificada entre as novas informa-

O diálogo e a prática **189**

ções obtidas e a realidade, uma nova espiral de criação de conhecimento é acionada. Neste ínterim, os Conselheiros de Campo aprimoram sua maneira de utilizar a informação do PDV de forma incessante, baseando-se em suas interações com os funcionários da linha de frente. Este ciclo repete-se todos os dias em um processo ininterrupto de construção e teste de hipóteses que proporciona à SEJ a capacidade de mudar constantemente e de se reinventar.

Além dos dados do PDV, a SEJ também coleta informações sobre consumo e tendências des negócios, atitudes e estratégias de mercado, bem como informações sobre clima, ciclos de vida dos produtos, diferenças regionais na população e eventos escolares. No Japão, as previsões climáticas são particularmente úteis, pois as temperaturas das cidades que ficam a apenas 40 quilômetros de distância podem variar em até 5° C. Diariamente, centenas de estações meteorológicas divulgam cinco relatórios em formato eletrônico, cada um deles cobrindo um raio de 20 quilômetros.

As informações sobre as tendências de vendas são úteis para a decisão de quais itens devem ser mantidos ou extintos. Em geral, um produto novo atinge o pico de vendas dentro de uma ou duas semanas, a qual começa a cair muitas semanas depois. Quando as vendas caem abaixo de um certo nível em todas as lojas, o produto é excluído da lista de recomendações. A vida útil da maioria dos produtos vem se reduzindo, e novos produtos estão sendo introduzidos, fazendo com que produtos ultrapassados sejam abandonados em um ritmo mais rápido. Os dados sobre as tendências de vendas também podem orientar os ajustes para o leiaute da loja diversas vezes ao dia. Por exemplo, uma loja pode detectar um padrão de vendas na quantidade de sorvetes de qualidade superior vendida em diferentes horários do dia. Apropriando-se dos dados e de sua intuição tácita, os funcionários da loja podem reorganizar o mostruário dos sorvetes de modo que facilite ao cliente escolher o seu favorito ao entrar na loja. Durante uma temporada de gripe no inverno, o iogurte foi destaque na tela dos pedidos, porque o chefe dos laticínios da matriz da SEJ analisou dados de diversos anos e descobriu uma relação entre as vendas de iogurte e as temporadas de gripe. Após o alerta da tela, as vendas de iogurte dobraram.

O desenvolvimento de produtos

Para atender com rapidez às mudanças nas necessidades e desejos dos clientes, a SEJ se empenha muito no desenvolvimento de novos produtos, dando atenção especial às variações na demanda por região. Semanalmente, cerca de 100 novos itens surgem em cada loja, e a companhia está mais preocupada em desenvolver produtos próprios e originais. A equipe de *merchandising,* estabelecida na matriz, dedica cerca de 60% de seu tempo ao desenvolvimento de novos produtos. Eles não são apenas uma marca própria (MP) da SEJ, são também desenvolvidos por fábricas de marca nacional (MN) para serem vendidos apenas nas lojas Seven-Eleven. A SEJ não tem competência para fabricar produtos por conta própria, por isso, envolve-se com o chamado *merchandising* em equipe (MD), no qual a SEJ trabalha em conjunto com os fabricantes e atacadistas em um sistema de cooperação intensiva para desenvolver um entendimento compartilhado da perspectiva do cliente.

Na estrura convencional, a fábrica precisava coletar suas próprias informações antes de dar início ao desenvolvimento do produto, e os vendedores se envolviam apenas para facilitar a distribuição. Essa divisão de funções impedia o compartilhamento eficaz de conhecimento necessário para criar produtos que realmente atendessem as necessidades dos clientes. O *merchandising* em equipe leva as diferentes entidades a se juntarem, como se fizessem parte de uma única companhia. Elas trocam conhecimento, habilidades e informações como parceiros que possuem um objetivo em comum e, como resultado, produzem produtos melhores. Ao combinar o conhecimento da SEJ sobre clientes e dados de vendas com a especialização dos fabricantes em produção e com o conhecimento dos vendedores sobre distribuição, as equipes de desenvolvimento de produto criam produtos com valor agregado de baixo custo.

O *merchandising* em equipe é um processo sistemático que se inicia com a determinação das necessidades de mercado e com a formulação de hipóteses sobre o tipo de produto a ser introduzido. A identificação da necessidade de mercado é baseada em levantamentos e dados de PDV e no conhecimento adquirido por meio do contato direto com os clientes. A constante inter-relação de conhecimento a partir de diversas fontes possibilita o abandono de pressupostos convencionais. Por exemplo, uma análise dos dados do PDV revelou que sorvetes de luxo vendem bastante não apenas no verão, mas ao longo de todo o ano. A SEJ foi a indústria pioneira a oferecer pães recém saídos do forno, ocupando o nicho de mercado encontrado entre as preferências do consumidor e os produtos fornecidos pelos fabricantes de pão de marca nacional (veja o Caso 3: o pão com a marca SEJ).

. A SEJ consulta os fabricantes a respeito de ideias sobre produtos e colhe opiniões sobre a viabilidade e os custos de produção. As fábricas sugerem um valor de custo, decompondo os componentes do produto em matérias-primas, e destacam a qualidade do produto como o melhor meio de atrair clientes. Para criar sua marca de sorvetes de luxo, a SEJ consultou cinco grandes fábricas. As fábricas Moringa Milk e Akagi Milk concordaram em se juntar ao desenvolvimento do produto. O novo sorvete vendeu em média de duas a seis vezes mais do que as demais marcas de sorvete.

O *merchandising* em equipe baseia-se no conceito de transparência durante o compartilhamento de conhecimento. A SEJ começa por compartilhar os dados de PDV, os quais são considerados o ativo mais valioso dos varejistas. Isso ajuda a construir uma compreensão compartilhada do público-alvo para o novo produto.

O compartilhamento de conhecimento mais intenso ocorre em reuniões nas quais os fabricantes tentam melhorar seus produtos compartilhando amostras e receitas de produtos e *know-how* relacionado. Também são compartilhadas informações sobre vendas e custos projetados. Sob o sistema convencional, a distribuição funcionava como um tipo de acordo de ajuda mútua entre a fábrica, o atacadista e o varejista, no qual os produtos não vendidos podiam ser devolvidos ou vendidos pelas lojas de varejo como excesso de produção, por meio do incentivo financeiro fornecido aos varejistas. No *merchandising* em equipe, os envolvidos planejam a produção em conjunto, combinando suas diferentes perspectivas para reduzir antecipadamente o risco de custo e o excesso de produção, evitando perdas. A fábrica é obrigada a produzir somente a quantidade planejada, e a SEJ assume inteira responsabilidade pela venda. A sinergia obtida a partir da combinação dos conhecimentos de produção, distribuição e *marketing* amplia o potencial para se produzir um produto de maior valor e com grande potencial para vendas.

Para que a produção de um produto-conceito seja aprovada, é necessário bastante tempo e um número considerável de reuniões. O desenvolvimento do sabor ideal para um famoso produto de arroz frito levou um ano e meio. A produção só é iniciada mediante consentimento final do comitê diretor. O objetivo final da SEJ consiste na sistematização do processo usando "times dos sonhos". Por exemplo, um projeto recente para criar um tipo de macarrão japonês reuniu cinco fábricas célebres de macarrão, três companhias de sopa, cinco fábricas de ingredientes, duas companhias de embalagens e seis restaurantes especializados em macarrão.

A função de desenvolver o produto não se restringe ao departamento de desenvolvimento de produto da SEJ, envolvendo também os membros do comitê diretor, os quais experimentam e avaliam os protótipos. Os principais executivos, incluindo os membros do comitê diretor, não dependem das apresentações dos gerentes de projeto para descobrir o que está acontecendo na companhia. Em vez disso, envolvem-se diretamente nas operações da linha de frente para ver, sentir e provar seus produtos e experimentar o negócio em primeira mão.

Além do *merchandising* em equipe, a SEJ envolve-se com o *merchandising* em grupo, o qual engloba diversas companhias do grupo Seven & *i*, tais como Ito-Yokado e Yoku Benimaru.

Caso 3: o pão com a marca SEJ (Direto do Forno)

Embora o arroz seja considerado o alimento tradicional do Japão, o pão se tornou um dos produtos mais vendidos em suas lojas de conveniência. Porém, desde o começo da década de 1990, suas vendas na SEJ estavam estagnadas, exigindo uma providência. Os consumidores japoneses estavam ansiosos por produtos alimentícios frescos. Com esta informação, em 1992 a SEJ se reuniu com uma panificadora com o intuito de oferecer pães recém saídos do forno. Devido ao curto

192 *Managing Flow*

prazo de validade do pão, não fazia sentido para uma fábrica produzir pão em massa e entregá-lo às lojas. O objetivo da SEJ era oferecer pães recém-assados. Para isso, elaborou a ideia de trabalhar com as panificadora próximas às lojas, as quais assariam os pães a partir da massa congelada, entregando imediatamente o produto às lojas. Entretanto, a principal panificadora do país ficou relutante quanto a produzir um ciclo de produção especial unicamente para a SEJ e alegou que o pão feito a partir da massa congelada estragaria rapidamente. Dessa maneira, a SEJ iniciou a busca por uma companhia com tecnologia para aprimorar a qualidade da massa congelada. Finalmente, foram descobertas duas companhias: François, em Kyushu, que possuía tecnologia para congelar a massa sem estragar o sabor, e Robapan, em Hokkaido, uma das panificadoras tradicionais do Japão. O esforço foi coordenado pela companhia de comércio ITOCHU Corporation, enquanto a Ajinomoto era responsável pela adaptação da tecnologia de refrigeração. Para manter o frescor do pão recém-assado, a equipe decidiu que determinadas condições seriam necessárias. Para se adequar ao estilo de vida do cliente alvo, a recomendação de consumo na etiqueta deveria ser de 30 horas a partir da saída do forno. Este era um prazo menor do que o encontrado nos prazos de validade das marcas nacionais, mas maior que o prazo estipulado na padaria da cidade. A panificadora deveria estar localizada próxima às lojas dominantes para adequar a entrega às flutuações na demanda durante o dia (Yoshioka, 2007).

Um teste de mercado foi conduzido em Hokkaido com cinco lojas do canal de vendas da Robapan e, em 1993, foi inaugurada a primeira panificadora. Em 2002, a SEJ possuía panificadoras em todo o país. Sua marca, "Direto do Forno" (*Yakitate Chokuso Bin*), tornou-se o principal objeto das lojas SEJ, conquistando vendas de mais de um milhão de unidades todos os dias. Segundo Suzuki, a lição aprendida a partir deste processo é a de que mesmo quando o bom senso lhe diz que é impossível fabricar um certo produto, é importante tentar ocupar o vazio entre as circunstâncias do vendedor e as exigências do cliente.

O sistema de distribuição

A distribuição é um componente vital para fornecer aos clientes o que eles desejam, quando desejam. Se os almoços para viagem não são entregues à loja até o horário de almoço, os clientes não poderão consumi-lo. A fim de manter uma rede de distribuição eficaz, a SEJ trabalha intimamente com fabricantes e vendedores atacadistas. O número de veículos responsáveis pela entrega dos produtos às lojas foi reduzido de 70 para nove por dia. Isso não reduz apenas os custos com a logística, mas também ajuda as lojas a garantir o frescor dos produtos e a reagir às mudanças na demanda dos clientes de maneira mais eficiente.

As lojas da SEJ estão conectadas com quase 300 centros de distribuição através de um sistema de informação *online*, categorizados de acordo com o cli-

O diálogo e a prática **193**

ma. Estes centros estão concetados a cerca de 300 fábricas situadas perto das lojas, facilitando o processo de entrega. Os centros de distribuição controlam os caminhões por GPS, instalando um sensor em cada veículo. Itens com alta rotatividade, como almoços para viagem e bolinhos de arroz, são entregues três vezes ao dia. Itens de menor rotatividade, como produtos congelados, são entregues de três a sete vezes por semana. Livros e revistas são entregues todos os dias por centros de distribuição independentes.

Uma vez que os centros de distribuição e os caminhões de entrega pertencem e são operados por outros vendedores e fábricas, interagir pessoalmente e constantemente com eles é essencial para o aperfeiçoamento do sistema de distribuição da SEJ. A SEJ reúne-se regularmente com os chefes dos centros de distribuição para melhorar a eficácia, e os escritórios de distribuição estabelecidos na matriz fazem visitas regulares aos centros para identificar os problemas em potencial. O compartilhamento de conhecimento permite a ambos os lados identificar novas áreas a serem aprimoradas nos centros de distribuição e no sistema de informação.

Essa rede de abastecimento integrada permite agilidade no processamento de dados no sistema de informação. Os pedidos enviados às 10 da manhã para serem entregues às 16 horas são processados eletronicamente em menos de sete minutos. Em 2002, inovações que reduziram o tempo de entrega permitiram à SEJ eliminar o uso de conservantes nos alimentos e os corantes artificiais da maioria dos lanches rápidos. Além disso, graças ao sistema de integração, não há perdas devido ao excesso de produção e não há necessidade de manter grandes estoques.

Globalizando o *know-how*

Com a escolha de terrenos e espaços para as operações, foram iniciados os planos de expandir o sistema de franquias em estilo japonês nos Estados Unidos, mas ainda existem muitos problemas a serem resolvidos para a implementação do estilo de gestão da SEJ. Esses problemas se referem à conversão da distribuição de um sistema de rotas de vendas das fábricas a um sistema colaborativo, e da aplicação da *gestão item por item* e da *gestão dos alimentos frescos*. Não se trata de uma simples questão de organização e logística de sistema, mas de garantir que os proprietários e os funcionários das lojas nos Estados Unidos realmente compreendam os fundamentos do estilo de gestão da SEJ e do pensamento que está por trás dessa gestão.

O maior desafio para a recuperação da Southland Corporation foi descobrir uma maneira de transferir o *know-how* da SEJ para os funcionários norte-americanos. A companhia compreendeu a sensibilidade do varejo às condições locais e percebeu que não poderia simplesmente pegar o modelo japonês e reimplantá-lo, exatamente do mesmo jeito, nos Estados Unidos. A expansão da Southland para negócios não relacionados, como imóveis, finanças e refina-

194 *Managing Flow*

mento de petróleo, foi uma das causas de sua falência; porém, o principal negócio da empresa, as lojas de conveniência, também havia perdido a competitividade. As lojas eram mal iluminadas e as mulheres relutavam para fazer suas compras nessas lojas. Além disso, a gestão de mercadoria era ineficiente, as vendas de alimentos e produtos diários eram baixas, de modo que dar descontos virou rotina, pressionando o lucro bruto. Depois que a SEJ assumiu o controle, uma equipe de gestão central foi contratada nos Estados Unidos, reunindo-se a cada dois meses no Japão e nos Estados Unidos, alternadamente. As reuniões visavam auxiliar os gerentes norte-americanos a compreender a essência do negócio das lojas de conveniência, e mostrar-lhes como construir e utilizar as vantagens competitivas no negócio.

A partir de agosto de 1991, foram reorganizadas 50 lojas em Austin, no Texas, para teste de *marketing*. A fim de tornar as lojas mais atrativas para mulheres e crianças, a iluminação foi alterada de 500 para 900 lux de intensidade, e as paredes externas foram substituídas por vidro. O leiaute da loja e seus letreiros foram unificados em uma nova aparência. As meias de náilon foram postas próximas à entrada e as revistas pornográficas foram excluídas do mostruário das revistas. Os descontos excessivos foram encerrados, e o tamanho dos produtos e das embalagens foram reduzidos para um consumo mais rápido. Produtos alimentícios como sanduíches, que anteriormente eram preparados em cada loja, passaram a ser fornecidos centralmente para melhorar e manter a qualidade.

As mudanças nas lojas renderam frutos, com as receitas de vendas subindo 17%, em média. Os melhores resultados nas vendas motivaram os funcionários norte-americanos, mudando sua mentalidade e facilitando a implementação das reformas. Os CCOs foram reciclados e a *gestão item por item* foi introduzida. A SEJ atrasou intencionalmente a implementação do sistema de PDV para dar aos funcionários das lojas mais tempo para experienciar a *gestão item por item*. Eles passaram a preparar manualmente uma lista das mercadorias de manhã e de noite, conferindo o volume de vendas a fim de determinar se um item estava sendo vendido ou não. Isso os ajudou a desenvolver sensibilidade para controlar as mercadorias. Não faz parte do objetivo da *gestão item por item* simplesmente desenvolver um senso de percepção para a situação das vendas de cada loja, mas também compreender a essência da gestão da cadeia de suprimento como um todo. Aulas de *merchandising* eram ministradas todas as semanas para ajudar os funcionários a aprofundar seu entendimento do processo. Quando isso foi alcançado, foi introduzido, em 1997, o sistema de PDV.

A adoção do sistema de entrega da SEJ revelou-se masi complicado. Nos Estados Unidos, companhias como a Coca-Cola possuem um sistema de rota de vendas próprio, oferecendo preços com descontos em compras grandes e aceitando devoluções para revenda. Com a globalização da Seven-Eleven, resta ver se as eficiências das operações japonesas podem ser implementadas de forma eficaz nos Estados Unidos, apesar das diferenças linguísticas, culturais e demográficas. O sistema de gestão e a filosofia focada no cliente estão se tornando uma prática aceita nas operações norte-americanas devido à evidência concreta de seu valor para melhorar os resultados do negócio. Os métodos que foram utilizados para melhorar as vendas de pão e de almoços para viagem no Japão são atualmente aplicados à venda de sanduíches nas lojas norte-americanas, as quais são guiadas pelos valores de *Adaptação à Mudança* e *Acertar os Fundamentos*, essenciais para a companhia. A Seven-Eleven também iniciou o desenvolvimento de *merchandising* de produto em equipe nas operações norte-americanas. Os concorrentes no mercado de lojas de conveniência poderiam introduzir sistemas de distribuição e de informação de PDV semelhantes, mas a filosofia SEJ ainda é a diferença decisiva, com sua ênfase nas pessoas, em seu conhecimento tácito e experiência, e no sistema que sintetiza e mobiliza de forma eficiente este conhecimento para a inovação. Uma mentalidade focada no cliente e a prática incansável de criação de conhecimento são essenciais para a globalização bem-sucedida do método SEJ.

A RYOHIN KEIKAKU – MUJI

Apresentação da companhia

A Muji é uma marca de varejo internacional em expansão. Surgiu como a marca própria da rede japonesa de supermercados Seiyu e, desde então, vem se desenvolvendo e se adaptando aos novos mercados do Japão e do exterior. Trata-se de um exemplo de conversão bem-sucedida de uma marca própria para uma marca de mercado de grande consumo, que sintetiza o paradoxo da marca como « não marca » no ambiente de negócios dinâmico das linhas de produtos de uso doméstico. A Ryohin Keikaku é a companhia responsável por desenvolver e comercializar os produtos da marca Muji. A empresa vem evoluindo à medida que coordena as tecnologias e o *know-how* de seus envolvidos – clientes e fabricantes – a fim de desenvolver a singular marca Muji. A capacidade de manter e desenvolver os conceitos originais da marca Muji em relação à qualidade e à ecologia, adaptando as estruturas da organização de acordo com as mudanças no ambiente de mercado, tem sido a chave para o sucesso da companhia. Essa capacidade se baseia em uma compreensão da dinâmica do compartilhamento de conhecimento por meio do diálogo que ocorre no *ba* a fim de acelerar o intercâmbio de conhecimento tanto dentro da companhia quanto com seus parceiros externos. O ponto forte da marca Muji não está somente na funcionalidade de seus produtos, mas nos valores implícitos que eles representam.

A marca Muji foi uma criação pessoal de Seiji Tsutsumi, fundador do maior negócio de varejo do Japão, o Saison Group, e um observador astuto das tendências

196 *Managing Flow*

dinâmicas do consumidor. Lançada originalmente em 1980 como uma marca própria da rede de supermercados Seiyu, do Saison Group, seu conceito original compreendia fornecer itens de qualidade de 25% a 30% mais baratos do que aqueles de outras marcas nacionais, eliminando os desperdícios industriais e embalagens desnecessárias. A linha de produção original foi limitada a produtos alimentícios diários e detergentes.

O termo "Muji" é uma abreviação da expressão japonesa "*Mujirushi Ryohin*", que significa "sem marca [mas] com boa qualidade". O nome foi escolhido em apenas 30 minutos durante uma reunião sobre a criação da marca. O redator do material de propaganda do Saison Group, Shinzo Higurashi, murmurou a palavra "*mujirushi*" por acaso, significando "sem marca", e o diretor de arte, Ikko Tanaka, logo acrescentou a expressão "*ryohin*", significando "produtos de boa qualidade" (Iwanaga, 2002). As duas expressões juntas tornaram-se o símbolo da marca de um conceito de produto focado na funcionalidade e na simplicidade, e este tem sido o conceito-chave para o desenvolvimento dos produtos desde então.

No início da década de 1980, o rápido desenvolvimento da economia pós-guerra japonesa já atendia totalmente às necessidades básicas dos consumidores japoneses, de modo que as tendências do consumidor passaram a se diversificar conforme os gostos de cada um. Os consumidores passaram a escolher produtos baseando-se em valores pessoais, hábitos de consumo seletivos e um melhor conhecimento dos produtos. Também se mostravam dispostos a participar das pesquisas de *marketing* para planejamento de produtos. Havia uma clara preferência por produtos simples e funcionais, sem embalagens sofisticadas, e os consumidores também tinham uma tendência de adquirir produtos que correspondessem aos seus valores pessoais, independente do preço. Todas as companhias de varejo do país estavam atentas a essas mudanças e passaram a rever as políticas de planejamento de produtos. Durante este período, as redes de supermercado passaram a adotar marcas próprias uma após a outra.

O objetivo adotado pela Seiyu consistia em desenvolver "produtos simples e de boa qualidade", sem características desnecessárias. A rede de supermercados renovou sua cadeia de abastecimento, da compra de materiais até a produção e embalagem, e decidiu oferecer um produto único por um preço baixo com um nível de qualidade próximo ao das marcas nacionais existentes.

A expansão da marca Muji

A Ryohin Keikaku foi fundada em 30 de junho de 1989 para assumir o desenvolvimento, as vendas e o *marketing* de todos os produtos da marca Muji. Em março de 1990, todos os direitos da marca registrada e a responsabilidade sobre as operações da loja da marca Muji foram transferidas para a nova companhia, a qual passou a operar como uma subsidiária totalmente controlada,[2] enquanto a Seiyu concentrava-se em seu *merchandising* geral próprio. A Ryohin Keikaku tornou-se a distribuidora da marca Muji, além de gerenciar diretamente suas lojas, deixando de lado o sistema de operações estabelecido pela Seiyu.[3]

Desto modo, o progresso do desenvolvimento da marca Muji e da Ryohin Keikaku se deu em quatro etapas. Na primeira, de 1980 a 1988, a Muji era uma marca própria vendida em supermercados, lojas de departamento e outras lojas; na segunda, de 1989 a 1995, a marca passou a ser vendida também nas lojas Muji; na terceira, de 1995 a 2000, as lojas se expandiram para as grandes cidades; e na quarta etapa, a partir de 2000, a companhia passou por uma reestruturação estratégica das operações.

A expansão no Japão

A abertura da primeira loja Muji no Japão foi um passo importante para uma marca inicialmente originada em uma rede de supermercados. A loja foi inaugurada em 1983 no elegante distrito de Aoyama, local onde a empresa poderia estabelecer uma imagem forte e ser o centro de observação das tendências do novo consumidor. As vendas eram boas e a loja atraiu a atenção da mídia, o que aumentou a visibilidade da marca de maneira exponencial. Atualmente, a Ryohin Keikaku vende produtos Muji por meio de três canais: diretamente em suas lojas próprias; como um distribuidor para lojas licenciadas[4] e lojas de conveniência; e pela Internet. Em maio de 2000, foi fundada a Muji.net Corporation (Muji.net) para supervisionar as compras feitas pela Internet no *website* da Muji (www.muji.net) e para dar suporte à incursão da companhia na construção de habitações.[5] A Muji.net está constantemente expandindo seu catálogo de produtos e buscando diversificar os negócios *online*. O portal é reconhecido instantaneamente pela cor vermelho escura da marca Muji. O *site* é composto pela loja *online*, onde são vendidos os produtos Muji tradicionais, e pela comunidade Muji.net, onde são vendidos os item maiores não encontrados nas lojas.

A expansão no exterior

Em 1991, foram inauguradas as primeiras lojas internacionais nas cidades de Londres e Hong Kong, respectivamente nos meses de julho e novembro. Uma estratégia de desenvolvimento global foi posta em prática visando a Europa, onde o consumo estava totalmente maduro, e a Ásia, onde o consumo ainda estava em desenvolvimento.

A Ryohin Keikaku planejava abrir 50 lojas na Europa, com a expectativa de que até fevereiro de 2003 elas se tornassem lucrativas. Ao reconhecer que isso não aconteceria, a empresa foi forçada a rever seu plano de desenvolvimento. Em 1999, o declínio econômico forçou a retirada das lojas do continente asiático e, em 2001, três lojas na França e uma loja na Bélgica, que não geravam lucros, fo-

198 *Managing Flow*

ram fechadas. Em uma atitude ousada, a Muji fechou sua loja-ícone em Paris, localizada no Museu do Louvre, apenas um ano após sua abertura em 2000.

Na Europa, os clientes haviam aprovado totalmente os *designs* e os conceitos da Muji, mas a lucratividade mantinha-se baixa. O fracasso no continente europeu foi atribuído ao desequilíbrio entre os clientes, identificado entre o tema "criatividade e elegância dentro de uma certa faixa de preço", associado à Muji, e os elevados preços cobrados,[6] especialmente na França. Os aluguéis das lojas localizadas em ambientes exclusivos também eram altos. As lojas que foram fechadas na Europa eram bem-localizadas e seus aluguéis talvez fossem acessíveis para uma loja com alta margem bruta, mas não para uma loja de artigos de papelaria e mercadorias em geral, como a Muji.[7] A companhia errou ao dar prioridade à abertura de mais lojas na cadeia sem considerar os gastos com aluguel e recursos humanos. Também havia saído caro criar a logística e a gestão para a expansão.

A Ryohin Keikaku aprendeu com essa experiência e revisou sua estratégia internacional, mais tarde melhorando sua lucratividade ao reforçar o controle do inventário e as operações, e ao adequar os produtos às necessidades locais. Na Europa, a Ryohin Keikaku inaugurou lojas na Itália, na Alemanha, na Suécia e em outros países, abrindo em 2007 seus escritórios centrais europeus e o Muji Europe Holdings Limited, em Londres, Inglaterra. Até fevereiro de 2007, haviam sido inauguradas 43 lojas na Europa. Na Ásia, a loja de Hong Kong foi reaberta em 2001 e, em 2003, foram abertas lojas em Cingapura, Coreia, Taiwan e China.

Os princípios do desenvolvimento de produto

Nos estágios iniciais, o conceito da Muji consistia em fornecer produtos simples com boa qualidade por preços baixos; os itens eram "mais baratos por um bom motivo". Uma revisão dos materiais, dos processos industriais e das embalagens revelaram diversas maneiras de cortar as despesas e repassá-las ao consumidor. A estratégia de *marketing* era não vender qualquer produto "de marca", ironicamente fornecendo produtos Muji com sua própria marca de identificação. Embora não havendo precedentes de marcas próprias de supermercado tornarem-se independentes, o conceito atribuído pela Muji de um *desing* simples, elegante e inteligente, assim como o uso de materiais naturais, rapidamente tornou-se um grande sucesso no Japão e no exterior. O método para manter e desenvolver este conceito em sucessivas inovações de produto é revelado na relação entre a Muji e seus clientes.

O apelo do produto

Uma característica da marca Muji que atraía os clientes constituía na ênfase estratégica sobre a "textura" do *design* e dos materiais, enquanto as marcas

O diálogo e a prática **199**

próprias de outras redes de supermercados concentravam-se mais na estratégia do preço para desbancar as marcas nacionais. A Muji também se diferenciava por definir seu padrão de qualidade de acordo com o nível das lojas de departamento do Japão, em vez de basear-se no nível dos supermercados de mercadorias em geral, criando um valor para a imagem da marca mais alto do que no início. De fato, no início as diferenças entre a Muji e outras marcas próprias no ramo dos supermercados eram poucas, mas sua ênfase estratégica voltada para o *design* inteligente e para os materiais que não agridem o ambiente acabou por distingui-la das demais. A Muji estava vendendo um estilo de vida cujo conceito era claramente apresentado e facilmente compreendido, de modo que o conceito-chave de qualidade superior do *design* foi estritamente mantido. Em sua estratégia de marca, existiam quatro elementos principais: equilíbrio entre qualidade e preço; ênfase na textura e na simplicidade dos materiais; foco nos princípios básicos; e criação de leiautes de loja consistentes com a imagem da marca.

O equilíbrio entre qualidade e preço

O preço é um fator importante em qualquer decisão de compra. A Muji define seus preços de acordo com a qualidade, sempre almejando o equilíbrio certo. Como regra geral, os itens diários são vendidos de 30% a 40% mais baratos do que os produtos das marcas nacionais equivalentes de qualidade aproximada. Os itens mais luxuosos e mais caros também podem ser vendidos por preços mais razoáveis por não serem "de marca". Isso está de acordo com objetivo da Muji de "eliminar excessos sem sacrificar a qualidade ou a funcionalidade."

A textura e a simplicidade

O *design* dos produtos da Muji valorizam a simplicidade e o uso de cores naturais e materiais de boa qualidade. A mensagem transmitida é que a Muji oferece produtos de qualidade por preços razoáveis, eliminando desperdícios no processo de produção. A simplicidade no desenho visa aproveitar a textura e as qualidades do material. Tanto os *designers* próprios da Muji quanto os externos se envolvem com o planejamento de produto para alcançar o "toque" certo em um produto.

O foco nos princípios básicos

O foco que a Muji atribui aos elementos essenciais, valorizando o uso de materiais naturais, é uma clara mensagem da marca que é seguida à risca. As cores são limitadas às cores básicas, como por exemplo, branco, preto, marrom e azul, e a padronagem dos tecidos é feita em xadrez ou em listras. A escolha de materiais, *designs* e preços segue diretrizes rígidas de preservação do conceito-chave. As limitações de tecidos e cores podem causar a impressão de que as roupas da marca Muji são sem graça ; porém, segundo os clientes, os desenhos dos produtos Muji são fáceis de serem combinados e ajustados a outros estilos de vestuário, e esta é a atratividade de um produto para um estilo de vida básico. As avaliações dos clientes pela Internet também descrevem os produtos Muji como "simples", "não decorativos" e "não cansativos." Essa simplicidade é vista como uma característica estética do *design* de alta qualidade.

Os axiomas conceituais no desenvolvimento de produto

Existem quatro axiomas básicos do conceito Muji que são diretrizes absolutas para o desenvolvimento de produto. A não ser que o produto atenda a todas estas diretrizes, ele não será desenvolvido. Todos os produtos existentes também são regularmente revisados para verificar se respeitam as diretrizes, as quais são representadas pelos "quatro erres",[8] que explicam os mais profundos significados existentes em cada diretriz. Geralmente, este significado é de difícil articulação, mas passa a ser compreendido tacitamente por todos os funcionários envolvidos no constante processo de planejamento. Os quatro erres são os seguintes (veja a Figura 6.2):

- Rusticidade: o toque rústico do material – ênfase na sensação, não na marca;
- Recombinação: para todos os fins – ênfase na inteligência e na liberdade;
- Razoabilidade: fácil de entender – ênfase na lógica e na compreensão;
- Recondicionamento: não prejudicial à saúde e ao ambiente – em sintonia com nossa época.

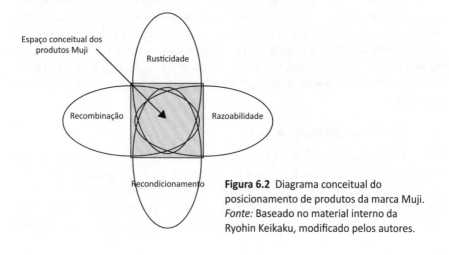

Figura 6.2 Diagrama conceitual do posicionamento de produtos da marca Muji.
Fonte: Baseado no material interno da Ryohin Keikaku, modificado pelos autores.

Aproveitando o conhecimento interno e externo

Se existe algo notável no método Muji de desenvolver produtos, é o processo externo de coletar conhecimento dos clientes e dos colaboradores e incorporá-lo na forma de um produto concreto. A Ryohin Keikaku elaborou um sistema para conectar conhecimento e ideias ao planejamento e conceitos de produtos, estando sempre atenta a mudanças do ambiente, como por exemplo, alterações nas necessidades do cliente e fabricantes terceirizados. A Ryohin Keikaku colhe ideias dos clientes e dos fabricantes, aproveitando o conhecimento e as habilidades de desenhistas externos para o constante acúmulo de conhecimento em *design*, produção e vendas. Portanto, a base de seu conhecimento é amplamente dispersa nas relações complexas das pessoas dentro da organização e de companhias externas com as quais ela interage. A empresa réune e sintetiza o conhecimento das partes em um todo que simplifica a marca Muji, e o coloca em prática em produtos concretos. É este sistema que permite à Ryohin Keikaku manter sua vantagem competitiva como fabricante de produtos varejistas.

As informações provenientes de clientes

A Ryohin Keikaku presta muita atenção às opiniões de clientes, já que estes são uma fonte de informação e ideias originais. A companhia solicita ativamente as impressões do consumidor ao adaptar, fazer o acabamento de produtos ou aprimorar as operações nos negócios. Os clientes, tanto nacionais quanto internacionais, geralmente enviam seu *feedback* por *e-mail*, comentando sobre produtos e perguntando sobre os espaços de *camping* da Muji. Trata-se de uma ferramenta poderosa para a comunicação direta com os clientes. Todos os funcionários acima da gerência têm acesso às mensagens que chegam, as quais são salvas na forma original em que foram recebidas para garantir que não sejam mal-interpretadas ou distorcidas. A loja *online* Muji.net recebe quase 100 mil *e-mails* por ano, os quais são classificados conforme o conteúdo e retransmitidos internamente. A informação adquirida deste processo é aproveitada no desenvolvimento de produtos em conjunção com os resultados das vendas e com as observações quanto às tendências para análises mais detalhadas. O fluxo de informações é contínuo, indo do cliente para o planejamento e desenvolvimento de produtos e de volta para o cliente, com novos produtos e mais comentários por parte do cliente para o próximo ciclo de planejamento de produto. Este processo também ocorre na Internet com uma página do Muji.net que convida os membros do Clube Muji a sugerirem novos produtos. As sugestões podem gerar várias ideias para produtos, que são postadas na página de ideias gerais, antes de serem concluídas as características para o produto. O produto final é então disponibilizado na Internet para pré-compras. Quando o número de pedidos supera o ponto de equilíbrio mínimo – 300 pedidos – dá-se início à fabricação do produto. As vantagens deste método estão na compreensão das preferências do cliente e na sua rápida

202 Managing Flow

canalização para o planejamento de produto, por meio do sistema de pré-compra que fornece uma intensa projeção das tendências de vendas. A satisfação do cliente é garantida devido a sua própria participação. Os nomes de alguns clientes que fizeram uma pré-compra são publicados no Muji.net para que seu *feedback* seja compartilhado com outros clientes em potencial.

Entre os produtos emblemáticos mais vendidos que se originaram a partir das ideias de clientes enviadas pela Internet estão o "sofá-almofada que se adequa ao seu corpo" e a "bolsa de compras com bolsos externos".

O sofá-almofada possui diferetes tipos de tecido em cada face, de modo que a resistência das molas varia se você está deitado ou sentado. É feito tanto de lona rústica quanto de material extensível e macio, e foi planejado para o uso cotidiano no típico lar japonês, onde um mesmo cômodo geralmente funciona tanto como uma sala de estar quanto como um quarto de dormir.

A "bolsa de compras com bolsos externos" foi feita para o uso cotidiano, originada a partir das ideias apresentadas pelas donas de casa. As ideias postadas na comunidade Net foram coletadas pelo Muji.net que enviou questionários para 1.200 pessoas. Em seguida, o Muji.net selecionou autores de 30 respostas para testar a bolsa modelo e incorporou suas recomendações às especificações finais da produção. Essa linha de bolsa de compras incluiu seis diferentes protótipos em vários formatos e foi feita de materiais diversos. O produto foi engenhosamente desenhado para permitir compras mais convenientes. Por exemplo, a bolsa possui uma tira interna para evitar que uma garrafa derrame, além de um bolso isolado à prova d'água para itens refrigerados e alças anexadas na parte interna da bolsa para uma melhor empunhadura.[9] O valor que esta bolsa de compras oferece não está apenas na praticidade do uso, mas também na representação de um estilo de vida ecologicamente correto; o uso da bolsa reduz o desperdício de sacolas de plástico e papel e contribui para a preservação e proteção do meio ambiente.

O levantamento das mudanças da demanda

Como os itens de uso doméstico são sua principal mercadoria, a Ryohin Keikaku conduz constantes levantamentos sobre a a evolução das condições de vida das pessoas que compõem seu público-alvo para de descobrir as sementes que darão origem ao desenvolvimento de um novo produto. Essas pesquisas avaliam os itens nos espaços cotidianos das pessoas e a maneira como são usados, tanto individualmente quanto em combinação com outros itens. A análise desses fatores geralmente leva ao desenvolvimento de um novo produto. Este processo de observação visa obter uma boa noção dos elementos essenciais para o funcionamento efetivo nos espaços de vivência existentes. Por exemplo, um dos lados do "colchão com pés" fabricado pela Muji é revestido de tecido próprio para sofás. A ideia para este produto sur-

O diálogo e a prática **203**

giu ao ser constatado que estudantes universitários que moram em quitinetes passam a maior parte do tempo em casa, sentados sobre a cama, fazendo ligações telefônicas ou jogando jogos de computador.[10]

Aproveitando o conhecimento dos produtores

Os produtos Muji variam muito entre si e sua produção se baseia em um conhecimento especializado em materiais rústicos e em processos e tecnologias industriais. Para tal conhecimento, a Ryohin Keikaku apoia-se em seus fabricantes. Os empregados encarregados do planejamento de produtos fazem visitas regulares às fábricas e trabalham junto com os fabricantes na identificação de novas oportunidades para o desenvolvimento de produtos. Eles se referem a essas visitas como "perambulação",[11] o que compreende uma prática comum na fase do planejamento de produtos. Os fabricantes são fortes em sua area de especialização, mas às vezes são fracos no que diz respeito ao desenvolvimento de produtos e ao conhecimento de *marketing*. Pode haver casos em que o fabricante não está ciente da combinação de tecnologias para uma produção mais eficiente, ou não está sequer utilizando completamente suas próprias tecnologias. A Ryohin Keikaku integra seu conhecimento de mercado ao processo de fabricação no desenvolvimento de um novo produto ao combiná-lo às tecnologias de um fabricante, ou ao organizá-lo com vários fabricantes em um sistema de parceria.

O conselho de especialistas

Os conselheiros, tanto internos como externos à companhia, desempenham um importante papel para a Muji no que diz respeito à criação de conceitos. Eles formam um "conselho especializado" que inclui diretores de arte e diretores de criação trabalhando no planejamento, na conceitualização e no *design*. As contribuições dos conselheiros especializados têm sido de extrema importância para o fortalecimento da marca Muji. Os conselheiros possuem uma visão de fora da companhia, o que auxilia no planejamento estratégico e no desenvolvimento de produtos, ao oferecer uma avaliação mais objetiva dos novos produtos e campanhas de vendas.

Todos os produtos Muji oferecem funcionalidade básica, a qual está sempre presente, com variações nos detalhes de acordo com a preferência do cliente e as novas tendências. Os pontos básicos são universais, e as variações ocorrem conforme o contexto. A Muji predetermina o tamanho de produtos como utensílios para louça ou itens de mobiliário, para que se adaptem ao espaço de vivência habitual dos clientes. A noção de módulos permutáveis aplicada a todos os bens da Muji se estende também a suas casas com estrutura de madeira. O formato básico não se altera, mas permite que os ambientes da casa passem por constantes mudanças.

204 Managing Flow

Em resumo, o valor dos produtos da marca Muji é um resultado do processo organizacional criativo de coordenar e combinar o conhecimento que surge em diversos *ba*, e da integração desse conhecimento ao conceito unificado da marca Muiji expresso em seus produtos. Para desenvolver uma nova linha de produtos, o conhecimento dos vários envolvidos é combinado a ideias originais, sem perder as noções de simplicidade, boa qualidade e gosto natural, que constituem os conceitos-chave da marca Muji. O objetivo é aumentar a sofisticação do produto à medida que o gosto do cliente se desenvolve e, ao mesmo tempo, reforçar a lealdade à marca.

Para manter e preservar o conceito da marca, os produtos devem estar sempre atendendo a critérios estabelecidos para o controle de qualidade e para os processos de melhoria. Isso começa com um relatório que revê todos os produtos existentes, como é feito na fase do desenvolvimento de produtos. A partir daí, a linha de produtos é avaliada de acordo com os quatro erres (Rusticidade, Recombinação, Razoabilidade e Recondicionamento). Uma análise final determina se há um equilíbrio adequado entre a qualidade e o preço do produto.

Ryohin Keikaku utiliza o método baseado em tentativa e erro para avaliar a longevidade do produto, em que a reação do cliente pode sugerir que o produto esteja chegando ao final de sua vida útil. A companhia identifica a causa da obsolescência e inclui esse *insight* em um novo produto. Esta é a vantagem de obter respostas do mercado de forma rápida e direta. Por outro lado, isso pressiona a companhia a desenvolver novos produtos constantemente. Ao contrário das tecnologias patenteáveis, qualquer pessoa pode acessar o mercado de produtos domésticos e copiar a Muji. Assim, para manter a vantagem competitiva, é necessário estar constantemente oferecendo produtos com o valor tangível em materiais e *design* que os clientes desejam.

A reposição e o redesenvolvimento do conceito

O crescimento da Muji é o resultado de sua capacidade de sintetizar um conceito universal com variações no ambiente. O conceito de ser "mais barato por um bom motivo" é universal. O que mudou foram as variações de linhas de produtos e o maior foco no *design* de produtos. A Muji evoluiu de uma marca de supermercado antiga, que oferecia um equilíbrio ímpar entre qualidade e preço, para uma linha de produtos sempre crescente e sintonizada ao estilo de vida do cliente, com elegância e inteligência no *design* somadas à imagem da marca. Ao preservar este conceito básico, ao mesmo tempo em que continua desenvolvendo os produtos para agregar valor, a Muji tem mantido a sua clientela fiel.

Contudo, foram cometidos erros durante a agressiva expansão doméstica e internacional na última metade da década de 1990, os quais resultaram na diluição da marca. Isso exigiu um reposicionamento e um redesenvolvimento do conceito central da Muji, e a construção de uma organização capaz de sustentar essas mudanças. No final do ano fical terminado em fevereiro de 2001, as operações com lucro da Ryohin Keikaku caíram 12,7% em relação ao ano anterior, o primeiro declínio desde a fundação da companhia, ao passo que a receita com vendas caiu apena 8%. Em janeiro do mesmo ano, a companhia havia escolhido Tadamitsu Matsui do quadro de gerentes-seniores para se tornar presidente e diretor geral.[12] Matsui foi encarregado com a tarefa de fazer a virada e começou pela análise das causas da queda brusca dos negócios da Muji e a revisão estratégica da empresa.

Matsui identificou que as principais causas do declínio da companhia foram a rápida expansão na abertura de novas lojas de maior tamanho e a criação de uma crescente gama de produtos que levou à diluição do conceito original da marca. Além disso, o ininterrupto crescimento anual anterior ao declínio havia tornado os funcionários complacentes. Matsui reestruturou a companhia ao longo de duas linhas principais, reformulando o conceito de *Mujirushi Ryohin* para recolocar a Muji no mercado e cortando gastos e desperdícios a fim de melhorar a eficiência das operações.

O reposicionamento do conceito Muji

Para restaurar e reposicionar a marca Muji, a companhia necessitava de uma compreensão exata da imagem da marca já existente na mente do cliente, transmitida por meio de seus produtos. O cliente havia compreendido claramente a mensagem original dos produtos Muji, que era eliminar os desperdícios com embalagem. A pedra fundamental do sucesso estratégico da Ryohin Keikaku era a preservação dessa mensagem e, ao mesmo tempo, o aprimoramento contínuo do *design* e dos conceitos do produto.

Reforçando o design

Desde de seu início, a Ryohin Keikaku havia compreendido o valor do *design* durante o processo de desenvolvimento, de modo que, em 2002, buscou reforçar sua parceria com grandes *designers* externos à companhia. A Muji formou uma aliança com a Yoji Yamamoto, liderada pelo desenhista de mesmo nome, e lançou novas linhas de produtos de vestuário e mobiliário com o tema "calor natural". Yamamoto uniu-se à companhia como membro do comitê consultor e também dirigiu a equipe de *design* no desenvolvimento de produtos.

A Ryohin Keikaku reforçou sua divisão responsável pelo *design* estabelecendo uma equipe de *designers* "intermediários" para os produtos de uso doméstico da companhia.[13] Essa equipe assumiu uma função essencial ao conectar os principais executivos externos à companhia com a equipe de *merchandising* interna e com os gerentes de *marketing* para implementar o conceito do *design* da Muji. O departamento de produtos de uso doméstico é dividido em sete grupos, de acordo com as categorias de produto. Cada um deles é responsável pelo trabalho de um *designer* contratado, bem como pelo pessoal de *merchandising*, o qual pode contribuir com suas ideias, mas teria dificuldade em conceituar e externalizar essas ideias devido à falta de especialização em *design*. A equipe de desenhistas "intermediários" conectou o departamento de *merchandising* interno aos *designers* contratados, atuando como um tipo de mediador ou tradutor de conhecimento. Além de coordenar, a equipe também pode desenhar alguns produtos dependendo do tema. Essa atividade é apoiada pelo comitê consultor da Ryohin Keikaku. É membro do comitê o famoso *designer* japonês de produtos, Naoto Fukasawa, o qual oferece consultoria sobre pesquisa e desenvolvimento de produtos de uso doméstico.

As parcerias internacionais com designers renomados

A Ryohin Keikaku possui inúmeros projetos globais que buscam reforçar o valor de seus produtos. Entre eles está o World Muji, que traz *designers* famosos para o desenvolvimento de produtos Muji. Em abril de 2003, a companhia lançou uma linha de móveis desenvolvida juntamente com os principais *designers* estrangeiros, como o italiano Enzo Mari, o alemão Konstantin Greic e o britânico Sam Hecht. A identidade dos *designers* não foi divulgada nos produtos, mas os fãs da Muji souberam do envolvimento dos especialistas por meio de *blogs* na Internet. Eles criaram sofás e mesas até cinco vezes mais caros que o preço atribuído a outros itens populares do mobiliário Muji. No entanto, a excelência do *design* e dos materiais deu aos produtos uma textura e um apelo que atraiu os clientes apesar do preço. O objetivo era competir baseando-se no valor estético do produto em si, em vez de no valor de seu nome.[14]

Os *designers* de produtos da Muji atualmente gozam de grande reputação internacional. Em 2002, a Ryohin Keikaku implantou um estande em uma loja vinculada ao Museu de Arte Moderna de Nova York (MoMA), oferecendo produtos com alto valor estético, e, em 2004, passou a vender produtos da marca Muji na própria loja do museu. Em março de 2005, cinco produtos Muji receberam a medalha de ouro em excelência no *design* industrial conferido pelo iF Design Awards, na Alemanha. Foi a primeira vez que uma companhia não manufatureira ganhou tantos prêmios de ouro. O evento funcionou como uma vitrine mundial da qualidade do *design* de produto na Ryohin Keikaku. Segundo o diretor do Departamento de Planejamento de Produto, Shoji Ito, não se esperava que a entrada dos produtos Muji no iF Design Awards levasse ao aumento das vendas ou do valor da marca. "Na verdade, queríamos nos certificar de que nossos produtos seriam aceitos no exterior e acompanhar sua avaliação por parte dos europeus."[15] O diretor comunicou que o recebimento dos cinco prêmios era bom

O diálogo e a prática **207**

demais para ser verdade, sendo de muita importância para levar a Muji de um padrão de valor subjetivo para uma padrão universal com apoio mundial.

A reestruturação do sistema de negócios

Após se tornar presidente, em 2001, Matsui visistou as lojas ao redor do país para se comunicar diretamente com seus proprietários e gerentes regionais e entender melhor as razões para a queda nos negócios. Matsui revelou seu objetivo de obter uma troca de ideias honesta, ao mesmo tempo em que reiteraria a visão da Ryohin Keikaku e buscaria melhoramentos. "Não há uma resposta constante para o que a Ryohin Keikaku representa", disse aos proprietários e gerentes das lojas. "Mas faça esta pergunta para si mesmo, e verá uma infinidade de possibilidades."[16]

Matsui descreveu seu plano de reestruturação como um esforço para compartilhar conhecimento de valor por toda a companhia e "estabelecer um sistema de negócios racional baseado na lógica clara das operações diárias estabelecidas no sistema".[17] Ele relatou sucesso na resolução de 80% dos problemas ao se concentrar em uma variedade de operações onde a tomada de decisão era orientada, principalmente, pela intuição e experiência do indivíduo, e por transformar isso em um processo visível, mensurável e resolúvel.[18] Desde então, a variedade de conhecimento tácito e de experiências na companhia tem sido acumulada e transformada em conhecimento explícito que pode ser compartilhado, acessível à toda a organização. Demorou cerca de dois anos e meio para os efeitos da reestruturação mostrarem resultados positivos nos negócios. O ano fiscal que terminou em fevereiro de 2008 revelou alta recorde nas vendas líquidas e no faturamento líquido consolidados em 162,0 milhões de ienes, ou 1,5 milhão de dólares, e 10,6 milhões de ienes, ou 0,1 milhão de dólares, respectivamente.

A reforma de Matsui não apenas restabeleceu o conceito da marca Muji, mas também reformulou os sistemas organizacionais que a apóiam. Ela estabeleceu regras para as operações novas aberturas de lojas, aumentou a eficiência dos sistemas de logística e reduziu o inventário diminuindo o ciclo de fornecimento. Matsui também modificou a estrutura organizacional, redefinindo as responsabilidades e alterando hierarquias para reforçar a capacidade de desenvolvimento de produtos e aprimorar a eficácia nas vendas. Ele começou as reformas estabelecendo metas e criando um plano de ação concreto para atingi-las em todas as áreas. Durante esse processo, Matsui apropriou-se tanto do conhecimento de seu pessoal como de consultores e companhias externas e suas melhores práticas. O mais importante foi poder adaptar tal conhecimento às situações particulares da Muji e garantir que a compreensão prevalecesse em cada nível da organização durante visitas à linha de frente. O diretor do departamento de produtos domésticos, Takashi Kato, comentou sobre os esforços de Matsui em reestruturar a organização: "Nós entramos nas fábricas às quais confiamos a produção e trabalhamos jun-

208 *Managing Flow*

to com elas como parceiros de negócios para mudar o campo". Kato afirmou: "Se apenas negociássemos o contrato com a matriz em Tóquio e deixássemos o resto do processo a cargo de nossos parceiros, perderíamos o controle sobre a estrutura de custo".[19]

Até 2001, o crescimento constante da Ryohin Keikaku estava sendo sustentado pelo seu conceito superior e sua implementação, mas a companhia foi caindo gradualmente na armadilha do excesso de confiança. A empresa também não conseguiu planejar e executar a expansão de acordo com a visão e o conceito originais, e acabou por perder a capacidade de reagir às tendências dinâmicas na exigência do cliente. Passado isso, a Muji se deu conta de que perdera o equilíbrio delicado entre o conceito da marca e a organização que o apoia. Matsui liderou a transformação da Muji voltando aos conceitos básicos e enxergando a companhia a partir da perspectiva do cliente e, ao mesmo tempo, coordenando e combinando uma variedade de conhecimentos dentro e fora da companhia para desenvolver o conceito da marca. A virada da Muji funcionou devido a essa gerência bem-sucedida das relações orgânicas em evolução entre a companhia e o ambiente de negócios.

As dinâmicas da Muji

O esforço para preservar o conceito original da Muji e, ao mesmo tempo, desenvolvê-lo em conformidade com os tempos, é refletido nos *slogans* da marca. Durante a primeira fase da Ryohin Keikaku, o *slogan* era "preços mais baixos por um bom motivo", enfatizando que a eliminação dos desperdícios nas embalagens permitia à empresa oferecer produtos de alta qualidade com preços razoáveis. Desde 2005, a Muji passou a buscar um valor universal de maior alcance com o *slogan* "este produto é suficiente para mim", enfatizando a demanda razoável e encontrando satisfação nas coisas básicas como uma alternativa para o consumismo desenfreado. A companhia afirma que o conceito Muji continuará a representar a bússola para seus produtos, enfatizando os valores fundamentais e sua universalidade.[20] Na realidade, a Muji tem mantido o conceito original de naturalidade e simplicidade enquanto reforça tanto a mensagem como a qualidade do *design*. Trata-se de um estilo de consumo em que a seleção não se baseia na preferência por uma marca específica, mas na avaliação da textura do material e em uma afinidade com a simplicidade do desenho que tem apelo universal. A bibliografia da Muji descreve isso como uma "flexibilidade máxima" que tem apelo universal por deixar espaço para a imaginação, como, por exemplo, o conceito de *wabi*, que pode significar a cerimônia do chá ou a maneira de organizar o palco no teatro japonês.[21]

É difícil manter um conceito original durante um longo período de tempo. Passaram-se 20 anos desde fundação da marca Muji e, apesar das dificuldades encontradas no ano de 1999, a marca sobreviveu. Os pontos fortes originais da estratégia da marca consistiam na cooperação íntima com as companhias parceiras e com os clientes e na criação de um sistema para dar suporte a este intercâmbio, o qual permitiu a constante inovação nos produtos. Atualmente, a marca está lidando com o dilema de ainda buscar cumprir seu princípios básicos, com produtos de longo ciclo de vida e alta qualidade, e, ao mesmo tempo, oferecer novos produtos atrativos que reflitam os novos tempos.

Embora a reestruturação de um sistema de negócios seja geralmente um processo lógico e padronizado, reestruturar uma marca que sofreu diluição é um desafio ainda maior. Isso ocorre porque a marca não é criada unicamente pela companhia, mas pela compreensão compartilhada entre ela e seua clientes. A chave para da reestruturação bem-sucedida da marca Muji foi agir no momento oportuno. Primeiramente, a companhia tomou medidas apropriadas para restaurar a mensagem quando esta passou a ser ambígua para o produto. Ao manter o foco crítico no *design* durante o desenvolvimento de produto, foi possível evitar a diluição irrecuperável da marca. O apelo universal do conceito básico de produto confirmou-se quando a Muji venceu o iF Design Awards.

Os fatores importantes para a recuperação da Ryohin Keikaku foram seu uso do conhecimento tanto dentro quanto fora da companhia para aprimorar seus produtos e operações de negócios,e a renovação de seus processos dinâmicos com o uso da Internet para vinculá-la ao próximo ciclo de crescimento. O mais importante foi ser capaz de restaurar o conceito original da Muji.

Nesta época, o *designer* Kenya Hara fazia parte do comitê consultor e descreveu o conceito Muji da seguinte forma: "Somos livres para ver com a nossa imaginação, pois não há nada lá neste momento. Na simplicidade está a flexibilidade para se adequar ao contexto".[22] A Ryohin Keikaku expressou o valor da Muji como um "recipiente vazio". O recipiente pode acomodar uma variedade de valores, como por exemplo, racionalidade, simplicidade, preços razoáveis e a preservação do meio ambiente, mas, em última análise, será o cliente quem decidirá quais valores devem ser acomodados. O valor da Muji é determinado na relação com seus clientes. No momento em que a companhia insiste em um valor específico desconsiderando o cliente, o valor essencial da marca será destruído (Akamine, 2007).

Os produtos Muji refletem a imagem que cada cliente possui deles, vista nos espaços abertos do *design* que abrem caminho para a imaginação. Esta é uma noção Zen de enxergar a existência no "nada" e criar livremente um significado para preencher o espaço de acordo com o contexto (veja a Figura 6.3). Embora os produtos *Muji* tenham amadurecido no Japão, sua aceitação global e posição única no mundo deriva da compreensão do valor universal de satisfazer as questões básicas em *design* e funcionalidade.

Ao contrário das tecnologias patenteadas e do *know-how*, as mercadorias genéricas são mais difíceis de identificar pela vantagem competitiva, já que novas linhas de produtos são rapidamente copiadas pelos concorrentes. Quando a

Figura 6.3 Propaganda publicitária da Muji: uma tigela Muji em um tradicional cômodo japonês *Shoin* (à esquerda) e o jardim Zen (à direita) no templo de Ginkakuji (Jishoji) em Quioto.
Fonte: Ryohin Keikaku (2005).

Muji processou uma fábrica e um vendedor de um produto que se parecia com as suas mais bem vendidas caixas para armazenar polipropileno, o tribunal não aceitou que o *design* fosse original da Muji.[23] Como este caso demonstra, o ponto forte da Muji não está simplesmente no valor físico de seus produtos. A aceitação do produto pelo mercado também está baseada em seus valores estéticos, em termos das mensagens que transmitem e dos significados que têm para cada cliente. De fato, a Muji é um caso raro de uma marca sustentada por produtos de uso cotidiano devido ao seu valor estético. Não se trata nem de uma marca de ostentação nem de uma marca nacional, mas se posiciona no meio. Como uma marca de varejo, sem suas próprias instalações para produção, a Muji continua a gerir todo o processo, desde a geração de ideias e o desenvolvimento do produto à fabricação, logística e *feedback* dos clientes, sempre mantendo a flexibilidade exata para os tempos instáveis e buscando incessávelmente melhorar a qualidade dos produtos e o tempo de entrega da produção.

O faturamento com as vendas na Ryohin Keikaku caiu pela primeira vez na história da companhia em 2002, devido à pouca flexibilidade que a Muji tinha, atendo-se aos métodos ultrapassados que haviam sido bem-sucedidos. Nessa mesma época, o conceito-chave estava sendo diluído em uma rápida expansão de linhas de produto. A Muji venceu esses desafios sob a liderança de Tadamitsu Matsui, que foi capaz de identificar os importantes ativos de conhecimento internos a serem compartilhados na companhia e, ao mesmo tempo, combinados ao conhecimento externo de clientes, fábricas e colaboradores, a fim de acelerar a reforma organizacional e os melhoramentos nos negócios. Matsui tomou medidas corajosas para fortalecer o conceito Muji e recuperar o ponto forte da organização, necessário para sustentá-la. Na area de desenvolvimento de produtos, ele manteve o conceito original da Muji, mas o fez progredir ao longo do tempo, com desenhos aprimorados adequados ao mercado internacional. A vantagem

O diálogo e a prática **211**

competitiva da Muji foi mantida por meio de um processo dinâmico e contínuo de desenvolvimento de produtos, sintetizado nos conhecimentos e na experiência adquirida em uma variedade de relações de negócios.

IMPLICAÇÕES

Neste capítulo, examinamos duas companhias varejistas: a Seven-Eleven Japan (SEJ) e a Ryohin Keikaku (Muji), cujas marcas são amplamente aceitas nos mercados domésticos e estão se expandindo globalmente. Um fator-chave para o sucesso das companhias é sua busca incansável pela criação de significado e valor para os clientes por meio do diálogo e da prática, a fim de implementar sua visão de atender e agregar valores às rápidas mudanças nas necessidades dos clientes. Nenhuma delas possuim capacidade para produzir por conta própria; elas colaboram com parceiros externos para desenvolver e fabricar produtos compartilhando e sintetizando, no *ba,* conhecimentos sobre produção, mercado e clientes. Do nosso ponto de vista, essas companhias criam valor de uma maneira processual.

A Seven-Eleven Japan foi a primeira a introduzir o modelo de negócios para lojas de conveniência no Japão e desenvolveu seu estilo próprio e único de gestão de lojas. A SEJ alcançou seu alto nível de desempenho por meio da criação contínua de conhecimento para adaptar-se às necessidades bastante dinâmicas de mercado. Esta criação de conhecimento é possível por meio da *phronesis* distribuída, que permite aos funcionários das lojas fazerem julgamentos necessários em uma situação particular conforme o espaço e o tempo específicos e relevantes para cada lojas. A capacidade da *phronesis* de tomar para si tais julgamentos é fomentada com o diálogo e prática ininterruptos na forma de elaboração e teste de hipóteses. Trata-se do processo de converter um *insight* tácito em particular em uma teoria universal objetiva e aplicá-la novamente à realidade para enriquecer ainda mais o *insight* tácito. Este ciclo contínuo é impulsionado pela visão de conhecimento e pelo objetivo orientador que definem a SEJ e a sua razão de ser, que consiste em adaptar-se às mudanças de mercado ao perceber a essência no fluxo de mudança, o que permite à companhia oferecer aos clientes o que eles desejam, quando desejam e na quantidade exata que o desejam.

A SEJ construiu seu sistema de TI de comunicação de dados de última geração, seu sistema de distribuição e as reuniões de Conselheiros de Campo para manter o processo em direção à concretização da visão e do objetivo orientador. Elementos como o sistema de PDV e a *gestão item por item* são apenas as ferramentas para a manutenção do ciclo de criação de conhecimento em avanço contínuo. A verdadeira chave para o sucesso da SEJ são os funcionários das lojas, os quais aprendem a enxergar e sintetizar do particular ao universal para fazerem julgamentos corretos diariamente para alcançar um bem comum.

Assim como a SEJ, a Ryohin Keikaku também possui a flexibilidade e a mobilidade de transformar a si para reagir às necessidades dinâmicas dos clientes. Considerando o processo de restauração da Ryohin Keikaku, percebemos a importância da identidade corporativa do desenvolvimento eficiente de um produto e sua sucessão. A vantagem sustentada pela Muiji não é um resultado da "vantagem tecnológica" ou da propriedade de um sistema de produção sofisticado. Na verdade, ela advém de uma compreensão do processo de criação da imagem da marca e do desenvolvimento de produto.

A inflexibilidade na organização levou a uma queda temporária e à diluição da marca. A restauração da marca e a reforma da organização, por meio de uma relação revitalizada com o cliente, permitiu à companhia recuperar seu dinamismo original. Isso foi conquistado com um processo de desenvolvimento de produto que visava um melhor *design* e, ao mesmo tempo, preservava o conceito de valor único da Muji e respondia às necessidades do cliente. Como não há apenas um conceito fixo que seja adequado a um futuro incerto, a busca por um ideal torna-se o mais importante.[24] A marca Muji tem mantido seu ideal-chave de "boa qualidade por um preço baixo" enquanto desenvolve, em conjunto com o cliente, a criação dinâmica de um *design* de produto cada vez mais sofisticado. Para isso, houve o apoio do sistema de compartilhamento e criação de conhecimento dentro da companhia e com os clientes pelo diálogo e pela prática. Como expresso na declaração da visão Muji, são "os clientes quem julgam o valor" da Muji, e, ao mesmo tempo em que há "uma única resposta certa", também há "possibilidades infinitas à medida que seguimos questionando" o que a Muji deveria ser.

No processo de criação de conhecimento, o conhecimento é obtido dentro e fora da organização e sintetizado em um conceito que é vago e variável, mas também é aprimorado no fluxo de espaço e tempo até ser cristalizado em um produto concreto. Este produto, por sua vez, aciona o fluxo de compartilhamento e criação de conhecimento entre os envolvidos no ecossistema de negócios. A compreensão desse processo pela Ryohin Keikaku é o ponto forte fundamental da marca Muji.

Aquilo que o *designer* Kenya Hara descreve como "o vazio da Muji" não quer dizer que não há nada lá, mas que a marca está aberta à reflexão e imagem que cada produto deveria representar na concepção do cliente. Por meio da criação conjunta, a sofisticação do produto e a reação do cliente se desenvolvem conjuntamente e a Muji deixa de ser apenas um produto de consumo e passa a representar uma experiência de produção interativa com o cliente. Neste sentido, os próprios produtos Muji atuam com os clientes como um *ba*. Eles os estimulam a sentir o significado do produto em empatia com a marca, em uma ação de criação conjunta que reflete a relação do "aqui e agora" que a Muji possui globalmente com seus clientes (veja a Figura 6.4).

O diálogo e a prática **213**

Figura 6.4 Visão da Muji como um recipiente vazio.
Fonte: Baseado em Akamine (2007).

Em resumo, as duas companhias tiveram sucesso devido a sua flexibilidade e mobilidade para continuar atendendo às necessidades variáveis dos clientes. Tanto a SEJ quanto a Muji gerenciam o fluxo de atendentes interagindo de forma direta com seus clientes nos postos de venda e por meio da Internet para sentir as tendências dinâmicas e, ao mesmo tempo, trabalhar diretamente com seus fabricantes para garantir que sejam capazes de reagir àquelas tendências de maneira rápida e apropriada.

NOTAS

1. Na SEJ, "funcionários lojistas" compreendem apenas os atendentes das lojas franqueadas, e não os funcionários diretos da companhia.
2. A Ryohin Keikaku deixou de ser uma divisão da Seiyu, que vendeu todas as suas ações.
3. Entrevista com Tadamitsu Matsui, presidente e diretor geral, 14 Fevereiro de 2006.
4. As lojas licenciadas são gerenciadas pelas lojas Seiyu.
5. "Dokuji shiyou no jyutaku mo hanbai: Ryohinkeikaku net hanbai kogaisha" ["Ryohinkeikaku Muji.net store sells original houses"]. *Nikkei Shinbun*, 29 de junho de 2000, p.11.
6. "Ryohin Keikaku oshu no 4 tenpo heisa" ["Ryohin Keikaku closing down 4 shops in Europe"]. *Nikkei Ryutsu Shimbun*, 25 de dezembro de 2001.
7. Comentários de Masanobu Furuta, diretor geral, em "Masanobu Furuta, Managing Director, in "Oroshiuri business wojyushi" ["More attention to wholesale business"]. *Nikkei Ryutsu Shinbun*, 7 de fevereiro de 2002.
8. Baseada no material interno da Ryohin Keikaku.
9. http://ryohin-keikaku.jp/csr/060701.html.
10. *"Seikatsu kuukan jindori gassen"* ["Fighting for life space"]. *Nikkei Ryutsu Shinbun*, 28 de outubro de 2003, p. 3.
11. MBWA Gestão de "perambulação".
12. Matsui foi promovido à presidente e diretor representativo em 8 Janeiro de 2008.

214 *Managing Flow*

13. *Site* internacional da Muji: http://store.Muji.net/.
14. *Site* internacional da Muji: http://store.Muji.net/.
15. "Design award *ni katsu: Kaigai 3 sho wo jyusho suru Toshiba, Mujirushi ha iF sho*" ["Winning the design awards: Toshiba won three prizes, Muji won the iF design award"]. *Nikkei Design*, Janeiro de 2006, pp. 60–3.
16. Entrevista com o presidente Matsui, 14 de Fevereiro de 2006.
17. Ibid.
18. Ibid.
19. Ibid.
20. Baseado no livreto de Mujirushi Ryohin, *The Future of Muji.*
21. Ibid.
22. Retirado de uma palestra no Japan Productivity Center for Socio-Economic Development.
23. *"Mujirushi Ryohin no design ha naze hogo sarenakattaka"* ["Por que o *design* da Muji não foi protegido?"]. *Nikkei Design*, 2005.
24. Um visão da Muji expressa pela Ryohin Keikaku em 1996.

REFERÊNCIAS

Akamine, T. (2007). "Kankyouhairyo ha mujirushi ryouhin no kachi no ichiyouso" ["Attention to ecology is only one part of Muji's value"]. Business Research, December, 55–63.

Iwanaga, Y. (2002). Subete ha naming [Naming is Everything]. Tokyo: Kobunsha.

Katsumi, A. (2002). Suzuki Toshifumi no tokei shinrigaku. [Toshifumi Suzuki's statistical psychology]. Tokyo: President Sha.

Senoo, D., Akutsu, S., and Nonaka, I. (2001). Chishiki keiei jissennron. [On Practice: Knowledge Creation and Utilization]. Tokyo: Hakuto Shobo.

Suzuki, T. (2003). Shoubai no genten [The Origin of Merchandizing]. Tokyo: Kodansha.

Suzuki, T. (2006). Naze urenai noka, naze ureru noka [Why Things Don't Sell, why Things Sell?]. Tokyo: Kodan Sha.

Suzuki, T. (2008). Chourei bokai no hassou shigoto no kabe wo toppa suru 35 no jikigen [Adaptable Conceptions]. Tokyo: Shinchousha.

Watanabe, Y. (2006). Mujirushi Ryohin no kaikaku. (Innovations of Mujirushi Ryohin). Tokyo: Shogyokai.

Yoshioka, H. (2007). Seven Eleven oden bukai [Seven Eleven oden Team]. Tokyo: Asahi Shinho.

Os ativos dinâmicos de conhecimento em processo

7

As experiências cumulativas de uma pessoa formam um arquivo de conhecimento pessoal. Para compartilhar e utilizar efetivamente este conhecimento pessoal dentro de uma organização, as relações flutuantes presentes na organização devem ser gerenciadas e direcionadas. Além disso, este conhecimento compartilhado torna-se um ativo herdado por sucessivas gerações na empresa.

No presente capítulo, examinaremos duas companhias. A primeira é a YKK Coporation, que se apropriou de forma efetiva de seus ativos de conhecimento para renovar o conceito do simples zíper de roupas e conquistou uma participação no mercado global. A segunda é a JFE Steel Corporation, que teve sucesso em transformar radicalmente seu negócio após uma fusão corporativa que integrou de forma eficaz o conhecimento prático de duas culturas corporativas diferentes.

YKK CORPORATION

Apresentação da companhia

A YKK Corporation é a líder mundial em zíperes, com 118 subsidiárias distribuídas por 70 países, e uma participação de mais de 45% no mercado global (dados de dezembro de 2007). O ponto forte da YKK está no equilíbrio sofisticado que alcançou entre a filosofia e a prática na criação de conhecimento ao reagir às mudanças no ambiente de negócios. Fundada em 1934 por Tadao Yoshida, a filosofia de gestão singular da YKK estabeleceu a fundação da empresa para os negócios em apenas uma geração, assegurando tanto o crescimento do negócio local como sua expansão global. Tadahiro Yoshida, filho de Tadao, tem combinado a filosofia de gestão de seu pai a uma abordagem de negócios mais contemporânea. Nesta seção, examinaremos a filosofia e a prática de gestão da YKK, conhecida por sua ênfase na contribuição social da empresa.

O Grupo YKK abrange três áreas de negócios: Maquinaria & Engenharia, Produção de Fechos e Produção de Materiais para Arquitetura. A YKK Corporation é a pioneira em todos esses três negócios e domina os Produtos para Fecho, bem como Maquinaria & Engenharia – que é responsável pela pesquisa e desenvolvimento e pela gestão da chamada "soluções de engenharia total YKK". A YKK AP Inc. é o braço da Produção de Materiais para Arquitetura do grupo, produzindo produtos para interiores e exteriores de prédios, como as folhas de alumínio utilizadas no revestimento de edifícios. No ano fiscal encerrado em 2007, as receitas totais de vendas do Grupo YKK foram de 658,2 bilhões de ienes, ou 5,48 bilhões de dólares. Deste total, a produção zíperes representou 258,6 bilhões de ienes, ou 2,15 bilhões de dólares, e a produção de materiais para arquitetura representou 391,1 bilhões de ienes, ou 3,26 bilhões de dólares, com 8,5 bilhões de ienes, ou 0,07 bilhão de dólares, nas revendas de outros negócios. A margem de lucro do grupo é de 6%, embora o negócio de produção zíperes gere uma margem de 14% por si só, o que é considerado alto para um setor maduro.

A participação da YKK no mercado global zíperes é de aproximadamente 45%, o que faz da companhia uma gigante do setor em relação a seus concorrentes. A segunda maior companhia no setor é a Opti, com vendas anuais de aproximadamente 10 bilhões de ienes, ou cerca de 96,39 milhões de dólares. Quase 100 mil companhias são clientes da YKK, com 53 "contas globais" que incluem as grandes marcas Louis Vuitton, Ferragamo, Adidas, Nike e Levi Strauss. Essas companhias dependem da YKK para a entrega pontual de zíperes de alta qualidade por um preço competitivo. A YKK também fornece produtos exclusivos para clientes em particular, possibilitando ao cliente elevar o valor de sua marca diante do consumidor, como os zíperes banhados a ouro criados para a Louis Vuitton. Essa prática faz da própria YKK uma marca conceituada, fazendo com que algumas fábricas de vestuário divulguem o uso de zíperes YKK em seus produtos como sinal de qualidade.

A filosofia de gestão da YKK – o "Ciclo de Bondade" – é fundamental para a prática do negócio, sendo baseada no pensamento de seu fundador, Tadao Yoshida. O Ciclo de Bondade diz que "ninguém prospera a não ser que preste benefícios ao próximo", e esta é a base para a tomada de decisões em todas as áreas. A filosofia é aplicada para aumentar a qualidade das operações comerciais em sete categorias-chave: sociedade, clientes, produtos, tecnologia, funcionários, gerência e igualdade, como ilustrado na Figura 7.1.

Essa filosofia vê a empresa, acima de tudo, como membro da sociedade. Dessa maneira, a razão de ser da empresa consiste em contribuir para essa sociedade com "invenções e ideias inovadoras para a criação contínua de valor".[1] O valor criado gera lucro para a YKK no processo de beneficiar os clientes, os parceiros de mercado e a sociedade. Tadao Yoshida nutria uma forte crença de que os frutos das inovações deveriam ser amplamente distribuídos na sociedade, em vez de serem monopolizados pelas companhias ou pelos indivíduos. Como o valor criado pela YKK é voltado para seus clientes e para a sociedade em primeiro lugar, espera-se que os funcionários pensem sempre a partir do ponto de vista do consumidor. Como resultado, as operações têm se desenvolvido de forma a permitir que a companhia ofereça os melhores produtos e preços dentro de um prazo mais apropriado ao cliente. Esta forma de pensar tem sido o fator-chave na expansão dos negócios da YKK e de sua participação no mercado.

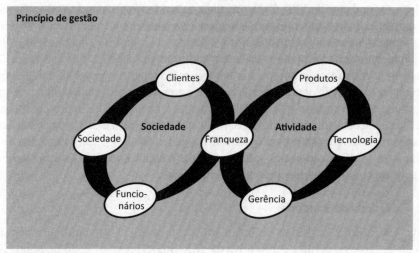

Figura 7.1 Princípios de gestão da YKK.
Fonte: YKK Corporation

Para sustentar uma vantagem competitiva, a companhia enfatiza o desenvolvimento próprio e a inovação nos produtos e nas tecnologias de produção para construir seus ativos de conhecimento. Os produtos YKK são inovadores e de alta qualidade devido a suas tecnologias de produção singulares. A insistência da companhia em desenvolver "soluções de engenharia total" permite que ela acumule *know-how* técnico de modo contínuo em cada etapa do processo de fabricação. Hoje, ninguém consegue superar o nível de conhecimento acumulado em gestão de produção da YKK. Como esses valiosos ativos de conhecimento são gerados e realizados pelos funcionários da companhia, eles são considerados o fator mais importante na criação de valor. A sétima categoria, a "igualdade", foi adicionada à lista de objetivos de qualidade quando a companhia começou a se expandir agressivamente pelo mundo. A YKK volta-se para o mercado exterior a fim de tornar-se parte daquele tecido social local. Ao invés de "cair de paraquedas" em um mercado local, a empresa busca "construir" uma companhia local que contribua para a economia doméstica e para a sociedade.

Embora nenhuma dessas características em si seja exclusiva da YKK, a maneira única como elas são interconectadas e perseguidas incansavelmente pela companhia torna a lucratividade uma consequência, em vez de um objetivo final.

A filosofia do fundador e sua prática de negócios

O fundador da YKK, Tadao Yoshida, aprendeu sobre negócios de mercado internacional em uma empresa de louças onde começou a trabalhar aos 20 anos de idade. Quando a companhia foi à falência, ele adquiriu seu inventário, incluindo o de uma pequena subsidiária que produzia zíperes. Em 1934, aos 25 anos de idade, Yoshida fundou sua própria companhia de produção e *marketing* de zíperes. A partir dessa experiência, ele aprendeu que a confiabilidade é importante para o sucesso e isto significa colocar o cliente em primeiro lugar e gerenciar relações entre os envolvidos. A experiência de dirigir seu próprio negócio também abriu seus olhos para o mercado global e, em 1994, sua companhia evoluiu para a YKK Corporation, abreviação de Yoshida Kougyou Kabushi Kaisha, traduzido como Indústrias Incorporadas Yoshida.

O Ciclo de Bondade

A filosofia de gestão de Tadao Yoshida teve um efeito duradouro no estilo de gestão e na cultura corporativa da YKK. Sua expressão "Ciclo de Bondade" é uma citação da biografia do filantropo Andrew Carnegie, o magnata do aço, que influenciou fortemente seu pensamento (Yoshida, 1987). Tadao captou o significado essencial dos negócios não como uma série de acordos particulares, mas como um fluxo de relações se expandindo de maneira contínua em um "ciclo". Isso exigia que a empresa operasse sobre a base de uma perspectiva de longo prazo para o benefício dos envolvidos e da sociedade como um todo. De seus primeiros dias na companhia de louças até a fundação da YKK, a ideia de que ele deveria "prestar benefício ao próximo" foi sua regra básica para os negócios, e pareceu ser um senso comum em uma época em que a confiabilidade e a credibilidade eram consideradas os fatores mais importantes nos negócios. Tadao Yoshida adotou a expressão "Ciclo de Bondade" como o lema da companhia quando a YKK iniciou sua expansão para o exterior. O lema permanece até hoje, estabelecendo a visão e os princípios da futura expansão da YKK nos dinâmicos ambientes de negócios, garantindo que os funcionários compreendam que sua perspectiva de longo prazo depende da consideração que eles demonstram ao prestar benefício ao próximo.

O Ciclo de Bondade é realizado como "a distribuição dos resultados entre três", tendo por "três" os principais envolvidos: os clientes da YKK, os parceiros de negócios e os funcionários. Os resultados são produtos de valor mais alto para os clientes, a prosperidade para os fornecedores e distribuidores (ou vendedores) e boas remunerações e bônus para os funcionários. Yoshida acreditava que os lucros deveriam retornar às pessoas que se esforçaram para merecê-los. O lucro não era apenas o resultado do capital investido, mas das pessoas que trabalharam para criar o valor que produziu tal lucro. Por esta razão, a YKK até hoje não se tornou uma sociedade anônima, e suas ações pertencem a funcionários e clientes, que recebem seus dividendos. Embora fosse mais barato fazer uma captação de capital com uma oferta pública de ações, Yoshida não queria que a gerência ficasse sujeita à influência de investidores que não tinham qualquer relação com a companhia. Ele pensava que os verdadeiros proprietários da companhia deveriam ser as pessoas que trabalhavam nela, e encarava a gerência menos como um acordo contratual e mais como o compartilhamento de sentimentos nas relações humanas entre os funcionários. "Um investidor é uma pessoa que colabora com a companhia; um apoiador é uma pessoa que compartilha nossas alegrias e tormentos", afirmou (Kawashima, 2003: 122). Espera-se que os acionistas sintam uma união com a companhia, e que a posse de uma parte da empresa aumente seu senso de participação na gerência. Por essa razão, apenas aquelas pessoas relacionadas e preocupadas com futuro da YKK são convidadas a se tornarem acionistas e a compartilharem seus dividendos quando a companhia gera lucros. Com base na filosofia do Ciclo de Bondade, os funcionários foram estimulados a investir parte de seu salários e bônus na compra de ações da empresa. Esse investimento foi utilizado para aumentar a lucratividade, sendo então devolvido aos funcionários na forma de dividendos com juros, estabelecendo um ciclo virtuoso no fluxo de caixa entre a companhia e seus empregados. Este fluxo passou a ser parte de um fluxo maior em uma reação em cadeia de atividades, destinada a criar valor para a sociedade mais ampla. Com o investimento de funcionários e clientes, a YKK é capaz de produzir produtos de melhor qualidade a um custo mais baixo, agregando valor aos seus produtos para o consumidor e impulsionando a demanda e a lucratividade em todas as direções, o que gera maiores contribuições de imposto de renda no apoio a serviços para a comunidade. O fluxo de círculos de prosperidade retorna à YKK com um aumento na receita de vendas e nos lucros para o benefício de seus investidores, ou seja, seus funcionários e clientes. Este fluxo segue sendo até os dias de hoje um dos principais pilares da estratégia de gestão.

A importância da autonomia

Tadao Yoshida procurou fornecer poder de decisão na linha de frente aos funcionários, seguindo sua visão do indivíduo como um ser humano autônomo em igual parceria com a gerência. A única condição para a autonomia era que compreendessem por completo a filosofia e os princípios da companhia, de modo que Yoshida considerava importante a comunicação efetiva para esta compreensão. Quando a companhia ainda era pequena, ele fazia todos os funcionários assistirem às reuniões da gerência para que entendessem sua maneira de pensar e o processo de tomada de decisão. Quando ele escolheu um funcionário para ir ao exterior desenvolver novos mercados, a habilidade línguistica tornou-se o segundo fator importante para a compreensão dos princípios e das ambições da companhia a fim de comunicá-los aos colegas de outros países. Yoshida costumava enviar um jovem funcionário entusiasmado para iniciar uma empresa ao exterior, transmitindo total confiança e suporte ao funcionário e encarando o desafio como um investimento no futuro daquela pessoa na companhia.

Na YKK, a autonomia dos funcionários é apoiada por uma cultura que aceita e aprende com as falhas cometidas durante o treinamento no local de trabalho. Yoshida era famoso por dizer aos funcionários encarregados dos grandes projetos o seguinte: "Mesmo que você fracasse, eu assumirei a responsabilidade final como presidente da companhia... Por isso, faça o seu trabalho da forma como você bem entender" (Onishi e Shoji, 2007: 34). Yoshida acreditava que os indivíduos aprendiam melhor a partir de seus próprios fracassos e os encorajava a analisar por que eles ocorriam. "Se eu reconheço que um funcionário fez o seu melhor, não o critico por seu fracasso", afirmou. "Em vez disso, comunico a outros funcionários as razões do fracasso e seu significado... Para que não aconteça novamente. O fracasso é nosso ativo" (Yoshida, 1987: 360-1). Em uma cultura onde o fracasso é aceito, os funcionários recebem o poder de tomada de decisão na linha de frente de acordo com a situação particular que compreende o "aqui e agora." A YKK estimula os funcionários a acumularem experiências que possam ajudá-los a construir conhecimento tácito de alta qualidade.

O quadro de funcionários e a gerência são treinados a se questionarem quanto ao "por que" e ao "para que" de cada decisão que precisam tomar para que possam agir com autonomia. A consciência do processo da ação objetiva é algo automático e inconsciente na YKK. Quando alguém depara com uma decisão difícil, a prática é retornar ao conceito básico de "prestar benefício ao próximo". Entretanto, a ênfase na ação autônoma não significa que a YKK não possua controle gerencial. A estratéga dos negócios e o planejamento orçamentário são considerados importantíssimos para que se possa avaliar corretamente os riscos de falhas e controlá-los. A YKK construiu um sistema de controle baseado em objetivos quantitativos e um sistema de avaliação baseado na conquista desses objetivos.

Os fatores-chave no desenvolvimento da YKK

Um dos fatores-chave para a YKK manter uma alta participação no mercado é seu uso eficiente de tecnologias acumuladas, o que a ajudou a renovar o conceito do "zíper" e, em última análise, a redefinir sua razão de ser a partir do ponto de vista do cliente. O zíper era visto frequentemente como o componente mínimo do vestuário na indústria de confecções, mas a YKK renovou o conceito como algo que podia "tanto abrir quanto fechar". Isso desencadeou o desenvolvimento de uma ampla variedade de funções para o produto, como zíperes à prova d'água e lacres. Isso teria sido impossível caso o zíper continuasse a ser visto simplesmente como um substituto para botões. Como descrito pela revista *Forbes*, a YKK estava *"zipando o mundo inteiro"* (Fulford, 2003).

A permeabilidade da filosofia administrativa da YKK por todo o grupo é outro fator-chave para seu sucesso, direcionando o desenvolvimento exaustivo de tecnologias de produção superiores, incluindo desde o desenvolvimento de matérias-primas até o processo de produção. A YKK realiza sua filosofia durante as operações cotidianas na busca pela excelência tecnológica. Assim como o atleta de esportes radicais, a YKK busca a extrema tecnologia para redefinir os limites de seus protudos, enquanto produz itens de melhor qualidade por um custo competitivo – e o mais rápido possível, em resposta a qualquer demanda particular de seus clientes.

O desenvolvimento tecnológico e o valor agregado

No competitivo mundo dos negócios, uma nobre filosofia de gestão não é suficiente para o sucesso. O sistema de valor agregado, implantado por Yoshida na YKK e caracterizado pela busca incansável por melhorias em tecnologia e qualidade de produto, tem sido um fator importantíssimo para o crescimento sustentável.

Desde o início, Yoshida enfatizou a importância de construir a confiança do cliente e do consumidor nos produtos YKK, e a necessidade de desenvolver habilidades tecnológicas próprias para tanto. Ele afirmou: "Para oferecermos com confiança os melhores produtos, não podemos deixar qualquer parte do processo a serviço de outra companhia. Devemos tentar fazer todo o processo por conta própria" (YKK, 1995: 74). A noção de "Soluções de Engenharia Total" na YKK, da matéria-prima ao produto final, é apoiada pelo desenvolvimento interno de mecanismos de precisão para a produção de qualidade e a entrega em tempo oportuno. Essa capacidade total é a sua principal força e a chave de sua participação impositiva no mercado global. Em 1978, por exemplo, a YKK desenvolveu uma máquina que automatizava o processo de costurar zíperes em calças *jeans*. Naquela época, as fábricas de *jeans*, como a Levi Strauss, estavam comprando zíperes em rolos e precisavam cortá-los no comprimento certo para cos-

222 *Managing Flow*

turá-los nas calças. A máquina desenvolvida pela YKK, projetada exclusivamente para seus zíperes próprios, não apenas oferecia um valor mais alto às fábricas de *jeans* ao tornar o processo inteiro automático, como também garantia à YKK a posição de fornecedora exclusiva de zíperes aos clientes. A YKK não é apenas uma *fabricante* de zíperes. Ela acumula e sistematiza tanto o conhecimento tácito quanto o conhecimento explícito adquiridos a partir das operações e práticas de negócios diárias em toda a cadeia de valor.

As tecnologias cumulativas

Um zíper é composto por três partes: os dentes para engate, chamados de "elemento"; a corrediça que prende um elemento ao outro ; e a tira na qual todo o material está fixado. Parece ser um produto simples, mas as tecnologias básicas que sustentam sua produção nos dias de hoje estão longe de serem simples. Elas representam o acúmulo de muitos anos de experiência na escolha das matérias-primas adequadas e na modificação da maquinaria e das técnicas para garantir a produção constante de alta qualidade a um custo competitivo.

O conhecimento tecnológico da YKK está principalmente no seu Grupo de Maquinaria e Engenharia, que produz as máquinas e as peças para todas as fábricas que a YKK possui ao redor do mundo. Segundo a YKK, a produção local e o fornecimento de equipamentos próprios garantem que seus produtos tenham a mesma qualidade em qualquer lugar do mundo. Sua maquinaria é estritamente mantida como tecnologia patenteada. Quando uma máquina é descartada, o desmanche é feito por completo para garantir que o *know-how* incorporado na máquina não chegue às mãos de um concorrente. A YKK compreende que o controle de qualidade por meio de uma tecnologia superior é a fonte de sua vantagem competitiva sustentável.

As atividades do Grupo de Maquinaria e Engenharia formam um importante processo de criação de conhecimento com contínuo acúmulo e externalização de conhecimento tácito entre engenheiros experientes. O acúmulo de conhecimento sobre engenharia é articulado, compartilhado e combinado de modo explícito. Em seguida, é incorporado a máquinas automáticas precisas cuja qualidade determina a qualidade dos bens produzidos. As Soluções de Engenharia Total da YKK são o resultado de um processo de criação de conhecimento desenvolvido em parte pela resolução de gargalos, graças às constantes melhorias de seus processos de produção. Porém, a engenharia de maquinaria nem sempre se deu internamente. No início, a YKK confiava as peças de maquinaria a um vendedor externo, mas, em 1947, Tadao Yoshida percebeu que teria que rever completamente os métodos de produção para atingir a qualidade de produtores estrangeiros. Ele contatou um comprador na esperança de exportar os produtos YKK para os Estados Unidos, mas quando o comprador apresentou uma amostra

Os ativos dinâmicos de conhecimento em processo **223**

de um produto fabricado em seu país, Yoshida ficou admirado com o nível superior de qualidade e tecnologia em relação ao seu produto. Assim, ele voltou-se para a produção inteiramente própria, de modo que a companhia pudesse exercer um controle completo sobre a qualidade de seus produtos.

Em 1949, a YKK deu seu primeiro passo no desenvolvimento de suas Soluções de Engenharia Total, com a construção de uma fábrica de prensagem de cobre para produzir os elementos e as corrediças, e uma fábrica de tecelagem para produzir as tiras. Em seguida, seu sistema de produção manual foi substituído por quatro máquinas de costura e bordado do tipo ponto em cadeia, importadas dos Estados Unidos, e deu-se início à produção automática em grande escala. Uma vez que a produção de zíperes foi automatizada, percebeu-se um desequilíbrio em relação a outras etapas da produção. Embora a demanda por elementos na linha de produção tivesse aumentado devido ao aprimoramento da produtividade, o uso de metal achatado[2] para produzir os elementos resultou em qualidade variável e muito desperdício. Os engenheiros passaram a usar metais transversais,[3] que possibilitavam uma produção mais rápida e precisa. Entretanto, o uso do metal transversal reduziu a vida útil dos moldes usados para dar forma aos elementos. Dessa maneira, a YKK decidiu fazer os moldes a partir de uma nova superliga, e automatizou a nova produção de moldes ao desenvolver uma máquina de moer com precisão. Resolvida esta questão, surgiu outro desequilíbrio, dessa vez na produção de corrediças. No processo de produção, a máquina de prensagem passava por 13 etapas consideradas muito lentas em relação às novas máquinas de costura e bordado do tipo ponto em cadeia. Assim, uma nova máquina para a produção de corrediças teve de ser desenvolvida internamente. A antiga maquinaria terceirizada utilizada para a produção foi sendo gradualmente substituída por tecnologias desenvolvidas e construídas inteiramente pelo Grupo de Maquinaria e Engenharia da empresa. Finalmente, a companhia construiu uma fábrica de fiação e uma fábrica de alumínio baseando-se na mesma lógica do controle de qualidade e utilizando os ativos de conhecimento cumulativos, os quais haviam se tornado exclusividade da YKK.

Os recursos humanos do Grupo de Maquinaria e Engenharia

O aperfeiçoamento contínuo da YKK na maquinaria e nos processos se baseia em recursos humanos superiores. Aproximadamente 90% dos funcionários da YKK no Grupo de Maquinaria e Engenharia trabalham na linha de produção, assegurando a certificação pública de suas especializações técnicas. Os engenheiros dirão que sempre haverá algo que pode ser melhorado, ainda que um zíper envolva apenas três partes. "Eu gostaria de dizer que somos superiores, mas enquanto tivermos concorrentes, sempre haverá algo que precisaremos fazer para permanecer na competição", afirmou um engenheiro.[4] Todos os funcionários do Grupo de Maquinaria e Engenharia pensam em termos de crescimento dos negócios e trabalham sem parar para realizar melhorias diariamente para que estejam sempre à frente. Como o grupo mais próximos à linha de produção, encontram-se ao centro do desenvolvimento técnico na YKK. Os engenheiros passam a ser chamados de "Senhor Metal" quando alcançam um alto nível de *know-how* tecnológico e experiência em trabalhos com metais, os quais compartilham no treinamento no local de trabalho. Um engenheiro com esse nível de especialização normalmente pode sentir o nível de precisão de 10 mícrons apenas com o tato.

Os engenheiros podem facilmente colaborar para produzir melhores materiais e desenhos de produto, bem como melhores tecnologias para a linha de produção. Isso os ajuda a criar produtos melhores, integrando as diversas especialidades de conhecimento ao conhecimento acumulado na linha de frente de produção. Todos os funcionários compreendem que a linha de produção representa o *ba* no qual o conhecimento explícito, baseado na lógica, e o conhecimento tácito, baseado na intuição, são mesclados a tecnologias e desenvolvimento de produto; e que esse *ba* constitui a fonte para futuras melhorias.

A prática de escutar o cliente

O sucesso da YKK também se deve à minuciosa busca pela filosofia do "cliente em primeiro lugar", de tal forma que nenhum benefício pode ser obtido a não ser que se preste benefício primeiramente ao cliente. A prioridade consiste em responder de forma rápida às necessidades do cliente e estabelecer uma relação a longo prazo. Mesmo que as soluções de engenharia total possibilitem à companhia criar um produto único, no caso deste produto não ser aceito pelo cliente, ele perde seu significado. A YKK reconhece a necessidade de mudar e evoluir constantemente para atender às necessidades instáveis dos clientes. Sua ênfase em pensar continuamente em maneiras de aumentar o valor para os clientes pode parecer bastante simples; porém, se for levado a sério, tentar satisfazer todos os desejos e necessidades do cliente é um trabalho difícil.

A maioria dos clientes da YKK são líderes na indústria de vestuário, mas conquistar sua confiança foi uma tarefa longa e complicada. A YKK desenvolveu uma maneira peculiar de construir uma relação de longo prazo com o cliente. Os funcionários visitam clientes em potencial todos os dias, mesmo que eles não consigam pedidos. O objetivo é desenvolver e preservar uma comunicação diária que fornecerá aos funcionários uma ideia da necessidade dos clientes e de como satisfazê-la. O ex-presidente da YKK na Europa, Masaharu Ando, relatou que quando foi enviado à Europa, 30 anos antes, o velho Yoshida lhe disse: "Você deve visitar o cliente todos os dias até que ele faça um pedido". E foi exatamente isso que ele fez, de modo que após aparecer na empresa do cliente todos os dias, a co-

Os ativos dinâmicos de conhecimento em processo **225**

municação se desenvolvia.[5] O cliente talvez tenha alguma reclamação sobre um produto que está utilizando, ou talvez realize um pequeno pedido para experimentá-lo. Ando afirmou que toda visita representava uma oportunidade de perceber as coisas a partir do ponto de vista do cliente e de mostrar que a YKK talvez tivesse a resposta para o problema. Finalmente, a credibilidade da companhia cresceu juntamente com a capacidade de suprir as necessidades dos clientes com produtos de alta qualidade. Ao responder à demanda diária do cliente, o volume dos pedidos continuou a crescer até a YKK tornar-se a sua fornecedora exclusiva.

A atenção que a YKK dedica à tecnologia e ao desenvolvimento de novos produtos é orientada pela rígida fidelidade à política do "cliente em primeiro lugar". A capacidade de "conviver" com o cliente tem impulsionado a contínua inovação tanto do produto quanto do processo que satisfaz as demandas em qualidade, variedade, custo e entrega, de maneira rápida e precisa. Em 2007, a YKK produziu cerca de 200 mil tipos de zíperes em 5 mil cores (Onishi e Shoji, 2007). As preferências dos clientes mudam rapidamente, já que as tendências da moda têm vida curta e o ciclo de vida dos produtos na indústria de vestuário diminui cada vez mais. Antigamente um produto era vendido por duas temporadas, de modo que o prazo para a produção era de um ou dois meses. Atualmente, a média é de cinco dias. O curto prazo de entrega é um fator importante para o controle do estoque. Pode ser que um cliente prefira esperar até o último momento para determinar qual *design* fará sucesso em uma determinada temporada. Por exemplo, a fabricante de vestuário Zara, da Espanha, mantém um estoque por apenas 15 dias, precisando de apenas 45 dias entre o *design* e a conclusão do produto. O desenvolvimento tecnológico próprio da YKK permite à companhia criar rapidamente um novo molde de produto, às vezes em apenas dois dias, e iniciar imediatamente a produção para cumprir um prazo de entrega. Nenhum outro fabricante é capaz de superar isso, pois não possuem o sistema e os processos únicos da YKK, e nem o *know-how* tecnológico acumulado que os sustenta. A YKK também preserva a vantagem competitiva a oser capaz de fornecer produtos de qualidade invariável para clientes que estão expandindo seus negócios pelo mundo. Por exemplo, quando a Adidas solicitou à YKK um fornecimento de zíperes idênticos para seus mercados em mais de 40 países onde opera, a YKK atendeu ao pedido modernizando todas as suas 88 fábricas no exterior e algumas no Japão (Fulford, 2003). Isso foi possível devido a sua abordagem de Soluções de Engenharia Total.

A sucessão e a renovação da filosofia administrativa

Toda companhia fundada por um líder carismático enfrenta o dilema de quem irá sucedê-lo. Embora estando de acordo com as mudanças dos tempos, as

226 *Managing Flow*

companhias frequentemente se afastam de sua original razão de ser e ficam confusas sobre como agir para se sustentar. Na YKK, a orientação era manter a filosofia original, mas mudar a estrutura organizacional dos negócios, o que não corresponde ao instável ambiente de negócios. A companhia passou por uma reforma decisiva baseada em sua concepção de um futuro ideal, evitando, ao mesmo tempo, o excesso de confiança em experências e sucessos anteriores.

A sucessão da gerência

Em 1993, o filho de Tadao Yoshida, Tadahiro, assumiu a presidência da companhia após passar sete anos na vice-presidência. Durante o anúncio de sua sucessão na conferência da impressa, ele afirmou que continuaria a seguir a filosofia da companhia do Ciclo de Bondade. Em 1994, Tadahiro alterou o nome da companhia de Yoshida Kogyo para YKK, demonstrando que a empresa não pertencia apenas à família fundadora, mas à grande família de funcionários da YKK. Desde então, ele vem realizando uma variedade de reformas.

"Tadao Yoshida foi um líder carismático", afirmou Tadahiro (Yoshida, 2003: 48). "Suas palavras eram compartilhadas entre os funcionários como um dogma. Isso ajudou a formar uma organização onde pessoas comuns pudessem trabalhar com seu potencial ao máximo." Porém, Tadahiro também acreditava que uma liderança tão forte ofuscaria o potencial de outros indivíduos da companhia e decidiu que teria que fazer algo sobre isso para garantir a sobrevivência da YKK após a renúncia de seu pai. Como vice-presidente, Tadahiro já havia iniciado a maior reforma da YKK, buscando transformá-la em uma organização mais holística, tendo em vista sua operação em inúmenros de países com diferentes consumidores e normas sociais. Ele percebeu que a otimização parcial não levaria à raiz de nenhum problema. Seu principal objetivo era pôr a criação de valor em prática por toda a companhia.

Reafirmando a filosofia

O primeiro passo de Tadahiro foi dar cara nova à filosofia de gestão da YKK, denominando-a "Espírito de Tadao Yoshida", e acrescentar novos objetivos capazes de orientar a companhia ao longo da nova era. Ele resumiu esses objetivos com a expressão: "A YKK busca o valor corporativo de maior importância". A mensagem era que os dias de um único líder carismático haviam terminado, de modo que todos os funcionários deveriam assumir a responsabilidade de liderar o crescimento e agregar valor à companhia. Ele sintetizou os princípios de gestão de seu pai em seis palavras-chave – clientes, sociedade, funcionários, gerência, tecnologia e produtos –, e orientou o aprimoramento de cada uma delas. Tadahiro acrescentou a sétima palavra-chave, igualdade (veja a Figura 7.1). Igualdade significa respeitar o próximo e reconhecer que nenhuma questão poderia ser resolvi-

Os ativos dinâmicos de conhecimento em processo **227**

da se uma das partes fizer pressão sobre a outra. Ele considerava a igualdade como condição essencial para a busca global de negócios.

A reforma organizacional

Tadahiro também reformou a estrutura organizacional para sustentar a expansão global. Desde sua fundação, a YKK havia operado sobre a ideia de que todo funcionário tinha uma participação igualitária no gerenciamento, e que sua proficiência correspondia à experiência individual. Entretanto, à medida que a variedade de trabalho aumentou e o equilíbrio foi deslocado para a oferta de trabalho e para a demanda, esta abordagem deixou de ser eficiente ou efetiva. Funcionários trabalhando de maneira autônoma em produção e vendas em várias partes do mundo tornaram-se ineficientes como um grupo. Em 1985, o então vice-presidente, Tadahiro, reestruturou detalhadamente o modelo organizacional anterior de autonomia distribuída, combinando produção e vendas em uma única unidade e reformando a organização estruturada em regiões para uma organização de divisões. Em 1993, quando ele se tornou presidente, as divisões ganharam mais força e juntamente com a matriz tornaram-se o núcleo do grupo. Como resultado, as decisões estratégicas de todo o grupo passaram a ser coordenadas e integradas pela matriz.

Tadahiro também fortaleceu o sistema de adequação legal. Seu pai acreditava na bondade inata do ser humano no sentido confucionista. Tadahiro afirmou: "Se todos nós mantivermos a mesma ideia básica da bondade inata do ser humano e dermos, assim, o nosso melhor na busca dessa bondade, a organização se tornará naturalmente mais eficiente. Esta é a principal teoria organizacional... A não ser que compartilhemos verdadeiramente esse espírito, nunca seremos uma boa companhia, independente do que fazemos e do que representamos como organização" (Yoshida, 2003: 137–49). Porém, ele também reconhecia a necessidade de mudar de acordo com o tempo e, conforme a companhia cresceu, tornou-se mais propensa a erros e ao mau comportamento. Ele também compreendia que a natureza humana era tanto boa quanto má, de modo que o comportamento de um indivíduo dependia de seu sistema de valor. Se todos os funcionários compartilhassem os mesmos valores, um simples código de conduta seria o suficiente, mas em se tratando de uma companhia global, era necessário incorporar uma variedade de culturas e sistemas de valor para passar no teste global de confiabilidade social. Para prevenir qualquer contravenção legal, Tadahiro fortaleceu o sistema para verificar as rotinas diárias estabelecendo a Divisão de Auditoria de Gestão e Inspeção.

De modo geral, as reformas de Tadahiro descentralizaram os negócios e, ao mesmo tempo, racionalizaram a matriz ao enfatizar na gerência de grupo. Em 2003, as funções do gerenciamento indireto, como, a contabilidade de recursos humanos e a administração, foram transferidas para uma nova subsidiária

228 *Managing Flow*

especializada. Seguindo as tendências globais, o princípio da YKK que consistia em fabricar no país de consumo não se aplica mais, e o novo princípio consiste em fabricar e produzir onde quer que seja o mais eficiente fazê-lo. Essa mudança reflete um princípio ainda maior, baseado na flexibilidade do gerenciamento para centralizar e descentralizar conforme as circunstâncias instáveis.

A relação com as subsidiárias do exterior também se baseia na filosofia do Ciclo de Bondade. Tadahiro Yohida descreve essa relação da seguinte maneira: "Nunca fazemos a sangria de lucros das subsidiárias para a matriz. Nós retornamos os lucros [gerados localmente] para o benefício da economia local. Este é o nosso princípio e a nossa disciplina". Os benefícios locais para funcionários, fornecedores e clientes, contribuem na medida em que a companhia local prospera. "Em outras palavras, a empresa local da YKK pratica todos os aspectos de seus negócios dentro daquela sociedade e, dessa maneira, a companhia presta um benefício para aquela sociedade e torna-se parte dela", afirmou (Yoshida, 2003: 62). Isso gera na comunidade uma confiança em relação a companhia. Sempre se espera que um gerente, ao ser enviado da matriz, "torne-se um nativo" assumindo uma residência semipermanente para garantir a localização dos negócios, enquanto mantém contato com a matriz. Muitos desses gerentes enviados permaneceram 15 anos ou mais no exterior, e alguns permaneceram mais de 30 anos.

JFE STEEL CORPORATION

Apresentação da companhia

À medida que a economia se globaliza e a competição torna-se mais acirrada, reformas e reestruturações de organizações e indústrias por meio de fusões e aquisições (F&A) têm se tornado cada vez mais comuns. Entretanto, F&As não são sempre efetivas. Isso é especialmente verdade no caso de grandes empresas com tradições de longa data, para as quais uma fusão pode acarretar conflitos entre as culturas corporativas. As empresas podem ter sido fundidas externamente, mas internamente permanecem à parte, ainda que correspondam à mesma indústria.

Atualmente, a indústria siderúrgica está passando por grandes transformações em todo o mundo, e a fusão que originou a JFE Steel Corporation é um caso raro da união bem-sucedida entre duas culturas corporativas amplamente distintas e competitivas. Esta fusão, entre a NKK Corporation e a Kawasaki Steel Corporation para criar a JFE Holdings Inc., resultou na recuperação extraordinária de negócios para o grupo, além da mais difícil integração entre duas culturas.

A produção de aço encontra fortes barreiras de entrada e de saída em mercados, devido aos enormes investimentos exigidos desde o início e por um longo

Os ativos dinâmicos de conhecimento em processo **229**

período de tempo. Pode levar cinco anos e muitos milhões de dólares para consolidar uma nova fábrica funcionando conforme todos os processos que envolvem a produção, desde a produção de ferro-gusa ao processo de prensagem e laminação do aço. Também leva tempo para implantar reformas, e o que dirá integrar as operações em grandes instalações. Dessa forma, os benefícios do trabalho não são aparentes a curto prazo. A união que criou a JFE foi capaz de equilibrar esses obstáculos por meio do constante diálogo aberto entre as companhias e do intercâmbio do pessoal-chave que facilitou o surgimento de conhecimento e da compreensão necessários para concretizar a integração.

A indústria siderúrgica no Japão

No Japão, os fabricantes de aço competem e colaboram ao mesmo tempo, compartilhando tecnologias na medida em que todos estão trabalhando com um nível semelhante de capacidade tecnológica. Entretanto, isso não facilita sua integração, pois seus processos de fabricação podem variar muito, especialmente no que diz respeito ao nível de *know-how* na fábrica. Este *know-how* é um conhecimento tácito e incorporado que não é facilmente compartilhado ou transmitido. Isso se deve às diferenças de contexto dos métodos de fabricação e da organização das instalações, que variam de companhia para companhia. Os sistema de controle computadorizados também diferem, de modo que a integração desse aspecto representa um comprometimento enorme de tempo e esforço.

A indústria tem feito melhorias contínuas nos processos de produção, construindo uma força de trabalho qualificada e acumulando *know-how* de todos os que apresentam maior produtividade. Porém, apesar do processo computadorizado de fabricação de aço comum a todas as empresas da atualidade, são as melhorias na linha de produção particulares de cada empresa e o *know-how* acumulado de seus operários que têm causado um efeito mais significativo na produtividade. O conhecimento prático acumulado por uma companhia é tão visível quanto invisível. Os operários da linha de produção são geralmente organizados em equipes especializadas, como produção do ferro-gusa, prensagem do aço e laminação, e tendem a ser ligadas à divisão na qual trabalham e aos próprios colegas operários. A produção opera em equipes que integram sua variedade de *know-how* referente à unidade de produção a um sistema. É dessa maneira que uma cultura particular e métodos únicos se desenvolvem e são institucionalizados em cada empresa, de modo que essas diferenças podem formar uma importante barreira para a integração bem-sucedida durante uma fusão.

A NKK e a Kawasaki Steel tinham essas diferenças, mas encontraram uma maneira de se integrar livre de problemas e com o mínimo de conflitos posteriores, abrindo o caminho para bons resultados empresariais em sua nova fase, como JFE. Parte disso foi atribuído ao aumento da demanda global precipitado pelo rápido crescimento na China, mas isso não explica por que a JFE tem sido capaz de aumentar a lucratividade mais do que outras companhias atuando no mesmo ambiente de negócios. Na JFE, a sinergia foi conquistada pela integração do conhecimento de cada empresa, graças à sensação de crise advinda da instabilidade do ambiente e à capacidade dos gerentes de estabelecer um diálogo sincero sobre objetivos e metas diante de todo o grupo.

O Grupo JFE e as condições para a integração

A JFE é um grupo de companhias sob a proteção da JFE Holdings Inc., estabelecida com a fusão da NKK e da Kawasaki Steel Corporation, ocorrida em 2002. Há cinco companhias no grupo, incluindo a JFE Steel e a JFE Engineering (veja a Figura 7.2). Todas as companhias foram fundadas em abril de 2003. As vendas líquidas consolidadas do grupo alcançaram 3.540 bilhões de ienes, ou aproximadamente 33,7 bilhões de dólares, no ano fiscal encerrado em março de 2008. Durante o mesmo período, a maior companhia, a JFE Steel, teve vendas líquidas consolidadas de 3.203 bilhões de ienes, ou aproximadamente 30,5 bilhões de dólares, sendo a quarta maior indústria siderúrgica do mundo.[6]

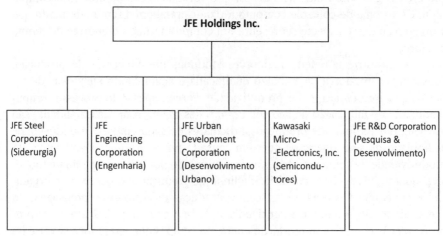

Figura 7.2 Apresentação do grupo JFE.
Fonte: JFE Holdings, Perfil da Companhia.

As condições para a fundação do grupo JFE resultaram de um longo retrocesso na indústria siderúrgica, que agravou a lucratividade das companhias originais. Ao final dos anos 1990, os funcionários da Kawasaki Steel compartilhavam uma sensação de crise, e acreditavam que a companhia não poderia continuar como

Os ativos dinâmicos de conhecimento em processo **231**

estava. Ela era conhecida na indústria pelos seus rígidos controles de custo, mas até mesmo a própria companhia reconheceu que estava atingindo os limites de corte de custos como uma resposta à queda dos preços. A NKK também estava enfrentando sérias dificuldades. Embora tivesse um valor mais alto de vendas líquidas consolidadas do que a Kawasaki Steel, enfrentava uma lucratividade mais baixa e estava deixando a desejar em outros indicadores. O preço de suas ações refletia essa tendência e, por um período, as ações da Kawasaki Steel foram mais altas do que as da NKK. Os funcionários da NKK estavam sendo submetidos a intermináveis cortes salariais devido à crise nos negócios. Finalmente, seus salários foram reduzidos abaixo do salário dos funcionários da Kawasaki Steel, fazendo com que ambas as companhias reconhecessem que precisavam tomar providências drásticas.

Em outubro de 1999, a montadora japonesa Nissan Motor passou a cortar o número de companhias das quais comprava material. Este foi o último impulso para a fusão da Kawasaki Steel com a NKK. A Nissan estava comprando apenas dos produtores de aço que aceitassem preços mais baixos. Essa medida ficou conhecida pela indústria siderúrgica como o Choque Ghosn, devido ao nome de seu chefe de operações, Carlos Ghosn. Os preços na indústria siderúrgica sofreram um colapso que foi sentido por todos os fabricantes. No ano fiscal encerrado em março de 2000, as vendas líquidas consolidadas da Kawasaki foram de 12,4 bilhões de ienes, ou cerca de 103 bilhões de dólares, mas a NKK bateu o recorde de vendas líquidas consolidadas com 45,9 bilhões de ienes, ou cerca de 382,5 bilhões de dólares. Em 26 de setembro de 2001, as ações da NKK atingiram o menor valor de todos os tempos, caindo para 65 ienes, ou cerca de 50 centavos de dólar por ação. Ambas as companhias passaram a concordar que uma união seria a única solução, mas não estavam com pressa alguma em fazê-lo.

As discussões entre os principais executivos das companhias começaram com a ideia de formar uma aliança em áreas onde havia menos probabilidade de conflito. Após um longo período de preparação, a *holding* foi fundada, e, finalmente, ocorreu a fusão total.

O processo de fusão

No início, Yoshi Shimogaichi, o presidente da NKK, e Kandji Emoto, o presidente da Kawasaki Steel, realizaram uma série de reuniões e começaram a organizar uma aliança flexível. Em abril de 2000, ambas as companhias anunciaram que iriam começar a procurar maneiras de aumentar a eficácia no que dizia respeito às compras, à manutenção e à logística em suas metalúrgicas, e passaram a colaborar entre si. As companhias começaram pela racionalização da logística e pelo controle de estoque por meio da cooperação entre fábricas vizinhas à Kawasaki Steel e à NKK: as metalúrgicas Chiba e Mizushima e as fábricas Keihin e Fukuyama, respectivamente. Isso acabou por preparar o caminho para uma fusão completa. Em se-

232 *Managing Flow*

tembro de 2000, concordaram em 10 temas para uma aliança em três áreas de gestão. Na época, nenhuma das duas companhias falava sobre a fusão, mas, internamente, ambas estavam se preparando para este fim.

Em abril de 2001, elas anunciaram a fusão, descrevendo o evento como um processo de duas etapas. Em outubro de 2002, a companhia controladora seria criada pela transferência de ações. Ambas as companhias estariam sob o controle da companhia controladora e, em abril de 2003, seriam reestruturadas e fundidas como parceiras igualitárias. Uma declaração feita em 21 de dezembro de 2001 definia a missão da seguinte maneira:

> O Grupo JFE está determinado a se tornar um competidor de classe mundial com sua sólida base de clientes, sua tecnologia avançada, seus serviços siderúrgicos e suas instalações industriais de alta eficiência, e criará uma cultura corporativa inovadora com um espírito para o desafio. Ao fazê-lo, o Grupo JFE buscará os seguintes objetivos:
>
> (1) Fortalecer sua capacidade de satisfazer por completo as necessidades dos clientes em uma base global
> (2) Garantir credibilidade aos acionistas e aos mercados de capital global
> (3) Promover mais oportunidades desafiadoras aos funcionários
> (4) Contribuir com as comunidades locais e com a conservação do ambiente global.[7]

Naquela época, as capacidades de produção eram de 20 milhões de toneladas na NKK e de 13 milhões na Kawasaki Steel. Juntas, excediam as 20 milhões de toneladas produzidas pela Nippon Steel. Naquele tempo, a fusão faria da JFE a segunda maior indústria siderúrgica do mundo. O grupo visava fortalecer a competitividade ao alargar sua participação no mercado, eliminando gastos indiretos e ampliando a eficiência do investimento em P&D e equipamentos. Em 2001, a produção total de aço no mercado japonês foi de 126 milhões de toneladas, 4,5% mais baixa do que no ano anterior. A Nippon Steel conquistou o topo com 25,6% de participação no mercado, se comparada à NNK e à Kawasaki Steel, com 12,6% e 12,0%, respectivamente.[8] Com uma participação conjunta no mercado de 24,6%, a fusão colocou o Grupo JFE em segundo lugar, próximo à Nippon Steel.

Em setembro de 2002, foi fundada a JFE Holdings Inc. A distribuição de ações foi inicialmente igualitária, porém, teve de ser reavaliada conforme o preço das ações na época, de modo que uma ação da Kawasaki valesse 0,75 da NKK. Em abril de 2003, as diversas divisões de cada companhia foram reestruturadas em cinco unidades de negócios, todas possuindo domínio e foco claros (veja a Figura 7.2). A divisão de construção naval foi desmembrada do Grupo JFE e conectada a uma parte da Hitachi Zosen Corporation para se tornar a Universal Shipbuilding Corporation. Isso permitiu que a cada uma das compa-

Os ativos dinâmicos de conhecimento em processo **233**

nhias se dedicasse a seus domínios singulares do núcleo de negócios, enquanto o grupo se concentrava exclusivamente na siderúrgica.

Métodos e culturas conflitantes

Apesar de pertencerem à mesma indústria, a NKK e a Kawasaki Steel tinham culturas corporativas e sistemas de gestão totalmente distintos. Desde o início, sua maior preocupação era saber se conseguiriam ou não lidar uma com a outra. As diferenças culturais e de sistemas poderiam impedir a integração das organizações e das tecnologias. Por exemplo, as duas companhias usavam termos tecnológicos diferentes para expressar as mesmas funções da linha de produção, de modo que a primeira medida a ser tomada foi criar uma linguagem comum para se comunicarem. Havia outras diferenças fundamentais. O volume de produção da NKK era mais alto que o da Kawasaki Steel. A NKK estava investindo de modo agressivo em instalações, equipamentos e P&D, e possuía um nível de capacidade tecnológica mais alto. Entretanto, seus investimentos nem sempre tinham retorno, e a gestão da NKK não era tão eficiente quanto a da Kawasaki Steel.

Antes da fusão, o grupo NKK operava nas três principais áreas: siderurgia, construção naval e engenharia. Todos os três negócios eram autônomos em termos de gerenciamento e não buscavam sinergias dentro do grupo. A NKK também estava envolvida em outros tipos de negócios, tais como desenvolvimento urbano e fabricação de semicondutores, com métodos de operações um tanto diferentes dos da indústria siderúrgica. Em sum, a NKK era agressiva em P&D e na diversificação de seus negócios, mas não era boa em gerar lucros, devido a sua cultura corporativa mais focada no desenvolvimento tecnológico do que na lucratividade.

Em contraste, a Kaawasaki Steel era vista como uma empresa sólida. Teve de ser desmembrada da da Kawasaki Heavy Industry para se tornar uma siderúrgica independente com sua própria estratégia de gestão. O ex-CEO Yataro Nishiyama ajudou a fundar a Kawasaki Steel, influenciando muito na sua cultura. A companhia centralizou bastante o controle de custos, que mostrou um aproveitamento melhor do que a abordagem da NKK durante a recessão das siderúrgicas. As decisões sobre investimentos eram baseadas na rigorosa análise da relação custo-benefício: os investimentos não eram feitos a não ser que a lucratividade pudesse ser comprovada.

Para alcançar as metas de lucro, a divisão de vendas comunicou-se com a produção e ambas as divisões assumiram a responsabilidade de criar o planejamento para atingir o objetivo. O pessoal responsável pelo setor de vendas participou do planejamento da produção e seguiu uma estratégia única (Takase e Imamura, 1990). Um relacionamento próximo, vinculado à estratégia ampla de mercado, era mantido entre a fábrica e o setor de vendas, e entre o setor de ven-

234 *Managing Flow*

das e os usuários finais. Na Kawasaki Steel, o objetivo de lucrar era sempre esclarecido após uma troca de informações completa com as divisões de vendas. As duas companhias também diferiam bastante no modo de operar na linha de frente. A NKK priorizava as necessidades dos usuários finais e produzia uma variedade de produtos para atender as várias necessidades dos clientes. A prioridade da Kawasaki Steel era o uso eficiente da linha de produção para ampliar o volume e aumentar a lucratividade. A Kawasaki Steel construía uma típica hierarquia "de cima para baixo", ao passo que o estilo de gestão da NKK era mais cooperativo na linha de produção, enfatizando o "trabalho em equipe" independente do cargo ou autoridade. Em resumo, poderíamos dizer que a NKK era mais forte em tecnologia e P&D, enquanto a Kawasaki Steel era mais forte em sistemas de gestão e capacidade de vendas. Uma fusão para combinar essas forças só seria bem-sucedida se as companhias pudessem superar os conflitos evidentes encontrados nas culturas corporativas e nos sistemas de gestão.

O papel do diálogo na fusão

A integração bem-sucedida da NKK com a Kawasaki Steel criou sinergias que mostraram resultados financerios em um curto período de tempo. A chave para integrar essas culturas organizacionais amplamente diferentes está na qualidade do diálogo estabelecido entre os principais executivos de ambas as companhias.

Um diálogo de liderança

Os CEOs Shimogaichi (NKK) e Emoto (Kawasaki Steel) se reuniam frequentemente para discutir a melhor forma de integrar suas companhias. O primeiro contato se deu em 6 de dezembro de 1999, quando Emoto deu um telefonema à Shimogaichi. O CEO da NKK estava preocupado com o fraco desempenho da NKK e com a queda no preço de suas ações, considerando a fusão sua única alternativa possível na época. Dez dias após o telefonema, conheceram-se pessoalmente e continuaram a ter uma reunião após a outra até a declaração de um acordo básico em abril de 2001 (Emoto e Shimogaichi, 2004). Durante aquele período, os dois CEOs construíram uma relação de confiança tão forte que as políticas e decisões que implementaram juntos ainda mantêm a companhia. Eles começaram por declarar seus Quatro Princípios de Integração, os quais se tornaram uma clara norma de conduta para a fusão. O primeiro e mais importante princípio anunciado foi:

> A gerência e seus funcionários devem transcender os interesses de sua companhia
> anterior; devem se preocupar somente com os interesses e o desenvolvimento da

Os ativos dinâmicos de conhecimento em processo **235**

nova companhia; e devem agir de modo racional e justo em suas tomadas de decisões e em todas as suas ações.[9]

O objetivo dos princípios era pôr fim ao apego desnecessário às empresas anteriores. Tetsuo Miyazaki, então executivo da Kawasaki Steel, salientou que a declaração dos princípios "demonstrava que os sistemas de gestão ou tratamento de pessoal não seriam influenciados a favor de nenhuma das companhias. Realçava que todos deveriam se desfazer do orgulho e do ego relacionados ao apego pelas companhias anteriores. A declaração dos princípios foi o único critério para determinar o melhor para a nova companhia JFE. Todos os seguimos de forma simples e honesta".[10] Se um problema sério aparecesse, os dois CEOs se reuniriam imediatamente para resolvê-lo, o que evitaria que confusões e ansiedades surgissem entre os funcionários. A liderança foi eficaz em organizar os conflitos de forma rápida, sem hesitação ou perda de tempo relevante, e serviu como uma fundação sólida para o sucesso de fusão.

As companhias precisavam decidir, por exemplo, qual fornalha eliminar para aumentar a eficiência operacional. Uma fornalha é o símbolo mais forte de uma siderúrgica; por isso, teria sido mais fácil achar um meio-termo e desativar uma fornalha de cada companhia. Em vez disso, decidiu-se que seria mais rentável encerrar a operação das duas fornalhas da Kawasaki Steel em Chiba e Kurashiki. Ambas foram fechadas em maio de 2002. Ao não optar pela solução mais óbvia, a gerência enviou um sinal de que estava falando sério sobre a integração e isso causou um forte impacto nos funcionários.

Deixando clara a política desde o princípio e mantendo-a firme durante o processo de integração, os líderes asseguraram uma integração tranquila, conquistada com a confiança entre os gerentes envolvidos em um diálogo aberto do começo ao fim. Emoto descreveu sua relação com Shimogaichi da seguinte maneira: "Sinto que finalmente encontrei o meu melhor amigo nessa idade". Simogaichi retrucou: "Sinto o mesmo" (Emoto e Shimogaichi, 2004: 60).

Perceber o momento oportuno é o fator mais importante na tomada de decisões. Emoto aguardou com cautela o melhor momento para abordar o assunto de uma fusão. Como a Kawasaki Steel gerou algum lucro na primeira metade do ano fiscal de 2000, ele sabia que partes da divisão de vendas não eram a favor de uma fusão naquele momento. Mais tarde, quando os preços do aço começaram a cair, a divisão de vendas passou a sentir a pressão e foi então que Emoto fez sua recomendação. Ele não ordenou a fusão com autoridade. Em vez disso, sugeriu em uma seção de treinamento de gerentes gerais que examinassem suas respectivas áreas de especialização e os efeitos de um cenário de integração anterior a 2001. Foi uma oportunidade para os gerentes refletirem seriamente sobre como a integração afetaria a eles e as suas divisões e para compreenderem a ideia a partir da experiência.

236 *Managing Flow*

Nesse ínterim, na NKK, Shimogaichi estava promovendo a comunicação interna. Uma vez que ambas as companhias concordaram com uma fusão completa, ele criou oportunidades para o diálogo entre a matriz e as fábricas envolvendo uma variedade de pessoas, desde gerentes seniores e médios até os trabalhadores no chão de fábrica. Isso permitiu à gerência espalhar sua mensagem, mas também instigou um sentimento de participação entre os funcionários, o que tornou mais fácil para eles acreditarem no processo (Emoto e Shimogaichi, 2004).

Promovendo o diálogo por meio da reforma

A criação de eficiência operacional a curto prazo na organização era o maior obstáculo para a integração das diferentes culturas corporativas. A gerência de cada companhia solicitou a reforma de produção, alocação de recursos humanos e estruturas organizacionais, com o consentimento de seus funcionários. O objetivo não consistia em encontrar um equilíbrio entre os dois sistemas, mas em determinar um curso de ação baseado no que era melhor internamente para a nova companhia e externamente para o cliente.

A JFE Steel deu início aos preparativos antes que os recursos humanos e as tecnologias fossem integrados. A comunicação entre as siderúrgicas foi reforçada por meio de visitas e cooperação nos negócios. Quando a integração foi anunciada, importantes mudanças de pessoal também foram divulgadas, com a troca de diretores de áreas fundamentais entre as empresas. Isso acelerou a comunicação e o intercâmbio de conhecimento em áreas-chave para a fusão bem-sucedida das tecnologias.

A unificação das metalúrgicas

A unificação das metalúrgicas deu-se a partir de mudanças na gestão. A fim de eliminar o setorialismo relacionado às afiliações anteriores, as diversas metalúrgicas foram agrupadas em duas regiões, cada uma sob uma gestão única. As fábricas Keihin e Chiba, pertencentes à NKK e à Kawasaki Steel, respectivamente, foram colocadas sob a gestão da East Japan Ironworks, ao passo que a fábrica Fukuyama, da NKK, foi agrupada à fabrica Mizushima, da Kawasaki Steel, sob a gestão da West Japan Ironworks. Cada gerência superou barreiras geográficas e culturais para unir as operações, promovendo a agilidade na tomada de decisão, assim como o compartilhamento e a padronização das práticas de negócios. Isso facilitou o uso das capacidades de produção e aumentou a flexibilidade para lidar com problemas e com a demanda flutuante. Além disso, os indicadores operacionais melhoraram cerca de 10 a 20%, à medida que a produção de produtos particulares foi concentrada em metalúrgicas específicas.

A transferência de conhecimento por meio da comunicação

A unificação de sistemas de controle não é novidade, mas a JFE tomou a medida inédita de unir as duas organizações e suas tecnologias de uma maneira que desafiava o bom senso no setor. Para fundir rapidamente as capacidades tecnológicas, não houve apenas transferência e intercâmbio de informação tecnológica, mas também de pessoal com conhecimento tácito ou experiência nestas informações.

Para começar, em abril de 2003, diversos gerentes gerais encarregados da tecnologia e da produção foram trocados entre as metalúrgicas. Somente no setor de produção, foram trocados 17 gerentes entre seções correspondentes da Kawasaki Steel e da NKK. Para todos os gerentes gerais, exceto vice-gerentes, foi autorizado o acompanhamento de outros dois funcionários. O número foi limitado a dois para desencorajar a criação de um grupo gestor no novo ambiente. A JFE continuou a expandir o intercâmbio de pessoal entre as antigas NKK e Kawasaki Steel. Em 2005, foi planejado o intercâmbio de 350 gestores de média gerência em vários processos de produção, desde fornalha à laminação. Os intercâmbios ocorriam principalmente entre metalúrgicas vizinhas, como a Kurashiki e a Fukuyama na West Japan Ironworks, e a Keihin e a Chiba na East Japan Ironworks (veja a Figura 7.3).

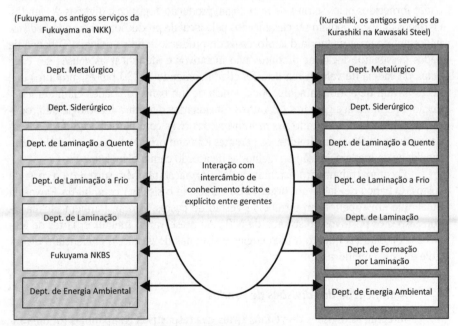

Figura 7.3 Intercâmbio de pessoal na JFE West Japan Works.
Fonte: JFE West Japan Works, abril de 2003.

238 *Managing Flow*

O principal propósito dos intercâmbios era eliminar o setorialismo e os apegos às companhias anteriores, e fundir o *know-how* referente a tecnologia, produção e operações gerais, para melhorar a competitividade.

O compartilhamento de informações

Outras grandes mudanças iniciadas pela JFE incluem o controle de custo e os sistemas de informação. Antes da integração, as duas companhias estavam sendo geridas a partir de ideias diferentes sobre o modo de operar. A Kawasaki Steel funcionava de acordo com um "sistema setorial", que controlava o setor de produção, vendas e P&D horizontalmente, produto por produto, supervisionados tanto pela divisão de vendas como pela divisão de produção. Já na NKK, cada divisão era autônoma. Como resultado, sua divisão de produção tinha acesso a informações detalhadas sobre o custo de materiais, mas não sobre o preço, para analisar a lucratividade. Após a integração, a JFE conservou o sistema setorial da Kawasaki Steel e estimulou todos a aprendê-lo. Para os ex-funcionários da NKK, isso desviou o foco para o controle de custo nas operações diárias e os ajudou a compreender a importância da gestão de despesas.

Com os sistemas de informação, a JFE criou um banco de dados que permitiu aos funcionários projetarem as margens de lucro dos pedidos de vendas, baseados em dados fornecidos pelos setores de tecnologia, produção, logística e divisões de vendas. Os dados também podiam ser classificados pelo local de produção, fornecendo *feedback* importante para a melhoria dos processos de produção e da tecnologia. O banco de dados possibilitou localizar produtos não lucrativos e identificar as causas em cada etapa da cadeia de valor. Uma lista foi criada contendo os "30 piores" produtos que necessitavam de aprimoramento. A existência de um banco de dados eliminou a dedução e permitiu aos gerentes e a outros funcionários discutir a tecnologia de produção e os processos, baseando-se em informações reais com participação das divisões de vendas e de P&D. Finalmente, os gerentes estavam prontos para assumir a responsabilidade da implementação de melhorias de acordo com o planejado.

O compartilhamento sistemático de informação também sustentou o corte de custos. O banco de dados foi organizado conforme o sistema contábil da Kawasaki Steel, que era superior em termos de gestão de custos. Porém, também incluía alguns aspectos positivos do sistema da NKK. Ao preservar as melhores partes de ambas as companhias quanto a tecnologias e sistemas de gestão, a eficiência e o controle de custo melhoraram.[11]

A unificação das divisões de vendas

Integrar as divisões de vendas rivais das respectivas companhias foi uma tarefa delicada. O *know-how* de vendas baseado na experiência é precioso e o nível de *know-how,* assim como os métodos de gestão, geralmente diferem de uma companhia para outra. Essa rivalidade inerente pode tornar-se uma forte barreira para a integração. Uma fusão pode também gerar ansiedade na perspectiva dos clientes quando as mudanças na organização e nas operações não ficam claras. Lidar com a superposição de clientes na NKK e na Kawasaki Steel foi uma complicação extra. Os clientes estavam apreensivos em relação às mudanças na logística e nos métodos de pagamento devido à fusão, e precisavam ser tranquilizados. Somente um rápido processo de integração poderia eliminar essas ansiedades.

A JFE considerou todas essas questões e seguiu adiante passo por passo de modo a esclarecer os princípios por trás de cada uma de suas ações. Os princípios consistiam em estabelecer um sistema que fosse benéfico para o cliente e eficiente para melhorar a lucratividade. Nenhum precedente foi exigido para que uma ação fosse considerada.

A diretoria da nova divisão de vendas foi escolhida antes da integração, com membros tanto da NKK quanto da Kawasaki Steel. O objetivo do novo sistema era promover o compartilhamento de informações dentro da divisão. Um *ba* foi estabelecido logo de início para a construção de comunicações abertas. Seis meses após a integração, os funcionários encarregados das respectivas divisões de vendas se reuniram para trocar informações sobre logística referentes a custos, preços, métodos de pagamento, clientes e assim por diante. Essa medida foi seguida por discussões cotidianas aprofundadas para finalizar os detalhes do novo sistema de operações. Quando havia um conflito sobre os métodos de vendas ou sobre os sistemas de controle não resolvido após uma discussão exaustiva, todas as opiniões eram testadas e os resultados comparados antes de uma decisão final ser tomada.[12]

A maioria das diferenças entre a NKK e a Kawasaki Steel foram identificadas e resolvidas antes da integração devido ao *ba* estabelecido para cultivar a comunicação aberta. O que também ajudou foi a mudança das divisões de vendas das duas companhias originais para o mesmo pavimento um mês antes da integração.

A JFE criou uma política que exigia que as divisões de vendas reportassem cada pequeno detalhe do *feedback* dos clientes. Para sustentar isso, um banco de dados foi instalado facilitando o compartilhamento de todas as informações dentro da divisão de vendas. O banco de dados registrou os detalhes de cada busca ou atividade relacionada vinda do cliente, de modo que todos tinham acesso às informações. Ao buscar a troca franca e aberta em um ambiente de confiança, a JFE foi capaz de estimular as rivais de vendas a compartilhar suas áreas de especialidade e a propagar esse conhecimento pela organização.

Sintetizando tecnologias por meio do intercâmbio de pessoal

Era característico da indústria siderúrgica que engenheiros da linha de produção não fossem transferidos de uma planta para outra, o que os aproxima-

240 *Managing Flow*

va bastante. A JFE abandonou internacionalmente essa prática para sintetizar as tecnologias e a gestão.

O efeito do intercâmbio de pessoal

O intercâmbio de média gerência entre as antigas companhias causou o grande efeito de promover a comunicação e integrar o conhecimento técnico. A sincronia dessas mudanças foi fundamental para sua eficácia. Isso foi feito imediatamente após a integração, quando as pessoas estavam mais dispostas a aceitar as mudanças que estavam ocorrendo dentro da JFE. Uma maior lucratividade nos negócios dependia amplamente das melhorias na linha de produção que resultariam do intercâmbio de pessoal. Os intercâmbios romperam as barreiras organizacionais das antigas companhias, e combinaram tecnologias para causar um efeito positivo. A chave para combinar tecnologias não consistia simplesmente no intercâmbio de conhecimento formal, mas no intercâmbio de pessoal que havia incorporado esse *know-how* tecnológico e estava disposto a compartilhar seu conhecimento com as antigas rivais. Isso alcançou o objetivo mais importante: o compartilhamento de conhecimento tácito. Um fato que facilitou esse processo foi a proximidade dos níveis de habilidades tecnológicas encontrados na Kawasaki Steel e na NKK, como os tipos de equipamento e as instalações existentes. A maioria dos engenheiros das companhias anteriormente rivais já se conhecia devido às reuniões das sociedade de técnicos e das associações da indústria. Alguns já haviam até mesmo trocado conselhos entre si sobre questões tecnológicas que estavam enfrentando. Os engenheiros da indústria siderúrgica não são apenas ligados às suas companhias e metalúrgicas, mas também mantém relações com outros engenheiros do ramo que estão trabalhando com o mesmo tipo de tecnologia. Devido ao número limitado de fabricantes de equipamento e de linhas de produção para a indústria siderúrgica, muitas companhias estavam utilizando o mesmo equipamento do mesmo fabricante. Portanto, possuíam todas as tecnológicas básicas em comum, facilitando o intercâmbio de conhecimento e *know-how* tecnológico.

Assim como acontece nas vendas, o intercâmbio de pessoal-chave nas primeiras etapas da integração foi um fator importante para suavizar a comunicação. Outro fator importante foi a sensação de crise na indústria sentida por todos os funcionários. Todos concordaram que precisavam encontrar saídas melhores, e se isso significasse adotar métodos de uma ex-rival por trabalharem melhor, que assim fosse. Embora as abordagens básicas de vendas não se alterassem muito, a influência do cliente aumentou com a melhoria do sistema de coleta, armazenamento e disseminação de informação. Isso resultou em uma ampla lista de produtos que levou ao aumento das oportunidades de vendas e da participação no mercado.

A *média gerência como peça fundamental para a integração*

A média gerência, que vai de gestores a gerentes gerais, é peça-chave nas organizações, pois se familiariza tanto com os detalhes do dia a dia quanto com o quadro mais amplo de gestão. Desde o início da integração, foi o intercâmbio de média gerência que trouxe novos conhecimento e pontos de vista para as linhas de frente da produção. Sua busca por mudanças pequenas e promissoras mostrou resultados imediatos na redução de custos e no reforço da eficiência, sendo pelo menos tão efetiva no aprimoramento das operações quanto nos intercâmbios de tecnologia em larga escala, tais como o super-OLAC[13] e o Método de Construção de Grandes Juntas[14]. Todo o pessoal de média gerência que entrevistamos disse ter descoberto que os sistemas de produção que compreendiam o núcleo de cada companhia não eram tão diferentes, assim como as pessoas que os operavam. Porém, uma vez que se deu início ao trabalho de integração, as diferenças apareceram. Elas eram bastante específicas ao local de trabalho, onde podiam ser examinadas em detalhe concreto e resolvidas. Cada diferença foi analisada para identificar qual método entre as companhias funcionava melhor e, assim, o método era escolhido. O contínuo intercâmbio de informação e especialização tecnológica na solução de problemas concretos acabou por unificar todos os processos. O efeito cumulativo mesmo daquelas pequenas melhorias em cada divisão resultou em imensas melhorias na produção total. A seguir, alguns comentário anônimos fornecidos em entrevistas:[15]

> [As instalações] Fukuyama [da NKK] e Kurashiki [da Kawasaki] são semelhantes, e, por isso, competiam entre si. Mas de repente passaram a coordenar operações em áreas como fornecimento, distribuição e manutenção de instalações. Não sabíamos o que nossos concorrentes estavam fazendo até realmente vermos em detalhes como a sua linha de produção operava. Éramos estimulados a aprender com eles por meio do intercâmbio de tecnologias e métodos.

> Quando trocamos opiniões sobre questões tecnológicas no chão de fábrica, especialmente *know-how* tecnológico, pudemos ver se eles estavam fazendo as coisas de um jeito melhor do que nós, ou se continuavam fazendo as coisas à moda antiga e o que deveriam mudar.

> Acredito que o intercâmbio de média gerência foi um grande negócio. O gerente geral da Fukuyama visitou Kurashiki e enxergou de verdade as diferenças entre as duas [companhias]. Sempre que identificamos diferenças não acusávamos ou culpávamos uns aos outros. Apenas diziamos: "é assim que nós fazemos isso, então vamos tentar e aprender juntos". É assim que trabalhamos.

Os resultados lucrativos

O resultado da integração foi a melhoria da rentabilidade do grupo JFE após o ano fiscal de 2003, que teve o auxílio da demanda crescente por produtos siderúrgicos. Essa melhoria foi significativa em relação à indústria siderúrgica japonesa como um todo. Em 2003, a receita operacional consolidada na JFE foi de 250 bilhões de ienes, ou cerca de 2,1 bilhões de dólares. Ela aumentou para mais de 503 bilhões de ienes, ou cerca de 4,8 bilhões de dólares, no ano fiscal encerrado em março de 2008, com uma queda substancial do endividamento (veja a Tabela 7.1 e as Figuras 7.4 e 7.5).

Tabela 7.1 Comparação do lucro operacional sobre vendas (%).

	2003	2004	2005
Média da Indústria Siderúrgica	5,3	10,6	11,6
Grupo JFE	8,8	16,4	16,7

Fonte: Website da Federação Japonesa de Aço e Ferro e da JFE Holdings (consolidada).

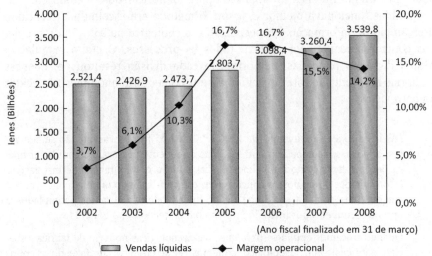

Figura 7.4 Vendas líquidas da JFE Holdings e outras receitas/margens operacionais.
Fonte: http://www.jfe-holdings.co.jp/en/investor/zaimu/index.html.

A produção aumentou juntamente com a rentabilidade, na medida em que melhorou o equilíbrio de oferta e procura, e com o aumento de preço do aço. Esses resultados se refletiram nos bônus salariais, elevando a motivação dos funcionários e atraindo a atenção da mídia, o que fortaleceu o orgulho e a união da companhia. Enfim, todos os funcionários entrevistados em todas as divisões disseram ter sentido claramente que a fusão era um bom negócio.[16]

Os ativos dinâmicos de conhecimento em processo **243**

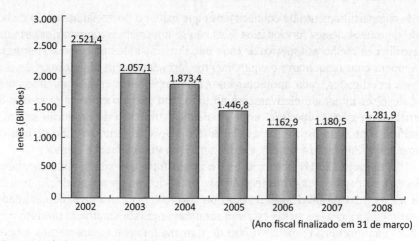

Figura 7.5 Dívida ativa da JFE Holdings.
Fonte: http://www.jfe-holdings.co.jp/en/investor/zaimu/index.html.

Além disso, a participação no mercado da JFE Steel no Japão aumentou. Antes da fusão, a Nippon Steel Corporation dominava o mercado e as outras companhias compartilhavam o restante. Após a fusão, a JFE tornou-se uma personagem principal junto com a Nippon Steel. Isso também aumentou a motivação dos funcionários da JFE. Contudo, a lucratividade não foi simplesmente resultado da expansão da JFE como consequência da fusão. Os detalhes mostram que foi em grande parte devido à mudança na mentalidade dos trabalhadores – que compartilhavam uma sensação de crise em relação ao futuro e foram orientados a um processo de comunicação intensa.

O intercâmbio de pessoal entre as duas antigas companhias, especialmente na média gerência e na engenharia, não somente eliminou velhos paradigmas, como também resultou em melhorias no local de produção, arejadas com novos conhecimentos e pontos de vista. O papel da média gerência foi a chave para a realização de uma integração tranquila, na medida em que ela conectou a visão mais ampla da gestão a processos reais de trabalho. O intercâmbio de média gerência criou um ambiente para a transferência de conhecimento tácito e para a criação de novas sinergias.

Eisuke Yamanaka, superintendente geral da West Japan Ironworks, descreveu sua experiência da seguinte maneira: "Quando novos funcionários assumiram o comando do local, ficou claro só de olhar para eles que iriam administrar a situação. Quando você está avaliando funcionários, precisa estabelecer metas elevadas, pois se forem muito baixas, qualquer um será aprovado".[17] A produção de aço por muito tempo foi a principal indústria do Japão, cultivando uma força de trabalho altamente hábil e competente. Os arquitetos da fusão JFE criaram um ambien-

244 *Managing Flow*

te de compartilhamento de conhecimento que exibiu o potencial até então escondido de muitos desses funcionários. Eles não se limitaram a comparar os sistemas e escolher os melhores aspectos de cada um. Em uma indústria como a siderurgia, que opera com maquinaria e equipamentos formidáveis em um mosaico de processos interligados, cada aprimoramento, não importando o quão mínimo possa ser, deve ser integrado efetivamente ao todo. Um gargalo entre os processos de fornalha, pressão e superfície, pode desperdiçar um ciclo de produção inteiro e danificar o produto. Isso torna a colaboração algo vital tanto no chão de fábrica, como entre fabricação e vendas, e exige uma comunicação real e efetiva.

Fujimoto (2004) observou que o ponto forte das companhias japonesas não está no uso de modernas tecnologias de fabricação para a produção de bens em massa, mas na fabricação de bens precisos com um alto nível de qualidade. Se as metalúrgicas japonesas estavam simplesmente fabricando um produto para o consumo em massa, apenas o fato de usar máquinas e equipamentos modernos pode ser considerado uma vantagem. Em vez disso, estavam fabricando um produto de alta qualidade para uso específico, como, por exemplo, a chapa de aço utilizada para a produção de chassis na indústria automobilística. Atualmente, a qualidade do produto japonês lhe garante uma clara vantagem sobre os concorrentes globais, de modo que a chave está no controle consistente de qualidade. O objetivo final do atual presidente da JFE, Sumio Sudo, tem sido melhorar o *marketing* e a satisfação do cliente ao promover o compartilhamento de informações e aprimoramentos adicionais na eficiência. Isso está de acordo com a abordagem da JFE, que não consiste em escolher a melhor das opções existentes, mas identificar as melhores práticas e combiná-las de novas maneiras.

O grupo JFE foi criado não como resultado de uma tomada de controle hostil, mas por meio de uma parceria entre rivais que foram capazes de identificar valores compartilhados. Isso permitiu que transcendessem suas diferenças na cultura corporativa e na gestão, a fim de sobreviverem juntos. O fato de o valor contábil da companhia recém-formada ser maior do que o valor total das duas companhias anteriores é um traço característico das F&As. Outras vantagens podem ser encontradas nas economias de escala, nas reduções de custo por meio da eficiência, no aumento do poder de barganha no mercado e nos efeitos da sinergia. De acordo com Sato (1987), no Japão, a tendência das fusões e as aquisições é tentar construir relações complementares, em que as fraquezas de uma das partes são complementadas pelas forças da outra. Na JFE, as companhias originais foram capazes de localizar esses complementos funcionais facilmente devido ao fato de pertencerem ao mesmo setor industrial.

A nova atmosfera criada com a fusão das duas companhias é diferente daquela encontrada nas companhias anteriores que atualmente constituem o grupo JFE. Isso poderia ser interpretado como uma cultura JFE. À medida que as atividades de F&A aumentam no Japão, o caso da JFE fornece *insights* sobre como proceder diante de uma fusão para que a integração de ativos intangíveis de cada uma das empresas seja efetiva (veja a Figura 7.6).

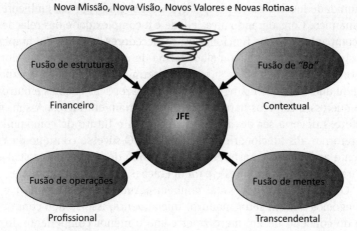

Figura 7.6 Modelo simplificado da fusão da JFE.

IMPLICAÇÕES

Uma pessoa está sempre no estado de « se tornar », criando um novo eu a cada momento da vida cotidiana. As experiências diferem de pessoa para pessoa, e essas diferenças desempenham um importante papel na criação de conhecimento. Para criar conhecimento e utilizá-lo como um recurso de gestão, é preciso compartilhar arquivos pessoais de conhecimento e experiência de modo explícito nas interações humanas. O conhecimento que advém desses processos torna-se internalizado em forma de conhecimento ou sabedoria organizacional. Os prerrequisitos para o processo são a criação e a gerência de um ambiente, ou *ba*, onde seja possível uma interação tácita e profunda, e a provisão de um princípio ou perspectiva estabelecido para a ação que cultiva e mantém o ambiente.

As companhias que apresentamos nesse capítulo são a YKK, a maior produtora de zíperes do mundo, e a siderúrgica JFE, cuja fusão bem-sucedida entre duas culturas corporativas diferentes abriu os caminhos para uma recuperação memorável dos negócios. Ambos os casos ilustram o modo como o conhecimento tácito de alta qualidade é acumulado em um processo de compartilhamento de conhecimento e experiência pessoais para criar produtos e tecnologias de produção.

A YKK foi capaz de expandir globalmente seus negócios baseando-se em princípios de gestão derivados da sua filosofia básica, o Ciclo da Bondade. Seu

246 *Managing Flow*

fundador, Tadao Yoshida, acreditava na bondade inata das pessoas. Ele buscou um círculo virtuoso de relações humanas que englobava seus negócios e mantinha com rigidez o princípio de prestar benefício a todos os envolvidos, incluindo a comunidade local, como a perspectiva a ser seguida em um ambiente de negócios dinâmico. Considerando a variedade e a complexidade das relações entre as duas companhias e seus funcionários, fornecedores, clientes e a ampla sociedade, Yoshida acreditava que a melhor forma de uma empresa se sustentar e crescer seria buscar o melhor de si, e isso determinaria o valor da companhia. Ele imaginou que se sua companhia poderia satisfazer seus clientes e outros envolvidos, e que esses esforços naturalmente resultariam em lucros. Assim, parte destes esforços deveria ser devotada ao crescimento futuro da companhia e o restante retornar aos funcionários e à sociedade. O sucesso contínuo da YKK é parcialmente atribuído à transferência desse modo de pensar processual e integrador para gerações de gerentes e para operações em outros continentes.

O pensamento processual também permitiu à YKK repensar e expandir seus negócios em um setor maduro. Inicialmente, isso se deu como uma renovação do conceito de um mero zíper como o menor componente do vestuário na indústria de confecções – "algo" que poderia substituir os botões – para uma "ação" ilustrada por sua função dupla de "abrir e fechar". Essa noção do zíper como uma ação que alterou o espaço ou relação entre as coisas possibilitou à YKK desenvolver uma variedade de soluções inovadoras para uma diversidade ainda maior de necessidades por parte dos clientes. Ao mesmo tempo, a companhia se esforçou ao máximo para atingir superioridade na qualidade e no tempo de entrega oportuno, o que levou à expansão do foco da companhia para toda a cadeia de abastecimento, desde a matéria-prima aos clientes finais, assim como o ambiente e a comunidade onde o fornecimento estava localizado. A YKK vê a si mesma como parte de cada ambiente, e busca a excelência em soluções por meio de tentativa e erro, acumulando o conhecimento experimental de modo processual. Sua ênfase na qualidade da produção e da tecnologia representa a busca por uma solução de engenheira total, baseado no conhecimento cumulativo de produção que é exclusivo da YKK, e que compreende a fonte de sua vantagem sustentável.

A filosofia compartilhada e o conhecimento cumulativo ajudaram a YKK a alcançar 45% de participação no mercado, superando todos os demais concorrentes. A companhia é organizada de modo que tanto a Divisão de Vendas quanto a Divisão de Maquinaria e Engenharia juntas "convivem" com o cliente para solucionar os problemas encontrados por eles. Tanto o serviço quanto a tecnologia são oferecidos para realizar soluções mais rápidas e melhores para o cliente. Isso promove uma comunicação profunda dentro e fora da companhia, e o conhecimento adquirido a partir desse diálogo é sustentado na produção para que a implementação de soluções seja efetuada no momento certo.

A filosofia do "Ciclo da Bondade" compartilhada na YKK, que enfatiza a "bondade" nas relações dinâmicas e nos ativos de conhecimento cumulativo, tem sobrevivido com sucesso como uma disciplina organizacional, possibilitando aos funcionários pensaemr e agirem de maneira autônoma. O conhecimento surge a partir de experiências em práticas reais, que são interligadas organicamente em ambientes de *ba* profundamente comunicativos, que possibilitam a espiral de criação de conhecimento e promovem o compartilhamento e o acúmulo de conhecimento para desenvolver a criação de valor na companhia. Esse processo está ilustrado na Figura 7.7.

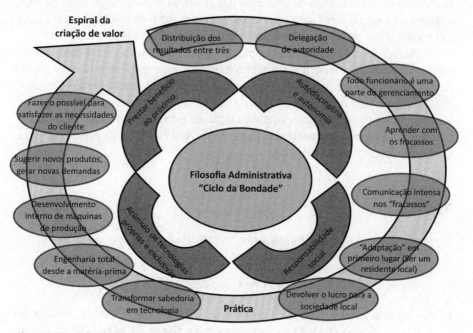

Figura 7.7 O Ciclo de Bondade e a Espiral de Criação de Valor da YKK.

O caso da JFE oferece um novo modo de pensar em relação à maneira de proceder com uma F&A em um momento em que o realinhamento global da siderúrgica e de outras indústrias está em curso. Fusões sempre geram conflitos, até mesmo aquelas que ocorrem entre companhias pertencentes ao mesmo setor industrial. Por isso, a fusão de uma companhia pequena com uma grande poderia parecer mais viável do que a fusão de companhias de tamanhos equivalentes. Entretanto, a JFE unificou com eficácia duas companhias similares em tamanho com culturas de operações muito diferentes – a NKK e a Kawasaki Steel. Esse caso é excepcional devido à antecipação e prevenção de atritos, à preservação e fusão efeti-

248 *Managing Flow*

va das tecnologias e do *know-how* de ambas as companhias e à garantia de sólido cumprimento dos negócios.

Muitas vezes, uma F&A significa somar os ativos explícitos de duas companhias para alcançar economias de escala. Contudo, a JFE buscou unificar o conhecimento tácito dos funcionários e as tecnologias incorporadas nas práticas de cada companhia. Esse processo foi guiado pelo compartilhamento de uma visão, um propósito e princípios de ação, articulados pelos líderes das companhias e comunicados no *ba* de diversas maneiras, sendo a mais notável o intercâmbio de pessoal entre as companhias, destinado a unificar o conhecimento tácito da média gerência. O sucesso dessa fusão é o resultado da utilização dos ativos de conhecimento tanto da NKK quanto da Kawasaki Steel para criar o conhecimento novo de qualidade ainda mais alta na JFE, a fim de produzir produtos e serviços de melhor qualidade.

Ambos os casos apresentados nesse capítulo ilustram a forma como os arquivos pessoais de conhecimento tácito baseados na experiência são compartilhados e utilizados de forma efetiva como um recurso de gestão para construir e expandir os ativos de conhecimento da empresa. A alta gerência desempenha um papel importante na projeção e instalação de estruturas e metas organizacionais para promover a transferência desse conhecimento a fim de contribuir para melhores resultados nos negócios.

NOTAS

1. http://www.ykk.com/english/corpotate/m_principle.html.
2. Um metal cuja seção tem formato retangular.
3. Um metal cuja seção tem formato de "Y".
4. Entrevista com Masaharu Ando, 21 de agosto de 2007.
5. Ibid.
6. Até 2005, as maiores produtoras de aço eram a Arcelor Mittal, com 110 milhões de toneladas; Nippon Steel, 32 milhões de toneladas; Bosco, 31 milhões de toneladas; JFE Steel, 30 milhões de toneladas.
7. http://www.jfe-holdings.co.jp/en/release/2001/011221-1.html.
8. "Market Share, 2003 edition". *Nikkei Sangyo Shimbum*, 2002.
9. Os três outros princípios eram: gestão justa e apropriada dos recursos humanos; decisões tomadas por meio de discuções; e equidade entre as duas antigas companhias.
10. Entrevista com Tetsou Miyazaki, então vice-presidente da JFE Holdings, realizada em 2 de dezembro de 2004.
11. Entrevista com Eisuke Yamanaka, então superintendente geral, West Japan Works, JFE Steel, em 26 de janeiro de 2005.
12. Entrevistas com gerentes das Divisões de Vendas de JFE Steel, em 1º de fevereiro de 2006.
13. Super-OLAC (*online accelerated cooling*) é uma tecnologia desenvolvida pela NKK. Este sistema pode resfriar uniformemente a lâmina de aço na linha de produção logo

Os ativos dinâmicos de conhecimento em processo **249**

após ela ter sido prensada. Isso permite uma drástica redução no tempo de entrega, além de aumentar a resistência do aço.

14. O Método de Construção de Grandes Juntas é uma tecnologia desenvolvida pela Kawasaki Steel para revitalizar suas caldeiras de fusão. O método encurta o tempo de fusão, dos convencionais 130 dias para 6-80 dias. O corpo da caldeira de fusão é montado previamente pela sua divisão em três ou quatro blocos, que são instalados e unidos um depois do outro, de cima para baixo. O método de construção pertence ao JFE Group e oferece um período mais curto de construção e custos mais baixos de manutenção.

15. Entrevista com funcionários de JFE Steel, West Japan Works.

16. Entrevista com Tetsuo Miyazaki, então vice-presidente da JFE Holdings, realizada em 2 de dezembro de 2004.

17. Entrevista com Eisuke Yamanaka, em 26 de janeiro de 2005.

REFERÊNCIAS

Emoto, K. and Shimogaichi, Y. (2004). "JFE Tanjo: Tekkou daitougou no kyodai project wo furikaeru" ["The birth of JFE: Looking back on the merger project of steel giants"]. Financial Japan, October 21, pp. 50-60.

Fujimoto, T. (2004). Nihon no monodukuri tetsugaku [Philosophy of Manufacturing in Japan]. Tokyo: Nihon Keizai Shinbunsha.

Fulford, B. (2003). "Zipping up the world: How Japan's YKK built a better fastener and caught its competition in the teeth." http://members.forbes.com/global/2003/1124/089.html, accessed November 16.

Imai, C. (1998). NKK no gyokaku [NKK's reform]. Tokyo: Diamond sha.

Kawashima, M. (2003). "Key person: Yoshida Tadahiro YKK daihyo torishimariyaku shacho" ["Tadahiro Yoshida, President of YKK Corporation"].Weekly Toyo Keizai, August 2, pp. 120–2.

Onishi, Y. and Shoji, N. (2007). "YKK shirarezaru zen no keiei" ["Not well-known YKK's management by virtue"]. Nikkei Business, January 15, pp. 26–44.

Sato, R. (1987). M&A no keizaigaku [Economies of M&A]. Tokyo: TBS Britanica.

Takase, T. and Imamura, K. (1990). Kawasaki Seitetsu fukugo keiei senryaku no subete [All about Kawasaki Steel's Complex Management Strategy]. Tokyo: TBS Britanica.

YKK Corporation. (eds). (1995). The History of YKK: 1934–1994. Tokyo: YKK Corporation.

YKK Corporation. (2004). YKK Group Environmental and Social Report 2004. www.ykk. com/english/corporate/eco/report/2005/pdf/2005e_04.pdf

Yoshida, T. (1987). Yoshida Tadao Zenshu II: Keiei shisou [The Complete Works of Tadao Yoshida II: Management Philosophy]. Tokyo: Yoshida Kogyo K.K.

Yoshida, T. (1988). Yoshida Tadao Zenshu: Hyouden-hen [The Complete Works of Tadao Yoshida: The Critical Biography]. Tokyo: Yoshida Kogyo K.K.

Yoshida, T. (2003). Datsu charisma no keiei [Free from Charismatic Management]. Tokyo: Toyo Keizai Shinpo Sha.

8

Liderança:
Promovendo a distribuição da excelência na organização

Nos capítulos anteriores, discutimos de que forma uma empresa cria conhecimento por meio do diálogo e da prática, orientada por sua visão de conhecimento e seguindo um objetivo orientador. Também apresentamos o *ba*, os ativos de conhecimento e o ecossistema como as bases para a criação de conhecimento. A dúvida permanece: o que move todo o processo? Acreditamos que se trata do poder de liderança capaz de sintetizar, direcionar e implementar com coerência os vários elementos que promovem a criação de conhecimento. Entretanto, na empresa baseada no conhecimento, a liderança não é exclusiva a uma pequena elite. É distribuída por toda a organização entre indivíduos capazes de exercitar a *phronesis* para tomar decisões e atitudes apropriadas para cada situação e realizar o bem comum. A gestão baseada no conhecimento requer o gerenciamento das atividades internas e externas de criação de conhecimento caso a caso, pois o conhecimento é criado tanto dentro da organização quanto na interação dinâmica com o ambiente externo. Em outras palavras, as companhias existem em um ecossistema de conhecimento. Por isso, os líderes devem ser capazes de tomar decisões imediatas em resposta ao *ba* que surge e desaparece continuamente tanto dentro como fora da organização. Isto seria impossível em uma organização cuja liderança é fixa.

O papel da liderança começa com a definição da visão e do objetivo orientador, de modo que ambos sejam consistentemente compreendidos para que toda a organização possa entendê-los e ser fiel a eles. Também é tarefa do líder promover ativamente o *ba*, onde é possível sintetizar a subjetividade e a objetividade com o intuito de levar a organização de uma otimização parcial para uma otimização completa. Ao contrário da tradicional visão econômica determinista e sequen-

Liderança **251**

cial, em que o ambiente determina a estrutura e a estrutura determina os agentes, na visão baseada no processo, o agente, a estrutura e o ambiente interpretam uns aos outros no *ba* que surge entre eles. Isto significa que a atividade dos agentes não é energizada pela estrutura, mas pelo *ba*, que, por sua vez, influencia a estrutura. Nesse *ba*, a liderança assume o papel importante de criar e nutrir o ambiente. Cientificamente, o líder deve seguir três passos: construir o tipo de *ba* necessário para as atividades exigidas; preservar e energizar o *ba* para garantir a criação contínua de conhecimento; e conectar as múltiplas camadas do *ba* conforme necessário. Um líder também deve construir e utilizar os ativos de conhecimento com eficiência e eficácia, e orientar a interação contínua entre os conhecimentos tácito e explícito por meio do diálogo e da prática.

Neste capítulo, apresentaremos dois exemplos de casos de liderança de *phronesis* distribuída. O primeiro caso é a reforma da fabricante Canon. A liderança do CEO Mitarai pode parecer carismática, mas ele compreende a importância de dar poder e autonomia a seus funcionários. O segundo caso diz respeito ao projeto para criar o carro híbrido da Toyota Motor Corporation, denominado Prius. Não são somente os principais executivos que desempenham papéis-chave na conexão e no fomento dos diversos processos e relacionamentos, mas também a média gerência. Ambos os casos demonstram que apenas a liderança distribuída pode direcionar o processo de criação de conhecimento organizacional.

CANON

Apresentação da companhia

A companhia Canon, que já foi marca mundial na indústria de ótica e câmeras, teve uma grande reviravolta que acarretou em alta lucratividade sob a liderança de Fujio Mitarai, nomeado CEO em setembro de 1995. A companhia passou por uma extraordinária mudança de curso durante sua gestão. Em 1995, a Canon estava afundada em dívidas de 840 bilhões de ienes, ou 7 bilhões de dólares, em base consolidada. O índice do endividamento sobre o total de ativos alcançara uma alta de 33,6%. Por volta de 2002, esse índice caiu drasticamente para 5% e, em 2007, para 0,6%, com ano fiscal encerrando em 31 de dezembro. Em 2007, o fluxo de caixa melhorou, aumentando para 406,8 bilhões de ienes, ou 3,9 bilhões de dólares, de 22,5 bilhões de ienes negativos, ou cerca de 187,5 milhões de dólares, em 1997. No mesmo período, o lucro líquido também aumentou de 118,8 bilhões de ienes, ou 990 milhões de dólares, para 134,1 bilhões de ienes, ou 1,1 bilhão de dólares, em 2000, dando um salto para 488,3 bilhões de ienes, ou 4,7 bilhões de dólares, em 2007 (veja as Figuras 8.1 e 8.2).

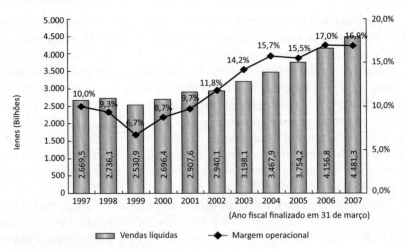

Figura 8.1 Vendas líquidas da Canon e outras receitas/margens operacionais.
Fonte: http://www.canon.com/ir/historical/index.html.

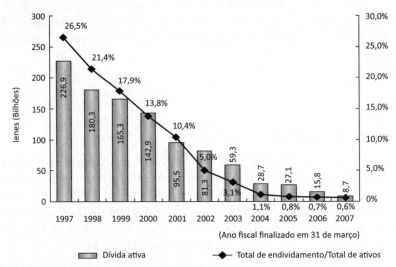

Figura 8.2 Dívida ativa da Canon.
Fonte: http://www.canon.com/ir/historical/index.html.

Essa pode parecer a história típica de um CEO carismático dando um novo curso à companhia com uma forte liderança autoritária, mas a história da Canon não se resume a isso. Além da liderança forte e autoritária, a liderança distribuída cultivada pelas reformas de Mitarai levou à criação espontânea de conhecimento e o ao uso efetivo desse conhecimento em todos os níveis da organização Canon. Nosso objetivo é mostrar de que maneira a liderança efetiva cultivada no *ba* mudou o curso da Canon, que estava perdendo terreno apesar de suas grandes tecnologias, capacidade de vendas e valiosos recursos internos, devido ao seu funcionamento sobre a base de uma otimização parcial, em vez de total, no desenvolvimento desses ativos.

A crise na Canon

Em 1989, quando Mitarai retornou ao Japão após trabalhar durante 23 anos na Canon norte-americana, inicialmente coordenando as áreas de vendas e contabilidade, ele logo percebeu que o Grupo Canon estava se afundando em dívidas, ainda dependente de um modelo de gestão de desenvolvimento financeiro com endividamento. Ele estava instigando uma reforma financeira na companhia, mas ninguém lhe dava ouvidos. A mentalidade que prevalecia na companhia era de que tudo que ela tinha que fazer era produzir um novo produto tecnológico que vendesse bem, uma vez que o sucesso anterior da Canon com novos produtos bem vendidos geraram lucro suficiente para sustentar a companhia. Entretanto, o tempo levado para desenvolver um produto e lançá-lo no mercado era cada vez maior, e sem patrimônio líquido suficiente estava ficando muito difícil financiar a pesquisa básica em tecnologia necessária para gerar novos produtos.

Mitarai também percebeu os efeitos prejudiciais do setorialismo na companhia, resultado da organização separada em divisões. Ao começar como uma companhia de câmeras, a Canon desenvolveu-se em uma grande empresa com múltiplas divisões desenvolvendo e aplicando tecnologia de imagens óticas e digitais para produzir uma ampla variedade de produtos. Cada divisão era inteiramente independente nas operações, a começar pelo quadro de funcionários que tomavam decisões sobre em quais projetos investir. Como resultado, cada divisão focava somente em seus próprios interesses em vez de buscar os interesses da companhia como um todo. Cada divisão investia em sua própria pesquisa e desenvolvimento para desenvolver suas próprias tecnologias, desconsiderando o demonstrativo de resultados ou os possíveis efeitos do compartilhamento de tecnologias. Não havia planejamento de abrangência global para o aumento de capital, de modo que cada subsidiária precisava levantar fundos por conta própria. Enquanto algumas subsidiárias possuíam dinheiro de sobra, outras eram forçadas a fazer empréstimos de terceiros com altas taxas de juros. O mesmo tipo de ineficiência era encontrado na distribuição de pessoal. Enquanto havia carência de pessoal qualificado em algumas divisões, em outras havia excesso, e não se sabia o que fazer com todas essas pessoas.

Diante dos dois grandes problemas abrangendo o aumento de capital e a gerência das divisões, Mitarai iniciou a reforma da Canon por meio dos *slogans*:

"Busque o que é melhor para o todo e não para as partes", e "O gerenciamento do fluxo de caixa deve ter como foco a lucratividade". Em 1996, um ano após se tornar CEO, Mitarai publicou sua política de reformas. Ele as chamou de Plano de Corporação Global Excelente, e com isso estabeleceu nítidos objetivos financeiros para cortar o índice de endividamento sobre os ativos de 34 para 3%, aumentando o índice de patrimônio líquido de 35 para 60%, e a lucratividade em 10%.

A reestruturação da Canon

Para atingir metas tão ambiciosas, Mitarai liderou uma grande reorientação no modo como as divisões encaravam a lucratividade, aplicando a estratégia de "Seleção e Concentração". Ele decidiu retirar a Canon do negócio de computadores, que era deficitário há décadas. A Canon saiu de sete outras áreas de negócios, entre elas: FLCD (monitores de cristal líquido ferroelétrico), processadores de texto, discos ótico-magnéticos, cartões óticos e filtros de cores para monitores LCD. Essas decisões não foram bem-vindas. Na verdade, houve muita oposição, mas elas acabaram sendo aceitas devido à ordem rígida vinda diretamente da direção. A Canon perdeu 73 bilhões de ienes, ou 608 milhões de dólares, em faturamento após fechar esses negócios, mas estancou a sangria de 28 bilhões de ienes, ou 233 milhões de dólares, em perdas.

O mais importante para o futuro crescimento da Canon foram os importantes recursos liberados pela reestruturação, os quais eram não apenas de capital mas também humanos, e estavam sendo desperdiçados em projetos sem futuro. Preservando o hábito existente no Japão de que se trabalha toda a vida para a mesma empresa, aqueles que estavam empregados em negócios que foram fechados não foram demitidos, mas transferidos para outras divisões. Por exemplo, os engenheiros que estavam trabalhando na divisão de computadores foram transferidos para outra divisão para trabalhar com tecnologia de computadores no desenvolvimento do SOC, ou "system-on-chip", uma tecnologia para integração de funções múltiplas em um único circuito integrado. Seus esforços criaram as Redes de Arquitetura Digital Adaptável (NADA, na sigla em inglês), um mecanismo de controle utilizado em copiadoras multifuncionais. De modo semelhante, os engenheiros que estavam trabalhando em monitores FLCD foram transferidos para trabalhar com sensores, onde desenvolveram o CMOS (óxido de metal semicondutor complementar) para câmeras digitais e scanners. Atualmente, o NADA e o sensor CMOS são tecnologias-chave na Canon. Em síntese, em vez de perder um valioso ativo de conhecimento formado por funcionários experientes e com conhecimentos – como costuma acontecer em reestruturação de companhias – as reformas da Canon melhoraram o fluxo de conhecimento internalizado em funcionários para sustentar a inovação na companhia.

O balanço patrimonial conta as histórias da gestão

O efeito da reestruturação audaz baseada na tomada de decisão autoritária foi drástico, mas poderia ter representado um efeito limitado e isolado se não fosse pelo esforço contínuo de toda a companhia para melhorar a Canon. Mitarai considera o balanço patrimonial mais importante do que o demonstrativo de resultados, pois mostra os ativos e passivos acumulados ao longo dos anos, enquanto o demonstrativo de resultados mostra apenas os números de um ano específico. Miatarai afirma que uma análise cuidadosa do balanço patrimonial revela a história por trás dos números. Ele afirmou: "melhorar a gestão é melhorar o balanço patrimonial" (Oguri *et al.*, 2003: 25). E acrescentou: "o demonstrativo de resultados pode ser controlado com certa facilidade para produzir lucros superficiais, mas melhorar o balanço patrimonial leva um longo período de tempo". O foco no balanço patrimonial requer estabelecer uma meta clara e criar um plano em perspectivas a longo prazo, pois como fabricante, leva-se tempo para obter lucro a partir de produtos recém-desenvolvidos. Para ser capaz de sustentar investimentos a longo prazo, a dívida a longo prazo deve ser reduzida e o patrimônio líquido deve ser ampliado. Com a experiência em finanças adquirida em seu trabalho nos Estados Unidos, Mitarai reconhecia a importância do balanço patrimonial e conhecia sua leitura e gerenciamento como a palma da sua mão.

Para aprimorar o balanço patrimonial e continuar a impulsionar a organização, Mitarai estabeleceu metas e objetivos financeiros. São eles: os principais indicadores de desempenho em vendas líquidas, o índice de lucros brutos sobre as vendas líquidas, as despesas de P&D como uma proporção das vendas líquidas, o lucro operacional em relação às vendas, o giro de estoque diário e o índice de endividamento sobre o total de ativos. Entretanto, a questão não era simplesmente mudar os números. Mitarai contou histórias de alcance de metas que se referiam às maneiras de alcançar os objetivos que estabelecera. Para ele, o processo de planejar e atingir o objetivo é a história da gestão, em que os personagens-chave são os números. Por meio das narrativas, ele se lembra de todos os indicadores importantes, e sempre que a situação muda, ele muda a trama e uma nova história é criada. Dessa maneira, as metas numéricas também são um ponto inicial nas discussões das reuniões destinadas a transmitir os conceitos da política para a realidade concreta, em termos de melhorias nas rotinas do chão de fábrica e de compreensão coletiva dos papéis e responsabilidades dos indivíduos. "É importante estabelecer um objetivo na forma de um número concreto, pois a partir daí torna-se claro o que você precisa fazer para atingir aquele número", afirmou Mitarai (Katsumi, 2006: 35). Quando um funcionário da Canon estabelece uma meta numérica como um objetivo, seu supervisor pede que ele desenvolva um cenário ou uma narrativa sobre quem deveria fazer o que e em qual situação para atingi-lo. De acordo com Mitarai "cada pessoa deve ser capaz de não apenas estabelecer um objetivo

256 *Managing Flow*

tangível, mas de criar a história para concretizá-lo. Essa capacidade passa a ser a fonte das forças da Canon" (*ibid.*). No mesmo sentido, objetivos numéricos também são ferramentas para fazer com que todos na Canon pensem sobre o processo de atingir metas e o compreendam.

Em seu longo período de trabalho na subsidiária norte-americana, Mitarai também aprendeu a importância do gerenciamento do fluxo de caixa. Enquanto o balanço patrimonial aponta os resultados do investimento e o demonstrativo de resultados revela as razões para os resultados, o fluxo de caixa ajuda a compreender o processo de investimento e os resultados., Antes que o relatório do fluxo de caixa se tornasse obrigatório nas regulamentações contábeis japonesas, em 2000, Mitarai introduziu o conceito como um meio de aprimorar o balanço patrimonial e acelerar as melhorias e a inovação. Já no cargo de liderança, ele continuou a comunicar o significado de seu conceito por toda a organização. Para a Canon, o gerenciamento do fluxo de caixa não significa apenas melhorar os números na declaração financeira; ele é o objetivo que orienta todos os funcionários a pensar constantemente em maneiras de contribuir em seus trabalhos específicos para melhorar o fluxo de caixa de toda a companhia. O gerenciamento do fluxo de caixa visa a utilização ideal dos recursos gerais em todas as partes da companhia ao deixar claro quanto valor (entrada de dinheiro) cada parte cria, e a quantidade de recursos que é consumida (saída de dinheiro) para criar valor em um dado momento. Visar a otimização total do uso de recursos requer que os funcionários vejam a si mesmos e ao seu trabalho em relação às outras funções e divisões, assim como em relação à companhia como um todo. Os funcionários também têm consciência do momento, ou de como criar valor suficiente para compensar os custos em um certo período de tempo. O gerenciamento de fluxo de caixa rejeita a crença de que "um dia, o investimento vai se pagar". Isso não é negar que o investimento para o futuro é uma necessidade, é enfatizar a necessidade de uma articulação clara da história sobre como esse futuro pode ser realizado. Ao reconhecer que um foco excessivo no gerenciamento do fluxo de caixa pode levar facilmente a um mero padrão de corte de custos, a companhia estabeleceu um plano a médio prazo para identificar domínios de novos negócios e acumular as tecnologias exigidas. Nesse sentido, a Canon planeja aumentar as despesas de P&D de 8,2% de vendas líquidas em 2007 para mais de 10% por volta de 2010.

Outro caminho que Mitarai introduziu para aprimorar o balanço patrimonial foi estabelecer as demonstrações consolidadas para a liquidação das contas como o padrão para as avaliações, deixando mais transparente a situação financeira em geral das companhias dos grupo. Como a Canon operava em um grupo de companhias em que a matriz era responsável por P&D e pela produção e as subsidiárias eram responsáveis pelos serviços e vendas, essa avaliação foi especialmente efetiva. Sob o antigo sistema de claras divisões, os gerentes monitoravam apenas os números não consolidados, a maioria no próprio domínio de negócios, o que não reflete o desempenho do grupo Canon como um todo. A consolidação de números modificou as relações entre as divisões e subsidiárias na companhia, forçando-as a enxergarem a si mesmas em relação à toda a companhia. Com a nova ênfase no desempenho do grupo, cada divisão se concentrava não somente no seu próprio desempenho, mas também media esforços para melhorar o desempenho de todo o grupo Canon. Finalmente, todas as partes da organização aprenderam a pensar e agir como uma única companhia, e não como várias companhias individuais dentro de um grupo. Mitarai afirmou que "o gerenciamento do fluxo de caixa e a avaliação por demonstrações consolidadas são inseparáveis e intimamente relacionados um ao outro na concretização de objetivos que visem melhorar o balanço patrimonial" (Oguri *et al.*, 2003: 27).

A instalação do sistema de produção em células

Para aprimorar o fluxo de caixa, a Canon precisava ou aumentar os lucros líquidos ou reduzir os ativos que não contribuíam diretamente para o fluxo de caixa sem custos. O departamento que mais utilizava o caixa era a linha de produção, que estava repleta de tarefas em processo e bens finalizados. Para reduzir esses inventários, Mitarai introduziu o revolucionário sistema de produção em células proposto por um de seus subordinados na linha de frente. Ao contrário de seu sistema convencional de produção em massa, com esteiras rolantes, onde cada trabalhador completa progressivamente tarefas bastante específicas e em seguida passa o trabalho para a próxima pessoa na linha de montagem, a produção em células consiste em uma equipe autossuficiente ou uma célula de trabalhadores com diversas habilidades (ou às vezes apenas um trabalhador) que são responsáveis por partes significativas – ou às vezes até mesmo pela íntegra – do processo de montagem. Mitarai observou as deficiências na produção de lentes de câmeras com esteiras rolantes assim que entrou para a Canon e, desde então, procurou por um sistema mais inovador. Um dia, um gerente de divisão comentou com ele sobre uma fábrica da Sony que estava fazendo algo diferente. Ele imediatamente foi até lá para conferir e instantaneamente compreendeu os méritos da produção em células e a introduziu na Canon. Os resultados foram esplêndidos. Cinco anos após introduzir a produção em células, a Canon abriu o equivalente a 22 mil vagas de emprego e reduziu o montante total de trabalho em processos de 20 para quatro dias. Além disso, a remoção das antigos armazéns e linhas de produção liberou 870 mil metros quadrados de espaço, reduzindo o espaço de aluguel à metade. O excedente em espaço e recursos humanos foi absorvido por outras operações da companhia (veja a Figura 8.3).

Outro mérito do sistema de produção em células é a flexibilidade de produção. O número de células pode aumentar ou diminuir para sincronizar a produção com as flutuações na demanda. Na fábrica Ami, município de Ibaraki, onde se produzia copiadoras, o tempo de entrega sob o antigo sistema era de três meses. Após a introdução do sistema de produção em células e do aprimoramento das habilidades, os prazos foram gradualmente reduzidos para uma semana. A produção e as vendas antigamente passavam muito tempo negociando qual departamento deveria assumir o risco de uma produção, baseando-se em previsões de vendas feitas três meses antes. Atualmente, não existe mais esse risco. A flexibilidade também facilitou a introdução de novos produtos no mercado. Em 2005, por exemplo, a Canon lançou 17 novos modelos de câmeras digitais em apenas um ano. Isso não teria sido possível com a tradicional linha de montagem fixa e o sistema de esteiras rolantes. A velocidade da produção é um fator muito importante para o lançamento de novos produtos na indústria japonesa de câmeras, onde o preço de uma câmera digital no varejo normalmente cai à metade apenas dois meses após a entrada no mercado.

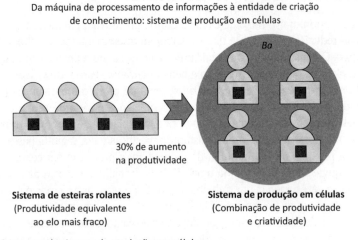

Figura 8.3 Imagem do sistema de produção em células.

A melhoria da eficiência e da flexibilidade na Canon não foi alcançada somente com a eliminação das esteiras rolantes e a redução do montante de trabalho em processo entre os trabalhadores da linha. O valor essencial do sistema de produção em células está no fato de permitir que cada funcionário enxergue seu trabalho em relação ao processo como um todo, além de utilizar o conhecimento de cada funcionário, que é continuamente acumulado por meio da experiência. A tradicional linha de montagem com esteiras rolantes, ou o sistema Ford de produção, foi concebido com o pressuposto de que há limites para as capacidades individuais e que isso não mudará. Até mesmo quando a habilidade de um trabalhador melhora em suas capacidades particulares, essa habilidade não pode ser utilizada ao seu máximo, porque o trabalhador não pode trabalhar mais depressa que a linha. Em contraste, os avanços na habilidade de um trabalhador

Liderança **259**

no sistema de produção em células são imediatamente refletidos na eficiência de modo geral. Contudo, o sistema de produção em células não foi um sucesso imediato na Canon. A eficiência e a flexibilidade só foram alcançadas após os trabalhadores de produção começarem a reavaliar o processo de produção por conta própria. Apropriando-se da sabedoria de suas experiências, eles criaram procedimentos para realizar o benefício máximo do sistema de produção em células. Eles compartilharam os problemas que estavam enfrentando e trabalharam por meio de tentativa e erro. As ferramentas e os gabaritos eram adaptados pelos trabalhadores para se enquadrarem nos métodos da produção em células. Mitarai chamou-os de "Chie-tech", ou Intelli-Tech, por terem sido desenvolvidos em campo por meio de conhecimento compartilhado e criatividade dos funcionários. Comparado às ferramentas e gabaritos de alta tecnologia uma vez considerados essenciais para uma linha de produção eficiente, o Chie-tech era consideravelmente mais barato e mais efetivo. E o efeito sobre a reforma da produção em geral foi enorme, com muito trabalho voluntário para inventar novas ferramentas habilidosas de baixo custo, estimulando muita criatividade no trabalho. O valor da criatividade no chão de fábrica foi logo reconhecido em outras partes da Canon. Se os trabalhadores responsáveis pela montagem identificassem partes difíceis de montar em um produto, os engenheiros e os projetistas visitavam a fábrica e os consultavam para inventar uma ferramenta Chie-tech que facilitasse a montagem, em vez de recorrer a alterações dispendiosas no *design* da peça.

Tal inovação baseada no conhecimento do trabalhador é possível devido ao sistema de produção em células que permite aos trabalhadores enxergar o processo de fabricação como um todo e perceber a si mesmos como parte do todo da companhia, em vez de parte apenas do processo de fabricação. Os trabalhadores responsáveis pela produção procuram conhecer e compreender o processo inteiro, em vez de apenas uma parte do processo na linha de montagem. Isso os estimula a pensar nos aprimoramentos em termos de otimização total, e cada ideia e método individual ficam nítidos no resultado final. Na produção em células, os trabalhadores são intrinsecamente motivados por um sentimento de autorrealização e missão cumprida, o que acelera a eficiência. O conhecimento de cada trabalhador é integrado ao chão de fábrica e todas as atividades baseiam-se em seu conhecimento. As iniciativas do trabalhador no local podem mudar a disposição das células, as ferramentas de produção e até mesmo os procedimentos de produção. Toda experiência pode ser uma fonte de conhecimento novo e cada segundo pode ser um momento de inovação. A simulação do pensamento individual e da atmosfera de equipe cria um *ba* de compartilhamento de conhecimento e de comunicação profunda que aumenta a eficiência.

Tamanha inovação, baseada no conhecimento da linha de frente, é apoiada por dois sistemas da Canon para promoção, manutenção e compartilhamento do importante conhecimento tecnológico dos indivíduos. Esses sistemas são chama-

260 *Managing Flow*

dos "Sistema de Especialistas da Canon", para os funcionários de produção, baseado no sistema alemão *meister*, e no "Sistema do Mestre-Artesão", para técnicos especialistas. Estes sistemas cultivam as habilidades e o entusiasmo dos trabalhadores, e compreendem a chave para a sucesso da produção em células. O Sistema de Especialistas escalona quatro níveis de domínio em produção até o nível de "Super Especialista". Por exemplo, um Super Especialista pode montar por conta própria uma copiadora de alta qualidade com mais de 3 mil peças em apenas 14 horas, memorizando todas as 2 mil páginas do manual que descreve o procedimento. A montagem de uma máquina como essa originalmente exigia o esforço de cerca de 70 trabalhadores. Um trabalhador do nível de Super Especialista algumas vezes é enviado para outras divisões para otimizar o uso da experiência da respectiva divisão. Por exemplo, três Super Especialistas foram enviados ao departamento de P&D para ajudar no projeto de copiadoras que estavam apresentando pequenos problemas na fase da produção. Eles são recompensados com melhores salários e uma insígnia especial, e podem assinar seus nomes nos produtos que montarem.

A expressão "Mestre-Artesão" é aplicada àqueles funcionários com excelentes técnicas em áreas específicas, como polimento de lentes, processamento de precisão, pintura e revestimento. Um Mestre-Artesão faz o polimento à mão das lentes a serem usadas como padrão de qualidade na inspeção de lentes de alta precisão para *steppers* – máquinas utilizadas para expor os padrões de circuito ultrafino em componentes semicondutores. Uma pessoa com essa habilidade pode sentir com o toque a diferença de um micrômetro, ou um milionésimo de milímetro, na exatidão da lente. Desde 2007, a Canon emprega 24 Mestre-Artesãos como esses. Cada um deles escolhe os seus sucessores (normalmente dois) e treina um a um por um período superior a dois anos. Esses sistemas de Especialistas e Mestre-Artesão asseguram que o conhecimento técnico e a especialização na Canon sejam nutridos e passados a diante para a próxima geração.

"Comunicação, comunicação, comunicação!"

Como seria de se esperar, as reformas drásticas de Mitarai encontraram resistência em todos os níveis da Canon. Para superar isso e continuar a orientar toda a organização em direção à reforma, ele enfatizou a importância da comunicação, observando que a comunicação é mais poderosa do que a autoridade como uma ferramenta para fazer as pessoas trabalharem. "Para que cresçam, é muito importante que as pessoas conheçam muito bem a razão de seu trabalho. Para que isso aconteça, os chefes precisam ter a habilidade de convencer os trabalhadores. Eu mesmo passei um bom tempo tentando convencer as pessoas a incentivarem aqueles indivíduos que iriam empreender a reforma na linha de frente. Foram eles que criaram a Canon de hoje", afirmou Mitarai (Katsumi, 2006: 33). Ele explicou que a única maneira de convencer as pessoas era comu-

Liderança **261**

nicando a mensagem diversas vezes. Quanto mais frequente for a comunicação, mais as pessoas ficarão convencidas e permitirão a mudança. Os líderes devem ser capazes de comunicar suas intenções e as razões por trás delas, e devem garantir que todos na organização compreendam e se comprometam com elas.

Mitarai aprendera sobre a importância da comunicação entre a gerência e os funcionários enquanto trabalhava no exterior, e sempre estimulava seu pessoal a encarar os problemas a partir do ponto de vista dos demais. Segundo ele, sua tarefa mais importante ao dirigir a Canon foi a mudança da mentalidade e do comportamento das pessoas por meio da comunicação efetiva da visão da companhia e de como ele planejava implementá-la.

Mitarai construiu uma variedade de *ba* para promover a comunicação que derrubaria as barreiras entre as divisões e as subsidiárias e superaria a predominância da otimização parcial. Seu primeiro passo foi estabelecer um comitê de reforma de gestão, o qual liderava. Ele dividiu o comitê em oito subcomitês de acordo com as tarefas da gerência. Para encorajar a comunicação e a colaboração entre as divisões, cada subcomitê era liderado por um gerente sênior de uma divisão, e cada gerente era responsável pela reforma de uma parte dos negócios que não era de sua responsabilidade. Isso os obrigou a cooperarem completamente, ainda que significasse sacrificar os interesses a curto prazo de suas próprias divisões. Mitarai instigou os gerentes a enxergar a si mesmos como responsáveis por toda a companhia, em vez de como representantes de suas divisões particulares. Todos na Canon foram encorajados a expressar suas opiniões e ideias livremente e seguir com elas de modo independente. O aumento da comunicação e da interação no *ba* por parte dos vários subcomitês logo passou a romper barreiras entre as divisões e a gerar uma nova maneira de pensar. Um exemplo típico desse processo foi o projeto para unificação dos códigos de produto. Quando Mitarai assumiu a presidência, havia cerca de 200 mil variações na codificação de produto. Ele escolheu a diretoria da divisão de recursos humanos da Canon para gerenciar o subcomitê sobre a inovação logística global e assumiu a tarefa de racionalizar o sistema de codificação. O projeto foi finalizado com sucesso em dois anos, superando a resistência de diversas divisões ao sintetizar seus interesses.

Os três foros de comunicação mais importantes da Canon são: a reunião do comitê de estratégia administrativa, a reunião da gerência e a reunião do conselho, todos liderados pelo CEO. O comitê de estratégia de gestão reúne-se para identificar e discutir diversas questões sobre gestão, enquanto a reunião de gerentes decide como resolver essas questões. O conselho aprova as decisões tomadas pela reunião de gerentes. O comitê de estratégia de gestão se reúne uma vez por mês e também quando surgem questões urgentes. Em vez de es-cutar passivamente as apresentações e os relatórios de uns dos lados, a reunião visa encorajar a discussão ativa e a troca de conhecimento e de opiniões. Gerentes de divisões e unidades tentam extrair o máximo de opiniões diferentes. A reunião de gerentes

262 *Managing Flow*

ocorre uma vez por semana e é assistida por todos os executivos e gerentes de divisões relevantes para desenvolver um plano de ação concreto baseado nos objetivos estabelecidos pelo comitê de estratégia de gestão. O conselho deve efetuar a aprovação final para todas as decisões tomadas. Todas as três reuniões acontecem no horário de almoço pelo período de uma hora. De acordo com Mitarai:

> Todas as minhas reuniões ocorrem durante o horário de almoço. Como todos precisam almoçar, a assiduidade é de 100%. Almoçamos em cinco minutos e passamos os 50 minutos seguintes em um debate acalorado. Utilizamos o tempo "livre" destinado para o almoço. (Takeuchi e Nonaka, 2004: 24)

A sala de reuniões é pequena, de modo que todos precisam sentar próximos uns aos outros. Isso ajuda a criar uma atmosfera de "mistura" para o debate livre. Por meio das discussões nesses *ba*, Mitarai conseguiu compartilhar de forma tácita seus valores e perspectivas sobre por que e como o aprimoramento do balanço patrimonial é importante, a gerência do fluxo de caixa e o corte de estoque são estimulantes e a evasão de lucros é ruim para a companhia.

Além dessas reuniões formais, a Canon possui foros para cultivar a compreensão e a confiança mútuas no *ba* em definições mais informais. Os executivos da Canon se reúnem no chamado *"asa-kai"*, ou reunião matinal, todos os dias das 8 horas às 9 horas. Nenhum tópico é estabelecido para o *asa-kai*, de modo que os participantes podem levantar suas questões mais urgentes do "aqui e agora" para discussão. Os executivos podem falar sobre qualquer coisa que tiverem em mente na respectiva manhã, ainda que sejam trivialidades publicadas no jornal do dia. A atmosfera é descontraída e informal, então os diretores que tiverem outros negócios importantes para tratar não precisam participar. A reunião também não se destina a produzir decisões finais. Entretanto, quando um problema crítico surge durante o fluxo de compartilhamento na variedade de tópicos, a natureza informal do *asa-kai* pode instantaneamente tornar-se formal. Os participantes discutirão e algumas vezes decidirão algo de imediato e executarão a decisão assim que a reunião terminar, ou podem levar a questão para a reunião de gerentes para aprofundar mais a discussão. Mitarai acredita ser importante que os membros do conselho se reúnam brevemente e conversem pessoalmente pelo menos uma ver por dia. A atmosfera descontraída visa estimular o pensamento criativo, o improviso e o envolvimento. A natureza informal da discussão ajuda os executivos a se conscientizarem das diferenças nas opiniões e permite que eles compartilhem contextos e informações que podem até não aparentar relação com suas preocupações pessoais sobre negócios imediatos. Como um local importante para o compartilhamento de conhecimento, ele ajuda a acelerar o processo de tomada de decisão na Canon.

Ocasionalmente, as decisões são tomadas no *asa-kai*, mas ainda que sejam tomadas posteriormente, todos aqueles que forem afetados pela decisão têm consciência prévia do assunto a ser abordado na reunião matinal. O sucessor de Mitarai na presidência, Tsuneji Uchida, descreve a importância dos principais executivos promoverem a liderança por meio da tomada de decisão oportuna e afirma que o rápido intercâmbio de informação na reunião matinal auxilia nesse processo. "Ainda que tenha apenas 60% de certeza, você tem a responsabilidade de tomar uma decisão", afirmou, acrescentando que se você pensar demais, "perderá a oportunidade e fracassará" (Uchida, 2007: 86). Isso enfatiza a importância do momento certo e da função de economizar tempo na reunião matinal como um local para o compartilhamento de conhecimento, contexto e da vontade para agir.

Além do *ba* referente à alta gerência, também existem vários *ba* que estão incubados e interligados, envolvendo funcionários, clientes, fornecedores, colaboradores e outros envolvidos, como os líderes globais da companhia. Na Canon, todos os *ba* estão conectados de forma orgânica e relacionados, promovendo o diálogo amplo e íntimo, e relações por toda a companhia e além dela. O sistema de *ba* com várias camadas estabelecido na Canon é um mundo inteiro de pessoas conectadas através de camadas de redes menores (veja a Figura 8.4).

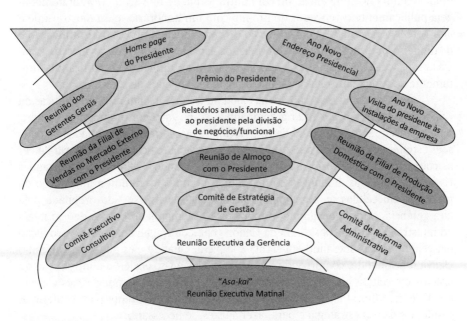

Figura 8.4 Configuração orgânica do *ba* multicamadas da Canon.

Para compartilhar conhecimento e informações sobre suas políticas na organização, principais executivos de todos os departamentos ao redor do Japão visitam a matriz juntos uma vez por mês. Nessas reuniões, os gerentes revisam a política e o

264 *Managing Flow*

andamento de projetos, sendo diretamente informados pelo CEO sobre as ideias e os planos para o futuro. Sinopses das reuniões circulam na intranet da companhia.

Mitarai costuma realçar a importância da comunicação direta com os funcionários da linha de frente para compartilhar visão, conhecimento e informação. Ele explica que a única forma do CEO ter uma noção do que acontece na linha de frente é manter o máximo de contato possível com os funcionários, encontrando-os pessoalmente. Uma das principais oportunidades para isso é a visita anual do CEO a cada laboratório de P&D e fábrica do Japão. Durante essas visitas, ele discursa por cerca de duas horas e em seguida reúne-se com todos os funcionários, ou com todos aqueles acima de gerente-assistente, dependendo do espaço disponível no escritório. Duas vezes por ano, quando os bônus são pagos, ele entrega os contracheques pessoalmente e bate papo com 800 gerentes selecionados. Ele também mantém diversos sistemas de gratificação tradicionais na companhia que reconhecem e avaliam as realizações dos negócios. Ele encara essas gratificações como ferramentas de comunicação, como o Prêmio dos Presidentes, destinado ao indivíduo ou grupo que tenha contribuído para a companhia com uma nova invenção ou com outra forma de inovação. Mitarai homenageia publicamente o vencedor do prêmio com um honorário, para mostrar que a alta gerência reconhece a contribuição de cada funcionário. Outra gratificação é o "dinheiro-presente" entregue em eventos especiais para celebrar marcos e outras realizações. Mitarai anexa uma mensagem ao dinheiro, comunicando diretamente ao funcionário que a gerência reconhece o valor de seus esforços.

Métodos como esse não apenas ajudam Mitarai a comunicar as políticas da Canon e a sua visão por toda a companhia, como também o ajudam a adquirir mais conhecimento contextual de cada local, o que o orienta em tomadas de decisões estratégicas. Ele sabe que "ver é crer", e costuma realçar a importância de ver as coisas com seus próprios olhos. Por exemplo, quando a percepção dos grandes riscos associados às mudanças no método de produção retardou a introdução da produção em células na companhia, mesmo que ela tivesse sido ordenada pela alta gerência, Mitarai encaminhou todos os 12 membros do comitê de estratégia administrativa para a subsidiária da Canon chamada Nagahama, onde a produção em células estava operando em escala completa. Quando eles puderam ver como estava funcionando, compreenderam os benefícios e isso acelerou a introdução do sistema em células em outras partes da Canon. Entretanto, algumas vezes ver não é suficiente. Mitarai afirmou que sempre visita a linha de frente para conferir os resultados de sua estratégia e para fazer ajustes, se necessário:

> Há aqueles que afirmam serem orientados pela linha de frente por simplesmente visitarem as fábricas sem estabelecer metas ou fazer sugestões. Essas pessoas estão apenas passeando pela fábrica e não descobrirão nada. Tendo estabelecido o objetivo, posso conferir, observando os resultados na linha de frente, se há algum

Liderança **265**

problema, se o processo desvia do objetivo em algum momento ou se a meta ou estratégia estabelecida estava errada desde o princípio (Katsumi, 2006: 38)

O fluxo da gestão para se tornar uma excelente companhia

O caso da Canon explica claramente o fluxo da gestão na operação real de negócios. Na Canon, números e valores que aparentam ser estáticos e analíticos são na verdade dinâmicos e narrativos; tornam-se personagens-chave das histórias da gestão. Na Canon, recursos como o dinheiro, estoque e, claro, recursos humanos, são considerados processos. Mitarai lembra de cor os objetivos financeiros de todas as divisões, pois os números são uma parte importante dos seus cenários gerenciais. Como resultado da comunicação intensiva nos vários *ba* estimulada pelo CEO Mitarai, pede-se a todos os funcionários e gerentes que criem cenários e contem as histórias da gestão com um entendimento compartilhado sobre como e por que o balanço patrimonial, o gerenciamento do fluxo de caixa e a avaliação dos demonstrativos consolidados são importantes na formação de uma companhia excelente. A singularidade da gerência na Canon está na liderança de um CEO que gerencia e distribui o fluxo por meio da criação ativa e dinâmica do *ba* dentro da empresa.

TOYOTA MOTOR CORPORATION – PROJETO PRIUS

Apresentação do projeto

A Toyota surgiu como uma líder global na indústria automobilística, ultrapassando a General Motors Corporation (GM) na produção de automóveis em 2007. Ela é mais conhecida pela inovação contínua em produção, e pelo seu singular Sistema Toyota de Produção, que tem sido estudado há anos por acadêmicos e profissionais. Muitos concorrentes no exterior adotaram as práticas da Toyota, como, por exemplo, o "*kaizen*" (melhoria contínua), o "*mieru-ka*" (visualização) e a "produção *just-in-time*". Entretanto, a criação do carro híbrido Prius demonstrou que além da inovação contínua e incremental na produção, a Toyota também é capaz de superar as tecnologias.

O Prius, que significa "anterior a" em Latim, é o primeiro carro híbrido produzido em massa no mundo. Foi lançado no mercado em dezembro de 1997 e recebeu inúmeros prêmios por suas tecnologias e seu conceito de produto inovadores, incluindo o Carro do Ano no Japão (1997), o Carro do Ano na América do Norte (2004) e o Carro do Ano na Europa (2004). O Presidente da Toyota, Hiroshi Okuda, refere-se ao Prius como um automóvel que irá marcar época, um automóvel para o século XXI.[2] A Toyota afirma que o Prius melhora a economia de combustível em 100% e a eficiência do motor em 80%. A companhia afirma

266 *Managing Flow*

que o carro emite cerca de metade de dióxido de carbono e cerca de um décimo de monóxido de carbono, hidrocarbonetos e óxido nitroso do que os carros convencionais movidos à gasolina.

O Prius representou uma superação para a Toyota em três pontos: como um produto inovador, como uma nova tecnologia e como um processo de criação de conhecimento. Primeiramente, trata-se de um produto inovador: o primeiro automóvel híbrido de passageiros a ser produzido em massa no mundo, criando praticamente um novo mercado só para ele. Inovador também no sentido de não se enquadrar a nenhuma outra linha de produto existente na Toyota, onde cada produto é projetado para complementar um outro, de modo que todas as linhas de produto possuem uma imagem consistente da marca Toyota. O Prius não se enquadra nesse perfil. Desde o início, o projeto foi planejado para dar aos engenheiros da Toyota uma nova perspectiva sobre o desenvolvimento de um carro.

Em segundo lugar, o Prius consiste em muitas tecnologias inovadoras: o mecanismo, o motor elétrico, a bateria e o sistema de freio. Sem falar na tecnologia aplicada para combinar esses artifícios no que hoje é chamado Sistema Híbrido da Toyota. Com o desenvolvimento do Prius, a Toyota não somente adquiriu novas habilidades nas tecnologias eletrônicas para complementar a perícia mecânica existente, como também desenvolveu a capacidade de integrar essas habilidades de modo efetivo ao processo de um novo produto, uma conquista importante para o futuro da companhia. Ao preservar sua ênfase sobre o *"yokoten"* ou aplicabilidade horizontal, a Toyota adaptou sua tecnologia híbrida para uma ampla série de veículos, incluindo o Lexus. A Toyota acredita que a tecnologia híbrida ajudará a companhia ganhar uma posição mais forte no mercado europeu. Ela também está oferecendo a tecnologia a outras empresas automotivas, visando a economia de escala.

A terceira superação do Prius foi sua criação em um novo processo de desenvolvimento de produto, e em tempo recorde. A Toyota leva geralmente quatro anos para desenvolver um novo modelo em uma linha de produto existente, o que ainda assim compreende um dos ciclos de produção mais curtos da indústria automobilística. O Prius, que consiste em um projeto totalmente novo baseado em novas tecnologias, levou apenas 15 meses entre o projeto e o início da produção. Para alcançar essa velocidade e nível de inovação, os engenheiros frequentemente foram forçados a empregar abordagens pouco convencionais ao trabalho. O sistema do motor híbrido ainda estava em fase de pesquisa quando o Prius estava sendo desenvolvido, de modo que a pesquisa e o desenvolvimento foram avançando mesmo tempo.

O contexto social para o desenvolvimento do carro híbrido surgiu em função da crescente preocupação em relação ao impacto das emissões de combustível fóssil no ambiente, e com o aumento nos preços do petróleo. A construção do Prius exigiu a formação de uma equipe de desenvolvimento com as habilidades tecnológicas necessárias para criar um produto em um curto espaço de tempo. Com a vasta expe-

Liderança **267**

riência e as diversas – e complexas – tecnologias envolvidas na produção de automóveis nos dias de hoje, o esforço exigiu a criação de conhecimento novo. A bem-sucedida transferência de conhecimento para o Prius demonstra o impacto da excelente liderança na gestão de processos baseada em conhecimento, que é o ponto forte da Toyota e o que a faz inovar continuamente (veja a Tabela 8.1).

Tabela 8.1 A liderança distribuída no projeto Prius.

	Alta Gerência (Metafuncional)	Produtores de Conhecimento (Uchiyamada)	Gerentes de Conhecimento (Funcional)
Visão	Ser a indústria automobilística do século XXI Sensação de crise	Criação do conceito: um carro para o século XXI	
Ativos de conhecimento	Percebeu a falta de conhecimento da Toyota em tecnologias EV/Ecológicas	Conheciam outros engenheiros (*quem sabe o quê*)	Conhecimento profundo sobre os próprios campos de tecnologia e engenharia
Criar o *ba*	Espaço G21 Departamento de EV Reorganização	Forças-tarefa das Malas Diretas do Espaço G21	Diversos departamentos e seções
Energizar o *ba*	O caos criado: "Duplicar a eficiência em consumo de combustível" e "Lançar o Prius um ano antes do planejado" Apoiou os projetos para aumentar o comprometimento Deu autonomia ao G21	Mostrou as diretrizes Compartilhou as informações Enxergou a partir de diversos pontos de vista Deu autonomia às forças-tarefa	
Conectar o *ba*		Trouxe pessoas de vários departamentos	
Promover o SECI	Todos S, E, C e I	E e C	S e I

O cenário de desenvolvimento do Prius

No começo da década de 1990, o mercado automobilístico no Japão e no exterior estava em recessão, e embora a Toyota tivesse uma alta participação no mercado japonês, a lucratividade estava em declínio. A alta gerência da Toyota pressentiu uma crise eminente e passou a acreditar que a companhia havia se tornado grande e inflexível demais para lidar com a situação de forma rápida e eficiente. A Toyota também estava enfrentando problemas no desenvolvimento de produtos. Durante 30 anos, a companhia havia empregado um sistema no qual

268 *Managing Flow*

um engenheiro-chefe era designado para liderar o projeto, sendo responsável por todo o processo de desenvolvimento de produto – desde o planejamento à verificação final anterior ao lançamento no mercado. Por esta razão, cada carro refletia a personalidade singular do engenheiro responsável pelo seu desenvolvimento.

Porém, por volta dos anos 1990, a Toyota tinha mais de 120 mil engenheiros, e o número de modelos estava aumentando mais do que nunca. Isto trouxe muitos problemas. Em primeiro lugar, o tempo dedicado para coordenar os vários departamentos e seções envolvidos no desenvolvimento de produtos aumentou drasticamente. As tecnologias foram subdivididas e especializadas para um nível tal que os engenheiros passavam 30% de seu dia de trabalho em reuniões para entrarem em sincronia com outros departamentos. Em segundo lugar, os engenheiros encontravam dificuldades para integrar sua marca de personalidade a um carro. O desenvolvimento de produto havia se tornado mais sistematizado, e os departamentos mais conservadores, dificultando o desenvolvimento de produtos inovadores. Por exemplo, no projeto do motor, o departamento de motores poderia pedir ao engenheiro-chefe para escolher um projeto entre três já existentes, em vez de desenvolver um novo motor que se adaptasse melhor ao conceito do novo carro. Na verdade, um engenheiro-chefe poderia criar um carro novo simplesmente juntando componentes já existentes oriundos de vários departamentos.

Outro desafio encontrado pela Toyota foi o aquecimento global, que estava se tornando uma das questões prioritárias do século XXI. A grande preocupação pública sobre os efeitos do consumo de combustíveis fósseis no ambiente e o aumento nos preços do petróleo estavam levando as montadoras ao redor do mundo a buscarem uma alternativa mais limpa para o motor de combustão interna. A alta gerência da Toyota estava há muito tempo ciente da exigência de um ar mais limpo e de melhores economias de combustível. Uma consideração feita explicitamente na Carta ao Planeta, emitida pela Toyota em 1992, clamava por veículos com baixas emissões. O Presidente da Toyota, Fujio Cho, resumiu as intenções da companhia da seguinte maneira:

> Sinto-me incomodado quando me dizem que o Japão não contribuiu em nada durante os 100 anos de desenvolvimento automobilístico. Infelizmente, os pontos de partida eram diferentes, de modo que nada pode ser feito a respeito disso. Entretanto, em respeito ao ambiente, os pontos de partida são os mesmos para todos nós. A Toyota fará todos os esforços para que possamos ouvir que a tecnologia japonesa tem contribuído muito para o ambiente.[3]

A Toyota vinha trabalhando para reduzir as emissões em motores de combustão interna e já era considerada uma das montadoras líderes em termos de eficiência de combustível. Em 1991, a companhia passou a se concentrar mais seriamente as tecnologias alternativas. Esses esforços foram simulados parcialmente pelo programa Veículo de Emissão Zero (ZEV, na sigla em inglês), implementado em 1990 pelo estado da Califórnia. Os gerentes da Toyota rapidamente perceberam que as fábricas de automóveis precisavam estar aptas a responder a padrões ambientais cada vez mais severos.

No mesmo ano, a Toyota lançou uma campanha publicitária no Japão chamada "Dr. Dolittle", com uma frase provocativa para uma empresa do ramo automotivo: "Um dia percebi que não precisamos de carros". Em seguida, levantou a questão: "O que é um bom carro?" em uma série de anúncios, de modo que as preocupações ambientais e medidas de segurança foram exploradas para respondê-la. Os anúncios não somente chamaram atenção e geraram respostas positivas dos clientes, como também geraram nos funcionários da Toyota um bom sentimento – de que estavam se esforçando em relação aos problemas ambientais – e estimularam a discussão interna sobre tais questões. Nessa mesma época, alguns engenheiros da Toyota iniciaram diversos grupos de voluntários para estudar as tecnologias para desenvolver veículos híbridos. Um grupo conduziu um estudo sistemático sobre tecnologia híbrida combinando um motor a gás com um motor elétrico. Um gerente sênior fez referência a esse desenvolvimento espontâneo como um movimento browniano, uma analogia ao contínuo movimento aleatório de determinadas partículas que levam à difusão por toda a organização.

Os engenheiros também foram motivados por uma sensação de crise. Eles sabiam que a Toyota não possuía as tecnologias para construir os componentes principais de um veículo elétrico, como, por exemplo, a bateria, o motor, o conversor e o alternador. A Toyota orgulha-se de ser uma *fabricante* automotiva cuja maior capacidade é produzir motores, e essa lacuna representa uma ameaça grave. A Toyota tem uma tradição de produzir os componentes mais importantes internamente para acumular as subtecnologias necessárias. Até mesmo aqueles componentes que posteriormente seriam obtidos com fornecedores foram produzidos inicialmente de maneira interna para que os engenheiros da Toyota tivessem conhecimento da ciência básica, do processo de produção e do custo dos componentes. Porém, a companhia não possuía muita experiência em veículos elétricos, o que poderia resultar no retrocesso da companhia para uma mera montadora de componentes fornecidos por companhias externas no momento em que a próxima geração de motores, como o motor elétrico ou o motor híbrido, substituísse os motores movidos à gasolina. Por essa razão, foi decidido que o desenvolvimento do sistema híbrido deveria ser completamente interno.

Isso coincidiu com uma política da alta gerência recomendando que a companhia "retornasse aos princípios da produção". Em janeiro de 1993, o então presidente Tatsuro Toyoda, anunciou que os gerentes deveriam se dedicar à questão do que significa ser uma indústria. Ao final daquele ano, Eiji Toyoda, o *chairman* emérito, enfatizou a importância de voltar aos princípios da produção enquanto discursava para os funcionários. A gerência sênior compreendeu que a

270 *Managing Flow*

companhia era carente de ativos de conhecimento que poderiam assegurar o seu futuro. Esses gerentes concordaram em fornecer os recursos necessários para a pesquisa de tecnologias de veículos elétricos e, em 1992, criaram formalmente o departamento de Desenvolvimento de Veículos Elétricos. A Toyota desenvolveu diversos veículos elétricos, incluindo o RAV4 EV em 1997, mas nenhum deles foi um sucesso comercial: o problema dos altos custos e da baixa autonomia dos veículos movidos à bateria continuava sem resolução.

O desenvolvimento do Prius[4]

A primeira fase: criando um novo conceito para o século XXI

O projeto Prius foi iniciado em setembro de 1993 como um pequeno grupo de estudo chamado G21, abreviação de Geração do século XXI. O grupo foi formado pelo vice-presidente executivo, Yoshio Kanahara, e teve forte apoio do presidente, Shoichiro Toyoda. No começo, o grupo se reunia uma vez por semana e mantinha suas tarefas regulares. Os membros do grupo sabiam que estavam trabalhando em um projeto especial devido a boatos que diziam que o *chairman*, Eiji Toyoda, teria afirmado que se tratava de algo que ele mesmo faria se fosse um pouco mais jovem. A missão do G21 era descobrir como deveria ser um carro para o século XXI, mas o objetivo não era apenas criar um novo conceito para um carro que poderia ser comercializado em massa. Além disso, a Toyota queria que o grupo G21 criasse um novo processo de desenvolvimento de produto. O apoio de alto nível fornecido desde o início para o grupo fortaleceu o comprometimento do grupo e a noção de urgência para a criação de um plano completo em apenas três meses. Ao final de 1993, o G21 apresentou um relatório final para a gerência, propondo que o carro para o século XXI tivesse as seguintes características:

1. Um eixo mais largo, aumentando o espaço interno;
2. Assentos mais altos, para facilitar a entrada e a saída de dentro do veículo;
3. Uma elevação de altura de 1.500 mm para deixar o carro mais aerodinâmico;
4. Um aumento de 50% na eficiência do consumo de combustível em comparação a outros veículos da mesma categoria (o alvo era 20 km por litro);
5. Um motor menor e uma transmissão automática mais eficiente.

O relatório não propunha especialmente o desenvolvimento de um carro híbrido em seu estágio embrionário, pois o grupo continuava a pensar em termos de desenvolvimento de um veículo convencional. O próximo passo seria elaborar um projeto mais detalhado para o veículo.

A segunda fase: construindo o **ba** para concretizar o conceito

A segunda fase começou em janeiro de 1994 quando Takeshi Uchiyamada foi designado para liderar o projeto e construir um novo carro, assim como um novo processo para o desenvolvimento de carros. Ele era um especialista no controle de fixações, ruídos e vibrações e nunca havia liderado um projeto de desenvolvimento de um novo modelo. Isso foi considerado uma vantagem para o desenvolvimento de um veículo pioneiro, já que Uchiyamada não seria limitado pelo modo de pensar dominante e estabeleceria novas rotinas de desenvolvimento de produto. Ele também tinha uma forte rede social que o conectava às pessoas que detinham o conhecimento e as habilidades necessárias ao projeto. Dois anos antes, ele havia sido encarregado de reorganizar os laboratórios de pesquisa e desenvolvimento da Toyota. Ele afirmou que isso o obrigou a repensar as maneiras de desmembrar o automóvel para fins de pesquisa, o que possibilitou um amplo conhecimento sobre as tecnologias com as quais a Toyota estava trabalhando e sobre os responsáveis por seu desenvolvimento. Quando foi designado para liderar o novo projeto, Uchiyamada visitou diversos departamentos da Toyota, incluindo o Centro de Pesquisa Higashi-Fuji para tecnologias avançadas, para descobrir exatamente quais tecnologias a Toyota possuía.

O projeto G21 se diferenciava do típico desenvolvimento de produto da Toyota em muitos aspectos. O objetivo de desenvolver um veículo pioneiro de modo inteiramente interno significa que praticamente não havia interações com as partes externas. No entanto, isso reforçou o foco central do grupo e o comprometimento de utilizar todos os recursos de conhecimento interno, e o apoio da alta gerência garantiu que a equipe tivesse acesso relativamente livre a esses recursos. Uchiyamada disse ter total liberdade: "livre de qualquer constrangimento habitual a empresas e engenharias; livre de coisas comuns e do compartilhamento de componentes, das considerações do *marketing* e da hierarquia de produto".[5]

Além disso, a equipe principal estava trabalhando exclusivamente em um único produto de projeto próprio. Geralmente, um novo modelo, como o Corolla, era desenvolvido conforme um conceito preestabelecido, e o trabalho da equipe de desenvolvimento consistia em simplesmente decidir quais aprimoramentos deveriam ser feitos e quais as peças necessárias para a montagem. Uchiyamada foi encarregado de desenvolver um produto totalmente novo e em tempo recorde. Por isso, precisava de uma pequena equipe de engenheiros que fossem autossuficientes em seu *know-how* tecnológico, mas que fossem capazes de pensar no carro como um sistema completo e não apenas em termos de suas especialidades tecnológicas particulares. Ele reuniu 10 engenheiros, representando habilidades em todas as áreas necessárias de modo que pudessem escolher as melhores tecnologias existentes em cada área para adequar ao automóvel, desde a carroceria, o chassi, o motor, o sistema de direção até as tecnologias de produção. Cada

272 *Managing Flow*

um dos engenheiros tinha cerca de 10 anos de experiência e todos estavam na faixa dos 30 anos – idade suficiente para serem qualificados, mas ainda jovem o suficiente para serem flexíveis.

A primeira medida foi encontrar o espaço físico necessário para trabalhar. Foi escolhida uma sala como campo de treinamento onde foram instalados computadores pessoais e dois sistemas de CAD (Computer Aided Design). Foi a primeira vez que uma equipe de desenvolvimento inteira trabalhou junta na mesma sala, compartilhando e combinando seu conhecimento de forma imediata. Isso significava que todos os membros da equipe possuíam uma boa noção de projeto, o que acelerou o processo de tomada de decisão, e tornou-se consequentemente uma prática padrão. Desde o início, Uchiyamada estabeleceu diretrizes comportamentais – que ele tinha por escrito e sempre carregava consigo. Essas diretrizes incluíam tópicos como: a tecnologia deve ser avaliada por todos, independente da especialização do funcionário; pensar no que é melhor para o produto, não para seu respectivo departamento; não simplesmente criticar, mas também sugerir; compartilhar informações; velocidade importa, então não deixar nada para amanhã; não se preocupar com hierarquia ou antiguidade ao discutir tecnologias. As diretrizes acabaram com as hierarquias rígidas habituais em prol de mais transparência no compartilhamento de conhecimento e ideias, de modo que os problemas puderam ser resolvidos por meio da crítica construtiva e da colaboração interfuncional.

O "acesso igualitário às informações" compreendia mais uma das regras de Uchiyamada. Os membros da equipe aprenderam uns com os outros ao trabalharem intimamente juntos. As informações eram prontamente disseminadas por meio de uma lista de correio eletrônica. Foi a primeira vez que o computador foi utilizado para este fim na Toyota. Quando os problemas surgiam, a prática habitual no desenvolvimento de produto era reportar o problema a um superior, que, por sua vez, encaminhava o problema para um engenheiro-chefe, que, em seguida, informava os demais engenheiros que poderiam ser afetados. Esse procedimento consumia tempo demais e atrasava as ações que resolveriam o problema. Os engenheiros do Prius podiam trocar *e-mails* por meio da lista imediatamente após a identificação de um problema e obter uma resposta rápida sobre a sua resolução. A lista de *e-mails* chegou a ter 300 participantes.

Um "empurrãozinho" para dar um salto à frente

Após seis meses, a equipe tinha uma descrição geral de seu carro do século XXI: seguro, atraente para motoristas mulheres, eficiente e com um baixa emissão de poluentes. A equipe considerou fundamental a alta eficiência de combustível devido às crises do petróleo previstas para o futuro e à crescente conscientização pública sobre questões ambientais. Ao focar no usuário humano

Liderança **273**

como centro das considerações do projeto, a equipe visava um *espaço interno otimizado* e um *espaço interno mínimo*. Após examinar a pesquisa científica sobre a postura física mais apropriada ao sentar, a equipe concebeu um pequeno sedã com quatro assentos para adultos, movido por um motor 1.3 ou 1.5 litros de injeção direta, possibilitando 50% a mais de eficiência no gasto de combustível do que os veículos comparáveis que existiam na época.

Entretanto, a gerência sênior rejeitou o plano alegando ser muito convencional e redefiniu os pilares da proposta, instigando a equipe a buscar soluções mais radicais além das tecnologias existentes. O vice-presidente executivo da época, Akihiro Wada, encarregado da pesquisa e desenvolvimento, chamou a atenção para a duplicação da eficiência do combustível. Wada enfatizou novamente que a equipe do G21 estava prestes a fazer algo que nunca havia sido feito antes. O novo critério de duplicar a eficiência de combustível obrigou Uchiyamada a considerar o sistema híbrido. Mas o sistema ainda estava em fase de pesquisa, e ele não tinha certeza se a tecnologia estaria pronta para o Tokyo Motor Show, que aconteceria em outubro de 1995, quando o conceito do carro G21 deveria ser apresentado. Um novo grupo de estudo chamado BR-VF[6] foi lançado em fevereiro de 1995 para desenvolver um sistema híbrido. O grupo era liderada por Toshihiro Fujii, o chefe do departamento de Desenvolvimento de Veículo Elétrico (EV – Electric Vehicle).

A conexão do ba: *a mobilização de conhecimentos diversos*

Durante um reunião executiva em junho de 1995, a equipe do BR-VF apresentou um sistema híbrido que poderia duplicar a eficiência de combustível. Com isso, a gerência sênior decidiu comercializar o carro híbrido e lançá-lo ao final de 1998. O sistema foi nomeado o Sistema Híbrido da Toyota (THS). A equipe do G21 recebeu um código, 890T, que dava *status* oficial de projeto de desenvolvimento ao projeto de produto comercial, e a equipe do sistema híbrido liderada por Fujii passou para a segunda fase. Com isso, Uchiyamada teve de montar uma equipe completamente nova. Ele visitou cada departamento – freios, sistemas elétricos, etc. – procurando pelos engenheiros de que necessitava. A alta gerência apoiava firmemente o projeto, de modo que Uchiyadama podia recrutar quem ele quisesse sem oposições de outros gerentes. "Okuda (o presidente) temia muito que se desenvolvessem rivalidades entre setores; por isso, ele estimulou todos a cooperarem completamente", afirmou Uchiyadama.[7] Ao final, cerca de mil funcionários da Toyota trabalharam no projeto, a maioria deles apenas em meio expediente.

Dadas as limitações de tempo para o desenvolvimento do Prius, todos precisavam compreender o trabalho do próximo para cumprir suas próprias tarefas de modo efetivo. A Toyota é conhecida pela "engenharia simultânea", em que os

274 *Managing Flow*

engenheiros residentes são colocados no chão de fábrica para resolver todos os problemas com um novo veículo em produção no momento em que surgem. O Prius foi um exemplo extraordinário de engenharia simultânea ao inverso, em que os engenheiros de produção das instalações de fábrica participaram no desenvolvimento de produto. Isso garantiria que o carro apresentasse poucos problemas ao atingir o estágio de fabricação. Durante o desenvolvimento, todas as coisas estão em movimento, dessa forma, para compreender quais são as considerações e como as decisões estão sendo tomadas, os engenheiros precisam ser capazes de ver e sentir realmente o fluxo de cada parte do processo. Isso permite aos engenheiros ter consciência do processo como um todo e identificar e solucionar os problemas em potencial logo nos primeiros estágios.

Vários departamentos juntaram forças para desenvolver o Prius: o departamento Second Engineer foi responsável pela engrenagem, o departamento de Tecnologia Drive Train desenvolveu o sistema híbrido diferencial, o departamento de Desenvolvimento de EV foi responsável pela bateria e pelo motor e o departamento Second Vehicle foi responsável pelos freios. O departamento Second Testing foi responsável pela avaliação do produto, e a tecnologia de produção envolveu os departamentos Unit Production Technology, Production Technology Development e o departamento de engenharia de TI. O alternador foi desenvolvido e produzido pelos departamentos de Tecnologias Eletrônicas Second e Fourth e pela fábrica Hirose, localizada na cidade da Toyota.

Uma vez que o sistema híbrido consiste em diversos componentes que devem funcionar em conjunto sem atritos, os engenheiros tinham que ser capazes de trabalhar intimamente uns com os outros e de combinar suas áreas de especialização de uma maneira igualmente colaborativa. Os engenheiros encarregados da parte mecânica precisavam conhecer também as tecnologias relacionadas ao motor, ao gerador e à bateria, e precisam estabelecer uma comunicação efetiva com os engenheiros técnicos responsáveis. Só foi possível aprimorar a parte mecânica piorando o consumo de combustível e a eficiência de outros componentes. Considerando que o sistema híbrido ainda estava em fase de pesquisa, os problemas precisavam ser analisados, a começar pela identificação do componente que estava causando o problema. Isso exigiu que os engenheiros superassem as barreiras de suas próprias especializações e compreendessem o todo inter-relacionado.

Em maio de 1995, A Toyota decidiu desenvolver e produzir a sua própria tecnologia de circuito integrado, chamada IGBT, que é fundamental para o alternador do sistema híbrido. A companhia poderia ter adquirido essa tecnologia de vendedores externos, e alguns acreditavam ser essa a atitude mais indicada. Mas por ser considerada uma tecnologia básica para um carro híbrido, a Toyota decidiu produzi-la por conta própria e, assim, manter o controle sobre uma das tecnologias-chave para o carro. A bateria foi desenvolvida em colaboração com a Matsushita Battery Industry. O departamento de Desenvolvimento de EV da

Toyota estava desenvolvendo uma bateria de níquel e hidrogênio em conjunto com a Matsushita para o RAV4 EV, o carro elétrico protótipo da Toyota. A bateria do Prius foi baseada nessa tecnologia, mas deveria ser muito mais leve e menor e ter cerca de um décimo do peso da bateria desenvolvida para o RAV4 EV. O aquecimento também era um problema sério, visto que a bateria ficaria próxima ao motor.

Como planejado, em outubro de 1995 o conceito do carro Prius foi revelado no Tokyo Motor Show. Foi a primeira menção pública do nome Prius, e por volta de novembro, os protótipos foram feitos e testados. Os engenheiros trabalharam dia e noite para identificar e corrigir problemas com os protótipos. A sala de Auditoria de Produto, a qual é responsável pela avaliação do carro a partir da perspectiva dos usuários, dirigiu o automóvel durante a pista de teste. No primeiro dia, o carro sequer dava a partida ou então parava após andar um metro. Em vez de avaliar o desempenho do carro, o pessoal da sala de Auditoria de Produto concentrou-se apenas em fazê-lo andar. Os engenheiros responsáveis pelos vários componentes reuniram-se para identificar e consertar os problemas. Durante 50 dias, o protótipo do Prius não pôde ser dirigido devido a uma falha na engenharia que estava impedindo a comunicação entre a engrenagem e o motor. Em dezembro de 1995, o carro já era capaz de andar cerca de 100 metros. "Na época, minha primeira reação foi: 'Ele anda!'" lembra Uchiyamada.[8]

Foi por volta dessa época que o presidente da Toyota, Hiroshi Okuda, perguntou à Wada sobre a data prevista para o lançamento do Prius. Quando Wada respondeu que seria em dezembro de 1998, Okuda comunicou que isso era muito tarde. Wada lembra-se das palavras de Okuda: "Não pode ser um ano antes? É importante que o carro seja lançado sem demora. Esse carro pode mudar o futuro da indústria automobilística, sem falar no futuro da Toyota" (Itazaki, 1999: 90–1). Okuda e o *chairman* da Toyota, Shoichiro Toyoda, insistiram no lançamento em dezembro de 1997. De acordo com Uchiyamada, o encontro das Nações Unidas em Quioto para discutir as mudanças climáticas, onde seria estabelecido o Protocolo de Quioto sobre o aquecimento global, estava previsto para 1997, representando um motivo a mais para adiantar o lançamento. Em janeiro de 1997, a Toyota lançou o "Projeto-Eco" para divulgar o carro híbrido ambientalmente correto e forçar uma concretização mais rápida.

Para atender à nova data prevista para o lançamento, dezembro de 1997, a equipe do G21 foi renomeada Projeto Zi de Planejamento de Produto, em janeiro de 1996. Toshihiro Ohi juntou-se à equipe para apressar o lançamento. Ele era outro grande peso-pesado, com 15 anos de experiência em planejamento e comercialização de carros, como Tercel, Starlet, Corsa e Sainos, e seria responsável por dar apoio ao Prius desde a comercialização, supervisionar o desenvolvimento da tecnologia de produção, a produção em si, as vendas e as relações públicas. Além de uma forte rede social, ele trouxe o conhecimento vital necessário para orientar a comercialização para as necessidades do consumidor.

276 *Managing Flow*

Além da tecnologia ecológica, a aerodinâmica, o interior espaçoso e a ergonomia eram importantes para o veículo. O carro tinha que ser grande o suficiente para abrigar a tecnologia ecológica e, ao mesmo tempo, ser confortável para os passageiros. O departamento Second Design apresentou uma série de desenhos para o exterior e Uchiyamada não ficou satisfeito com nenhum deles. Tratavam-se de extensões de desenhos de produtos já existentes nos carros da Toyota, correspondendo à sabedoria convencional do *design* dos carros da Toyota. Uchiyamada queria que o Prius tivesse um novo rosto, para uma nova era. Ele insistiu que mesmo se o carro parecesse ser pouco convencional, os usuários se acostumariam a ele desde que o *design* essencial fosse válido. Após rejeitar diversos *designs*, Uchiyamada criou um concurso aberto a todos os projetistas da Toyota.

O concurso externo preliminar para o *design* foi feito em fevereiro de 1996. Sete equipes apresentaram mais de 20 projetos, sendo que dois passaram para a competição final. Um deles era do departamento de *design* da matriz da Toyota, e o outro da empresa Calty Design Research, da Califórnia. O *design* feito na própria empresa era uma extensão de modelos existentes, enquanto o *design* da Calty, projetado por Irwin Lui, era mais futurista. O júri composto pelos executivos da Toyota e por mais 100 funcionários escolheu o *design* da Calty, que foi oficialmente escolhido para o Prius em setembro de 1996. Como o *design* da primeira geração do Prius, era curto e esguio, sendo distinto dos pequenos sedãs contemporâneos.

Em março de 1996, a equipe do BR-VF foi reorganizada para completar o sistema híbrido. À equipe uniram-se novos membros advindos de diversos departamentos, como, por exemplo, os departamentos First Engine, Second Engine, Third Engine, o departamento de Tecnologia de Veículo, o departamento Second Power Train, o departamento de Desenvolvimento de EV e o Centro de Pesquisa Higashi-Fuji. A equipe trabalhou na eficiência do combustível e das emissões. Também tiveram de resolver problemas como vibração e controles para ligar e desligar o motor. Uchiyamada criou equipes para solucionar os problemas compostas por pessoas trabalhando em cada uma das tecnologias, e delegou aos líderes de equipe a autoridade para resolver os problemas à sua maneira. Como as subtecnologias no sistema híbrido eram complexas e especializadas, os membros da equipe foram trazidos dos departamentos relevantes para contribuírem com seu conhecimento especializado. Uchiyamada manteve uma estrutura organizacional flexível e a reestruturou de bom grado para adaptá-la rapidamente às circunstâncias instáveis. Ele usou extensivamente o carro-teste para pôr os resultados em prática. Ver as coisas no mundo real auxilia na compreensão do que pode funcionar e do que não pode.

Em dezembro de 1996, a Toyota, a Matsushita Eletric Industrial e a Matsushita Battery Industrial, criaram uma *joint venture*, a Panasonic EV Energy, para produzir as baterias para o Prius. A Matsushita Battery produziria as células, a Toyota produziria os módulos e os suportes e a Panasonic EV Energy iria montá-los. Toshihiro

Fujii, o diretor do departamento de Desenvolvimento de EV da Toyota, foi nomeado vice-presidente da Panasonic EV Energy. No teste de percurso para o Prius, o desempenho da bateria foi abaixo de 30%. O fraco desempenho da bateria estava fazendo o carro falhar no teste após percorrer o percurso apenas uma ou duas vezes. Fujii inspecionou a linha de produção da bateria de cima a baixo e descobriu que a fonte do problema estava em uma distância enorme entre o que a Toyota e o Matsushita Battery consideravam controle de qualidade. A Matsushita Battery produzia para o mercado consumidor, para o qual certo percentual de defeitos era aceitável. Os consumidores finais poderiam eventualmente lidar com uma bateria descarregada, mas a bateria para o Prius continha 240 células. Uma única célula com defeito poderia comprometer toda a bateria e consequentemente o carro. Para melhorar a qualidade, a filosofia e os métodos para o controle de qualidade na Toyota foram introduzidos em cada aspecto do projeto, desenvolvimento e fabricação da bateria. Ainda assim, foi necessário um longo período de tempo para aprimorar o desempenho da bateria até um nível satisfatório.

Nos meses de julho e agosto de 1997, realizaram-se testes de resistência no Japão, na Nova Zelândia e nos estados norte-americanos de Nevada e Califórnia, conduzindo o carro por longas horas sob condições extremas de frio e calor. Os engenheiros da Panasonic EV Energy observaram os testes, coletaram informações e conversaram com a equipe de avaliação. Isso os ajudou a compreender o alto padrão exigido para a bateria do Prius, de modo que o nível de ansiedade entre os engenheiros foi suficiente para que eles produzissem a bateria corretamente. Com isso, o controle de qualidade na Panasonic EV Energy tornou-se mais completo e o desempenho da bateria melhorou.

Ao longo do desenvolvimento, a equipe do projeto Prius esforçou-se ao máximo para documentar cada estágio do processo e do *know-how* exigido. Isso seria armazenado para ser compartilhado pela companhia, refletindo a prioridade da Toyota no aprendizado organizacional e na finalização completa das tarefas extras designadas para a equipe de projeto para a produção de um novo processo de inovação, juntamente com o novo produto.

O lançamento do Prius no mercado

Em outubro de 1997, o Prius foi oficialmente revelado para a mídia em um teste no Centro de Pesquisa Higashi-Fuji, e o primeiro carro saiu de fábrica em dezembro do mesmo ano. O presidente da Toyota, Hiroshi Okuda, anunciou que o Prius havia se originado do desafio de mudar. Como primeiro carro híbrido a ser comercializado no mundo, o Prius foi recebido com tanta surpresa e curiosidade que a Toyota precisou chamar três coletivas de impressa somente em Tóquio. A extensa cobertura da mídia, somada ao preço razoável do carro, resultou na encomenda de 3.500 veículos. A companhia rapidamente decidiu

278 *Managing Flow*

aumentar a produção de mil para 2 mil unidades por mês. Entre 1997 e 1998, o Prius foi premiado como o Carro do Ano no Japão, e ganhou muitos outros prêmios por seu conceito, *design* e tecnologias inovadoras.

A decisão de assegurar o projeto e a produção internamente demonstrou resultados positivos. A concentração de conhecimento em um único local possibilitou o desenvolvimento e a modificação do sistema híbrido em um curto período de tempo. Além disso, permitiu à Toyota acumular novos conhecimentos e habilidades, totalizando mais de 30 patentes. Na época do lançamento do Prius, a rival mais próxima da Toyota, Honda Motor, estava aproximadamente três ou quatro anos atrás do desenvolvimento híbrido. Para a segunda geração do Prius, a Toyota conseguiu aprimorar e simplificar a tecnologia. "Conseguimos reduzir significantemente o custo dos principais componentes e dos sistemas de apoio sofisticados do híbrido por meio de P&D interno", afirmou o engenheiro-chefe do modelo da segunda geração, Masao Inoue.[9] O conhecimento obtido com o híbrido foi posto em prática em todos os principais domínios de desenvolvimento, seja na energia alternativa, como o uso de gás natural comprimido, seja nos motores movidos a dísel e à gasolina e, claro, nos veículos elétricos.

IMPLICAÇÕES

Nossos estudos sobre a reviravolta da Canon e o desenvolvimento do carro híbrido da Toyota, o Prius, forneceram exemplos claros da liderança *fronética* posta em prática. Em ambos os casos, os líderes promoveram a inovação ao tomar decisões e atitudes oportunas e apropriadas a situações particulares que enfrentaram. Foram capazes de reconhecer o fluxo de mudança e compreender seu significado essencial a fim de gerar ideias. Sua organizações foram mobilizadas para criar conhecimento por meio da construção e da conexão do *ba* e alimentando a capacidade *fronética* nas pessoas.

A liderança *fronética* na Canon

Não há dúvidas de que a drástica reforma da Canon foi possível graças à forte liderança de Fujio Mitarai, mas não foi apenas uma questão de carisma do líder o que levou à reviravolta da companhia. Mais do que isso, a mudança de curso veio da mobilização de Mitarai para que todos os funcionários buscassem a criação de conhecimento em todos os níveis da organização. O caso da Canon mostra como a liderança da *phronesis* distribuída gera uma organização resiliente, capaz de se adaptar a mudanças. Podemos traçar o caminho da reforma bemsucedida na Canon enxergando a renovação da companhia em relação às seis capacidades que constituem a *phronesis* distribuída.

A capacidade de apreciar a "bondade"

A reforma da Canon se deu com uma série de medidas drásticas, como a saída da companhia de diversos negócios e a introdução de um sistema em produção de células. Para tomar medidas drásticas é necessária a crença em determinados valores e um comprometimento para o êxito. Sem um foco orientador e um comprometimento com essa crença, nenhuma pessoa assumirá deliberadamente o risco de tomar decisões sobre um futuro amplamente desconhecido. Os valores subjacentes à crença definem a "bondade" para o responsável pelas decisões, de tal forma que ele possa tomar "boas" decisões. O valor fundamental que guia a Canon é sua filosofia corporativa de *kyosei*, a expressão japonesa que denota viver e trabalhar juntos em favor do bem comum. A companhia enxerga os desequilíbrios, seja os comerciais, os financeiros ou os ambientais, como impedimentos para o *kyosei*. Assim, ela encara como sua missão a resolução desses desequilíbrios na busca de um ideal de harmonia global, trabalhando em direção ao futuro.[10] Baseando-se no conceito de *kyosei*, Mitarai descreve a missão da gerência da seguinte maneira: garantir que a lucratividade retorne aos investidores; estabilizar e melhorar a vida ativa dos trabalhadores; contribuir socialmente; e criar a capacidade financeira dentro da companhia para investir no crescimento (Mitarai, 2006: 29).

A capacidade de compartilhar contextos com os demais para criar o ba

Uma reforma não é possível apenas com a drástica tomada de decisão e o estabelecimento de objetivos ambiciosos. As decisões precisam ser realizadas e os objetivos alcançados, e isso requer o comprometimento e a mobilização de conhecimento em todos os níveis da organização. Mitarai criou e utilizou uma diversos *ba* – desde as reuniões do comitê executivo às visitas regulares à linha de frente – para compartilhar o contexto que o ajudaria a tomar decisões no momento certo e a promover o comprometimento com a criação de conhecimento. Desde as reuniões executivas *asa-kai* no restaurante local às visitas regulares às fábricas, Mitarai enfatizou a comunicação próxima e direta no *ba* como a forma mais efetiva de compartilhar contextos.

A capacidade de captar a essência de situações/coisas particulares

Para Mitarai, "mudança" é o estado normal; cada segundo é diferente do segundo anterior. As mudanças no ambiente devem estar previstas, e até mesmo os menores sinais deve ser interpretados com cuidado. Sendo assim, a empresa deve se reimaginar e começar o processo de mudança, algumas vezes em uma escala menor, outras vezes por toda a operação. De acordo com Mitarai, isso requer imaginação, capacidade de planejamento e uma habilidade de visualizar os momentos mais dinâmicos. Trata-se da capacidade de apreender a essência de uma determinada situação. Mitarai enfatizou, por exemplo, a importância de usar números concretos para estabelecer metas e controlar os resultados, mas insiste que o indivíduo deve olhar por trás dos números para compreender seu significado essencial, e isso é feito por meio da observação do que realmente acontece no local de trabalho. Ao atribuir um valor concreto para o fluxo de caixa, por exemplo, o indivíduo pode captar, naquele momento, uma compreensão de uma situação particular que está em constante mudança (Oguri *et al.*, 2003). Os dados numéricos representam a forma substantiva dos verbos nos negócios dinâmicos da Canon. Entretanto, apenas observar os substantivos pode impedir o indivíduo de enxergar a dinâmica do processo, de modo que os substantivos precisam ser convertidos novamente em verbos para que a "história" por trás dos números seja revelada, à medida que é criada e se desenrola.

A habilidade de transformar o específico em universal e vice-versa por meio de linguagem/conceitos/narrativa

Um líder *fronético* precisa ser capaz de conceitualizar a essência de uma situação particular como uma ideia universal e vice-versa, para que essa essência possa ser comunicada de forma efetiva para os demais e aplicada em outras situações. Mitarai, em particular, é conhecido por sua capacidade de modificar sua mensagem para se adequar ao contexto de uma interação. A ampla aplicação do seu conceito contábil básico de fluxo de caixa como ferramenta eficaz para a criação de conhecimento demonstra a sua capacidade de traduzir uma diretriz política em funções particulares e comportamentos facilmente compreendidos por todos os funcionários.

A capacidade de fazer bom uso de qualquer meio político necessário para realizar conceitos para o bem comum

Isso é particularmente fundamental em tempos de reforma e transformação. A reforma geralmente depara com resistências ativas e passivas, já que as pessoas estão inclinadas a evitar mudanças e preservar o precedente. Uma estratégia clara de comunicação pode ajudar a superar essa tendência convencendo os oponentes e cultivando a cooperação. Em outras palavras, a tarefa do líder é conseguir transformar a mentalidade e o comportamento dos funcionários. Mitarai desempenhou bem seu papel. Ele tomou decisões impositivas rapidamente, utilizando o poder de sua posição como CEO. Em outros momentos, ele escolheu uma abordagem mais leve e interativa, discutindo as opções com todos antes de chegar a um consenso. Ele descreve sua abordagem da seguinte maneira: "Primeiro, é preciso estabelecer metas que todos compreendam. Em seguida, converso com os funcionários. Então, visito o chão de fábrica e as linhas de frente para ver se minhas ideias estão sendo implementadas. Caso negativo, solicito diretamente às pessoas que o façam. Esse processo precisa ser repetido continuamente" (Katsumi, 2006: 38). Em outras palavras, Mitarai primeiro utiliza suas boas habilidades de comunicação para explicar claramente os objetivos aos funcionários de modo compreensível e convincente para eles, e onde quer que esse compreensão não refletida no trabalho, ele toma uma atitude direta para corrigi-lo.

A capacidade para fomentar a phronesis nos demais com o intuito de construir uma organização resiliente

Para fazer o Grupo Canon seguir adiante de forma efetiva e como um todo orgânico, a companhia precisou ter seu poder centralizado até certo nível, mas a matriz não reteve todo o poder decisório. Mitarai afirma que é necessário pensar globalmente e agir localmente, realçando a importância do conhecimento local e da tomada de decisão baseada em circunstâncias locais. Isso cultiva uma liderança distribuída. Para que todo o grupo tenha sucesso, todas as pessoas das unidades de negócios e das subsidiárias devem concordar em um nível fundamental, e é papel do líder esclarecer esse entendimento. Ao ser questionado sobre a pessoa que poderia ser qualificada para suceder sua liderança, Mitarai respondeu que a pessoa não poderia ser egoísta. "Todos os candidatos para a próxima liderança têm um nível similar de habilidade nos negócios, mas a base de uma liderança é o altruísmo e a equidade. Uma pessoa altruísta pode ver as coisas a partir de uma perspectiva mais ampla e equilibrar a otimização. Mesmo que subconscientemente, o líder não pode pensar em vantagem pessoal", afirmou Mitarai (Mizushima, 2005: 218–9). Essa é a base para a liderança *fronética*.

A liderança *fronética* distribuída pelo projeto Prius

O processo de criação de conhecimento bem-sucedido surgido no desenvolvimento do Prius da Toyota é claramente identificável nas práticas da *phronesis* de indivíduos-chave em um ambiente com liderança distribuída. Como ilustrado na Figura 8.4, tanto a alta quanto a média gerência desempenharam importantes papéis nas diversas fases do desenvolvimento. Entre a média gerência, havia dois tipos de líderes: os produtores de conhecimento e os gerentes de conhecimento. Os produtores de conhecimento, como Uchiyamada, estavam na intersecção dos fluxos de informações verticais e horizontais, interagindo e facilitando a interação dentro da organização para criar conhecimento. Assim como um produtor de filmes, o produtor de conhecimento sabe quem possui tal conhecimento que possa ser posto em prática, ao mesmo tempo em que possui uma vasta gama de conhecimento próprio. Os gerentes de conhecimento, por outro lado, são a gerência média que acumulou conhecimento tácito em sua respectiva especialização, que é restrita, porém profunda. Sem

282 Managing Flow

gerentes de conhecimento como Fujii, que possuía especialização acumulada sobre veículos elétricos antes mesmo do projeto Prius surgir, não teria sido possível para a Toyota desenvolver o sistema híbrido em um período de tempo tão curto.

O papel da liderança começa com o estabelecimento da visão e dos objetivos orientadores, assegurando a compreensão consistente desses elementos para que toda a organização se comprometa com eles e possa ser mobilizada para concretizá-los como uma manifestação de um bem comum. O Prius nasceu de esforços da Toyota em revisar e redefinir seu produto a partir de uma página em branco. Apesar da posição financeira confortável a Toyota, a alta gerência estava consciente dos problemas que poderiam enfraquecer o futuro da companhia, como a burocracia e o declínio da inovação por parte da organização, assim como o ambientalismo. A frase provocativa em seus anúncios do "Dr. Dolittle" sugerira a obsolescência do automóvel como um perigo real e presente em uma época em que os preços do petróleo estavam elevadíssimos e a preocupação com o ambiente aumentava. A política de "retornar ao princípio como fabricante" representavam a visão da gerência sênior de um futuro sustentável para a Toyota como uma fabricante de automóveis. Para concretizar esse futuro, a pergunta essencial – "O que é um bom carro no século XXI?" – precisava ser explorada, e a gerência passou essa tarefa para o grupo de estudo G21. A visão foi traduzida para um conceito concreto pela gerência média. A começar pela primeira geração do Prius, Uchiyamada descartou todas as crenças e práticas preestabelecidas na produção de carro da Toyota, e buscou uma ideia para a essência de um novo automóvel que surgiria a partir de práticas inovadoras.

No momento em que o Prius foi proposto, todos acreditavam que a Toyota não seria capaz de recuperar os custos de produção com um preço de venda de 2,15 milhões de ienes por unidade.[11] Foi o presidente Okuda que tomou a decisão final de ir adiante com o Prius, ainda que o custo do projeto fosse alto. Okuda estava confiante de que os engenheiros de desenvolvimento e produção conseguiriam cortar custos e, de fato, houve um declínio contínuo nos custos à medida que o projeto avançava, aumentando a margem de lucro. A decisão de Okuda estava de acordo com a filosofia corporativa da Toyota: "contribuir para a criação de uma sociedade próspera a partir da fabricação de automóveis". "O mais importante é o quanto o pessoal da Toyota pode contribuir para a felicidade das pessoas na sociedade global com a fabricação de automóveis", explicou Okuda. "O Sistema Toyota de Produção da é apenas uma ferramenta técnica para apoiar essa filosofia" (Okuda e Zhu, 2007: 80–1). Ele também afirmou: "o lucro é importante, mas a responsabilidade social é igualmente importante; as companhias de hoje precisam buscar ambos. Uma companhia que não alcança ambas as coisas não é uma companhia excelente. Devemos atuar na verdade, no bem e na beleza" (Okuda e Zhu, 2007: 65). Esta declaração provém da experiência pessoal. Okuda conta que certa vez estabeleceu o objetivo de alcançar um trilhão de ienes em lucro operacional, mas a companhia nunca atingiu esse valor, mesmo com todos trabalhando duro para isso. "Foi quando realmente senti que precisávamos pensar em uma maneira de contribuir para a sociedade como uma corporação cidadã. Não devemos colocar o lucro acima de tudo... Assim, com isso em mente, nosso lucro operacional ultrapassou um trilhão de ienes" (Okuda e Zhu, 2007: 85).

Os ativos de conhecimento de uma companhia formam a base para a criação de conhecimento; assim, cabe a alta gerência desenvolver esses ativos em conformidade com a visão de conhecimento da companhia. Enquanto avaliam o inventário dos ativos de conhecimento, os líderes seniores formam uma estratégia para mantê-los e construí-los para uso eficiente e eficaz. Mais importante que isso, eles devem saber qual o tipo conhecimento que a companhia carece em relação a visão de conhecimento. Para continuar como uma fabricante de carros, e não somente como uma montadora, a Toyota precisou construir seu conhecimento sobre a tecnologia de veículo elétrico. Isso levou à criação do Departamento de Desenvolvimento de EV, e mais tarde às tecnologias para o híbrido. Entretanto, a construção de novos ativos de conhecimento na Toyota não foi apenas consequência do planejamento estratégico da gerência sênior. Também aconteceu como um "movimento browniano" da média gerência, formando seus próprios grupos de estudo devido à sensação de crise que compartilhavam quanto ao futuro da Toyota como uma fabricante. Nesse sentido, a construção de ativos de conhecimento na Toyota também é um processo de alta, média e baixa gerência, onde a média gerência exercita a liderança *fronética* e transforma a visão da alta gerência em conceitos concretos que são realizados em síntese com a realidade da linha de frente.

Os produtores de conhecimento, que descobrem e utilizam os ativos de conhecimento, são fundamentais, já que as grandes organizações geralmente não conhecem todos os recursos que possuem a sua disposição para criar e explorar o conhecimento. Uchiyamada possuía um vasto conhecimento dos ativos dispersos pela Toyota por ter trabalhado na reorganização das funções de P&D da companhia. Depois de se tornar engenheiro-chefe do projeto do híbrido, imediatamente realizou um inventário dos ativos de conhecimento da Toyota visitando os laboratórios de P&D. Esse *"know-how"* o ajudou a reunir um grupo de engenheiros com uma combinação perfeita de know-how tecnológico para construir e conectar o *ba* necessário.

Tanto a gerência sênior como os líderes do projeto conseguiram comunicar uma visão do futuro e guiá-la para a realização mobilizando os ativos de conhecimento por meio de diálogo e prática no *ba*. Eles construíram ambientes comunicativos no *ba*, caracterizados pela transparência e receptividade com diferentes pontos

284 *Managing Flow*

de vista e com mudanças. Uchiyamada demonstrou um sentido afiado de como fazê-lo quando estabeleceu regras para discutir as tecnologias que descartavam as convenções hierárquicas e evitavam o "bairrismo". Os membros da equipe foram capazes de transcender seus campos de especialização para cooperar mais eficientemente. O espírito colaborativo do *ba* também ficou evidente na pronta cooperação entre a equipe de desenvolvimento e os engenheiros de produção e *software*, tudo isso impulsionado pela forte lide-rança da gerência.

Um líder facilita a construção do *ba* ao fornecer as condições necessárias de tempo, espaço, sensitividade e oportunidade. A alta gerência e os produtores de conhecimento constroem o *ba* no espaço físico de uma sala de reuniões, no espaço cibernético de uma rede de computadores ou em um espaço mental de objetivos em comum, de modo que os participantes possam compartilhar a experiência do "aqui e agora". Para desenvolver o Prius, esses espaços consistiram na sala de projeto que reuniu a equipe em um único local físico, e a lista de *e-mail* possibilitou a disseminação rápida de informações e repostas. Um líder também deve escolher a combinação correta de pessoas e promover a sua interação para construir o *ba*. Uchiyamada sabia quais pessoas possuíam o tipo certo de experiência para a equipe, já que partiu de um conjunto claro de critérios para escolhê-los e sabia quais eram as suas competências. Dentro do *ba*, a liderança apoia a criatividade que estimula a interação e energiza o *ba*. Não é fácil preservar a criatividade do *ba*. Para conseguir isso, um líder deve não apenas se comprometer profundamente com o *ba* como um de seus participantes, mas também facilitar o desenvolvimento e a realização de conceitos, ilustrando-os com metáforas e modelos, e estimulando as ideias dos demais.

Para criar conhecimento no *ba*, este deve ser energizado por todos os participantes, o que fornecem energia e qualidade ao processo SECI. Os líderes precisam criar as condições intelectuais e psicológicas necessárias para o *ba*, como a autonomia, o caos criativo, a redundância, a variedade, o amor, a compaixão, a confiança e o comprometimento. As regras de conduta de Uchiyamada desempenharam um importante papel na energização do *ba* para desenvolver o Prius. A pressão exercida pela alta gerência para duplicar a eficiência do combustível e adiantar em um ano a data de lançamento mostrou uma sensibilidade para o momento oportuno e um desejo de acabar com o pensamento. O caos criativo decorrente desencadeou a estruturação de vários *ba* dentro da companhia, transcendendo o comportamento defensivo do setorialismo e da concorrência por terreno. A alta gerência forneceu um sentimento de urgência e direção ao enfatizar que o futuro da companhia dependia da conclusão e do sucesso do projeto. Os líderes do projeto veicularam essa urgência aos vários *ba*, repetindo e enfatizando constantemente a primazia do propósito essencial.

Além disso, os diferentes *ba* se formam por diferentes objetivos, e se conectam entre si para formar um *ba* maior. Para gerenciar essa atividade criativa, os líderes precisam facilitar as interações entre os vários *ba* e seus participantes, orientando-se pela visão de conhecimento. O caso do Prius mostra como a criação de conhecimento depende de várias camadas de *ba* conectadas organicamente a um *ba* maior. Toda organização envolve uma configuração orgânica de *ba* em movimento. Os *ba* surgem como fractais distantes e desconectados que os líderes precisam diferenciar e entrelaçar para construir um conhecimento que possa ser sintetizado em um *ba* maior. Até mesmo em uma cultura de aprendizagem organizacional e transparente como a da Toyota, o nível de colaboração interdisciplinar e de compartilhamento de conhecimento para o Prius foi inaudito. Quase todo o conhecimento e a especialização necessária já existia dentro da Toyota, cultivados pelos gerentes de conhecimento. Porém, foram expandidos entre diferentes grupos e departamentos. Uchiyamada conectou o *ba* para reunir todas as peças sob uma visão compartilhada. Sua interação bem-sucedida e a orientação de tantas tecnologias diferenciadas e campos de especialização em direção a um objetivo comum foram suas principais realizações como líder de equipe. A urgência, o foco em um único produto e o forte apoio da alta gerência possibilitaram que a principal equipe de desenvolvimento utilizasse uma diversidade de recursos organizacionais de modo rápido e efetivo. Isso conectou numerosos *ba* sob uma visão global coerente que ajudou os indivíduos a transcenderem o interesse pessoal na busca do objetivo (veja a Figura 8.5). Embora os vários *ba* fossem unificados por uma única visão, também eram auto-organizados e autônomos em suas ações para atingir alvos. Os contexto compartilhados no *ba* foram enriquecidos devido à liberdade relativa na utilização de recursos organizacionais, no foco sobre um único produto e na íntima interação multidisciplinar.

Em suma, para desenvolver o Prius, uma diversidade de conhecimentos novos surgiu simultaneamente nos vários *ba*. Cada participante integrou ao *ba* sua experiência única, como sua especialidade em uma subtecnologia particular, e compartilhou-a com os participantes ao mesmo tempo em que adquiria nova experiência trabalhando com outras pessoas no contexto "aqui e agora" do *ba*. O conhecimento surgiu a partir do processo de integração e de com-preensão dessas experiências e expandiu-se de modo constante no dinâmico relacionamento do *ba* interconectado. O projeto Prius pode ser visto como um processo de construção de uma comunidade de conhecimento dinâmica. Para construir essa comunidade, os líderes precisam da *phronesis* para fazer julgamentos apropriados à gestão do relacionamento entre os vários *ba* e seus participantes. E esse processo, por sua vez, cultiva a *phronesis* no *ba* entre os vários participantes.

Para que a liderança da *phronesis* distribuída prevaleça, os líderes precisam promover essas capacidades de liderança para a próxima geração. O projeto Prius foi importante para a Toyota para a construção do tipo de *ba* que gera as experiências de alta qualidade necessárias para promover a phronesis. Frequentemente, a Toyota utiliza os projetos pilotos para testar o futuro potencial

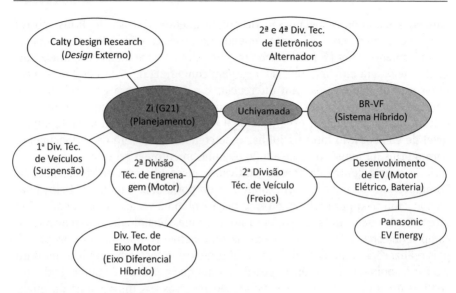

Figura 8.5 Os vários *ba* do projeto Toyota Prius.
Fonte: Nonaka and e Toyama (2007).

de gestão dos funcionários. Um desses funcionários se chamava Satoshi Ogiso, que esteve com o projeto Prius desde o início do grupo G21 até o desenvolvimento da segunda geração do Prius. Ele tinha apenas 32 anos de idade quando se juntou ao projeto, mas recebeu uma grande responsabilidade com o objetivo de cultivar suas habilidades de liderança. O acúmulo de conhecimento tácito em vários domínios em uma organização, o qual pode ser compartilhado e cuidadosamente retransmitido, é fundamental para o processo ou para a forma de gerenciamento da criação de conhecimento. Como o *Jeito Toyota*, não se trata de uma forma fixa e predeterminada de fazer as coisas, mas de uma forma que está em constante mudança, adaptação e evolução, verdadeira para a organização aprendiz e para a companhia criadora de conhecimento.

NOTAS

1. http://www.canon.com/ir/housin2007/index.html.
2. Toyota Motor Company (2001).
3. http://worldbenefit.case.edu/innovation/bankInnovationView.cfmcfm?idArchive =303.
4. Esta seção é baseada em Kanazawa e Toyama (2001).
5. Entrevista com Takashi Uchiyamada, em 16 de agosto de 1999.
6. "BR" deriva de *"business reform"*, um projeto de reforma das operações de negócios que estava em andamento desde 1993. "VF" deriva de *"vehicle and fuel"* (veículo e combustível).

Liderança **287**

7. Entrevista com Takashi Uchiyamada, em 16 de agosto de 1999.
8. Ibid.
9. "Tokushuu 2: Hybrid de sekai hyoujyun wo tsukame" ["Relatório Especial 2: Posicionando o híbrido em um padrão global"]. *Nikkei Ecology*, November 8, 2003, pp. 40–1. http://web.canon.com/about/philosophy/index.html.
   A Toyota afirmou que teria estabelecido um preço que os consumidores considerariam acessível. A companhia nunca revelou o custo de produção do Prius, mas afirma que recuperou seus investimentos, considerando benéficos todos os efeitos que a produção do carro proporcionou.

REFERÊNCIAS

Itazaki, E. (1999). Kakushin Toyota jidosha [Innovate Toyota Motors]. Tokyo: Nikkan kogyo shinbun sha.

Kanazawa, S. and Toyama, R. (2001). "Zenshateki torikumi toshiteno Prius kaihatsu" ["Whole organization committed to Prius development"], in D. Senoo., S. Akutsu., and I. Nonaka. (eds). Chishiki keiei jissennron [On Practice: Knowledge Creation and Utilization]. Tokyo: Hakuto Shobo, pp. 145–78.

Katayama, O. (1998) Toyota no houhou [Toyota Method]. Tokyo: Shogakukan.

Katsumi, A. (2006). "Hatsukoukai! Mitarai-shiki 'settoku to shounin no leadership'" ["First to public! Mitarai method of 'leadership with persuasion and approval' "]. President, May 1, pp. 32–9.

Mitarai, F. (2006). "Mitarai Fujio 'Tsuyoi Nippon' " [Fujio Mitarai: Strong Japan], in T. Tsumuji (ed.). Tokyo: Asahi Shinbunsha.

Mizushima, A. (2005). Canon "hitozukuri" no gokui [Canon: The Secrets of "Raising People"]. Tokyo: Nihon Jitsugyo Shuppansha.

Oguri, M., Suzuki, G., and Fujii, H. (2003). "Suuji-ryoku no kitaekata" ["How to enhance the accounting capability"]. Weekly Diamond, January 22, pp. 24–8.

Okuda. H. and Zhu, J.R. (2007). Chikyu kigyo Toyota ha chugoku de naniwo mezasuno-ka: Okuda Hiroshi no Toyota-ism [What global-company Toyota aims at in China: Toyota-ism of Hiroshi Okuda]. Tokyo: Kadokawa Gakugei Shuppan.

Takeuchi, H. and Nonaka, I. (2004). Hitotsubashi on Knowledge Management. Singapore: John Wiley & Sons (Asia).

Toyota Motor Company. (2001). Evolving to Achieve Maturity and Diversity toward the Hybrid Era. http://www.toyota.co.jp/en/enviroment_rep/01/pdf/p. 72_77.pdf

Uchida, T. (2007). "Sotozuke kioku souchi: Sagashi mono ni tsuiyasu muda ha 1 nenkan de 6 shuukan" ["External memory devices: Time wasted for searching lost items totals to 6 weeks in a year"]. President, April 16, p. 86.

9 Conclusões

Neste livro, procuramos apresentar novos desenvolvimentos na teoria da criação de conhecimento organizacional. A difusão do interesse pela teoria durante os últimos 15 anos, tanto no meio acadêmico quanto nos negócios (Nonaka *et al.*, 2006), levou a um significativo progresso na compreensão do processo em que as organizações criam conhecimento. Apesar desses avanços na pesquisa e na prática, a teoria ainda não estava completamente desenvolvida como uma estrutura dinâmica e completa para o gerenciamento da empresa baseada no conhecimento, devido a falta de entendimento das características do conhecimento como um recurso.

Partindo da suposição comum nos dias de hoje de que o conhecimento é o mais valioso recurso de gestão, os estudiosos da gestão baseada no conhecimento vêm tentando desenvolver uma teoria que explique como as empresas criam uma vantagem competitiva sustentável ao adquirir, utilizar e construir recursos de conhecimento. Embora esse esforço reconheça algumas das características do conhecimento, como a intangibilidade, ele não examina a natureza fundamental do conhecimento, tratando-o apenas como mais um recurso. Portanto, não se enxerga a característica mais importante do conhecimento: ele é um recurso criado pelos seres humanos por meio de processos e de relações com o próximo e com o ambiente. Essa característica fundamental do conhecimento requer que toda discussão teórica sobre a empresa baseada no conhecimento lide com os aspectos humanos de subjetividade e valores, e isso é alcançado ao se incorporar uma visão relacionada a processos. A teoria da empresa baseada no conhecimento precisa revelar o processo em que indivíduos com diferentes valores e perspectivas relacionam-se uns com os outros e com o ambiente para gerar conhecimento. Este livro compreende a nossa tentativa de apresentar a estrutura desse processo para continuar a des-

Conclusões **289**

crever a dinâmica da criação de conhecimento organizacional e ampliar a perspectiva sobre a teoria da empresa e seu papel na sociedade.

OS NOVOS DESENVOLVIMENTOS

Para esclarecer nossa visão do conhecimento como um recurso criado por seres humanos nas suas relações, a seguir explicaremos melhor a teoria.

Os fatores humanos na criação de conhecimento

Uma vez que o conhecimento é criado por seres humanos, todas as teorias da empresa baseada na criação de conhecimento precisam abordar a realidade dos seres humanos como indivíduos, cada um com seus próprios sentimentos, ideais, sonhos, valores e perspectivas. A teoria econômica convencional simplificou o comportamento da empresa em termos de funções de produção, descrevendo o comportamento humano como uma função de utilidade. Essa simplificação foi necessária para explicar a realidade complexa da economia moderna, e seu poder explanatório tem sido convincente. Porém, essa busca pela ciência objetiva na teoria de gestão é construída sobre suposições herdadas da teoria econômica, que afirma que a ampliação do lucro é o objetivo final e que o comportamento humano é orientado pelo utilitarismo. Como resultado, essa teoria não é apropriada para compreender a gestão do recurso de conhecimento. Os seres humanos diferem em valores e perspectivas e são essas diferenças que promovem o novo conhecimento. Os indivíduos são guiados por seus sonhos e ideais na busca incansável de conhecimentos para serem felizes. De modo semelhante, as organizações constituídas por pessoas vislumbram seu próprio futuro e geram conhecimento para realizá-lo. Colocamos esses fatores humanos no centro da nossa teoria expandida da gestão baseada no conhecimento, em uma estrutura que explica o processo no qual as subjetividades dos indivíduos são compartilhadas, objetivadas e sintetizadas para criar conhecimento. Esse processo é dirigido pelos ideais, pelos sonhos e pela visão do futuro que uma empresa ou indivíduo buscam realizar.

O conhecimento relacionado a processos

Como o conhecimento é criado por seres humanos em suas relações, a teoria de empresa baseada no conhecimento tem ampliado sua perspectiva de uma visão global estática e atomística baseada na substância, típica da teoria da economia convencional, para uma visão da empresa como uma entidade dinâmica em movimento. A visão baseada na substância é incapaz de compreender a importância dos relacionamentos entre seres humanos para a criação de conhecimento. Os seres huma-

290 *Managing Flow*

nos não existem independentemente uns dos outros e do ambiente, mas, ao contrário, compreendem a relação e o acúmulo de suas experiências únicas em tempo e espaço particulares. Buscamos avançar no desenvolvimento de uma teoria de empresa baseada no conhecimento que seja compreensiva, incorporando a filosofia processual, que encara o mundo como uma série de eventos que ocorrem em relacionamentos, em vez de percebê-lo como uma combinação de coisas que existem separadamente. A integração da teoria processual à teoria de criação de conhecimento organizacional nos ajuda a construir uma estrutura abrangente para compreender o contexto de uma empresa em um espaço-tempo particular, e sua missão, sua visão e seus valores, em relação a um ecossistema de negócios em evolução no *ba*.

A teoria processual percebe o mundo como um *continuum extensivo*, onde tudo o que existe é indivisível, inter-relacionado e irrestrito no tempo e no espaço. Os seres humanos estão inter-relacionados em um *continuum extensivo*, com seus próprios passados e futuros, da mesma forma que os demais. O indivíduo se posiciona no momento presente mantendo suas experiências passadas consigo e une-se com as experiências do eu e dos demais para transcender o eu em uma nova unidade. A partir dessa perspectiva, a empresa existe no fluxo de constante mudança e transcende a si mesma para criar um futuro. Em vez de *ser*, a empresa está em constate estado de *se tornar*. A criação de conhecimento na empresa é um processo que sintetiza os eventos do passado e do presente em direção a um futuro aberto; trata-se de uma atividade para criar o novo valor. As empresas criam sua visão do futuro e tomam decisões para realizar esse futuro no presente, assumindo riscos ao mesmo tempo em que são afetadas por situações e experiências anteriores. Todas as empresas em nossos estudos de caso têm o estado de "mudança" como um processo trivial de operações de negócios. Ao trazerem as experiências anteriores, elas veem seu futuro aberto diante delas, e ao se comprometerem com seu ideal de futuro, elas estão incansavelmente direcionadas para a concretização desse futuro.

Na visão atomística do indivíduo como *Homo economicus*, as pessoas estão interconectadas apenas por meio de contratos, de modo que a empresa é tratada como uma coleção de contratos. Na visão relacionada a processos, as pessoas são o que são em grande parte por força de suas relações, não somente com seu próprio corpo e seu passado pessoal, mas também com aqueles ao seu redor – com os quais estão emocionalmente envolvidas – e com as comunidades com as quais cada uma delas se identifica (Cobb, 207: 577). Este modelo de "pessoa na comunidade" como uma alternativa ao modelo do *Homo economicus* aplica aos indivíduos e às organizações o compartilhamento de metas e valores comuns em um ecossistema de negócios, o que equivale a mais do que apenas a expectativa do lucro pessoal. Obviamente, as empresas não podem continuar a existir se não houver lucro. Entretanto, como algumas empresas em nossos estudos de caso insistem em enfatizar, o lucro é o *resultado* da busca da empresa por excelência e ideais, e

Conclusões **291**

não um *propósito*. O que essas empresas buscam, em última análise, é a felicidade própria e da comunidade. Isso faz com que elas questionem constantemente sua razão de ser e busquem seu próprio valor absoluto no contexto de suas relações na comunidade e na sociedade. As empresas têm construído comunidades singulares de indivíduos orientados por suas crenças próprias, sonhos compartilhados e pela visão que é perseguida incansavelmente para criar o valor único para gerar felicidade na comunidade e, finalmente, lucro.

A criação de conhecimento como um processo *fronético*

O gerenciamento é o processo por meio do qual os indivíduos, com seus acúmulos pessoais de experiência, vislumbram um futuro e tomam as decisões e as atitudes certas, em um espaço-tempora particular, para concretizar esse futuro. Ao contrário do que ocorre na visão convencional da empresa, na visão relacionada a processos não há uma fórmula universal de gestão, pois as empresas diferem entre si, e as situações que enfrentam diferem de acordo com a maneira que as empresas se relacionam com suas situações, seu passado e seu futuro. Gerenciar de forma efetiva é conseguir captar a essência de cada situação e posicioná-la no fluxo de eventos e experiências cotidianas no tempo certo para serem tomadas as providências necessárias para construir a história do futuro da empresa. As empresas existem em relacionamentos complexos dentro de um ecossistema de negócios. Neste contexto, torna-se difícil a identificação das causas diretas dos eventos, pois muitos dos fatores que levam a esses efeitos estão ocultos. Assim como no "efeito borboleta", um ecossistema de negócios pode ser comparado a um quebra-cabeça tridimensional. As peças se conectam umas com as outras de forma direta, mas também se conectam de forma indireta às peças que estão perdidas no quebra-cabeça. O quebra-cabeça pode parecer estático, mas o extravio de uma das peças afeta todas as outras devido à interação conjunta entre as elas. A gestão efetiva do quebra-cabeça requer sensibilidade, imaginação e o *insight* necessário para captar o significado essencial nas relações complexas e dinâmicas presentes no ecossistema de negócios.

Nesse ambiente dinâmico e complexo, a empresa enfrenta muitas contradições que precisam ser administradas, não com propostas do tipo "ou isso ou aquilo", mas do tipo "tanto isso quanto aquilo" para criar soluções integrativas. Essa resolução de alto nível é apoiada pelo pensamento dialético que transcende a dicotomia para sintetizar a contradição. Para muitas das empresas presentes em nossos estudos de caso, as contradições de criatividade *versus* eficiência, diversidade *versus* coerência, contribuição social *versus* lucro, além da preservação da tradição enquanto ocorrem mudanças ao longo do tempo, compreendem questões cotidianas que são resolvidas por meio da criação de conhecimento. Sem dúvida, essa síntese não é fácil, mas é possível ao se buscar compreender a

292 *Managing Flow*

essência da contradição por meio do questionamento constante sobre as circunstâncias do presente, e suas premissas subjacentes.

De que maneira os indivíduos realizam uma gestão como essa? Neste livro, observamos o conceito aristotélico da *phronesis*, ou *sabedoria prática*, para descrever o tipo de julgamentos de valor e de ação oportuna necessários para criar um conhecimento que seja relevante a situações particulares. A *phronesis*, nesse sentido, é antes uma forma de saber e agir essencial para a liderança eficaz do que um tipo de conhecimento. Ao cultivar a *phronesis* em todos os níveis da organização, a empresa promove a liderança distribuída em pessoas e processos que aceleram a criação de conhecimento. Em seu estado de mudança constante, a vida consiste em consumo de energia e requer energias coletivas acumuladas de todos na empresa. A mudança é estimulada e acelerada pela visão da empresa, orientada por seus objetivos orientadores, e fortalecida pela *phronesis* distribuída. Portanto, a *phronesis* distribuída é a essência da gestão estratégica na empresa baseada no conhecimento, que cultiva a síntese de capacidades por meio do raciocínio dialético e da prática da sabedoria.

OS DESAFIOS FUTUROS

Este trabalho compreende nosso primeiro passo para a construção de uma teoria da empresa baseada no conhecimento a partir de uma visão relacionada a processos. Reconhecemos a necessidade de expandir a discussão teórica em diversas áreas, como, por exemplo, questões de poder político nos processos, na estrutura e na organização, custos de justificação e a média de resultados para melhorar a precisão da análise a partir de uma visão de processo. Somos gratos por toda e qualquer crítica construtiva que nos ajude a desenvolver melhor a teoria.

Para construir e ilustrar essa teoria, nos detivemos em estudos de caso, pois acreditamos que o método da narrativa histórica ou da contação de histórias é o mais bem-sucedido para se compreender os contextos das relações e dos processos entre eventos. Uma crítica comum em relação à narrativa é que ela não é capaz excluir a subjetividade na seleção de eventos a serem relatados e unificados. Na nossa visão, a subjetividade é o elemento mais importante, uma vez que o "eu", como sujeito durante o processo, é criado novamente a cada momento no esforço contínuo de atribuir novo significado às experiências anteriores, nos relacionamentos e nas unidades, com a experiência do "aqui e agora".

Reconhecemos as limitações em nossas narrativas das empresas. Obviamente, é impossível descrever cada contexto, decisão e ação relevantes para cada uma delas. Selecionamos o que escrever sobre cada caso por meio de um julgamento subjetivo, e tais descrições se tornam rapidamente desatualizadas no mundo dinâmico e instável. Esta é a limitação de converter um verbo em um substantivo, mas se a conversão verbo-substantivo é bem feita, há muitas coisas que tal narrativa pode contar. Como a descrição de Whitehead sobre a filosofia como um poema, um bom caso descreve tanto os princípios universais quanto os fatos mais concretos e particulares. Esperamos termos sido capazes de transmitir a poesia dos eventos atuais do "aqui e agora" em uma linguagem que sustente o significado universal além daqueles eventos particulares.

Também reconhecemos as limitações no que diz respeito à seleção de casos. Todas as companhias estudadas são japonesas. Gostaríamos de enfatizar que nossa teoria é relevante não apenas para as empresas japonesas, mas para todas as empresas, independente da origem geográfica. Selecionamos essas empresas japonesas devido à conveniência de acesso às informações necessárias para os estudos de caso. Todas as empresas analisadas operam globalmente com sua própria rotina criativa ou *kata* de criação de conhecimento. Sabemos que existem muitas outras excelentes empresas criadoras de conhecimento ao redor do mundo. Para desenvolver uma teoria robusta, é preciso que se analise companhias originárias de outros países em uma grande variedade de segmentos industriais. Nosso objetivo é acumular esses estudos de caso para futuros testes e desenvolvimento da teoria.

Apesar dessas deficiências, estamos certos de que uma teoria processual da empresa criadora de conhecimento oferece o mais completo entendimento da empresa como uma futura entidade criadora, que sintetiza contradições em constante mudança. Acreditamos que a gestão efetiva surge da distribuição oportuna do julgamento e da ação entre os seres humanos que incorporam a sabedoria prática (*phronesis*) ao compartilharem com os demais seus valores estéticos e individuais nas experiências reais do "aqui e agora" em um fluxo instável. Isso significa que a gestão efetiva não é uma questão de habilidades de controle, mas da forma que vivemos como seres humanos. Nesse sentido, a gerência não é uma ferramenta, mas um estilo de vida.

A teoria está sempre se transformando, mas esperamos que ela contribua para uma melhor compreensão e uma melhor gestão da empresa criadora de conhecimento, cuja autocriação contínua na busca de excelência e de seus ideais é, em última análise, a busca pela felicidade do ser humano.

REFERÊNCIAS

Cobb, J.B., Jr (2007). "Person-in-community: Whiteheadian insights into community and institution.," Organization Studies, 28 (4), 567–88.

Índice

Abdução, 47, 94
Abe, Masao 60, 75
Ação 26, 48
  incorporada 73
  plano de 148-149
  síntese de 59
Ação incorporada 73
Adaptação a mudança 176, 260-265
Adler, Paul S. 143, 172
Agência, agente 66-67
Akai, Kunihiko 135, 138
Akamine, Takako 209, 212, 214
Alchian, Armen A. xv
Ambiente
  estrutura da empresa e 65-68
  negócios 72-74
Amor 86
Análise estratégica 72
Análise lógica 48
Analogia 48, 88
Ando, Masaharu 224, 248
Annaka, Yasuo 162-163, 172
Aqui e agora 25, 44, 60, 61
Aristóteles 25-27, 30, 38, 60, 80 82-85, 90, 93, 95, 292
Arrow, Kenneth J. 65, 75
Artes liberais 88
Artesão 38, 80, 92
Asa-kai (reunião matutina) 262
Ativos de conhecimento xv, 68-72
Ativos de conhecimento; liderança e 251

Ativos de conhecimento; na JFE 228-244
Ativos intangíveis x
Ativos, *ver* ativos de conhecimento
Atualidade 45
Ausência 62
Autonomia 220
Autorrealização 64

Ba 59-69, 153
  alavancagem de 250-251
  capacidade de criar 85-86, 280
  conexão 273-278
  construção, no projeto Toyota Prius 271-272
  diálogo direto no, na SEJ 183-187
  ecossistema de negócios e 73
  exemplo da Mayekawa 140-154
  fatores por trás da ativação de 63-65
  gestão focada no *ba* 153
  importância de 153
  liderança e 283-287
  método Kumon 154-168
  para a comunicação 261-265
  significado de 59-63
  social 162-163
Badaracco, Joseph, Joseph L., Jr. 50, 75, 90, 96
Balanço patrimonial 255-257
Banbutsu ruten (todas as coisas fluem) 130
Beiner, Ronald 81, 96
Beleza 53
Bell, Daniel 30, 39
Bem comum 25, 81-83, 89-91, 162-163, 280-281

296 Índice

Bergson, Henri 39
Bernstein, Richard J. 86-87, 96
Bondade 53, 83
  capacidade de julgar 83-85, 279
Brown, Jason W. 45, 75
Buber, Martin 57. 75
Burocracia 31
Burton-Jones, Alan 30, 39
Busca incansável 65
Busca pela excelência 38, 85, 290-291, 293
Butler, John E. 28, 41

Cadeia de abastecimento 192-193
Campo 60
Canon 55, 88, 89-91, 251-265
  apresentação da companhia 251-252
  balanço patrimonial 255-257
  células de produção em 257-260
  comunicação na 260-265
  crise na 253
  liderança *fronética* na 253-265, 278-281
  reestruturação 254
  Sistema de Especialistas 260
Caos 63
Capacidade dinâmica xv, 28
Capital
  estrutural 68-69
  intelectual 68-69
  social 86
Carnegie, Andrew 218
Casey, Edward S. 60, 75
Células de produção 257-260
Chandler, Alfred xvi
Chesbrough, Henry xv
Chia, Robert 34-35, 38, 39
Cho, Fujito 268
Chora (recipient) 60
Christensen, Clayton M. 24, 27
Chronos 61
Ciclo da Bondade 216, 218-219, 228, 245, 246
Cinética 71
Clientes 78, 146-147
  compreendendo as necessidades dos 187-189
  criação conjunta de conhecimento com 150-154
  enquetes com 202
  envolvimento com 44, 145, 151, 153, 169-170
  escutando os 224-226
  informações dos 201-202
  pensando como 184-185
Coase, Ronald H. xv

Cobb, John B., Jr. 33, 39, 61, 70, 75, 290, 293
Coespecialização xvi
Coexistência 141
Cognição 73
Cohen, Don 70, 75
Coisa 32, 33
Collins, James C. 53, 75
Colocar entre parênteses 45
Combinação xii, 47-48
Compartilhamento de conhecimento 71, 237-238, 259-260
Compartilhando contexto, *veja ba*
Complementaridades xv, xvi
Comprometimento 25, 99
Comunicação 260-265
Comunicação de contexto 170
Comunidade 70
Comunidades de prática 62-63
Concrescência 45
Confiança 86
Configuração orgânica 71
Conhecimento
  características do 28-39
  como estética 36-37
  como substância 33
  contexto do 59-69
  explícito 43, 46-51, 55-56
  externo 201-204
  interno 201-204
  mobilização das variações de 273-278
  objetivo, interação com *insight* subjetivo 88-89
  por meio de criação, teste e verificação prática de hipóteses 178-183
  relacionado a processos 33-36, 289-291
  síntese de 30-33
  subjetividade do 30-33
  tácito xii, 42-51, 55-56
  vs. informação 30
Consciência 49
Contação de histórias 88
Contexto 25
Contexto compartilhado; em movimento: *veja também ba* 57-67, 83-85
Continuum 42
Continuum extensivo 62, 289-291
Contradição 26, 57-58, 91
  síntese de 54, 57
Conversão substantivo-verbo 33
Conversão de conhecimento 48
Conversão verbo-substantivo 56

Índice 297

Conversão; tácito-explícito; substantivo-verbo; verbo-substantivo 43
Convivência 44, 66, 145-147, 151, 153, 169-170
Cooper, Robert 62, 75
Crença verdadeira justificada 31
Criação conjunta 141, 143, 150-154
Criação de conhecimento vi, x, xii, xvi, 24, 45
  como processo dinâmico 24-25, 33, 51-74
  como processo *fronético* 80-96, 243-291
  como processo social 34-36
  criação conjunta com os clientes 150-265
  desafios futuros 292-293
  espiral de 50-51
  fatores humanos na 289
  gestão centrada no *ba* e 153, 169-170
  importância do *ba* na 169-171
  modelo SECI de 42-51
  motivação para 64-65
  novos desenvolvimentos na 288-292
  papel de liderança na 80, 250-251
  por meio da prática 37-38
  valor e 30
Criatividade xii, 34-35, 129
  e eficiência 51, 63
Cristalização 44
Crossan Mary 92, 97
Csikszentmihalyi, Mihaly 62, 75, 77

Danto, Arthur Coleman 26, 27
Decisões, baseando-se em valores 25
Declaração de missão
  da Eisai 101-118
  Kumon 154
Deleuze, Gilles 34-35
Demsetz, Harold xv
Departamento de Criação de Conhecimento 110-111
Descartes 33, 48
Desenvolvimento de produto 50, 189-192, 198-200, 211
Determinismo ambiental 74
Dewey, John 31, 37, 39, 45, 49, 58
Dialética 56
Dialética da tese, antítese e síntese 57
Dialética de Hegel 56
Dialética suave 56
Diálogo 46, 56, 70-71
  de liderança 234-236
  dialético 56-59
  direto, no *ba* 183-187

papel do, em fusões 234-236
produção de, por meio de reforma 236
Distribuição de poder 65
Dobson, John 92, 96
Dreyfus, Hubert L. 82, 96
Drucker, Peter x, xvi, 23, 53, 75, 88, 96
Dualidade 56, 74
Dunne, Joseph 81, 96

Economia baseada no conhecimento 23
Economia das redes 71-74
Economia do conhecimento 24
Ecossistema de conhecimento 71-74
Ecossistema de negócios 71-73, 153, 169, 291-292
Edvinsson, Leif 68, 75
Efeito borboleta 74, 291
Eidos (forma) 47
Eisai 53-54, 98-118
  ARICEPT 99, 102, 105-107
  Campanha de Distribuição de Carinho 116
  central de atendimento ao consumidor 109
  conferência de conhecimento 112-113
  Dias da 116
  enquete de conhecimento 113-115
  jeito 99
  PARIET ou ACIPHEX 99
  projetos *hhc* 105
  treinamento nas enfermarias 102
  treinamento por adesão 112-113
Eisenhardt, Kathleen M. 72, 75
Eisner, Elliot w 38, 39, 80, 96
Ellsworth, Dick vi, 53, 75
Emergência 34-35, 62-63
Emergência do conhecimento 63
Emoto, Kanji 231, 234-236, 249
Empatia 85
Empresa baseada no conhecimento
  criadora de conhecimento xii, xv, 25
  necessidade de uma nova teoria 23-27
  teoria processual do 38-39, 51
Empresas estendidas 71-72
Engenheiros residentes (ER) 273
Entidade real 33
Episteme 81
Epoché 24
Escola austríaca 73
Esfera 65
Espaço 60
Espiral 50

298 Índice

Espiral de criação de conhecimento 42
Espiral do conhecimento 53
Espiral SECI 44, 51, 110
Essência 47, 86
  capacidade de captar 86-88, 279-280
Estética 25, 36-37, 52
Estilo de vida 25, 90, 95, 293
Estratégia xiv
Estrutura 67
Estrutura da empresa, ambiente e 65-68
Estrutura teórica 42-74
  modelo dinâmico 51-74
  modelo SECI 42-51
Ética 25, 85
Ética a Nicômaco (Aristóteles) 84-85
Eu, abdicando do 153
Eventos 33
Excelência 25
Excelência distribuída 250
Exemplar 134
Experiência 45
Experiência *fronética* 88
Experiência máxima 92
Experiência primária 45
Experiência pura 45
Experiência segundária 49
Externalização xii, 46-47, 55
Ezaki, Yasuo 74, 75

Fator humano, na criação de conhecimento 24, 289
Feldman, Martha S. 70, 75
Filosofia de gestão
  na Honda 124-129
  na SEJ 141-24
  na YKK 216, 221, 226
Filosofia do budismo 39
Filosofia do organismo 39
Filosofia processual 39
Fluxo vi, 24, 26, 33
Flyvbjerg, Bent 26, 27, 31, 38, 39, 96
Fradette, Michael 71, 76
Fransman, Martin xv
Frey, Bruno S. 64, 78
Fujii, Toshihiro 276-277
Fujimoto, Takahiro 244, 249
Fujisawa, Takeo 118, 120, 127-128, 130, 135, 138
Fukasawa, Naoto 205
Fukui, Takeo 135
Fulford, Benjamin 221, 225, 249
Furuta, Masanobu 213

Gadamer, Hans-Georg 86, 96
Gagliardi, Pasquale 37, 39
Galunic, D. Charles 72, 75
Genba, Genbutsu, Genjitsu-teki 127-130
Gestão baseada em conhecimento 24, 26, 38
Gestão do conhecimento ix, x, xi, 23-24
Gestão do fluxo de caixa 89, 253-257,
Gestão *fronética* 26
Ghosn, Carlos 231
Gladwell, Malcolm 86, 92, 96
Grant, Robert M. 28, 39, 62, 76

Halverson, Richard 76, 81, 82, 92, 96
Hamel, Gary 28, 41, 76, 92, 96
Hansen, Hans 36, 41
Hara, Kenya 209, 212
Harada, Kazuo 120-121, 138
Hartshore, Charles 34-35, 39
Hasegawa, Kazuo 106, 107
Hatch, Mary Jo 26, 27
Hayek, Friedrich August von 60, 73, 76, 86, 96
Heckscher, Charles 143, 172
Hegel, Georg Wilhelm Friedrich 56, 76
Heidegger, Marin 34-35, 39, 40, 52, 60, 76
Heisig, James W. 60, 76
Heráclito 26, 33, 39
Hernes, Tor 44, 46, 75, 153
Híbrido 274
Higurashi, Shinzo 196
Hipóteses 48
História 26
Homo economicus 36, 70, 290
Honda Motor 44-45, 53, 57, 83, 87, 93
Honda, Soichiro 83-89, 98, 117-125, 130, 132-133, 136, 138
  fluxo harmonioso de trabalho 128
  LPL 132-133
  motor CVCC 84, 121-122
  poder dos sonhos 125
  Respeite os fundamentos teóricos 124-127
  SED: integrando múltiplas perspectivas 131-132
Husserl, Edmund Gustav Albrecht 45, 47, 73, 76

Iansiti, Marco 72, 76
Iceberg 42
Ichijo, Kazuo xii, 51, 79, 97, 170, 173
Idealismo 54, 80
Idealismo pragmático 53
Iizuka, Akio 91, 97
Imaginação 88

Índice 299

Indivíduos
  respeito por 120-122
  socialização de 44-45, 70
Informação 30
  acesso a 47-48
  compartilhamento 238
  do cliente 201-202
  união 187-189
  vs. conhecimento 30
Inkpen, Andrew C. 50, 76
Inovação operacional 184
Inovação x, xv, xvi, 128-129, 184, 259-260
Insight ix, 30, 36, 37, 47, 60, 88, 179, 180, 204, 211, 244, 2891
Instrutores Kumon 161
Intenção 63, 93
Interação 58-68
Interação humana 30, 31, 34-36, 70
Intercâmbio de pessoal 239-241
Internalização xii, 48-51
Intuição 46-47, 58, 86
Intuição eidética 47
Itami, Hiroyuki 60, 76
Itazaki, Hideshi 275-276, 287
Ito, Shoji 206
Iwakura, Shinya 129, 138
Iwanaga, Yoshihiro 129, 196, 214
Iwasaki, Yoshio 144-147, 171, 172

James, William 39, 45
Japan International Cooperation Agency (JICA) vi
JFE Steel Corporation 229-246
John, Eileen 37, 40
Johnson, Mark 47, 76
Josephson, John R. 94, 97
Josephson, Susan G. 94, 97
Jovialidade 124-128
Julgamento 81, 82
Julgamento *fronético* 82-84, 279
Julgamentos de valor 25, 81-83
  absoluto 123
  agregado 211-222
Julgamentos, sobre o bem 83-84, 279
Jungerman, John A. 32, 34-35, 40

Kairos 61
Kaizen 46, 265
Kanahara, Yoshio 270
Kanazawa, Suguru 287
kata xii, 70-71

Katayama, Osamu 127-128, 138, 287
Kato, Tadashi 208
Katsumi, Akira 47, 54, 59, 77, 178-180, 181, 185, 214, 255, 260, 264, 280, 287
Kawamoto, Nobuhiko 127-128, 137
Kawasaki Steel 231-241
Kawashima, Kihachiro 125
Kawashima, Kiyoshi 125
Kawashima, Mutsuho 218, 249
Kim, W. Chan 141, 173
Kimura, Bin 45, 76
Kinoshita, Reiko 165, 173
Kirzner, Israel M. 73
Klein, Katherine J. 62, 75, 76
Kogut, Bruce 28, 40
Kohlbacher, Florian 72, 76
Konno, Noboru vi, 51, 60, 69, 76, 77, 78
Kozlowski, Steve W. J. 62, 75, 76
Kumon 154-171
Kumon, Takeshi 155-156, 162, 173
Kumon, Toru 154-157, 160, 161, 162, 165, 171
  aprendendo com as crianças 160
  aprendendo no nível exato 157
  apresentação da companhia 155-157
  construção de relações na comunidade 165-167
  regeneração 162-165
Kuramoto, Hiroko 172
Kuroda, Masako 108

"Lá adiante e depois" 61
Lakoff, George 47, 76
Lave, Jean 62, 76
Leibniz, Gottfried 39
Leonard-Barton, Dorothy 28, 40, 71, 77
Levien, Roy 71, 76
Levitt, Barbara 71, 77
Liderança
  ba e 283-286
  diálogo de 234-236
  distribuída 92
  equipe 132-134
  exemplo Canon 251-265
  no projeto Toyota Prius 265-278
  papel da na criação de conhecimento 80, 250-251
  phronesis e 80-95
  poder e 89-91
Liderança *fronética* 81-83, 89-91
  exemplo da Canon 251-265, 278-281
  no projeto Toyota Prius 265-278, 281-286

300 Índice

Líderes de inovação 103
Lógica 48, 57
  dedutiva 48
  indutiva 48
Lorenz, Edward 74
Lugar 60
Macho-Stadler, Inés 30, 40
MacIntyre, Alasdair Chalmers 26, 27, 38, 40, 58,
  77, 85, 97
Magnetismo pessoal 89-91
Mais barato por um bom motivo 199, 204, 208
Malone, Michael S. 68, 75
Mansfield, Edwin ix
Máquina de processamento de informações 24, 31
March, James G. 71, 76
Maslow, Abraham Harold 92, 97
Matsui, Tadamitsu 204, 207-208, 210, 213
Mauborne, Renée 141, 173
Maximização de lucros 53
Mayekawa 141, 153, 170
Mayekawa Manufacturing 140-154
Mayekawa, Masao 145, 146-147, 153, 169
  doppos 143-147-150
  kigyouka keikaku 144-154
  kyousei (coexistência) 141
  Solução de Engenharia Total 215, 217-218, 221
Média gerência ix
Merchandising em equipe 189-191
Metáfora 47, 88
Método Kumon 154-171
Michaud, Steve 71, 75
Mieru-ka (visualização) 265
Mintzberg, Henry 37, 38, 40
Mitarai, Fujio 88, 90, 91, 251, 253-257, 259-
  265, 279-281, 287
Miyazaki, Tetsuo 234, 249
Modelo dinâmico de criação de conhecimento
  51-74
Modelo risômico 34-35
Modelo SECI 42-51
  socialização 44-45
  externalização 46-47
  combinação 47-48
  internalização 48-51
Moore, James F. 72, 77
Morita, Hiroshi 102, 103, 109, 111, 139
Motivação 64-65
Motivação endógena 64-65
Motivação intrínseca 64
Motor SECI 64
Movimento browniano 268

Muji 196-214
  conselho de especialistas 203
  nenhuma marca [mas] boa qualidade 196
  o vazio da Muji 212
  quarto erres 200
Mujirushi Ryohin 196
Mundo-da-vida 73

Naess, Arne 64, 77
Naito, Haruo 99-102, 105, 111, 117
Naito, Toyoji 98
Nakamura, Jeanne 62, 77
Narrativa 26, 47, 88, 148-150
Nelson, Richard R. 28, 40, 70, 77
Nexo espaço-tempo 63, 66
Nietzsche, Friedrich Wilhelm 37, 40, 90, 97
Nishida, Kitaro 25, 30, 45, 60, 62, 75, 77, 79
Nishiyama, Yataro 233
Niwa, Uichiro 91, 97
NKK 231-241
Noel, Jana 88, 94, 97
Novo desenvolvimento de produto xvi

O'Driscoll, Gerald P., Jr. 73, 78
Objetivos orientadores 54-55, 100-118
Objetivos, direção 54-55
Ocasiões de experiência 33
Ogata, Tomoyuki 178
Ogiso, Satoshi 285
Oguri, Masatsugu 255, 257, 280, 287
Okuda, Hiroshi 265, 275-278, 282, 287
Olympus 53
Onishi, Yasuyuki 220, 224, 249
Ort 60
Osterloh, Margit 64, 78
Ou isso ou aquilo 91

Padrão de excelência 25
Panta rhei 33
Parcerias internacionais 206-207
Particulares, capacidade de reconstruir universais
  em 88-90, 280
Peirce, Charles Sanders 39
Penrose, Edith xv
Pensamento e ação dialética 56
Pensamento, síntese de 57-59
Perdas de oportunidades 55, 178-180, 187
Pérez-Castrillo 30, 40
Perguntar "por que" cinco vezes 57, 94
Perspectivas diversas 132-134
Pesquisa e desenvolvimento 127-134

Índice **301**

Phronesis xiv, 25, 26, 27, 38, 80-96
 distribuída 291
 na SEJ 211
 capacidades de construir 82-93, 279-281
 criação de conhecimento e 291
 conceito de 80-81
 capacidade de promover 91-93, 281
 exercitando 93-94
Pierre, Bourdieu 58-59, 75
Planejamento estratégico 144-150
Platão 47,60
Poder 89
Poder político 89-91, 280-281
Poema 46-47
Polanyi, Michael 25, 30-32, 36, 40, 42, 63, 64, 78
Polt, Richard F. H. 34-35, 40
Pontos críticos 92
Popper, Karl Raimund 32, 40
Porter, Michael E. 32
Positivismo 73
Pragmatismo 49, 58-59
Prahalad, C. K. 28, 41, 72, 78
Prática 49, 56, 58-59
 atribuindo ideias à 105-110
 criação, teste e verificação de hipóteses 178-183, 213
 kata da 70-71
 mudando a mentalidade por meio de 103-104
Praticantes reflexivos 49
Práxis 49-51
Preensão 61
Priem, Richard L. 28, 41
Princípio das Três Realidades (*gen*) 44, 87, 93, 127-129
Processo auto-organizacional 66
Processo criador de conhecimento xii, 36
Processo SECI xii, xvi
Produção *just-in-time* 265
Produtor de conhecimento 112-113
Programas de treinamento 49
 na Eisai 102-105
 recursos humanos 112-113
Protótipo 46-47
Prudência 25, 38, 80
Prusak, Larry 70, 75
Putnam, Robert David 70, 78

Quebra-cabeça 56

Raciocínio prático 26
Racionalidade prática 38, 80

Ramaswamy, Venkatram 72, 78
Rämö, Hans 61, 78
Raynor, Michael E. Christensen 24, 27
Razão áurea 90
Razão de ser 25, 100-101, 135, 163, 211, 216, 221, 225, 291
Realidade 45
 objetiva 32
 unitária 34-35
Recursos 24
 físicos 30
 conhecimento como 28-30
 humanos 24, 68, 223-224
Rede mundo pequeno 65, 92
Reflexão 49
Reflexão em ação 49, 58-59
Reforma organizacional 226-228
Regras universais 37
Relação 61
Relação dialética 66, 74
Relacionamento Eu-Tu 56
Rescher Nicholas 33-35, 39, 41, 53, 55, 78
Resiliência 92
Respeito pelo Indivíduo 129
Rizzo, Mario J. 73, 78
Romer, Paul M. 30, 41
Roos, Johan 68, 78, 92, 97
Rorty, Richard McKay 36, 41
Rosch, Eleanor 47, 78
Rotina xii, 70-71
Rotina criativa xii, 70-71
 kata 68-70
Ruído 31, 32, 38
Ryohin Keikaku, *veja* Muji

Sabedoria coletiva 54
Sabedoria prática xiv, 25, 38, 80
Saber tácito 32
 conversão de; 194, 195
 interação de; 42, 50, 63
Saito, Takashi 70, 78
Santo Agostinho 31
Sasaki, Keigo 51, 77
Sato, Ryuzo 244, 249
Schön, Donald 49
Schumpeter, Joseph Alois 92, 95, 97
SECI xii, xv
Segurança 86
Seiyu 195
Senoo, Dai 51, 77, 139, 173, 214, 287
Sentimento 74

302 Índice

Ser, 34-35
Serviços de saúde humana (*hhc*) 53, 100-118, 135-136
Seven-Eleven do Japão (SEJ) 54, 55, 58-59, 74, 175-213
Acertando os Fundamentos 177-178
Conselheiros do Campo Operacional (CCOs) 184
pense como cliente 184
prática de criação de hipóteses, testagem e verificação 178-183, 184
redução de perdas de oportunidade 178
sistema ponto de venda (PDV) 179-180
tanpin kanri (gestão item por item) 175
Shimizu, Hiroshi 60, 78, 141, 173
Shimogaichi, Yoichi 231, 234-236, 249
Shoji, Natsuko 220, 224, 249
Shu (aprender), Ha (quebrar) e Ri (criar)
Silogismo lógico 93-94
Silogismo prático 93-94
Simon, Herbert A. 61, 78
Síntese 42, 57
da ação 58-59
do conhecimento 57, 211
das tecnologias 239-241
das contradições 57-59
do pensamento 57-59
Sistema mestre-artesão 91
Sistemas de apoio 187
Situação particular 25
Situações, capacidade de captar a essência das 86-87, 279-280
Socialização xii, 44-45, 70
Sociedade do conhecimento 23, 25, 26
Sócrates 57, 93
Software de código aberto 48
Solomon 90, 97
Spender J. C. 28, 41
Statler, Matt 92, 97
Steinberger, Peter J. 91, 97
Stewart, Thomas A. 68, 78
Stigler, George Joseph 30, 41
Strati, Antonio 36, 41
Subjetividade 24, 31-33
Substantivo 46-47, 66
Sucessão na gestão 226
Suchman, Lucy A. 59, 78
Sudo, Sumio 244
Sugimoto, Hachiro 102
Sugiura, Hideo 123-124
Superjeto 39

Suzuki 54
Suzuki, Ichiro 71
Suzuki, Toshifumi 175, 179-182, 184, 192, 214
Sveiby, Karl-Erik 68

Tagami, Katsutoshi 88, 97
Takase, Tadao 233, 249
Takayama, Chihiro 137
Takenaka, Toru
Takeuchi, Hirotaka v, vi, 31, 34-35, 40, 42, 43, 50, 77, 262, 287
Tanaka, Ikko 196
Tanto isso quanto aquilo 91
Taoismo 39
Taylor, Taylor, Stevens S. 36, 41
Techne 38, 80
Tecnologias da informação (TI) 23
acesso à informação e 48-48
investimento em 23
Teece, David J. vi, xv-xvii, 28, 41, 69, 72, 78, 79
Tempo, uso efetivo de 127
Teoria baseada em conhecimento xi-xii, xv, 28-31, 33-36
Teoria da criação de conhecimento 24
Teoria da empresa baseada em conhecimento 25
Teoria da empresa baseada em recursos 28
Teoria neoclássica da empresa xi, xv
Teoria processual da empresa baseada em conhecimento 25
Teorias de gestão para empresas baseadas no conhecimento 23-26
Terceira revolução industrial 23
Terceirização 72
Thompson, Mark P. A. 65, 85
Thurow, Lester 23, 27
Toffler, Alvin 30, 41
Toppos 60
Tornar-se 34-35, 50, 291
Toyoda, Eiji 270
Toyoda, Shoichiro 270, 275-276
Toyoda, Tatsuro 270
Toyota Prius 265-278
Trabalhadores do conhecimento x
Transferência de conhecimento 237
Três Alegrias: comprar, vender e criar 121-123
Troca de gerentes gerais 241
Tsoukas, Haridimos 26, 27, 34-35, 39
Tsutsumi, Seiji 195
Tsuyuki, Emiko 102, 103, 109, 111, 139, 144, 146-147, 171, 173

Índice 303

Uchida, Tsuneji 262, 287
Uchiyamada, Takeshi 271-272, 273, 275-277, 281-284, 287
Ui, Yoshio 45, 79
Uniformidade 31
Universais, capacidade de reconstruir particulares em 88-89, 280
Utilitarismo 289

Valor 25
Valor absoluto 53, 123
Vantagem competitiva x, 216-218
Vera, Dusya 92, 97
Verbo 66
Verdade 53
  bondade, beleza 36, 52, 53, 71, 83, 282
Virtude 38
Virtude intelectual 38, 80
Virtuoso 83
Visão 52-54
  Eisai 98-118
  Honda 118-124
  Kumon 36
  Mayekawa Manufacturing 141
  Muji 212
Visão baseada em recursos 28
Visão corporativa, *veja* visão de escolas tipo "cursinhos" 155, 161
Visão de conhecimento 52-54
Visão global 123-124, 136
Visão global focada no eu 153
Visualização 265
Vitalidade 134-135

von Hippel 171, 173
von Krogh, Georg vi, 51, 78, 79, 86, 97, 170, 173

Wada, Akihiro 273, 275-276
Walton, Douglas 96, 97
Wargo 60, 79
Watanabe, Katsuaki 50, 79
Watanabe, Norihito 137
Watts, Duncan J. 65, 79, 86, 92, 97
Weick, Karl E. xiv, 33, 38, 41, 75, 92, 97
Wenger, Etienne 62, 76, 79
Whitehead, Alfred North 24, 25, 26, 27, 30, 33-36, 39, 41, 43, 45, 47, 61, 62, 75, 79
Whittington, Richard 38, 41
Williamson, Oliver E. 65, 79
Winter, Sidney G. 28, 41, 70, 77

Yamada, Yoshinori 60, 79
Yamanaka, Eisuke 243, 249
Yamamoto, Osamu 120, 139
Yamamoto, Yoji 205
Yasoda, Norikatsu 111
YKK
  Senhor Metal 223
  zipando o mundo inteiro 221
Yokoten (aplicabilidade horizontal) 266
Yoshida, Tadahiro 215, 226-228, 249
Yoshida, Tadao 215-222, 224-228, 245, 249
Yoshino, Hiroyuki 125, 137
Yu, Tony F. 33, 41

Zaltman, Gerald 171, 173
Zander, Udo 28, 40
Zhu, Zhichang vi, 282, 287

IMPRESSÃO:

GRÁFICA EDITORA
Pallotti
IMAGEM DE QUALIDADE

Santa Maria - RS - Fone/Fax: (55) 3220.4500
www.pallotti.com.br